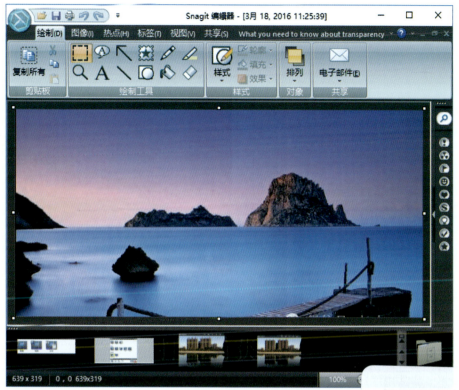

图 5-2　SnagIt 编辑器的工作界面

图 5-48　图像文件及移动图像

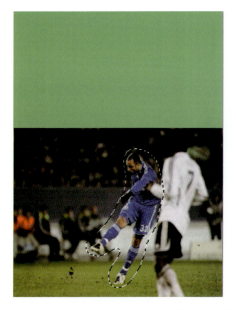

图 5-49　选取图像及复制

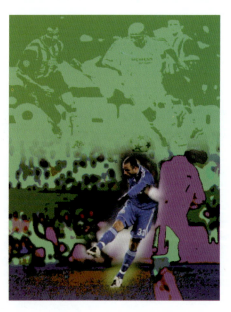

图 5-53　设置图层属性及图像效果

 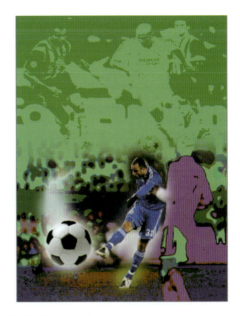

图 5-54　设置图层属性及效果

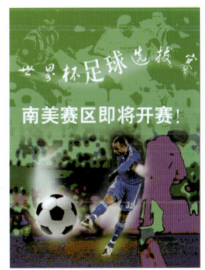

图 5-55　文字图像及最终效果图

图 7-37　滑动工具

图 7-38 使用滑动工具时的预览窗口

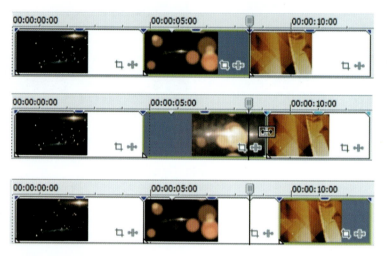

图 7-40 幻灯片工具

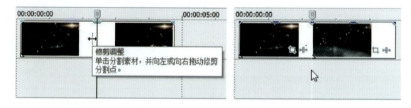

图 7-42 分割修剪工具及结果

图 7-43 修剪出入点

图 7-49 添加视频特效

21世纪高等学校计算机教育实用规划教材

信息素养教育（第二版）

姚建东 主编
张桂英 王翠茹 李海柱 编著

清华大学出版社
北京

内 容 简 介

本书面向非计算机专业的大学生和高职高专学生，按照现代信息素养教育理论体系编写，全面介绍了信息素养教育所涉及的信息意识、信息能力、信息应用、信息道德等知识。全书共分为15章，包括信息与社会、信息与多媒体、数字媒体信息基础、数字办公系统应用、图形图像处理系统应用、数字音频系统应用、数字视频系统应用、电脑动画与创作、计算机网络基础、Internet与信息服务、网站建设与信息发布、网络媒体技术、信息安全、计算机病毒及防范、信息检索与应用等内容。

本书针对信息技术学习中的重点与难点精心设计，既有丰富的理论知识，又有应用性强的实操例程，使读者能轻松、快速、全面地掌握计算机操作技术、信息处理技术和多媒体应用技术。

本书循序渐进、内容完整、实用性强，以教材方式组织内容，可作为高等学校、高职高专的教材，也可作为广大社会读者学习计算机操作技术、信息处理技术和多媒体应用技术的参考书。

本书封面贴有清华大学出版社防伪标签，无标签者不得销售。
版权所有，侵权必究。举报：010-62782989，beiqinquan@tup.tsinghua.edu.cn。

图书在版编目（CIP）数据

信息素养教育/姚建东主编. —2版. —北京：清华大学出版社，2016（2022.9重印）
21世纪高等学校计算机教育实用规划教材
ISBN 978-7-302-44794-8

Ⅰ. ①信… Ⅱ. ①姚… Ⅲ. ①信息素养－信息教育－高等学校－教材 Ⅳ. ①G254.97

中国版本图书馆 CIP 数据核字（2016）第 189719 号

责任编辑：闫红梅
封面设计：常雪影
责任校对：梁　毅
责任印制：宋　林

出版发行：清华大学出版社
网　　址：http://www.tup.com.cn，http://www.wqbook.com
地　　址：北京清华大学学研大厦A座　　邮　编：100084
社 总 机：010-83470000　　邮　购：010-62786544
投稿与读者服务：010-62776969，c-service@tup.tsinghua.edu.cn
质量反馈：010-62772015，zhiliang@tup.tsinghua.edu.cn
课件下载：http://www.tup.com.cn，010-83470236

印 装 者：三河市龙大印装有限公司
经　　销：全国新华书店
开　　本：185mm×260mm　　印　张：23.5　　彩　插：2　　字　数：582千字
版　　次：2009年9月第1版　　2016年9月第2版　　印　次：2022年9月第6次印刷
印　　数：5501～6000
定　　价：49.00元

产品编号：069567-01

出版说明

随着我国高等教育规模的扩大以及产业结构调整的进一步完善,社会对高层次应用型人才的需求将更加迫切。各地高校紧密结合地方经济建设发展需要,科学运用市场调节机制,合理调整和配置教育资源,在改革和改造传统学科专业的基础上,加强工程型和应用型学科专业建设,积极设置主要面向地方支柱产业、高新技术产业、服务业的工程型和应用型学科专业,积极为地方经济建设输送各类应用型人才。各高校加大了使用信息科学等现代科学技术提升、改造传统学科专业的力度,从而实现传统学科专业向工程型和应用型学科专业的发展与转变。在发挥传统学科专业师资力量强、办学经验丰富、教学资源充裕等优势的同时,不断更新教学内容、改革课程体系,使工程型和应用型学科专业教育与经济建设相适应。计算机课程教学在从传统学科向工程型和应用型学科转变中起着至关重要的作用,工程型和应用型学科专业中的计算机课程设置、内容体系和教学手段及方法等也具有不同于传统学科的鲜明特点。

为了配合高校工程型和应用型学科专业的建设和发展,急需出版一批内容新、体系新、方法新、手段新的高水平计算机课程教材。目前,工程型和应用型学科专业计算机课程教材的建设工作仍滞后于教学改革的实践,如现有的计算机教材中有不少内容陈旧(依然用传统专业计算机教材代替工程型和应用型学科专业教材),重理论、轻实践,不能满足新的教学计划、课程设置的需要;一些课程的教材可供选择的品种太少;一些基础课的教材虽然品种较多,但低水平重复严重;有些教材内容庞杂,书越编越厚;专业课教材、教学辅助教材及教学参考书短缺,等等,都不利于学生能力的提高和素质的培养。为此,在教育部相关教学指导委员会专家的指导和建议下,清华大学出版社组织出版本系列教材,以满足工程型和应用型学科专业计算机课程教学的需要。本系列教材在规划过程中体现了如下一些基本原则和特点。

(1) 面向工程型与应用型学科专业,强调计算机在各专业中的应用。教材内容坚持基本理论适度,反映基本理论和原理的综合应用,强调实践和应用环节。

(2) 反映教学需要,促进教学发展。教材规划以新的工程型和应用型专业目录为依据。教材要适应多样化的教学需要,正确把握教学内容和课程体系的改革方向,在选择教材内容和编写体系时注意体现素质教育、创新能力与实践能力的培养,为学生知识、能力、素质协调发展创造条件。

(3) 实施精品战略,突出重点,保证质量。规划教材建设仍然把重点放在公共基础课和专业基础课的教材建设上;特别注意选择并安排一部分原来基础比较好的优秀教材或讲义修订再版,逐步形成精品教材;提倡并鼓励编写体现工程型和应用型专业教学内容和课程体系改革成果的教材。

(4) 主张一纲多本,合理配套。基础课和专业基础课教材要配套,同一门课程可以有多本具有不同内容特点的教材。处理好教材统一性与多样化,基本教材与辅助教材,教学参考书,文字教材与软件教材的关系,实现教材系列资源配套。

(5) 依靠专家,择优选用。在制订教材规划时要依靠各课程专家在调查研究本课程教材建设现状的基础上提出规划选题。在落实主编人选时,要引入竞争机制,通过申报、评审确定主编。书稿完成后要认真实行审稿程序,确保出书质量。

繁荣教材出版事业,提高教材质量的关键是教师。建立一支高水平的以老带新的教材编写队伍才能保证教材的编写质量和建设力度,希望有志于教材建设的教师能够加入到我们的编写队伍中来。

21世纪高等学校计算机教育实用规划教材编委会
联系人:魏江江 weijj@tup.tsinghua.edu.cn

前 言

信息素养是信息社会中人们所普遍具有的自身修养,是在信息的认识与敏感度、信息活动的道德与行为、信息获取的能力与水平、信息处理的知识与技能方面的修养与能力。如何培养良好的信息素养是现代社会中各级各类学校教育、社会教育与家庭教育所普遍重视的问题。

信息素养教育不同于单纯的计算机技术教育或是信息技术教育,是综合计算机技术在信息活动领域的各种知识、技术、技能以及信息活动中行为规范、道德操守的综合性教育。

本书特点

本书的内容编排和目录经过精心设计,便于读者快速掌握理论知识与实践操作的能力。本书中的每个知识点都是以简短的篇幅介绍其中最基本、最常用的内容。通过精心设计的一些操作实例,介绍实际应用的基本方法,避免枯燥和空洞,在不知不觉中使读者掌握相关的理论知识与实践技能。

概括来讲,本书具有如下特点:

❏ 结构系统,条理清晰。本书依据信息素养教育的理论体系精心设计,从信息意识培养、信息知识教育、信息能力培养、信息道德建设几个方面,全方位讲解了信息素养教育的理论与实践。

❏ 构思新颖,组织合理。本书力求阐述知识内在的体系架构,同时兼顾知识之间的横向联系。本书有两条主线,一条是理论的递进与衔续,一条是实践的操作与应用。以理论为主线可使读者知其然,更知其所以然;以实操为主线,可使读者学以致用,触类旁通。

❏ 范围广泛,内容丰富。本书涉及计算机信息处理、应用的方方面面,从信息概念到多媒体应用,从计算机病毒到信息安全防范,从媒体信息处理到网络信息发布。案例包括文书办公、图形图像、数字音频、数字视频、电脑动画热点应用领域。

❏ 讲解通俗,步骤详细。理论讲解浅显易懂,知识学习循序渐进,前后知识点能够彼此呼应。实践案例的讲解步骤都是以通俗易懂的文字阐述,并穿插图片和表格。

组织结构

本书详细介绍了信息素养教育所涉及的信息意识、信息能力、信息应用、信息道德等知识。全书包括信息与社会、信息与多媒体、数字媒体信息基础、数字办公系统应用、图形图像处理系统应用、数字音频系统应用、数字视频编辑系统、电脑动画与创作、计算机网络基础、Internet 与信息服务、网站建设与信息发布、网络媒体简介、网络信息安全、计算机病毒与防范、信息检索与应用等内容。本书每章后面都附有丰富的理论思考题,从而有助于读者复习、巩固所学知识,以培养读者的自我学习能力。

读者对象
- 大学非计算机专业学生。
- 高职高专非计算机专业学生。
- 计算机培训教师和学员。
- 计算机爱好者和相关技术人员。

编者与致谢

本书由姚建东主编，姚建东、张桂英、王翠茹、李海柱等编著（排名按照编写章节顺序）。全书内容与结构由姚建东策划、统稿，并完成编写第1章、第2章、第3章和第9章、第12章、第13章、第14章、第15章全部内容；张桂英完成编写第4章、第8章的全部内容；王翠茹完成编写第5章、第7章全部内容，李海柱完成编写了第6章、第10章、第11章全部内容。

配套服务

本书的教学素材请从清华大学出版社网站（www.tup.com.cn）本书页面中下载。

由于作者水平所限，加之信息技术发展迅速，本教材的覆盖面广，书中疏漏和不妥之处在所难免，恳请广大读者批评指正。

目　　录

第 1 章　信息与社会 … 1
1.1　信息概述 … 1
1.1.1　信息的概念 … 1
1.1.2　信息的特征 … 2
1.2　信息资源与需求 … 3
1.3　信息技术及其发展 … 4
1.3.1　信息技术概述 … 4
1.3.2　信息技术的发展 … 7
1.4　信息素养教育与创新人才培养 … 8
1.5　信息道德建设 … 9
1.5.1　网络文化与信息道德 … 9
1.5.2　知识产权与信息道德 … 10
1.5.3　信息污染与信息道德 … 12
1.5.4　信息道德规范 … 12
本章小结 … 13
思考题 … 13

第 2 章　信息与多媒体 … 14
2.1　媒体与多媒体 … 14
2.1.1　媒体与多媒体的概念 … 14
2.1.2　多媒体技术的主要特性 … 15
2.2　多媒体技术发展及应用 … 16
2.2.1　多媒体技术的发展 … 16
2.2.2　MPC 标准 … 17
2.2.3　多媒体技术的应用 … 18
2.2.4　多媒体的硬件 … 19
2.2.5　多媒体的软件 … 21
2.3　Windows 10 操作系统的多媒体功能 … 22
2.3.1　Windows 10 系统中多媒体硬件设备的安装设置 … 22
2.3.2　Windows 10 系统中多媒体文件的播放 … 27

本章小结 …………………………………………………………………………… 34
思考题 ……………………………………………………………………………… 34

第 3 章　数字媒体信息基础 …………………………………………………… 35

3.1　数字颜色理论 …………………………………………………………… 35
3.1.1　颜色模式 ………………………………………………………… 35
3.1.2　颜色模型 ………………………………………………………… 37
3.1.3　颜色深度 ………………………………………………………… 38

3.2　数据压缩及编码技术 …………………………………………………… 39
3.2.1　采样和量化 ……………………………………………………… 39
3.2.2　数据压缩与编码 ………………………………………………… 41

3.3　媒体信息的存储、组织与管理 …………………………………………… 43
3.3.1　多媒体数据库 …………………………………………………… 43
3.3.2　多媒体数据库管理系统 ………………………………………… 44
3.3.3　多媒体数据库系统 ……………………………………………… 44

3.4　多媒体信息及特点 ……………………………………………………… 44
3.4.1　文本信息及特点 ………………………………………………… 44
3.4.2　数字图形及特点 ………………………………………………… 46
3.4.3　数字图像及特点 ………………………………………………… 48
3.4.4　数字音频及特点 ………………………………………………… 50
3.4.5　动画、数字视频及特点 …………………………………………… 51

本章小结 …………………………………………………………………………… 53
思考题 ……………………………………………………………………………… 53

第 4 章　数字办公系统应用 …………………………………………………… 54

4.1　数字化办公系统概述 …………………………………………………… 54

4.2　Microsoft Office Word 文字处理系统 ………………………………… 55
4.2.1　Word 知识要点 ………………………………………………… 58
4.2.2　Word 典例剖析 ………………………………………………… 62
4.2.3　Word 总结与提高 ……………………………………………… 77

4.3　Microsoft Office PowerPoint 多媒体演示文档系统 ………………… 90
4.3.1　PowerPoint 知识要点 …………………………………………… 90
4.3.2　PowerPoint 典例剖析 …………………………………………… 99
4.3.3　PowerPoint 总结与提高 ………………………………………… 111

4.4　Microsoft Office Excel 电子表格系统 ………………………………… 113
4.4.1　Excel 知识要点 ………………………………………………… 113
4.4.2　Excel 典例剖析 ………………………………………………… 117
4.4.3　Excel 总结与提高 ……………………………………………… 128

4.5　Microsoft Office Visio 科技图表综合应用 …………………………… 133

　　　　4.5.1　Office Visio 2016 概述 ……………………………………… 134
　　　　4.5.2　Office Visio 2016 典例剖析 …………………………………… 140
　本章小结 ………………………………………………………………………… 142
　思考题 …………………………………………………………………………… 142

第5章　图形图像处理系统应用 ……………………………………………… 143

　5.1　数字图像扫描与获取 ……………………………………………………… 143
　　　5.1.1　数字图像扫描与获取知识要点 ………………………………… 143
　　　5.1.2　数字图像获取典例剖析 ………………………………………… 145
　　　5.1.3　数字图像获取总结与提高 ……………………………………… 147
　5.2　Adobe Photoshop 图像处理系统 ………………………………………… 148
　　　5.2.1　Photoshop 知识要点 …………………………………………… 148
　　　5.2.2　Photoshop 典例剖析 …………………………………………… 165
　　　5.2.3　Photoshop 总结与提高 ………………………………………… 181
　5.3　ACDSee 图形图像管理软件 ……………………………………………… 185
　　　5.3.1　ACDSee 知识要点 ……………………………………………… 185
　　　5.3.2　利用 ACDSee 转换图像格式 …………………………………… 187
　本章小结 ………………………………………………………………………… 189
　思考题 …………………………………………………………………………… 189

第6章　数字音频系统应用 …………………………………………………… 190

　6.1　数字音频的采集与录制 …………………………………………………… 190
　　　6.1.1　数字音频采集与录制的知识要点 ……………………………… 191
　　　6.1.2　数字音频采集与录制的典例剖析 ……………………………… 191
　6.2　通用数字音频处理软件 Adobe Audition CC …………………………… 194
　　　6.2.1　Adobe Audition CC 知识要点 ………………………………… 194
　　　6.2.2　Adobe Audition CC 典例剖析 ………………………………… 204
　　　6.2.3　Adobe Audition CC 总结与提高 ……………………………… 205
　本章小结 ………………………………………………………………………… 209
　思考题 …………………………………………………………………………… 209

第7章　数字视频编辑系统 …………………………………………………… 211

　7.1　数字视频的采集与录制 …………………………………………………… 211
　　　7.1.1　视频采集概述 …………………………………………………… 211
　　　7.1.2　视频采集典例剖析 ……………………………………………… 212
　7.2　数字视频处理软件 Sony Vegas ………………………………………… 214
　　　7.2.1　Sony Vegas 知识要点 …………………………………………… 214
　　　7.2.2　Vegas 典型案例 ………………………………………………… 233
　　　7.2.3　Vegas 总结与提高 ……………………………………………… 236

7.3 数字影音格式转换与播放 ………………………………………………… 240
　　7.3.1 视频格式转换 ………………………………………………… 240
　　7.3.2 视频文件播放 ………………………………………………… 241
　　7.3.3 操作实例 ……………………………………………………… 242
本章小结 …………………………………………………………………………… 244
思考题 ……………………………………………………………………………… 244

第 8 章　电脑动画与创作 …………………………………………………… 245

8.1 电脑动画概述 …………………………………………………………… 245
8.2 电脑动画处理软件 Animate CC 2015 …………………………………… 246
　　8.2.1 Animate CC 2015 知识要点 ………………………………… 246
　　8.2.2 Animate CC 2015 典例剖析 ………………………………… 258
　　8.2.3 Animate CC 2015 总结与提高 ……………………………… 277
本章小结 …………………………………………………………………………… 281
思考题 ……………………………………………………………………………… 282

第 9 章　计算机网络基础 …………………………………………………… 283

9.1 计算机网络概述 ………………………………………………………… 283
　　9.1.1 计算机网络的概念及发展 …………………………………… 283
　　9.1.2 计算机网络硬件设备 ………………………………………… 285
9.2 计算机网络体系结构 …………………………………………………… 287
　　9.2.1 计算机网络体系结构的概念 ………………………………… 287
　　9.2.2 开放系统互连模型 …………………………………………… 288
　　9.2.3 网络中的协议和服务 ………………………………………… 288
　　9.2.4 IP 地址与域名 ………………………………………………… 291
本章小结 …………………………………………………………………………… 292
思考题 ……………………………………………………………………………… 292

第 10 章　Internet 与信息服务 ……………………………………………… 293

10.1 Internet 概述 …………………………………………………………… 293
　　10.1.1 Internet 发展历史 …………………………………………… 293
　　10.1.2 Internet 提供的服务 ………………………………………… 294
10.2 Internet Explorer 浏览器的基本应用 ………………………………… 295
　　10.2.1 统一资源定位符 URL ……………………………………… 296
　　10.2.2 使用 Internet Explorer 11 浏览器浏览网页 ……………… 297
10.3 通过 FTP 传输文件 …………………………………………………… 300
　　10.3.1 FTP 文件传输知识要点 …………………………………… 301
　　10.3.2 FTP 文件传输典例剖析 …………………………………… 301
10.4 电子邮件应用基础 …………………………………………………… 302

		10.4.1	E-mail 知识要点	302
		10.4.2	Windows 10 邮件应用	302

本章小结 304

思考题 305

第 11 章 网站建设与信息发布 306

11.1 网站概述 306
  11.1.1 网页与网站 306
  11.1.2 网站的类型 306
  11.1.3 Web 网站的规划和建设 307

11.2 通过 Adobe Dreamweaver CC 制作网站 309
  11.2.1 知识要点 309
  11.2.2 Adobe Dreamweaver CC 典例剖析 311
  11.2.3 Adobe Dreamweaver CC 总结与提高 315
  11.2.4 上机操作 319

11.3 网站设计、管理与维护 320
  11.3.1 网站设计注意事项与技巧 320
  11.3.2 网站的管理与维护 323

本章小结 323

思考题 324

第 12 章 网络媒体简介 325

12.1 网络媒体概述 325

12.2 超文本和超媒体 326

12.3 流媒体技术 327

12.4 虚拟现实技术 330
  12.4.1 虚拟现实技术概述 330
  12.4.2 虚拟现实技术的特征 331
  12.4.3 虚拟现实技术的应用 332
  12.4.4 虚拟现实技术的硬件与软件 333

本章小结 334

思考题 334

第 13 章 网络信息安全 336

13.1 信息安全概述 336
  13.1.1 网络的安全属性和安全风险 336
  13.1.2 网络攻击的方法 337

13.2 网络安全技术 338
  13.2.1 数据加密和数字证书 338

13.2.2 防火墙和SSL技术 ……………………………… 339
本章小结 …………………………………………………… 341
思考题 ……………………………………………………… 341

第14章 计算机病毒及防范 …………………………… 342

14.1 计算机病毒概述 ……………………………………… 342
14.2 病毒防范 …………………………………………… 345
  14.2.1 计算机病毒的检测 ……………………………… 345
  14.2.2 计算机病毒的防范 ……………………………… 345
14.3 反病毒软件 ………………………………………… 346
本章小结 …………………………………………………… 348
思考题 ……………………………………………………… 348

第15章 信息检索与应用 ……………………………… 349

15.1 信息检索概论 ……………………………………… 349
  15.1.1 信息检索概念 …………………………………… 349
  15.1.2 信息检索基本原理与效果评估 ……………… 350
15.2 信息检索的基本方法 ……………………………… 351
  15.2.1 信息检索语言 …………………………………… 351
  15.2.2 信息检索技术 …………………………………… 352
15.3 信息检索的过程与策略 …………………………… 354
  15.3.1 信息检索的过程 ………………………………… 354
  15.3.2 信息检索策略 …………………………………… 355
15.4 主要信息资源及检索 ……………………………… 355
  15.4.1 图书信息检索 …………………………………… 355
  15.4.2 网络数据库检索 ………………………………… 357
15.5 Internet网络资源检索 ……………………………… 359
  15.5.1 Internet网络信息资源简介 …………………… 359
  15.5.2 网络搜索引擎 …………………………………… 361
本章小结 …………………………………………………… 361
思考题 ……………………………………………………… 362

参考文献 ……………………………………………………… 363

第1章　信息与社会

本章学习目标
- 理解信息的概念和基本特征；
- 理解信息资源的概念、分类和作用；
- 了解信息技术及其发展；
- 了解信息素养教育的内容；
- 了解信息道德建设的内容。

本章首先对信息和信息资源进行介绍，然后讲述信息技术及其发展，最后从信息素养教育、信息道德建设方面进行讲解。

1.1　信 息 概 述

能源、材料和信息构成了人类社会发展的三大支柱。在人类社会的发展历程中，材料的利用、劳动工具的发明使人类社会摆脱了荒蛮的原始状态进入文明社会；蒸汽机的出现、电力的发明、石油的开发、核能等新型能源的利用又使人类社会从古代文明进入现代文明；如今，信息又成为人类社会发展的主要动力，人类社会进入了全新的信息社会。本节重点讲述信息的概念及特点。

1.1.1　信息的概念

当描述一个客观存在的物体时，可以对这个物体进行具体的参数描述，例如，一张桌子可以有颜色、造型、材质、宽窄、高低等诸多物理参数。这些参数就是所谓的数据。

数据就是事实、未经评价的情报或信息的原始材料，是对事物描述的"参数"。

数据来源于一个客观存在的内部或外部，数据的利用要经过数据处理的过程，包括记录生成、分类、整理、计算、总结、存储、检索、复制、通信等。

信息的概念有很多，以下均为对信息的不同定义。

信息论创始人香农(C. E. Shannon)的信息定义：信息是可以使不确定性减少或消除的知识。某种知识使不确定性减少的程度越大，则它的信息量越大。

控制论的创始人维纳(N. Wiener)的信息定义：信息这个名词的内容就是我们对外界进行调节并使我们的调节为外界所了解时而与外界交换的东西，如人与人之间的交流。目的在于相互了解，协调行为。

信息管理专家霍顿的信息定义：信息是按照最终用户决策的需要，经过处理和格式化的数据，处理可以是自动化的或手工的，由数据转化为信息是由信息处理者自己完成的。

中国《情报与文献工作词汇基本术语》(GB 48944—1985)中关于信息的定义：物质存在的一种方式，一般指数据、消息中所包含的意义，可以使消息中所描述的事件的不定性减少。

本书认为信息是经整理并且有用的数据，是有一定作用的知识，是经过加工的输出。信息来源于数据，但和数据又有差别，信息是由数据组成，但并非一切的数据都能产生信息。

数据处理的目的在于评价数据，将数据整理归入适当的关系，以产生有意义的信息。信息加工、利用的过程是：原始数据→数据处理→信息输出→信息应用。信息过程与数据处理的关系，如图 1-1 所示。

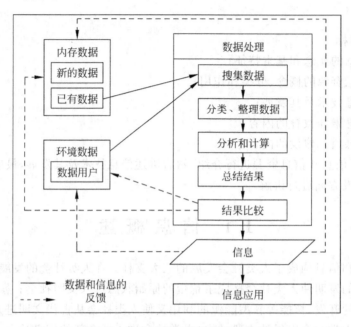

图 1-1　信息过程与数据处理的关系

1.1.2　信息的特征

1. 社会性

信息是人类社会的产物，存在于社会，应用于社会。与物质、能源等在其原始态就可被利用相比，信息只有通过人类对数据的加工过程，并通过一定形式表现出来才有使用价值。

2. 不灭性（稳定性）

物质和能量具有不灭性、守恒性，其形式可以转化，但信息与它们不同。根据能量守恒定律可知，当电能变成热能后，电能就消失了。而信息的不灭性是一条信息产生后，虽然其载体可以变换，但信息在被重复使用、大量复制、长期保存过程中不会产生增、减或消失。

3. 传播性

信息本身是无形的，必须借助某种媒介（如语言、文字、图像、声波、电波、光波、胶片、磁盘等）进行传播和存储。

4. 共享性

信息可以被不同的个体或群体在同一时间或不同时间共同享用，这与物质、能量不同，也是信息交流与实物交流的本质区别。信息能够共享的特点，使信息资源能够发挥最大的效用。

5. 时效性

同一信息,在不同的时间具有不同的效能。信息的实效表现在其反映的内容越新,价值越大;时间越长,价值随之减少。信息的内容全部被人们了解后,其价值也就消失了。

6. 能动性

信息的产生、存在和传递依赖于物质和能量。但是信息在与物质、能量的关系中并不是消极的、被动的,它具有巨大的能动作用,可以控制或支配物质或能源的流动,改变其价值和影响。

1.2　信息资源与需求

在信息活动中,信息资源是重要的内容,本节重点讲述信息资源的概念、类型以及信息资源在人类社会活动中的作用。

1. 信息资源的概念

信息资源可以从广义角度和狭义角度去认识。

广义角度的信息资源是信息活动中各种要素的汇总。这既包含了信息本身,也包括了与信息相关的人员、设备、技术和资金等各种资源。广义的理解是从信息过程的角度把握信息资源的内涵。

狭义角度的信息资源是指文献资源或数据资源,包括文字、声像、印刷品、电子信息、数据库等各种媒介和形式的信息集合。

信息资源是经过人类有序的组织开发、加工处理、形成的可被利用的信息的集合。日常生活中可以接触到的书籍、杂志、报纸、电视、广播、电影、录音带、录像带、MP3播放机、电子游戏机、机顶盒、激光唱片、VCD/DVD播放机、计算机、移动电话、互联网络等都是信息资源的重要组成部分。

2. 信息资源的类型

按照通常的划分方法,信息资源类型总体分为纸质信息资源和非纸质信息资源两大类。

1) 纸质信息资源

纸质信息资源是以纸质材料为载体的一种信息资源。其记录方式可分为:

- 书写型信息资源(如手稿、传统日记、原始档案等);
- 印刷型信息资源(如图书、期刊等)。

2) 非纸质信息资源

非纸质信息资源是指存储在非纸质介质载体上的信息资源。其记录方式、载体材料及交流方式等又可分为:

- 缩微型信息资源(如缩微胶片、缩微胶卷等);
- 声像型信息资源(唱片、磁带、录音带、录像带、电影胶卷、胶片、幻灯片等);
- 电子信息资源。电子信息资源是指通过网络通信、计算机或终端等方式体现出来并存储在载体中的文字、图像、声音、动画等电子数据资源。它包括光盘数据库、网络数据库、联机数据库、联机杂志、电子期刊、电子图书、电子报纸以及Internet信息资源(WWW站点、FTP站点、网络新闻组、BBS等信息)。

3. 信息资源的作用

随着信息技术的普及和发展，信息资源已成为国家建设和企业发展的重要资源，它与物质资源和能源资源一起构成现代社会发展的三大支柱。对信息资源的开发和利用程度是衡量一个国家经济发展水平和综合国力的标志之一，有效地利用信息资源已成为推动社会发展的重要力量。

信息资源在经济社会中的作用主要体现在以下几个方面。

1) 认知作用

认知过程是人类探索世界、获取知识、了解自然、认识社会的过程，是教师向学生传递知识、学习者从书本中学习知识、通过科学实践和实验获取知识的过程。合理、有效地利用信息资源，可以激发学生的学习兴趣，开拓学生的学习视野，促进学生的认知过程。

2) 管理作用

在现代管理中，信息是管理的基础、决策的依据。信息的收集、加工、传递和利用是管理工作的重要内容。丰富的信息资源是管理不可或缺的。

3) 控制作用

在自动化控制中，信息资源为控制提供基础和依据，在交通控制系统、设备运行自动控制系统、农业自动化控制系统、导航控制系统等都有着广泛的应用。

4) 交流作用

在人类社会活动中，人与人之间经常要进行思想、观点、感情的交流。在古代，相隔千里之外的人们通过信件往来传递信息；在近代，电话、电报等通信工具使人们的交流变得快捷、便利。随着信息技术的广泛应用，电子邮件、网上通讯等网络化的信息交流方式使人们的信息交流变得异常快捷、高效和直观。

5) 娱乐作用

人们对电影、广播、电视等娱乐形式已经非常熟悉了。现在，网络游戏、流媒体视频、虚拟活动等很多新的娱乐方式也伴随着多媒体技术、交互技术、虚拟现实技术等现代信息技术进入人们的生活中，在各种类型的新媒体信息资源的支持下，极大地丰富了人类的生活和娱乐。

1.3 信息技术及其发展

信息技术是信息社会重要的社会性技术，这一技术与社会生产力及社会发展水平密切联系，是特定社会发展时期的代表性技术。本节重点讲述信息技术的相关概念以及发展过程。

1.3.1 信息技术概述

1. 信息技术

从技术的本质意义来说，信息技术是人类在认识自然、改造自然的过程中，为了延长自身信息器官的功能，争取更多、更好的生存发展机会而产生和发展起来的技术。信息技术是能够提高或扩展人类获取信息能力的方法和手段的总称。

这些方法和手段主要是指完成信息产生、获取、检索、识别、变换、处理、控制、分析、显示及利用的技术。如通信、广播、电视技术,计算机技术、计算机网络技术,遥感与遥测技术,电子技术、微电子技术,信息处理、信息检测技术,多媒体技术,光盘、磁盘、半导体存储技术,显示屏、显示终端、多媒体投影机技术,智能家电技术,针对不同行业的各种信息系统集成技术,针对家庭与个人的各种教育软件和游戏软件等信息服务技术等。

2. 信息技术的体系

信息技术是一个复杂的技术体系,其广泛综合了多个学科门类的技术特色,充分利用了其他技术的发展成果,具有高度的融合性、先进的技术性和广泛的应用性。构成信息技术体系的众多单元技术彼此之间相互联系、相互渗透,从不同层次、不同侧面提供了对信息技术的支持。

1) 主体层技术

信息技术的主体层技术是能够增强或延长人类的信息器官,拓展人类信息能力的各种技术。信息技术的主体层技术是信息技术的核心,包括信息的存储技术、处理技术、传输技术和控制技术等。

① 信息存储技术。是人类记忆功能的提高或扩展,可帮助人类跨越时间保存信息,如绘图、印刷、照相机、录音机、录像机、留声机、幻灯、电影、磁带等。目前信息存储技术中主要是半导体技术、光盘技术、数据库技术等。

② 信息处理技术。是人类思想功能的提高或扩展,可帮助人类转换、识别、归类、加工、生成信息,如计算、分析、模拟、设计等技术。目前信息处理技术中主要是计算机技术。

③ 信息传输技术。是人类思维功能的提高或扩展,可帮助人类跨越地域传输信息,如电报、电话、传真、广播、电视、电缆、超导、光纤、卫星等。目前信息传输技术中主要是通信技术、多媒体技术、超文本技术、虚拟现实技术和网络技术等。

④ 信息控制技术。是人类效应功能的提高或扩展,可以帮助人类利用信息对外部事物进行运动状态的控制,例如,可以对机器人进行操控、对工业自动化流水线实施管理、对军事模拟进行指挥等。目前信息控制技术中主要是人机接口、自动控制和机器人技术等。

2) 应用层技术

信息技术的应用层技术是信息技术的延伸部分,主要是指主体层次的信息技术在工业、农业、商贸、国防、运输、科研、文教、体育、文学、艺术、管理、服务、娱乐、生活等各个领域应用时产生的各种具体的实用信息技术。

信息技术和其他技术相结合,在各个应用领域和行业上使得劳动工具智能化、劳动过程自动化,也使劳动资料增强信息属性,使其他技术的潜能得到更大的发挥。

3) 外围层技术

信息技术的外围层技术是指与信息技术相关的各种技术,如新能源技术、新材料技术、电子技术、机械技术、激光技术等。这些技术构成了信息技术的基础,并为信息技术的发展提供持续的动力。例如,从光盘制作到使用的一系列过程中,就采用了新材料技术、精密机械技术、激光技术、微电子技术等多种技术手段。

需要说明的是,严格意义上的信息技术只包括主体层技术和应用层技术,而外围层技术类型通常不包含于信息技术,只是在特定的条件下才包含到广义的信息技术之中,如一般不将激光技术称为信息技术,只有当激光器被作为某种信息设备的构件时,才被视为信息技术。

3. 信息技术的特点

信息技术的特点包括技术层面和社会层面两个方面,其技术特性源于其技术层面,可以归纳为以下几个方面。

1) 数字化

数字化是信息技术的核心。信息技术是以计算机技术为核心的综合性技术,在计算机技术中,任何其他媒介的信息都必须转变为二进制信息才能被处理和应用,数字化的过程就是把模拟量转换为数字量的过程,即模/数(A/D)转换。通过模/数转换技术将纸张或其他媒介存储的信息转变为计算机可以识别、处理和传输的信息。

2) 网络化

网络化是信息技术的环境特点,现代经济社会的一个特点就是网络化社会,计算机技术与通信技术的结合把分布在各地的众多计算机系统连接起来,实现了硬件、软件和数据的资源共享。信息网络已成为现代社会中信息传递的神经中枢,也成为建立和发展其他信息网络的平台。

3) 高速化

由于硬件技术的发展,运算速度越来越高,存储容量越来越大,以计算机为核心的信息技术平台已拥有巨大的存储能力和极快的处理功能,从而使信息技术平台整体上性能越来越强大。

4) 智能化

智能化是信息技术发展的趋势和方向,是信息技术重要的特点和内容,智能计算机技术的发展使得智能芯片、神经网络计算机等逐渐进入实践领域。随着人工智能理论的深入研究和实践应用,智能通信系统等智能化信息技术已经取得了很大的发展。

5) 个人化

信息技术的应用实现了以个人为目标的通信方式,充分体现了无论任何人(Whoever)在任何时候(Whenever)和任何地方(Wherever)都能与世界上其他任何人(Whomever)进行任何形式(Whatever)的通信的个人化特点。

4. 信息技术的功能

信息技术的功能是指信息技术有利于自然界和人类社会发展的功用与效能。在信息社会中,信息技术的功能或作用是多方面的,并且在不断地丰富和发展。从宏观角度上,信息技术最直接、最基本的功能可以概括为以下几个方面。

1) 辅助功能

信息技术拓展了人类的信息器官功能,提高或增强人的信息获取、存储、处理、传输、控制能力。因此,在人类工作的很多方面,信息技术都可以辅助甚至替代人类从事高复杂度、高精密度、高危险性、高劳动强度等的工作。

2) 开发功能

开发工作需要巨大的信息资源提供基础保证,信息技术作用的主要对象就是信息,充分开发和利用信息资源,为各项工作提供完善的数据支持是其基本任务之一。

3) 协同功能

信息技术充分利用信息资源的可共享特性,使人们在工作中依靠互联网络的平台实现"互通有无"地共享各自所需的数据、资料等资源,人们还可以很方便地将自己的研究成果、心得、体会、认识、看法以及情感、体验等向全世界传播，并融入人类知识的海洋之中。通过互联网络，人们可以把远在天边的几个工作单位连接、组合成为一个逻辑上的"独立"单位，实现工作任务的协同、过程的协同等。

4）增效功能

信息技术由于结合了众多的其他技术，同时有着快速、便捷的网络环境平台，加之丰富的信息资源的数据支持，在社会工作中必然会提高工作效率和效益。

5）先导功能

信息技术是现代文明的技术基础，是高技术群体发展的核心，新材料技术、新能源技术、生物技术、空间技术、海洋开发技术等无一不与信息技术密切相关，信息技术为这些技术提供强大的资源保障和环境保障，是这些技术发展的基础和前提。

1.3.2 信息技术的发展

自从有了人类社会，人们就开始了信息的利用，人类利用信息的手段和方法的发展过程就是信息技术的发展过程，因此，信息技术的发展是伴随着人类社会的发展而发展的。人类信息活动的屡次进步推动了信息技术的逐步发展。纵观社会的发展进程，信息技术已经经历了以下三个发展时期。

1. 以人工为主要特征的古代信息技术

从远古时期到19世纪20年代漫长的人类社会发展进程中，由于政治、经济、军事和贸易的需要，人们处理信息的手段和方法从简单到复杂、从低级到高级缓慢地发展着。人们最初只能以手势、表情、动作、声音表达基本情感、传递基本信息，后来逐步地探索出应用自然物件来记载信息、传递信息和处理信息，例如，为了处理信息，使用绳子来"结绳记事"，使用算筹进行"筹算术"计算，使用算盘进行"珠算术"计算等；为了传递信息，发明了烽火台、号角、信号标等简单的信息传输技术；为了记录信息，绘制了岩画、壁画等。随着语言文字的创造、邮驿系统的建立、造纸术与印刷术的发明，古代信息技术走向了一个又一个新阶段。邮驿通信系统的建立使信息传递更为专业化——距离更加遥远、途径更加通畅、安全和保密更加有保障。文字的发明创造使人类真正开始了大脑之外的信息存储，笔、墨等书写工具的发明促进了书卷、书信、账簿的产生。造纸术和印刷术的发明将人们从篆刻、手抄文献的劳动中解放出来，使信息得以大量复制、存储和交流。

通过古代信息技术的发展可以看出古代信息技术具有如下的特点：古代信息技术基本上是在人工条件下实现的，它与农业社会的生产力水平相对应。自给自足的经济模式、森严的等级制度和封闭隔绝的交通，使得人们的信息活动范围狭窄、效率低下。

2. 以电信为主要特征的近代信息技术

19世纪30年代至20世纪30年代，随着资本主义经济的发展，国际化市场逐步形成，企业、银行相互间的交通、运输、商业、贸易等经济活动日趋频繁，政治和军事领域摩擦、冲突不断，科学技术有着巨大的社会需求，许多技术领域取得了重大突破，从而导致了信息技术获得了历史性的超越。尤其是在物理学领域，随着电子学和电子技术的发展和成熟，信息技术与电子技术迅速地结合起来，以电子技术为主要技术的近代信息技术建立并发展了起来。

光学技术、电子技术、通信技术、声像技术等一系列近代科学技术构建了近代信息技术的基础。光学摄影技术、静电复印技术为信息的永久保存提供了手段和条件；录音、摄像技术为信息的存储和还原提供了技术支持和保证；电话、电报技术使远隔千里的即时通讯成为现实；广播、电视的应用为信息的大众化传播提供了途径。近代信息技术与工业社会的生产力水平相适应，是近代工业社会发展的结果。

3. 以网络为主要特征的现代信息技术

1946年，世界上第一台电子计算机埃尼阿克（ENIAC）在美国的宾夕法尼亚大学诞生，从此，电子计算机成为信息技术新的主角。1969年，世界上第一个分组交换计算机网络——阿帕网（ARPAnet）投入运行。此后，阿帕网不断地拓展，演进成了今天的因特网（Internet）。信息技术从此跨上了信息高速公路的快车道，现代信息技术得到了空前的发展。

现代信息技术是以微电子技术为基础，以电子计算机技术和网络通信技术为主要标志的。现代信息技术的核心是电子计算机技术和网络通讯技术。相对以往的信息处理和传播工具，电子计算机及网络通讯系统的诸多优势使得信息技术的发展有了质的飞跃。信息处理可以由计算机高速、精确、自动地进行，突破了人脑及人体感觉器官处理信息的局限性；信息传输借助遍布世界的互联网络可以即时、迅速、准确、有效地完成，计算机网络拓展了传播途径，人机对话、信息交互改变了传播形式，多媒体信息丰富了传播内容。现代信息技术已经进入了信息处理、传输、存储和应用综合化的新境界。

现代信息技术与信息社会的生产力水平相适应，是现代信息社会发展的必然产物。现代信息技术在现代社会发展中起着至关重要的作用，已经成为发展社会生产力、繁荣社会经济和促进社会改革的巨大动力。

1.4 信息素养教育与创新人才培养

信息素养是现代社会中人们从事信息活动应该具备的知识和能力，是一个人文化修养的重要组成部分。培养良好的信息素养是信息教育的主要目标，是创新人才培养的重要内容。

1. 信息素养的概念

1）信息素养

信息素养最早由美国信息产业协会主席波尔（Paul Zurkowski）于1974年提出，并被概括为"利用大量的信息工具及主要信息源使问题得到解答的技术和技能"。

2）信息素养的内容

信息素养主要包括信息意识、信息能力和信息道德三方面素养。信息素质既是一种能力素质，更是一种基础素质。

（1）信息意识。信息意识是指人们对信息的敏感程度，包括对信息的识别与获取能力，对信息的分析、判断以及对信息的利用和评价素养。

（2）信息能力。美国加利福尼亚州立大学的学习资源和教学技术委员会信息能力研究所把信息能力定义为各种形式发现、评价、利用和交流信息的能力。信息能力是图书馆素养、计算机素养、传媒素养、技术素养、伦理学、批判性思维和交流技能的融合或综合。

（3）信息道德。信息道德是指人们在信息活动中应遵循的道德规范，如保护知识产权、尊重个人隐私、抵制不良信息等。

2. 信息素养教育与创新人才培养

信息素质作为一种高级的认知技能，同批判性思维、问题解决的能力一起构成了学生进行知识创新和学会如何学习的基础。21世纪的大学生所面向的是知识经济时代，培养的大学生必须具有良好的信息素质。信息素质是当代大学生素质结构的基本内容之一，也是大学素质教育的重要内容。

信息素养教育与创新人才培养的内容包括：

（1）信息素质是创新人才应具备的基本素质。
（2）信息素质是国际化人才的必备素质。
（3）信息素质是培养大学生科研素质的基石。
（4）信息素质是大学生学习和择业的"导航员"。

1.5 信息道德建设

信息道德是现代社会中人们从事信息活动应该遵循的道德规范，是一个人道德修养的重要组成部分。本节重点讲述信息道德的概念、影响信息道德建设的因素以及信息道德规范的内容等知识。

信息道德是指人们在信息活动中应遵循的道德规范。如保护知识产权、尊重个人隐私、抵制不良信息等。

信息道德就是对信息时代人们通过电子信息网络而发生的社会行为进行规范的伦理准则。信息道德是在整个信息活动中，调节信息创造者和信息使用者之间相互关系的行为规范的总和。

信息道德的内容包括信息交流与传递目标应与社会整体目标协调一致；应承担相应的社会责任和义务；遵循法律法规，抵制各种各样的违法、淫秽、迷信和虚假信息；尊重个人隐私等。

1.5.1 网络文化与信息道德

网络文化是信息社会最有影响力的一种大众文化，它促进了教育的社会化和社会的民主化，但同时它也削弱了传统教育的权威，使传统教育对学习者的影响力也随之减弱。

人们在获取信息时具有相对的个体性和隐蔽性，"上网"又是私有行为，缺乏一定的指导与规范，网上信息良莠并存，其中垃圾信息、不健康的信息很有可能乘虚而入，影响人们的学习质量与效果，尤其是意志薄弱的青少年更容易受到"侵害"。

网络空间不同于现实空间。由于网络空间运行的"数字化"、"虚拟化"特点，人们交往以电脑屏幕为界面，人与人之间直接接触减少，因此，交往方式表现得非常自由，难以控制。在自身不能很好控制的情况下，可能做出许多现实中不敢做或不可能做的事情。

网络社会中信息的传播是全球性的，在网上世界各国道德法律的规定各不相同，有些行为如赌博、色情服务等在某些国家是合法的，而在中国是不道德且违法的。

在网络社会中借助于虚拟技术的帮助，使人们的身份、行为方式等得到篡改，面对网络上各种眼花缭乱的诱惑，当代大学生的思想道德素质将会受到极大的考验和巨大的冲击，他们必须具有相当的是非判别能力和道德约束能力。

虚拟的网络社会中,违背信息道德的事情屡屡发生,如泄漏客户机密、侵犯他人知识产权、网络黑客、污言秽语、造谣中伤、发布虚假信息、代写论文、考试枪手等。这些事件和行为严重影响了网络文化的良性发展,污染了网络空气,也给现实社会的社会稳定、法律秩序和道德规范带来了重大的隐患。

1.5.2 知识产权与信息道德

1. 知识产权

知识产权是指公民或法人对自己的创造性的智力活动成果依法享有的民事权利,又称智力成果权。根据我国《民法通则》的规定,知识产权属于民事权利,是基于创造性智力成果和工商业标记依法产生的权利的统称。

知识产权有三重含义。

(1) 知识产权的客体是人的智力成果,是人类智慧的成果。这种成果是一种无形的财产,是人的智力活动(大脑的活动)的直接产物。

(2) 权利主体对智力成果的利用是独占的、排他的,在这一点上,似于物权中的所有权,所以过去将知识产权归入财产权。

(3) 权利人从知识产权取得的利益既有经济性质的,也有非经济性质的。这两方面结合在一起,不可分割。

知识产权有广义上的概念和狭义上的概念。

广义概念上的知识产权包括文学艺术作品,文艺节目表演、音乐唱片与视频光盘、科技创作与作品、科学发现与发明,工业产品外观设计、注册商标、商品名称、服务标记与标志等在工农业生产、科学技术、文学和艺术领域内由于智力活动而产生成果的一切权利。

狭义概念上的知识产权只包括版权、专利权、商标权、名称标记权等,而不包括科学发现权、发明权和其他科技成果权。

2. 知识产权的特征

知识产权具有如下特征。

(1) 无形财产权。

(2) 确认或授予必须经过国家专门立法直接规定。

(3) 双重性。既有某种人身权(如签名权等,但商标权除外)的性质,又包含财产权的内容。

(4) 专有性。知识产权为权利主体所专有。权利人以外的任何人,未经权利人的同意或者法律的特别规定,都不能享有或者使用这种权利。

(5) 地域性。某一国法律所确认和保护的知识产权,只在该国领域内具有法律效力。

(6) 时间性。法律对知识产权的保护规定一定的保护期限,知识产权在法定期限内有效。

3. 知识产权的分类

从权利的内容上看,知识产权包括人身权和财产权。

1) 人身权

知识产权中的人身权是与智力活动成果创造人的人身不可分离的专属权,比如署名权、发表权、修改权等。

2) 财产权

知识产权中的财产权则是指享有知识产权的人基于这种智力活动成果而享有的获得报酬或其他物质利益的权利。

按照智力活动成果的不同,知识产权可以分为著作权、商标权、专利权、发明权、发现权等。

4. 中国的知识产权保护

20世纪80年代,中国开始逐步建立知识产权制度。1983年3月,中国实行了商标法;1985年4月实行了专利法;1990年9月又颁布了著作权法,并于1991年6月1日起开始实施。中国于1980年加入了世界知识产权组织,1985年参加了《保护工业产权巴黎公约》。1990年12月,中国知识产权研究会成立。1992年1月,中美两国政府签署了《关于保护知识产权备忘录》。至1994年5月,中国已经加入了《商标国际注册马德里协定》、《专利合作条约》、《保护文学艺术作品伯尔尼公约》、《世界版权公约》等保护知识产权的主要国际公约。

1994年6月16日《中国知识产权保护状况》白皮书发表。《中国知识产权保护状况》的内容分以下三部分。

(1) 中国保护知识产权的基本立场和态度。

(2) 中国具有高水平保护知识产权的法律制度。

(3) 中国具有完备的保护知识产权的执法体系。

中国政府恪守保护知识产权有关国际公约及双边协定的真诚立场和充分承担国际义务的能力,得到了国际舆论广泛的赞誉和支持。

世界知识产权组织在2000年召开的第三十五届成员大会上通过了根据中华人民共和国和阿尔及利亚在1999年的提案的决议,决定从2001年起,将每年的4月26日定为"世界知识产权日"。4月26日是《建立世界知识产权组织公约》(《世界知识产权组织公约》)生效的日期。设立世界知识产权日旨在全世界范围内树立尊重知识,崇尚科学和保护知识产权的意识,营造鼓励知识创新和保护知识产权的法律环境。

5. 信息道德与知识产权保护

从信息管理的角度来看,知识产权的价值与信息有关,而信息最有价值的特性在于它能够多次地在不同时空范围内重复地使用。人们把这些信息与各种有形物质相结合,就可以进行大量的复制、利用,从这些复制品所反映出的信息中获益,从而侵犯了他人的知识产权。

对知识产权的保护,各个国家都是从信息政策、信息立法、信息道德各个层面来进行。

(1) 信息政策和信息法律对知识产权进行强制性的保护,这种保护称之为硬保护。信息政策由行政机关制定,具有针对性,其时空跨度小而波动性大;信息法律由立法机关制定,稳定性强、范围大,以国家机器为后盾,以强制力量执行,对违反者要进行制裁。因此,信息政策和法律是保护知识产权最有效的手段。

(2) 信息道德依靠舆论信息组成"内心法庭",从而形成一种精神控制系统,以道德为基础的社会控制权能在更深的层次上影响人们的行为。信息伦理是人们在信息活动中应该遵守的行为规范,它通过人的内心信念、自尊心、责任感、良心等精神因素进行道德判断与行为选择,从而自觉地维护尊重他人的知识产权,在更广泛、更基础的层面上形成对知识产权的保护。

（3）信息道德在保护知识产权的领域能够起到信息政策、法律起不到的作用。信息道德依赖公平原则和社会舆论力量鼓励个体自觉尊重知识产权，其对知识产权的保护力相对于信息政策与法律来说更具有韧性，它一旦形成，再大的外界强制力都不易将它硬性破坏，具有一种以柔克刚的机制和效果。

1.5.3 信息污染与信息道德

1. 信息污染的概念

信息污染的定义目前尚没有统一的说法，还在不懈的探索中，主要观点有：

（1）信息污染是信息环境被污染、被破坏、失衡的表现。

（2）信息污染是信息存贮无序化的表现。

（3）信息污染是负信息现象。

（4）信息污染指信息服务业缺乏统一规划和协调、服务体系不健全、消息流通不畅、信息加工基本处于低级阶段等，由此引致的信息失实、重复、过载、堵塞、误导而造成的信息混乱、失灵甚至失效现象。

（5）信息污染指由于信息量的急剧增长、信息处理过程中所造成的误差导致各种意见、判断选择不可避免地出现偏离事实的现象。

（6）信息污染指信息资源中混入干扰性、欺骗性、误导性的现象。

（7）信息污染指无价值与错讹的信息泛滥并造成危险的现象。

（8）信息污染指社会信息流中的信息由于潜伏着与生俱来的不完全性、可伪性、时滞性等可污因子以及受人类在信息生产、加工处理、传递与应用等各环节中诸如物欲驱动等多因素的合力作用，它正带来与其正效用近乎平行的负面影响。

（9）信息污染指在人们从事的政治、经济、教育及日常生活中存在着许多虚假、冗余、过剩、老化、淫秽等不良信息，影响了人们对信息的吸收利用，甚至造成对人类的危害和损失的现象。

（10）信息污染指由于各种主客观原因，导致信息生产、加工处理，传递和利用过程中出现的异化现象。

2. 信息污染的类型

中国学者陆宝益等将信息污染的表现形式归结为信息过载、信息失实、信息过时、信息重复、信息堵塞、信息错位、信息误导、信息干扰、信息无序、信息缺损、信息病毒、信息渗透等12种。

1.5.4 信息道德规范

许多国家的计算机和网络组织制定了相应的行为规范，以规范人们的获取、利用信息的行为。其中影响较大的是美国计算机伦理学会制定的"计算机伦理十诫"，内容如下。

（1）不应用计算机去伤害他人。

（2）不应干扰他人的计算机工作。

（3）不应窥探他人的文件。

（4）不应用计算机进行偷窃。

（5）不应用计算机做伪证。

（6）不应使用或复制没有付钱的软件。

（7）不应未经许可而使用他人的计算机资源。

（8）不应盗用他人的智力成果。

（9）应该考虑你所编程序的社会后果。

（10）你必须以深思熟虑和慎重的方式来使用计算机。

当代大学生是信息社会中的主体，是信息的主要传播者和利用者，同时又是信息知识最为丰富、信息技术掌握最为全面深入的知识群体，在信息社会的建设中肩负着重要使命。面对网络的诱惑和挑战，面对种种不良信息的干扰，广大的大学生应加强自身信息道德的培养，应该具备信息辨识能力，不受虚假信息的误导，不受不良信息的诱惑。同时，还要遵守以下网络伦理规范。

（1）尊重他人的知识产权。

（2）不利用网络从事有损于社会和他人的活动。

（3）尊重他人的隐私权。

（4）不利用网络攻击、伤害他人，不发布虚假和违背社会发展规律的信息，不发布有损他人利益的信息。

（5）不利用网络谋取不正当的商业利益。

本 章 小 结

本章从信息社会的信息要素入手，主要讲述了信息、信息资源、信息技术、信息素养与信息道德等内容。从社会与信息的关系上阐述了信息社会是人类发展的重要进程，阐明了培养良好信息素养和加强信息道德建设在创新人才培养上的重要作用。

思 考 题

1. 阐述信息的概念。
2. 阐述信息过程与数据处理的关系。
3. 信息资源的作用是什么？
4. 什么是信息技术？
5. 信息技术的主体层技术、应用层技术和外围层技术各指什么？
6. 信息素养的内容是什么？
7. 网络文化与信息道德的关系是什么？
8. 信息污染有哪些表现？
9. 上网时应遵循的网络伦理规范有哪些？

第 2 章　信息与多媒体

本章学习目标
- 掌握多媒体、多媒体技术的概念和特征；
- 了解多媒体技术的发展过程和 MPC 标准的内容；
- 熟练掌握多媒体技术的应用领域；
- 掌握多媒体技术的软、硬件结构；
- 掌握 Windows 10 操作系统的多媒体功能。

本章首先讲述媒体和多媒体的概念，然后讲述多媒体技术的特征、发展趋势和应用领域。本章对多媒体计算机的 MPC(Multimedia PC)标准进行详细的介绍，从多媒体系统的硬件、软件角度详细介绍多媒体信息处理的各种应用软件和硬件设备，并对 Windows 10 操作系统的多媒体功能的设置和应用进行讲解。

2.1　媒体与多媒体

媒体在现代生活中有着重要的地位和作用。从传统的报纸、期刊、广播、电视，到流行的互联网络、手机电话，媒体影响着人们社会生活的方方面面。人们的休闲娱乐离不开媒体，工作学习离不开媒体，甚至吃穿住行也都离不开媒体。本节从媒体与多媒体的概念、特征等方面讲述媒体和多媒体的基本知识。

2.1.1　媒体与多媒体的概念

1. 媒体的概念

在日常生活中，经常接触到的媒体有很多，例如，书报上的文字、电视上的画面属于视觉媒体；听到的话语、歌声属于听觉媒体；闻到的香味、腥味属于嗅觉媒体；尝到的甜酸苦辣属于味觉媒体，这些都是能直接作用于人的感官，使人直接产生感觉的一类媒体。

国际电话电报咨询委员会（Consultative Committee on International Telephone and Telegraph，CCITT，国际电信联盟 ITU 的一个分会）把媒体分成以下五类。

(1) 感觉媒体(Perception Medium)。指直接作用于人的感觉器官，使人产生直接感觉的媒体。如引起听觉反应的声音、引起视觉反应的图像等。

(2) 表示媒体(Representation Medium)。指传输感觉媒体的中介媒体，即用于数据交换的编码。如图像编码(JPEG、MPEG 等)、文本编码(ASCII 码、GB 2312 等)和声音编码(WAVE、MP3)等。

(3) 表现媒体(Presentation Medium)。指进行信息输入和输出的媒体。如键盘、鼠标、扫描仪、话筒、摄像机等为输入媒体；显示器、打印机、喇叭等为输出媒体。

（4）存储媒体（Storage Medium）。指用于存储表示媒体的物理介质。如硬盘、软盘、磁盘、光盘、ROM 及 RAM 等。

（5）传输媒体（Transmission Medium）。指传输表示媒体的物理介质。如电缆、光缆等。

本书探讨的媒体（Media）通常是指用于传播和存储各种信息的载体和手段。在日常生活中接触到的报纸、杂志、磁带、光盘、电视机、收音机等都是媒体。

在信息技术领域，媒体也称为传播媒体。媒体包含媒体信息，例如，电子计算机技术中的文字（Text）、声音（Audio）、图形（Graphic）、图像（Image）、动画（Animation）和视频（Video）等。也包含媒体介质，如磁带、磁盘、光盘和半导体存储器等。

2．多媒体的概念

多媒体（Multimedia）是针对传统传播媒体（单一媒体）而言的。是丰富和扩展了传统的传播媒体的传播形式、存储方式、处理技术的新的媒体技术。

常见的多媒体有图形、图像、声音、文字、音乐、视频、动画等多种形式。多媒体技术将所有这些媒体形式集成起来，在以计算机技术为核心的平台上进行信息的交互、处理、传播，表现的形式更加生动、形象、活泼，达到图、文、声并茂的视听觉效果。

概括地说，多媒体就是以计算机技术为核心，可以集成处理、传播、存储图形、图像、声音、文字、动画、数字电影等媒体信息的软件、硬件平台。

多媒体技术是计算机技术、音视频处理技术、编码压缩技术、文字处理技术、通信技术等多种技术的完美结合。它使各种媒体信息之间建立逻辑连接，集成为一个完整的系统。

2.1.2 多媒体技术的主要特性

1．数字性

数字性是指多媒体系统的各种媒体信息都以数字（二进制）形式表示和存储，并以数字化方式加工处理。多媒体系统的核心是电子计算机，而电子计算机处理的是二进制信息，因此任何传统媒体信息（图片、音乐、视频等）都必须转换成二进制信息文件才能被多媒体设备处理和利用。

2．实时性

"实时"就是"随时随刻"的动态时间特性，是指多媒体计算机系统处理的媒体信息（音频和视频信息）会随着时间的变化而及时地响应，是多媒体具有最大吸引力的特性之一。

3．交互性

交互性是指"人机对话"，是多媒体信息以超媒体结构进行组织，用户与计算机之间可以方便地进行信息交流，人们可以主动选择和接受信息。用户通过多媒体系统可以更加有效地控制和利用信息，"人机对话"的信息双向流动形式可以加强人们对信息的认识，加深对信息的理解，巩固对信息的记忆。在传统的单一信息媒体系统中，交互的效果和作用很差其至没有，人们只能被动地接受信息，而很难做到控制和干预信息的处理。当交互引入时，人机对话的活动本身作为一种媒体介入了信息转变为知识的过程，人们借助于交互活动，便可获得更多信息。

4. 集成性

是指将多种媒体有机地结合在一起,集成的处理、存储、传播各种媒体信息,共同表达一个完整的信息主题。

集成性不仅指各媒体硬件设备的集成,也包括多种媒体信息的集成、处理软件的集成。多媒体的集成性应该说是在系统级上的一次飞跃。早期的各种媒体技术只能单一地处理某种媒体信息,例如,收音机只能播放声音信息;录音机只能录制和播放声音信息;模拟电视机只能播放电视节目信息等,这些媒体设备的信息流动都是单向、零散的,不具备双相交互的形式。由于信息空间的不完整(例如,仅有静态图像而无动态视频,仅有声音而无图像等)都限制了信息空间的信息组织,也限制了信息的有效使用。但当它们在多媒体平台上被集成起来后,综合的效能和功能远远超过了1+1>2形式。

5. 非线性

多媒体技术的非线性特点改变了传统的章、节等的读写顺序模式,而是采用超文本链接的方法,把内容按照特定关系加以组织,形成多分支的读写结构。

2.2 多媒体技术发展及应用

多媒体技术是伴随着计算机技术的发展而发展的。本节针对多媒体技术的发展和技术应用,详细地讲述多媒体技术的标准规范和多媒体系统的软硬件知识。

2.2.1 多媒体技术的发展

1. 多媒体技术发展的历史

1984年,美国Apple公司首先在其Macintosh机上引入位图(Bitmap)的概念来进行图像处理,使用窗口(window)和图标(icon)作为与用户的接口界面。

1985年,美国的Commodore公司率先推出了世界上第一台多媒体计算机系统Amiga,由于采用特殊总线,其结构与标准的视频信号兼容,可方便地处理视频和声音信号,成本也较低。Amiga系统最初主要用于家庭娱乐和电子游戏。

1986年,Philips公司和Sony公司联合推出了交互式紧凑光盘系统CD-I,它将多种媒体信息以数字化的形式存储在光盘上,用户可以交互地读取光盘中的内容。

1987年,RCA公司推出了交互式数字视听系统DVI(Digital Video Interactive)。它以计算机为基础,用光盘存储和检索静态图像、活动图像、声音以及其他信息。

1989年,IBM推出AVC(Audio Visual Connection)系统,该系统可以进行声音和图像的编辑和展示,能够提供立体声输入输出等功能。同时,IBM与Intel公司签订了数字视频交互技术(DVI)的授权,并推出Action Media多媒体系统。

1990年,Philips、Sony和Microsoft等14家厂商组成了多媒体计算机市场协会(Multimedia PC Marketing Council),并于1991年制定了MPC(多媒体计算机)的市场标准,1996年又公布了MPC 4.0标准。MPC标准的制定,使全世界的计算机制造厂商和软件发行厂商都有了共同的遵循标准,推动了多媒体技术和多媒体计算机在世界范围内的迅速普及和广泛应用。

2. 多媒体技术发展的趋势

多媒体技术的发展源于巨大的市场需求和技术的迅猛发展。从市场角度来看,多媒体技术和通信技术的结合是 IT 企业产品和业务新的增长点,休闲娱乐、个人通信、教育文化等领域对媒体信息及多媒体产品的需求越来越巨大。从技术背景看,多媒体计算机的核心任务是获取、处理、传播多媒体信息,使多种媒体信息(本地或远程)之间建立逻辑连接,消除空间和时间的障碍,为人类提供完善的信息服务,如电子邮件、Web 浏览、远程教育、远程医疗、视频点播(Video on Demand,VOD)、交互式电视、电视会议、网络购物和电子贸易等。

未来的多媒体计算机将把计算机、通信产品、数字家电等集成起来,统一控制和管理,构成新型的、全数字的办公信息中心和家庭信息中心。将来,在办公室也好,在家也好,在旅途中也好,无论身处何地,高速网络都会随时提供图形、图像、音频、视频等多媒体信息的传输服务,多媒体技术可提供全方位、全球性的服务。

多媒体产品的发展趋势如下。

(1) 进一步地完善以计算机为核心的协同工作环境。今后的多媒体技术将更好地融合计算机的交互性、网络的分布性以及多媒体的集成性。在产品的协同设计、医疗远程会诊、异地学术交流等多个领域具有广阔的应用前景。

(2) 多媒体技术进一步智能化。今后多媒体技术的智能化研究主要集中在文字的智能识别与输入、语音的智能识别与输入、自然语音的理解和机器翻译、图形图像的智能识别和理解、机器人视觉和计算机视觉、知识工程和人工智能等。

(3) 研究和发展多媒体应用芯片技术。把多媒体技术和通信技术整合到 CPU 芯片中,使得多媒体产品向着高清化(高分辨率显示质量)、高速化(缩短信息处理时间)、简便化(操作简便易行)、智能化(强劲的信息识别能力)、标准化(便于信息交换和资源共享)方向发展。

2.2.2 MPC 标准

MPC 最初的标准规定多媒体计算机包括几个基本的部件,它们是个人计算机(一台 16MHz 的 386SX 的 PC)、硬盘和只读光盘驱动器(CD-ROM)、声卡、Windows 3.1 操作系统和一组音箱或耳机。以后 MPC 标准得到了不断的升级。

1990 年,MPC 1 标准诞生后,得到了许多硬件厂商的支持,并发展了多媒体系统的标准操作平台,软件开发商也克服了以往无硬件标准而造成的无法开发通用软件的困境,推出了大量的多媒体硬件产品。

1993 年 5 月,MPC 联盟又制定了第二代多媒体计算机标准 MPC 2,提高了基本部件的性能指标。1995 年 6 月制定了第三代的标准 MPC 3;在进一步提高对基本部件的要求的基础上,MPC 3 增加了全屏幕、全动态(30 帧/秒)视频及增强版 CD 音质的视频和音频硬件标准。MPC 3 指定了一个更新的操作平台,可以执行增强的多媒体功能,MPC 3 首次将视频播放的功能纳入 MPC 规格,并采用 MPEG-1 视频压缩标准。从 MPC 1 到 MPC 3,多媒体计算机向高容量的存储器和高质量的视频、音频的方向发展,参见表 2-1。

MPC 3 标准制定一年多之后,1996 年底,推出了 MPC 4 标准:Pentium133 CPU、16MB 内存、1.6G 硬盘、10 倍速光驱、16 位精度声卡、Windows 95 操作系统,显示系统要求达到 1280×1024 分辨率及 32 位真彩色等。

表 2-1 MPC 标准 1、MPC 标准 2 和 MPC 标准 3 的最低要求

技术项目	MPC 标准 1	MPC 标准 2	MPC 标准 3
RAM	2MB	4MB	8MB
处理器	16MHz,386SX	25MHz,486SX	Pentium 75MHz
硬盘	30MB	160MB	540MB
音频	8 位数据音频 8 个音符合成器 MIDI 再现,具有 11.025kHz 采样频率	16 位数字音频,8 个音符合成器 MIDI 再现,具有 44.1kHz 采样频率	16 位数据音频,波表合成音,具有 44.1kHz 采样频率
视频	640×480,256 色	在 40% CPU 频带的情况下每秒传输 1.2M 像素	采用 MPEG-1 视频压缩标准,解析度为 352×240,30 帧/秒或 352×288,25 帧/秒,15 比特/像素
显示	640×480,16 色	640×480,65 536 色	640×480,65 536 色
CD-ROM 驱动器	150Kbps 持续传输速率,平均最快查询时间为 1s	300Kbps 持续传输速率,平均最快查询时间为 400ms,CD-ROMXA 能进行多种对话	600Kbps 持续传输速率,最快查询时间为 200ms

MPC 4 主要强调了在普通微机的基础上增加了以下四类设备。

(1) 声/像输入设备。普通光驱、刻录光驱、音效卡、麦克风、扫描仪、录音机、摄像机等。

(2) 功能卡。电视卡、视频采集卡、视频输出卡、网卡、VCD 压缩卡等。

(3) 声/像输出设备。刻录光驱、音效卡、录音录像机、打印机等。

(4) 软件支持。音响、视频和通信信息以及实时、多任务处理软件。

随着计算机软、硬件技术的发展和网络技术的普及,多媒体计算机与通信类电子产品相结合,新一代网络化多媒体产品应运而生,便携式多媒体设备、数字图文电视、可视电话系统、移动通信系统、流媒体技术、虚拟现实技术等为人们的工作、生活和娱乐提供了全新的媒体信息服务。多媒体计算机与通信技术的结合已经成为媒体技术发展的大潮流。

2.2.3 多媒体技术的应用

现在,多媒体技术的应用领域非常广泛,人类生活的各个角落都可以看到多媒体的身影。概括多媒体应用的各个领域,在教育培训、游戏娱乐、商业服务、电子出版、广播通信、虚拟环境等方面有巨大的影响。

1. 教育培训

充分利用多媒体技术的交互技术、网络技术和信息集成技术将图文信息、音视频信息高度整合,建立直观、生动、真实、互动的学习和训练环境,从深度、广度上都拓展了学习的内容和形式,大大地激发了学生的学习兴趣和学习的主动性,有效地提高了学习效率。

2. 游戏娱乐

电子游戏就是多媒体技术的应用产物,从单机游戏到联网游戏,从情景模拟到虚拟现实,从简单角色到团队互助,游戏技术和形式不断地升级和提高。寓教于乐、内容丰富、形式多样的电子游戏不仅给少年儿童带来无限的快乐与知识,也是成年人缓解工作负担、释放精神压力的有效形式。游戏娱乐是现代经济社会中多媒体技术最大的卖点。

3. 商业服务

大型商场和超市的多媒体导购系统、银行的自动柜员机系统、市政信息的自助查询系统等都是多媒体技术的应用实例。在企业宣传上，形象、生动的多媒体技术特别有助于产品展示和商业演示。

4. 电子出版

多媒体电子出版物通常都以大容量的光盘(CD-ROM 或 DVD-ROM)的形式发行，不但可以存储大量的资料，而且便于使用和查找。

5. 广播通信

远程教育系统、远程医疗系统、4G 手机、数字图文电视、视频会议等都是多媒体技术在广播通信领域的应用。视频会议系统是多媒体技术在商务和办公自动化中的一个重要应用，通过多媒体网络可以使分处不同国家和地区的与会者得到一种"面对面"开会的感觉。远程医疗系统借助不同地区的医疗技术，共同对患者提供会诊服务，即共享了资源又降低了成本。

6. 虚拟现实

虚拟现实是多媒体技术最具综合性的应用，其把计算计图像处理、模拟与仿真、传感、显示系统等技术和设备，以模拟仿真的方式，给用户提供一个真实反映操作对象变化与相互作用的三维图像环境，从而构成一个虚拟世界。虚拟现实技术现在已经成功地应用在了产品设计、产品展示、工业仿真(虚拟装配)、教育培训(虚拟实验室)、军事仿真、可视化管理等方面。

2.2.4 多媒体的硬件

多媒体计算机市场协会制定的 MPC 标准规范了多媒体计算机的软硬件配置。根据 MPC 标准，多媒体计算机的主要硬件除了普通电子计算机结构中常规的硬件，如主机、键盘、鼠标、显示器等设备之外，还要有音频信息处理硬件、视频信息处理硬件等部分，同时考虑到数字媒体信息存储、处理的特性，其他设备也有更高的要求。

常见的多媒体硬件设备有以下几种。

1. 大容量硬盘

各种数字化的媒体信息，其数据量通常都很大，尤其是高质量的图像、声音和视频数据，一般都在几十兆字节以上。所以大容量存储设备是多媒体计算机系统的必备部件。

2. 图形显示卡(显卡)

图形卡是插在主板上的扩展槽里的(如 PCI-Express 或 AGP 插槽)或集成在系统主板上。它主要负责把主机向显示器发出的信息显示出来。显卡的核心是显示芯片(Video chipset，也叫 GPU 或 VPU，图形处理器或视觉处理器)。显卡上也有和电脑内存相似的存储器，称为"显存"。早期的显卡只是单纯意义的显卡，只起到信号转换的作用，目前多媒体计算机一般使用的显卡都带有 3D 画面运算和图形加速功能，所以也叫做"图形加速卡"或"3D 加速卡"。

显卡输出接口主要有下列几种。

(1) VGA(Video Graphics Array，视频图形阵列接口)。作用是将转换好的模拟信号输出到 CRT 或者 LCD 显示器中。

(2) DVI(Digital Visual Interface，数字视频接口)。视频信号无须转换，信号无衰减或失真，未来 VGA 接口的替代者。

（3）S-Video（Separate Video，S 端子，也叫二分量视频接口）。一般采用五线接头，它是用来将亮度和色度分离输出的设备，主要功能是为了克服视频节目复合输出时的亮度跟色度的互相干扰。

（4）HDMI（High Definition Multimedia Interface，高清晰多媒体接口）。把声音和图像集成在一个接口上。

3．声卡（音频卡）

声卡用于处理音频信息，它可以把话筒、录音机、电子乐器等输入的声音信息进行模数转换（A/D）、压缩编码等处理，也可以把经过计算机处理的数字化的声音信号通过解码还原、数模转换（D/A）后用音箱播放出来，或者用录音设备记录下来。

声卡一般是安插在计算机主板扩展槽中的硬件卡，也可以集成在主机系统主板上。现在的主板上几乎都集成了声卡，声卡已成为普通计算机的基本配置。

声卡上一般有以下几个常用的与外部设备相连的插孔，以实现声音的输入和输出。

（1）Mic（麦克风）插孔。连接麦克风以录制外界声音。

（2）Line-in（音频输入）插孔。用音频线可将该插孔与录音机、电视机、放像机等设备上的 line-out 插孔相连，以录制它们发出的声音信息。

（3）line out（音频输出）插孔。连接有源音箱或外接音频功率放大器，输出计算机中的声音信息。

（4）Speaker（扬声器）插孔。连接喇叭或无源音箱，输出计算机中的声音信息。

（5）MIDI/GAME（MIDI 及游戏杆）插口。游戏杆插口与 MIDI 乐器插口共用一个 15 针的 D 型连接器，以配接游戏遥控杆或连接数字电声乐器上的 MIDI 插口，实现 MIDI 音乐信号的直接传输。

4．视频卡

视频卡是用来支持视频信号的输入和输出。视频输入功能可以捕捉采集视频图像，并把图像数字化，进行压缩编码。输出功能是对数字化的视频图像数据进行解压缩，解码还原后供显示器显示或转换为 PAL（Phase Alteration Line，逐行倒相电视制式）制式的模拟视频信号供电视机播放及录像机录制。

视频卡上一般有以下几个常用的与外部设备相连的接口，以实现视频信号的输入和输出。

（1）全电视信号射频（RF）接口。RF（Radio Frequency，无线射频）是一种高频信号连接端子，在电视信号传输中，由于传输距离较远，必须使用高频信号来传播。RF 接口一般用来连接同轴电缆（电视天线或有线电视）。电视信号发射时，使用高频调制把音、视频两种信号进行混合，接收信号时，需要解调出音、视频信号。这种方式传输的信号质量比较差，只有在使用电视卡录制电视节目时才用到 RF 端子。

（2）复合视频信号（AV）接口。AV 端子又叫复合端子，AV 是音频（Audio）和视频（Video）英文的字头缩写。其中 Video 只进行图像信号的传输。一般 AV 端子由 3 个 RCA（Radio Corporation of America，美国无线电公司开发的音视频接口，俗称莲花头接口）插头组成，使用黄颜色的接口连接视频信号（V 信号），用白颜色的接口和红颜色的接口分别连接左右声道的声音信号（LA 信号和 RA 信号）。这种复合视频信号不需要经过类似 RF 射频信号传输时的调制、放大、检波、解调等过程，信号保真度相对较高，采集录像带中的视频节目一般使用 AV 端子。

(3) S端子(Super Video,超级视频端子)。是由视频亮度信号(Y)和视频色度信号(C)以及一路公共屏蔽地线组成的五芯接口。S端子把亮度信号和色度信号分离出来输出,可以有效地避免视频信号在输出时亮度和色度相互干扰。因此,S端子输出的视频信号质量比较高。

(4) 分量色差端子。分量色差端子是在S端子的基础上,把色度信号C分为Cb和Cr(蓝色分量和红色分量,忽略绿色分量)。分量色差端子使用RCA或BNC(Bayonet Nut Connector,卡扣配合型连接器,一种同轴电缆连接插头)接口,通常标记为YPbPr或YCbCr标识,YPbPr表示逐行扫描色差输出,YCbCr表示隔行扫描色差输出。分量色差端子传输性能要优于S端子,在专业摄像机和很多广播级的非线性编辑卡中一般都有分量色差端子。

(5) IEEE 1394接口。是一种数字信号的传输标准,几乎所有的数码摄像机都支持IEEE 1394接口。通过IEEE 1394接口,数码摄像机中的数据可以直接传输到电脑的硬盘中,以方便后期处理。很多计算机在主板上都集成有IEEE 1394接口,如果计算机上没有IEEE 1394接口,则可以通过安装IEEE 1394接口卡的方式连接IEEE 1394接口设备。

对于以上这几种接口,以RF质量最差,S端子要优于AV端子,分量色差端子是专业用户的理想选择,而IEEE 1394接口传输的是数字信号,传输时不会有任何质量损失。

5. 采集卡

一般和视频卡整合在一起,对视频信号进行采集、编码或解码、回放。

6. 扫描仪

扫描仪有平面扫描仪和三维扫描仪。平面扫描仪将图片、照片或印刷材料上的文字和图像,扫描到计算机中,转换成为数字图像,以便通过图像软件进行加工处理。三维扫描仪可以把物体的三维信息(立体信息)扫描到计算机中,生成三维立体模型数据,在三维动画软件中使用或者在工业设计中使用。

7. 数位板

数位板又名绘图板、手绘板等,通常由一块板子和一支压感笔组成,是专门进行电脑绘画的输入设备。数位板有压力感应、坐标精度、读取速率、分辨率等主要参数。其中压力感应级数是关键参数。数位板是电脑绘画、动画设计的得力工具。

8. 数码摄像头、数码相机与数码摄像机

数码摄像头、数码相机、数码摄像机都是获取电子图像、动态影像等信息最直接的途径。数码摄像头一般通过USB接口和计算机直接连接,通过电脑软件直接拍摄静态的或动态的影像,目前是视频通信(视频聊天)的主要设备。数码相机和数码摄像机也都可通过USB接口与计算机相连,并将存储的数字信息直接输入到计算机中进行处理。

对于数码摄像机,不同的摄像机提供的视频输出接口也不相同,AV端子是所有摄像机都提供的一个接口,S端子只是部分摄像机才有,IEEE 1394接口则是数码摄像机的标准接口。

2.2.5 多媒体的软件

多媒体计算机的操作系统必须支持各种媒体设备,同时具备多媒体资源管理与信息处理的功能。微软公司的Windows操作系统是目前应用最广泛的操作系统,同时其多媒体功能的支持也是极为完善的,特别是对即插即用功能的支持,使用户安装多媒体硬件也更加方便。

除了操作系统的支持,多媒体软件还包括多媒体数据库管理系统、多媒体编码/解码软件、多媒体通信软件、多媒体声像同步软件、多媒体编辑(创作、开发)软件等。

多媒体编辑工具包括文字处理软件、图形图像处理软件、动画制作软件、音频编辑软件以及视频编辑软件、多媒体编著(开发)软件等。

1. 文字编辑

文字编辑软件主要进行文字的编辑、排版、特效文字的制作等。常用的有 Microsoft Office、WPS Office 等。

2. 图形图像处理

图形图像处理软件主要进行数字图形图像的制作、处理等。常用的有 Photoshop、Coreldraw、Painter、Illustrator 等。

3. 音频编辑

音频编辑主要进行数字音频的录制、编辑、合成等,一般有音源软件、合成器软件、工作站软件等。常用的有 SONY Soundforge、Adobe Audition、Cakewalk Sonar 等。

4. 视频编辑

视频编辑又称非线性编辑,包括视频剪辑和视频合成功能。常见的有 Adobe Premiere、Adobe AffterEffect 等。

5. 动画制作

电脑动画制作软件,有二维动画和三维动画等。常见的有 Animo(二维)、Toon Toonz(二维)、Autodesk 3DS Max(三维)和 Autodesk Maya(三维)等。

6. 多媒体编著

多媒体作品集成编著软件,完成多媒体作品的设计、开发、发布等。例如,Adobe Director、Adobe Flash 等。

7. 媒体工具

有音视频采集、音视频编码、音视频格式转换、媒体管理等。常见的有 DivX Pro(视频编码)、Winamp(数字音乐播放)、WinAvi(视频转换)、Acdsee(图像浏览及文件管理)等。

2.3 Windows 10 操作系统的多媒体功能

Windows 10 是美国微软(Microsoft)公司研发的新一代跨平台操作系统。PC 版本 Windows 10 从系统级支持多媒体功能的改善,为用户提供了更加丰富多彩、功能强大的多媒体环境。本节就如何充分发挥 Windows 10 的多媒体功能,主要讲解多媒体设备的安装和设置、调整 Windows 10 多媒体属性设置、音视频播放引擎的应用等内容。

2.3.1 Windows 10 系统中多媒体硬件设备的安装设置

1) 设备管理器安装多媒体设备

Windows 10 的设备管理器是操作系统管理计算机上硬件设备的工具。通过设备管理器能够查看和设置设备属性、更新设备驱动程序、添加和卸载设备。设备管理器对于电脑应用与维护有着很重要的作用,例如,可以检查硬件的工作状态以及更新计算机上的设备驱动程序,诊断和解决硬件设备冲突和更改硬件资源设置等。

Windows 10 设备管理器可以通过以下操作打开:在任务栏选择菜单"开始"|"设置"菜

单项,打开"设置"窗口,单击"设备(蓝牙、打印机、鼠标)"选项,打开"设备"窗口(如图 2-1 所示),左侧栏选择"打印机和扫描仪",对应右侧栏的"相关设置"区域,单击"设备管理器",就可以打开"设备管理器"窗口。

图 2-1 "设备"窗口

在"设备管理器"窗口中,列出了计算机全部的设备列表,每一设备列表项都有该设备具体的设备名称,例如,"音频、视频和游戏控制器"下就有"High Definition Audio 设备",鼠标右击该设备项,会弹出该设备的操作选项对话框(如图 2-2 所示)。

其中"更新驱动程序软件"操作项可以更新或重新安装该设备的驱动程序;"禁用"操作项可以在系统中停用该设备,"禁用"设备后也可以再重新"启用"设备;"卸载"操作项可以从系统中移除该设备的驱动程序;"扫描检测硬件改动"操作项可以使系统自动扫描硬件更改,从而重新安装驱动程序;"属性"操作项可以打开该设备"属性"窗口,检视该设备的状态信息。

2) 控制面板管理多媒体设备

Windows 10 控制面板是设置 Windows 10 系统功能的重要程序,通过控制面板可以查看、操作基本的系统设置,比如添加/删除软件、设置网络连接、设置用户账户、系统安全设置、多媒体设备设置、个性化外观设置、更改辅助功能选项等。

Windows 10 控制面板可以通过如下操作打开。在任务栏选择菜单"开始"|"所有应用",在"Windows 系统"菜单组下选择"控制面板"菜单项,就可以打开"控制面板"窗口(如图 2-3 所示)。

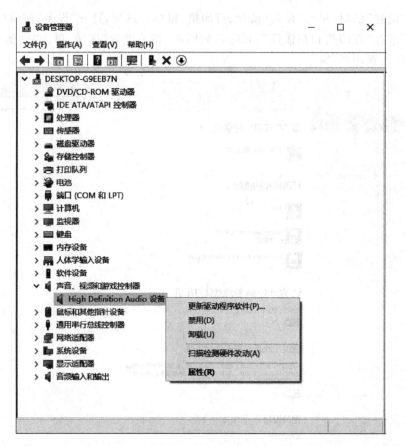

图 2-2 "设备管理器"窗口

图 2-3 "控制面板"窗口

在"控制面板"窗口单击"硬件和声音"区块,可以打开"硬件和声音"操作页(如图 2-4 所示)。在该页右侧"声音"区块中,单击"调整系统音量",弹出系统音量调整对话窗(如图 2-5 所示),通过拖动"扬声器"音量滑块和"系统声音"音量滑块,调整设备音量和应用程序音量。在该页右侧"声音"区块中,单击"调整系统音量",弹出"声音"设置窗口,可以设置 Windows 10 系统的声音主题(如图 2-6 所示)。在该页右侧"声音"区块中,单击"管理音频设备",弹出"声音"设置窗口,在"播放"选项卡中,选中"扬声器",再单击"配置",弹出"扬声器安装程序"窗口(如图 2-7 所示),此时可对系统扬声器进行设置,根据提示单击"下一步"按钮,完成安装设置。也可以在"声音"设置窗口的"录制"选项中,选中"麦克风",再单击"配置",弹出"语音识别"窗口(如图 2-8 所示),此时可进行语音识别的设置,也可以单击窗口右侧"设置麦克风",弹出"麦克风设置向导"窗口(如图 2-9 所示),选择合适的麦克风类型,根据提示单击"下一步"按钮,完成麦克风的安装设置。

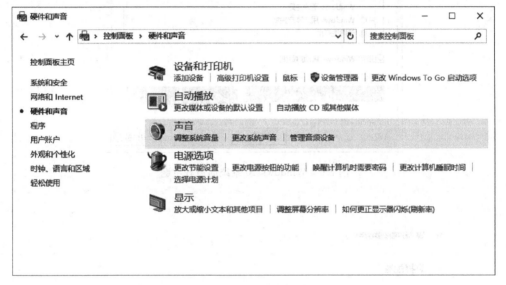

图 2-4　"控制面板"窗口

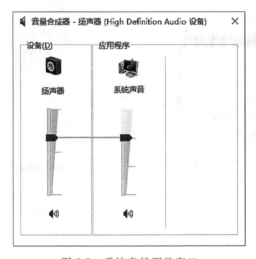

图 2-5　系统音量调整窗口

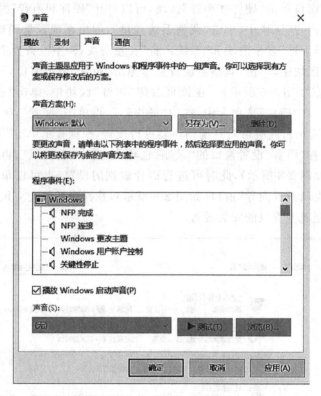

图 2-6 Windows 10 系统的声音主题

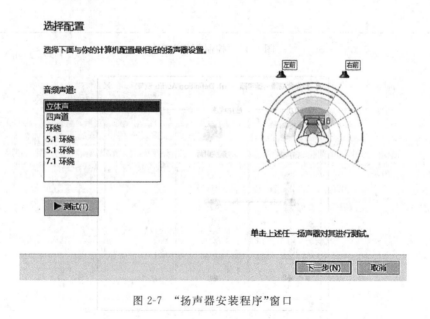

图 2-7 "扬声器安装程序"窗口

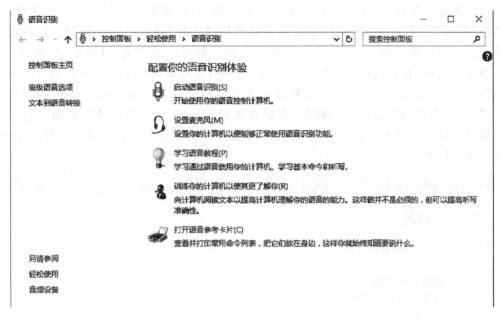

图 2-8 "语音识别"窗口

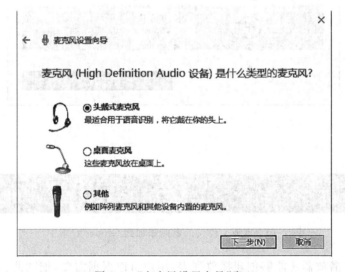

图 2-9 "麦克风设置向导"窗口

2.3.2 Windows 10 系统中多媒体文件的播放

1) "Groove 音乐"播放音频文件

Groove 音乐播放器是 Windows 10 操作系统自带的音乐播放器,是系统默认的音乐播放程序。Groove 音乐播放器风格简洁、界面清爽、操作便捷。Groove 音乐播放器可以通过以下操作打开:单击任务栏"开始"菜单,在全屏菜单上单击"Groove 音乐"磁贴,打开"Groove 音乐"播放器窗口。

打开播放器窗口后，首先需要添加本地电脑歌曲，在播放器窗口右侧的菜单栏内任意选择"专辑"、"歌手"或"歌曲"，在右侧窗口内均可出现"获取一些音乐"提示，单击"选择查找音乐的位置"，弹出"从你的本地音乐文件里创建你的收藏"对话框（如图 2-10 所示），单击＋图标，在弹出的"选择文件夹"对话框中，选择本地音乐文件所在的文件夹，单击"将此文件夹添加到音乐"按钮，这样就把本地文件夹的歌曲添加到了 Groove 音乐中，然后单击"完成"按钮，完成添加操作，添加进来后 Groove 音乐会自动对歌曲进行分类。当然也可以单击已经添加到 Groove 音乐中的文件夹右上角的×，从 Groove 音乐中删除这个音乐文件夹。

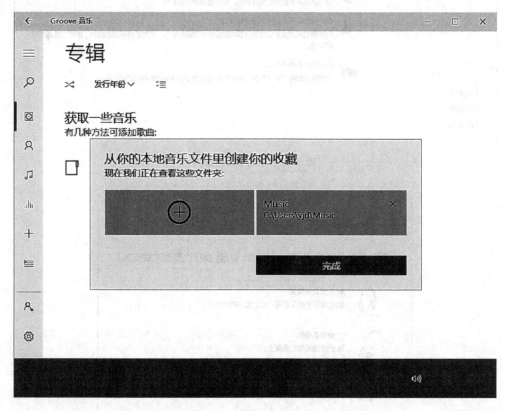

图 2-10　本地文件夹的歌曲添加到 Groove 音乐中

Groove 音乐播放器还能够创建播放列表，用户可以根据需要，把歌曲、音乐放到不同的播放列表中加以管理，例如，可以把自己经常听的歌曲放在一个播放列表中，具体操作如下：单击菜单"新建播放列表"，在弹出的"命名此播放列表"对话框中，填写播放列表的名称如"我最喜欢的歌曲"，然后单击"保存"按钮，名称为"我最喜欢的歌曲"这个播放列表就建立起来，并且出现到了播放器窗口右侧菜单栏位置。播放列表建立后，选择某首歌曲，右击，在弹出菜单中选择"添加到"|"我最喜欢的歌曲"菜单项（如图 2-11 所示），就把这首歌曲添加到了"我最喜欢的歌曲"这个播放列表中。

2）"电影和电视"播放视频文件

电影和电视播放器是 Windows 10 操作系统自带的视频播放器，是系统默认的视频播放程序。电影和电视播放器界面简洁、操作方便。电影和电视播放器可以通过以下操作打

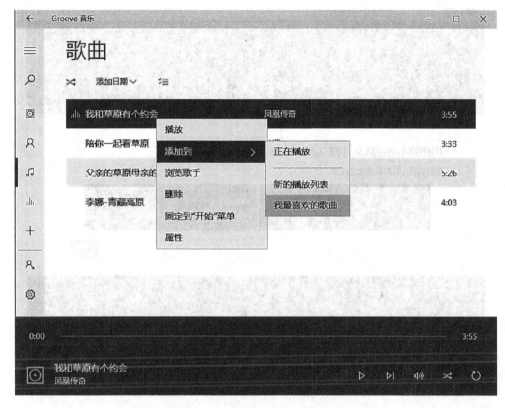

图 2-11　歌曲添加到播放列表中

开：单击任务栏"开始"菜单,在全屏菜单上单击"电影和电视"磁贴,打开"电影和电视"播放器窗口。

打开播放器窗口后,就可以添加本地视频文件,在右侧窗口内"此处显示你的个人视频"区域,单击"添加一些视频",弹出"用你的本地视频文件建立你的收藏"对话窗(如图 2-12 所示),单击"＋",在弹出的"选择文件夹"对话框中,选择本地视频文件所在的文件夹,单击"将此文件夹添加到视频"按钮,这样就把本地文件夹的视频添加到了电影和电视中,然后单击"完成"按钮,完成添加操作。当然也可以单击已经添加到电影和电视中的文件夹右上角的×,从电影和电视中删除这个视频文件夹。添加进来的视频文件可以单击直接播放,也可以右击,选择"移除"项,把视频从当前列表中删除,但需要注意,如此操作不但会把视频文件从当前列表中移除,也会把视频文件从本地文件夹中删除,如果只是想让视频文件不出现在电影和电视中,就在"用你的本地视频文件建立你的搜藏"对话窗,单击需要移除的视频文件夹右侧的×,把该文件夹从电影和电视中删除即可(如图 2-13 所示)。

3)"Windows Media Player"播放媒体文件

Windows Media Player 播放器,简称 WMP,是微软公司出品的一款播放器,是 Microsoft Windows 操作系统的一个组件,伴随着 Windows 操作系统免费发行。Windows Media Player 不仅能够播放音频、视频、图片文件,还能够刻录、翻录、同步、流媒体传送、观看、倾听……还支持通过插件增强功能。由于 Windows Media Player 强大的媒体播放功能,个人电脑成为功能丰富的多媒体工具,可以在工作、生活、娱乐中尽情享用。

图 2-12　本地文件夹的视频添加到电影和电视中

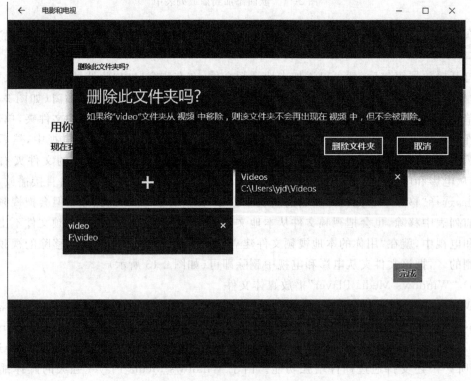

图 2-13　把文件夹从电影和电视中删除

在 Windows 10 中使用 Windows Media Player,可以把系统默认的音、视频文件播放程序更改成 Windows Media Player,更改系统默认音频文件播放程序的操作方法如下：在任务栏选择"开始"|"所有应用"菜单项,在"Windows 系统"菜单组下单击"默认程序"菜单项,就可以打开默认程序设置窗口(如图 2-14 所示)。在窗口右侧"音乐播放器"项目下单击"Groove 音乐",在弹出的对话框中,选择 Windows Media Player 菜单项(如图 2-15 所示),就可以把系统默认音频文件播放程序由"Groove 音乐"更改为 Windows Media Player。相同的操作方法也可以把系统默认视频文件播放程序由"电影和电视"更改为"Windows Media Player"。播放器设置好后,用鼠标双击电脑中的任何一个音、视频文件,系统都会自动运行 Windows Media Player 米播放这个音、视频文件(如图 2-16 所示)。

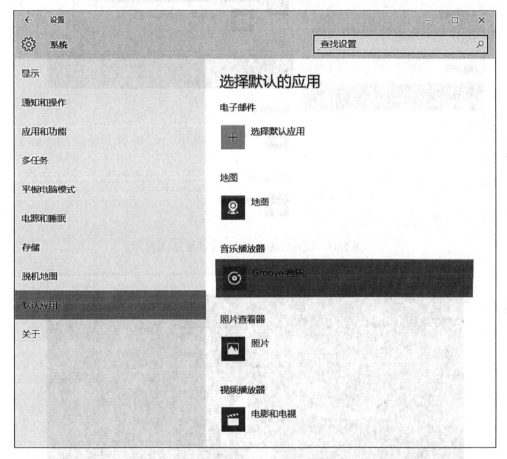

图 2-14　默认程序设置窗口

"Windows Media Player"播放器功能强大,可以灵活设置各项参数,例如,显示或隐藏播放列表,切换全屏播放和窗口播放,设置无序播放和重复播放,设置可视化效果,设置视频播放,设置增强功能,设置歌词和字幕等。这些功能可以通过在播放器窗口中右击,在弹出的对话框中进行设置(如图 2-17 所示)。还有更多的设置可以在此对话框中单击"更多选项"弹出"选项"窗口进行设置(如图 2-18 所示)。

图 2-15 更改系统默认音频文件播放程序

图 2-16 Windows Media Player 播放程序

图 2-17　Windows Media Player 设置菜单

图 2-18　Windows Media Player 更多选项菜单

本 章 小 结

本章的内容是多媒体技术的基础内容。从多媒体技术的概念、特点到多媒体技术的发展、应用以及 Windows 10 多媒体操作系统,本章对多媒体技术进行了概述,其中,多媒体的概念、MPC 标准、多媒体的硬件和软件、Windows 10 操作系统的多媒体功能是本章的重点。

思 考 题

1. 多媒体的概念是什么?
2. 媒体和多媒体有什么异同?
3. 简述多媒体技术的发展沿革。
4. 简述 MPC 3 标准的内容。
5. 多媒体技术主要应用在哪些方面?
6. 简述多媒体系统的主要硬件设备。
7. 多媒体信息的编辑软件主要有哪些?
8. "Groove 音乐"播放器的特点有哪些?
9. "Windows Media Player"播放器的特点有哪些?

第 3 章　数字媒体信息基础

本章学习目标
- 掌握 RGB、CMYK、HSB 颜色模式,理解颜色模型和颜色深度的概念;
- 掌握采样与量化、压缩与编码的内容及特点;
- 了解多媒体信息的存储、组织和管理的方法,了解多媒体数据库;
- 掌握文本、图形、图像、数字音频、动画及数字视频等媒体信息的特点、文件格式和获取途径。

本章首先讲述数字颜色理论的内容,然后讲述信息数字化的相关技术和方法,又对多媒体信息的存储、组织和管理进行介绍,最后详细讲述各种多媒体信息的特点、存储格式和获取方法。

3.1　数字颜色理论

在日常生活中,绿树、蓝天、青山、碧水,颜色构成了丰富多彩的自然世界,同样在多媒体的世界里,图形、图像、动画等也都少不了颜色的描绘,颜色是多媒体信息中最基础的要素。多媒体世界中的颜色和自然界中的颜色是不同的,多媒体中的颜色是数字颜色,是由二进制数值描述的颜色信息,本节对有关数字颜色的基础知识进行讲解。

3.1.1　颜色模式

1. RGB 颜色模式

RGB(Red,Green,Blue)颜色模式又称光色混色法或加色混色法,是基于自然界中 3 种基色光的混色原理。其混色方法如下。

(1) 红色(Red)、绿色(Green)和蓝色(Blue)是 3 种基色。
(2) 每种基色色阶都从 0~255 的连续取值。
(3) 等值的红色、绿色合成黄色。
(4) 等值的红色、蓝色合成品红色。
(5) 等值的蓝色、绿色合成青色。
(6) 等值的红色、蓝色、绿色最大值合成白色,最小值合成黑色,其余等值状态可合成灰色。

RGB 颜色混色原理如图 3-1 所示。

RGB 颜色模式是最基础的色彩模式,其表现颜色的范围(色域)很宽,一般应用在电脑显示屏、投影幕、监视器等非平面媒体

图 3-1　RGB 颜色混色原理

上显示的媒体信息,如视频、动画、网页等。

2. CMYK 颜色模式

CMYK(Cyan,Magenta,Yellow,Black)颜色模式又称印刷色混色法或减色混色法,是基于颜料的混色原理。其混色方法如下。

(1) 青(Cyan)、品红(Magenta)、黄(Yellow)是三基色,黑(Black)是补充基色。

(2) 每种基色色阶都从 0~100 的连续取值。

(3) 等值的青色、品红色合成蓝色。

(4) 等值的青色、黄色合成绿色。

(5) 等值的品红色、黄色合成红色。

(6) 等值的青色、品红色、黄色最小值合成白色。

(7) 等值的青色、品红色、黄色最大值理论上合成黑色,但实际上不能合成黑色,因此需要补充添加原色(黑色)。

(8) 其余等值状态可合成灰色。

CMYK 颜色混色原理如图 3-2 所示。

CMYK 颜色混色法是在印刷中使用的 4 种颜色油墨的颜色混色模式。与 RGB 颜色混色模式的光色混色不同,CMYK 颜色混色模式是由颜料(油墨)吸收和反射了 C、M、Y、K 等不同程度的色光所形成的颜色混合。

由于 C,M,Y,K 在进行颜色合成时,如果颜料吸收的光色越多,反射的颜色就越少,即随着 C、M、Y、K 4 种颜料成分的增多,反射到人眼的光会越来越少,光线的亮度会越来越低,因此,CMYK 模式产生颜色的方法又被称为色光减色法。CMYK 颜色模式表现颜色的范围(色域)很窄,这主要也是由其颜料反射光的特性决定的。

在实际应用时,如果是设计在平面媒体上的图像(如期刊、杂志、报纸、宣传画等印刷图片、喷绘图片、彩色打印图片等),就是用 CMYK 模式表现的。

3. HSB 颜色模式

HSB(hue,saturation and brightness)颜色模式是基于人眼对色彩的观察来定义的,在此模式中,所有的颜色都用色相(色调)、饱和度、亮度三个特性来描述。

1) 色相(hue)

色相也称色调(tone),是颜色的根本属性,其规定了颜色的根本性质。色相是由颜色的波长决定的,是与某种颜色波长有关的物理和心理特性,通过物理实验可知,不同波长的可见光具有不同的色相。在 HSB 颜色模式中,色相的取值范围是 0°~360°。红、黄、绿、青、蓝、品红 6 种颜色形成 360°的面(圆面),其中每两种颜色相差 60°。如图 3-3 所示。

图 3-2 CMYK 颜色混色原理

图 3-3 HSB 颜色模式色相

2) 饱和度(saturation)

饱和度指颜色的强度或纯度,表示色相中灰色成分所占的比例。在 HSB 颜色模式中,饱和度的取值范围是 0%～100%。

3) 亮度(brightness)

亮度是颜色的相对明暗程度,在 HSB 颜色模式中,亮度的取值范围是 0%(黑)～100%(白)。

HSB 颜色模式也有用 HLS、HSI 等表示的。

4. Lab 颜色模式

Lab 颜色模式是国际照明委员会(Commission Internationale d'Eclairage,CIE)制定发布的一种衡量颜色的标准,在 1976 年命名为 CIELab。Lab 颜色模式主要解决了由于不同设备(显示器、打印机等设备)所造成的颜色差异,即其是不依赖于设备的颜色描述。

Lab 颜色模型由三个要素组成。

(1) 一个亮度分量 L 及两个颜色分量 a 和 b。其中 L 的取值范围是 0%～100%。

(2) a 分量是从深绿色(低亮度值)到灰色(中亮度值)再到亮红色(高亮度值)的色谱变化。

(3) 而 b 分量是从亮蓝色(底亮度值)到灰色(中亮度值)再到黄色(高亮度值)色谱变化,a 和 b 的取值范围均为 -128～127。

Lab 颜色模式模型弥补了 RGB 和 CMYK 两种色彩模式的不足,其所包含的颜色范围最广,能够包含所有的 RGB 和 CMYK 模式中的颜色。因此,这种颜色混合后将产生具有明亮效果的色彩。

3.1.2 颜色模型

1. RGB 颜色模型(空间立方体颜色模型)

计算机显示器显示颜色的原理与彩色电视机一样,都是采用 RGB 颜色混色的原理,通过阴极射线管的电子枪发射出 3 种不同强度的电子束,轰击荧光屏内侧覆着的红、绿、蓝荧光粉发出三色光混合而产生颜色。这种颜色的表示方法可以使用 RGB 颜色空间表示。在多媒体计算机技术中,用得最多的就是 RGB 颜色空间表示。

根据三基色原理,用基色光单位来表示光的量,则在 RGB 颜色空间,任意色光 F 都可以用 R、G、B 三色不同分量的相加混合而成:

$$F = r[R] + g[G] + b[B]$$

RGB 颜色空间通常可以用一个三维的立方体来描述如图 3-4 所示。

自然界中任何一种色光都可由 R、G、B 三基色按不同的比例相加混合而成,当三基色的分量值都为最弱(即全都等于 0)时混合成为黑色;当三基色的分量值都为最强(即全都等于 255)时混合成为白色。任一颜色是这个空间立方体中的某一点,其颜色值分别对应 R、G、B 色轴的坐标值。

RGB 颜色空间是根据光色的物理意义构建的,因此特别适合依据荧光粉发光的 R、G、B 三色光进行色光混合原理工作的彩色显像管(CRT,阴极射线管)。然而这种模型是一种客观颜色模型,并不适应人的视觉特点。

2. HSB 颜色模型(空间圆锥体颜色模型)

HSB 颜色模型是从人的视觉系统出发,用色调(Hue)、色饱和度(Saturation 或 Chroma)和亮度(Intensity 或 Brightness)来描述颜色。HSB 颜色空间可以用一个圆锥空间模型来描述,如图 3-5 所示。

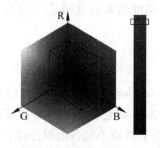

图 3-4　RGB 颜色空间

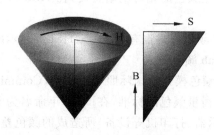

图 3-5　HSB 颜色空间

用这种描述 HSB 颜色空间的圆锥模型相当复杂,但确能把色调、亮度和色饱和度的变化情形表现得很清楚。

(1) HSB 圆锥空间模型表示圆锥上亮度、色调和色饱和度的关系。

(2) 圆锥垂直轴表示亮度:亮度值是沿着圆锥的轴线度量的,沿着圆锥轴线上的点表示完全不饱和的颜色,按照不同的灰度等级,最亮点为纯白色、最暗点为纯黑色。

(3) 圆锥纵切面:描述了同一色调的不同亮度和饱和度关系。

(4) 圆锥横切面:色调 H 是绕着圆锥截面度量的色环,圆周上的颜色为完全饱和的纯色,色饱和度为穿过中心的半径横轴。

色调和色饱和度统称为颜色的色度,用来表示颜色的类别与深浅程度。根据人眼对颜色明暗的敏感程度远强于对颜色浓淡的敏感程度这一特点,为了便于颜色的处理和识别,常采用 HSB 颜色空间描述人的视觉(即主观)颜色空间,它比 RGB 颜色空间更符合人的视觉特性。在图像处理和人工视觉中大量算法都可在 HSB 颜色空间中应用。HSB 颜色空间和 RGB 颜色空间是对颜色混合的不同表示形式,它们之间可以相互转换。

3.1.3　颜色深度

数字图像的颜色是由组成图像的基本单位——像素的颜色决定的。像素的颜色是根据其颜色描述的二进制位元(bit)值来描述的,如像素的颜色如果只是黑色和白色两种颜色,则使用一位的二进制数就可描述清楚,即 1 个比特(1b)。数字图像中常见的颜色深度(比特位)有 1 位、8 位、24 位、32 位、48 位等。

1. 黑白图像(二值化)

只有黑白两种颜色,颜色深度一位($2^1=2$ 色)。

2. 灰度图像(grayscale)

共有 256 个颜色描述,类似传统的黑白全色照片,由黑到白 256 种灰色变化。颜色深度 8 位($2^8=256$ 色)。

3. 全彩图像(full color)

RGB 颜色模式,由 R、G、B 3 种基色构成,每种基色都以 8 位颜色深度(256 种色阶)描述,总共可以描述 24bit 的 1677 万色($2^8 \times 2^8 \times 2^8 = 256 \times 256 \times 256 = 2^{24} = 16\ 777\ 216$ 色),这是电脑所能表示的最高色彩,也称作 RGB Ture Color。

4. 索引色图像(index color)

为节约存储空间和系统资源,提高图像传输速率,经常要把全彩图像中的全部 24bit 颜色进行索引(indexed),新建立起一张"索引色表(Histogram,直方图)",把图像中使用的颜色与这个索引颜色表中的颜色一一对应起来,在基本不改变视觉表现的前提下,重新建立起图像——索引色图像,达到简化颜色,缩小文件尺寸,节省磁盘空间的目的。索引色常使用 16 色、32 色、64 色、128 色或 256 色等,但最多不得超过 256 色。索引色图与索引色表如图 3-6 所示。

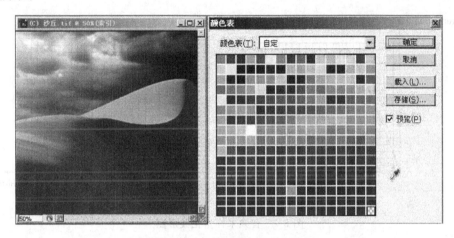

图 3-6 索引色图与索引色表

3.2 数据压缩及编码技术

由于多媒体平台处理的是数字信号,因此传统的视听信号要想在多媒体系统上处理就必须转换为数字信号。模数转换是把模拟信号转换为数字信号的过程,例如,通过扫描仪把印刷图片转换成数字图像、通过声卡把声音信号转变成数字音频、通过视频采集卡把录像带的节目转换成数字视频等。在模数转换的过程中,数据编码和压缩技术是转换过程的核心技术。

3.2.1 采样和量化

1. 采样和量化的概念

人类获得信息的主要来源是听觉(约占 5%)和视觉(约占 90%),因此声音和视像信息就构成了人类信息的主要内容。在 20 世纪 60、70 年代之前,对信息的处理方式主要限于模拟方式,其特点是这种信号在时间和幅度上都是连续的。

1948 年美国著名信息论专家香农在论文《通信的数学理论》中第一次提出数字化信息的基本单位——比特,并由此提出了一系列近代信息论的基本思想。由此,信息处理开始走上数字化的道路。尤其是 20 世纪 70 年代以来微电子技术、计算机技术和网络技术的迅猛发展,信号的数字化处理以空前未有的速度向前推进。

信号的数字化处理包括两个步骤:一是时间上的离散化,即采样;二是幅度上的离散化,即量化。数字化之后的信号,将全部变为 0 和 1 组成的二进制序列。这就使得信息的采集、存储、传输、复制、加工变得很方便。

采样也叫抽样,是把模拟信号在时间上按照一定的间隔进行取值,时间间隔越小(频率越高),取值越精确。

量化是把模拟信号在振幅上按照一定的电平间隔进行细分取值,具体幅度值用舍入法归到靠近的量化电平上。细分的间隔越小,取值精度越高。

音频采样量化如图 3-7 所示。

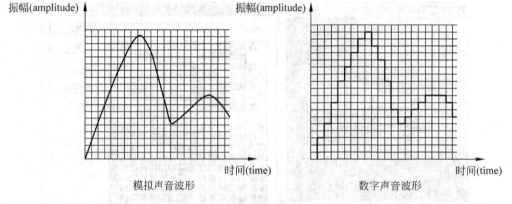

图 3-7　音频采样量化波形图

2. 采样频率和采样精度

1) 采样频率

对模拟信号采样首先要确定采样间隔,可用每秒采集样本的多少来描述,即采样频率。

一般来说,采样频率越高,采样点就越密,所得离散信号就越逼近于原信号。但过高的采样频率并不可取,采集到过大的数据量会增加不必要的计算工作量和存储空间;采样频率过低,采样点间隔过远,则离散信号不足以反映原有信号的波形特征,无法使信号复原,造成信号混淆。

在对声音信息采样时,采样频率是描述声音文件的音质、音调,衡量声卡、声音文件的质量标准。采样频率越高,即采样的时间间隔越短,计算机采集的信号样本就越多,转换后的数字信号波形就越接近原模拟信号的波形。根据奈奎斯特理论,当采样频率高于原模拟信号最高频率的两倍时,数字信号就可以比较精确地表示原来的模拟信号。

计算机声卡常用的采样频率一般为 11kHz、22kHz、44.1kHz 和 48kHz。11kHz 的采样率获得的声音称为电话音质,基本上能让人们分辨出通话人的声音;22kHz 称为广播音质;44.1kHz 称为 CD 音质。

2) 采样精度

对信号幅值进行量化时,量化电平级数(采样精度)影响到信号的保真度,电平级数越大既采样精度越高,所得离散信号就越逼近于原信号。

在对声音采样时,采样精度决定了记录声音的动态范围,它以位为单位,比如 8 位、

16位。8位可以把声波分成256级,16位可以把同样的波分成65 536级的信号。级数越高,声音的保真度越高。

采样精度的另一种表示方法是信号噪声比,简称为信噪比(signal-to-noise ratio,SNR),用下式计算。

$$SNR = 10\lg\left[\frac{(V_{signal})^2}{(V_{noise})^2}\right] = 20\lg(V_{signal}/V_{noise})$$

其中:V_{signal}表示信号电压;V_{noise}表示噪声电压;SNR的单位为分贝(dB)。

【实例3-1】 假设$V_{noise}=1$,采样精度为1位表示$V_{signal}=2^1$,它的信噪比SNR=6分贝。

【实例3-2】 假设$V_{noise}=1$,采样精度为16位表示$V_{signal}=2^{16}$,它的信噪比SNR=96分贝。

3.2.2 数据压缩与编码

1. 数据压缩与编码

信息编码是为方便信息的存储、检索、传输和使用,在进行信息处理时赋予信息元素以代码的过程。编码的目的在于提高信息处理的效率。

在多媒体技术中,媒体信息(图像、声音、视频等)的特点是信息量(数据量)都很大,这给存储、传输和利用都带来了很大的问题,如系统资源占用过大、内存消耗很高、存储空间占用很大、数据传输占用时间长等。为了解决这些问题,达到令人满意的图像、视频画面和听觉效果,就必须解决图像、音频、视频数据等大容量存储、实时传输和处理的问题,这些都需要使用媒体信息的编码技术。编码是对原始信息符号按一定的数学规则所进行的变换。信息编码必须标准、系统化。在编码时一般要解决两个问题:一是在不失真或允许一定程度失真的条件下,如何用尽可能少的符号来传递信息;其次是在信道存在干扰的情况下,如何增加信号的抗干扰能力,同时又使信息传输率最大。

媒体信息一般都具有很大的数据压缩的潜能,这主要是它们存在很多数据冗余。

2. 数据压缩编码方法

信息编码时要充分考虑媒体信源本身的统计特征、系统软硬件的适应能力和应用环境以及技术标准。编码压缩方法有许多种。

从信息论角度出发可分为两大类。

(1) 冗余度压缩方法,也称无损压缩。是解码图像和压缩编码前的图像严格相同,没有失真,在数学上是一种可逆运算。

(2) 信息量压缩方法,也称有损压缩。是解码图像和原始图像有一些差别,允许有一定的失真。

从压缩编码算法原理上可以分类三类。

(1) 无损压缩编码。如霍夫曼编码、算术编码、行程编码、Lempel zev编码等。

(2) 有损压缩编码。如预测编码、频率域编码、空间域编码、子采样、矢量量化等。

(3) 混合编码。如JPEG、MPEG等编码方案。

衡量一个压缩编码方法优劣的重要指标如下。

(1) 在保证信号品质的前提下,压缩比尽可能地要高。

(2) 压缩与解压缩要快,算法要简单,硬件实现容易。

(3) 解压缩的信息质量要好。

3. 常见媒体信息的数据压缩编码国际标准

1) JPEG 标准(静止图像压缩标准)

JPEG 是由"联合图像专家组"(Joint Photographic Experts Group)发布的图像压缩算法,主要针对静止图像的压缩。JPEG 是利用图像内的空间相关性,减小空间冗余度。JPEG 的压缩比可以根据对图像质量的不同要求进行改变和调整。

JPEG 标准是基于离散余弦变换和可变长编码的算法。其关键技术有变换编码、量化、差分编码、运动补偿、霍夫曼编码和游程编码等。

2) H.261 标准(动态图像压缩标准)

H.261 是用于会议电视的国际标准,既采用了帧内编码,又采用了帧间编码,因此它的压缩比大致是 JPEG 的三倍。H.261 标准用于音像业务的码率是 $p×64kbit/s(p=1,2,\cdots,30)$。用于电视电话时 $p=1$ 或 2,用于电视会议时 $p\geq 6$。这种标准具有最小延迟实时对话的能力。

3) MPEG 标准(动态图像压缩标准)

MPEG(Moving Picture Expert Group,运动图像专家组)的任务是对数字存储媒质、电视广播、通信等方面的运动图像和伴音给出一种通用的编码方法。

MPEG 标准主要有 MPEG-1、MPEG-2、MPEG-4、MPEG-7 及 MPEG-21 等。

MPEG 标准的视频压缩编码技术主要利用了具有运动补偿的帧间压缩编码技术以减小时间冗余度,利用 DCT 技术以减小图像的空间冗余度,利用熵编码则在信息表示方面减小了统计冗余度。这几种技术的综合运用大大地增强了压缩性能。

4) MPEG-1

MPEG-1 是 1992 年制定的标准,对 NTSC(National Television Standards Committee,美国国家电视标准委员会)制(352×240 分辨率)和 PAL 制(352×288 分辨率)的图像进行压缩,传输速率为 1.5Mbits,每秒播放 30 帧(PAL 制为 25 帧/秒),具有 CD(激光唱盘)音质,质量级别基本与 VHS(Video Home System,家用录像系统)相当。MPEG 的编码速率最高可达 4~5bit/s,但随着速率的提高,其解码后的图像质量有所降低。

MPEG-1 也被用于数字电话网络上的视频传输,如非对称数字用户线路(ADSL)、视频点播(VOD)以及教育网络等。同时,MPEG-1 也可被用做记录媒体或是在 Internet 上传输音频。

5) MPEG-2

MPEG-2 是 1994 年颁布的动态图像压缩标准。MPEG-2 可以提供高达 3~10Mbit/s 的传输率,可提供广播级的视频和 CD 级的音质;在视频质量上,MPEG-2 编码在 NTSC 制式下的画面分辨率可达 720×486,PAL 制式下画面的分辨率可达 720×576;在音频质量上,MPEG-2 编码可提供多达 7 个伴音声道(左、右、中及两个环绕声道以及一个加重低音声道)。

由于 MPEG-2 的出色性能,其广泛应用于数字广播、有线电视、计算机网络以及卫星传播等领域,不仅成为 DVD 的标准编码,还能适用于 HDTV(High Definition Television,高清晰度电视)。

6) MPEG-4(动态图像压缩标准)

MPEG-4 是 1998 年由 ISO/IEC 颁布的动态图像压缩标准。MPEG-4 通过帧重建技术利用很窄的带宽压缩和传输数据。MPEG 4 标准的传输速率在 4800~64 000bit/s 之间,分辨率为 176×144。MPEG-4 标准主要应用于网络视频,如视频电话、视频邮件、电子新闻和移动视频(手机电影)等。

与 MPEG-1 和 MPEG-2 相比,MPEG-4 的特点是其更适于交互 AV 服务以及远程监控。MPEG-4 是第一个具有交互性的动态图像标准,有很强的综合性、适应性和可扩展性。

7) MPEG-7

MPEG-7 的规范名称是多媒体内容描述接口(multimedia content description interface)。MPEG-7 不同于其他的 MPEG 标准,不是一种具体的压缩编码方法,而是用以描述多媒体内容的标准。在应用上,MPEG-7 与其他 MPEG 标准互为补充。MPEG-7 并不针对某个具体的应用,而是针对 MPEG-7 标准化的媒体元素,这些带有 MPEG-7 信息的媒体元素既包含具体的媒体信息(如图形、图像、三维模型、音频、视频等),又包含这些元素在多媒体应用中组合的信息。MPEG-7 可以应用于媒体信息的索引和检索、媒体信息选择和过滤等。

8) MPEG-21

MPEG-21 为多媒体的传输和使用定义了一个标准化的、开放的、兼容互补的多媒体框架标准。该标准把不同的协议、标准和技术有机地融合在一起,是一些关键技术的集成;该标准解决了在各异网络和终端间媒体传播的问题,很大程度上增强了全球数字媒体资源的功能。

3.3 媒体信息的存储、组织与管理

存储管理技术是多媒体信息技术的一个关键方面。多媒体信息与传统的基于文字和数据资料的信息有着显著的区别,多媒体对象由若干类型各异、特点各异的媒体对象复合而成,不但数据量大,而且内部存在多种约束关系,其复杂程度远远高于各类传统的数据对象。而传统计算机系统的数据库功能已不能完成对复杂的多媒体资料的有效管理和存储。通过多媒体数据库可以很好地实现媒体信息的管理。

3.3.1 多媒体数据库

1. 多媒体数据库的概念

多媒体数据库(multimedia database,MDB)是一个由若干多媒体对象所构成的集合。这些数据对象按一定的方式被组织在一起,可为其他应用所共享。

2. 多媒体数据库的特点

(1) 信息的数据量大。这是由多媒体数据本身的特点所表现出来的,特别是数字音频和视频等。

(2) 数据类型、描述方式多种多样。不同媒体类型的数据具有不同的描述方式,例如,图形和图像,图形是以点、线、面等几何元素构成的,是一种坐标关系的描述;而图像则是由一个个像素点所组成的,它是平面上的二维离散点阵。就是对同一种媒体,有时也具有多种表达方式,如图像格式就有几十种之多。因此,多媒体数据库设计时必须建立适当的模型来反映这个特点。

(3) 具有一定的时域特征。多媒体数据的时域特征是引入连续媒体对象的必然结果。例如，对视频数据来说，各帧图像都是先后关联的，这种关联性代表了视频信息特定的先后顺序和其他方面的固有联系。

(4) 一般要求按内容检索。传统的数据库检索一般采用基于关键词的检索方式，而许多多媒体数据难以使用符号化的信息线索，例如，很难使用文字对图像内容进行准确的描述。这就要求多媒体数据库系统能够对多媒体数据进行内容语意分析，以达到更深的层次，即所谓的基于内容的检索，多媒体内容描述接口 MPEG-7 就是这方面的标准。

3.3.2 多媒体数据库管理系统

1. 多媒体数据库管理系统的概念

多媒体数据库管理系统(Multimedia DataBase Management System，MDBMS)是一个以多媒体数据库为基础的多媒体应用，该应用能够完成对多媒体数据库的各种操作及管理功能，如对多媒体数据库的定义、创建、查询、访问和删除等。

2. 多媒体数据库管理系统的功能：

(1) 支持多种媒体数据类型及多个媒体对象的多种合成方式。

(2) 能够为大量数据提供高性能的存储管理。

(3) 支持传统的数据库管理系统的功能。

(4) 支持多媒体信息提取的功能。

(5) 能够为用户提供丰富而便捷的交互手段。

3.3.3 多媒体数据库系统

1. 多媒体数据库系统的概念

多媒体数据库系统(Multimedia DataBase System，MDBS)是由 MDB、MDBMS、多媒体信息存储系统、多媒体计算机软硬件等组成的对多媒体数据进行综合处理的系统。

2. 多媒体数据库系统的功能

(1) MDBS 能够根据不同的媒体类型数据的特点，为它们提供合理的表示、存储、访问、索引及提取方法。

(2) MDBS 能够在较高层次上准确地表示媒体对象之间的多种约束关系，并为用户提供统一的数据管理手段。

3.4 多媒体信息及特点

多媒体素材包括文本、图形、图像、声音、动画、视频剪辑等信息。在多媒体技术应用中，充分理解多媒体素材的特点、作用，掌握各媒体信息的特色是应用好多媒体技术的前提。

3.4.1 文本信息及特点

文本信息是最常见的信息形式，文本信息具有信息量大、抽象性强的特点，在多媒体应用中主要作为内容叙述、提示说明、标记注释等。文本信息可以反复阅读，从容理解，不受时间、空间的限制。文本可以根据不同的字型、字号、风格、样式等进行修饰，也可以表现出动画效果、艺术文字效果等不同的艺术风格。

1. 文本的来源和获取

本文信息的获取通常有4种途径，即键盘键入文本、光学字符识别文本、手写识别文本和语音录入文本。

键盘输入是向计算机输入文本最直接的方法，但是如果文本量过大，采用这种方式，效率比较低。

光学字符识别（Optical Character Recognition，OCR）通过扫描仪将一份印刷文本或书写文本通过扫描成为图像文件，然后经过识别软件进行光学识别，将图形信息转变成文本信息。目前，OCR系统印刷版和书写版都可以很好地识别，并能实现对文本版面格式的完整保留，能够识别处理电子表格、中英文混合排版等复杂版面。代表性的软件，如清华文通的OCR文字识别系统、尚书OCR文字识别系统等。

手写输入是通过由一块手写板，一只手写笔构成的输入硬件，以人们自然的手写方式进行书写完成文字的录入。手写输入为用户提供了不用学习就会的自然简便、快捷的非键盘字符输入方案。它摆脱了其他输入法难学难用的问题，编辑修改非常方便。可以进行单字、词组、整句的识别，并且笔顺不限，部分优秀产品对手写识别率能达到98%。典型的手写板有汉王手写板等。

语音录入技术是语音识别技术在文字录入方面的应用。语音识别技术就是让机器通过识别和理解过程把语音信号转变为相应的文本或命令的技术。语音识别系统是一种智能识别技术，它使计算机具备了类似于人能听懂并理解讲话者语言的特点。语音录入可以使讲话者自然地表达，不分男女老幼，语调高低，该软件都可以将其讲话内容识别出来。如果讲话人口音较重，通过该软件进行语音训练，便能在较短的时间内使识别率迅速上升。基于中文自身的特点，如同音字多、有声调、词界不明、新词不断等，它还具有"自我"学习的特征，可识别自由句式。典型的系统如IBM ViaVoice、汉王语音识别等。

2. 文本的开发与设计

对于普通文字的开发，大段的文字信息一般可使文字处理软件进行，例如，Microsoft Word、WPS等。如果文本量较小，用多媒体编辑软件自身的字符工具进行编辑就足够了。

对于图形文字的开发，有很多软件可以完成。例如，Microsoft Word、WPS等软件提供了艺术字工具；PhotoShop、Illustrator等图形图像处理软件可以制作丰富多彩的图形文字。

对于动画效果的动态文字的开发，可以通过动画制作软件实现，例如，Cool 3D、BluffTitler等这样的软件在制作文字动画时就非常简单方便。

3. 常用文本文件的格式

常用的文本文件格式为DOC、TXT、HTM、RTF、WPS等。下面对其进行简单介绍。

1) DOC格式

当在Microsoft Word中保存一个新文档时，默认情况下，Word会以扩展名为DOC的格式进行保存。

2) TXT格式

TXT是纯文本格式，只保存文本，不保存其格式设置。将所有的分节符、分页符、换行符转换为段落标记。使用ANSI字符集。用记事本编辑的文本在默认情况下，就是以TXT

格式进行保存的。

3) HTM（HTML）格式

HTM（HTML）文件格式是 Web 网页格式。如果将文件保存为 Web 页，则所有的支持文件（如项目符号、背景纹理和图形）在默认情况下都将保存在支持文件夹中。

4) RTF 格式

RTF 文件格式是保存所有格式设置。将格式设置转换为其他程序（包括兼容的 Microsoft 程序）能阅读和解释的指令。

5) WPS 格式

当用 WPS 进行编辑文本时，默认的文本格式就是 WPS 格式。

3.4.2 数字图形及特点

图形是多媒体信息中"图"的一种形式，是由数学曲线进行描述的。由于图形具有独立的"形状"概念，在变换时不失真、不变形，能够保持原有的品质，因此具有广泛的用途，如标志设计、矢量动画、三维动画等。

1. 矢量图形

矢量图形是计算机中除图像之外的另一类图的描述形式，矢量图又称为图形图或路径图，它是由基本的"控制点"构成"曲线段"，再由线段构成形状（图形）。在三维图形处理中，由线段可以构成面，由面又构成三维模型体。

矢量图形是由数学曲线描述的，如 Bezier 曲线、Nurbs 曲线等。下面就以 Bezier 曲线为例讲述矢量图形的构成、特点和操作。

Bezier 曲线是由点、Bezier 控制手柄和曲线段构成，如图 3-8 所示。Nurbs 曲线往往在三维建模软件中使用，如图 3-9 所示。

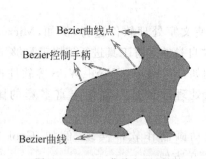

图 3-8　Bezier 曲线矢量图形

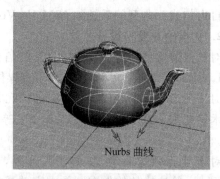

图 3-9　Nurbs 曲线三维模型

两个曲线点构成一条曲线线段，曲线点位置发生变化可以影响到曲线的形状发生变化，从而导致图形的形状也发生变化。Bezier 控制手柄的方向是曲线段在该点的切线方向，当 Bezier 控制手柄的长度或方向发生变化时，其点连接的曲线段的形状也发生变化，最终也将导致整个图形发生变化。因此，在对图形图进行调整时，可以调整曲线点的位置、调整控制手柄的方向或调整控制手柄的长短。

矢量图由于是以数学曲线描述的，其存储时占用的磁盘空间较小，同时由于矢量图描述的是"形"的概念，因此，画面中的任何一个图形都是独立存在的，它不和其他图形产生形状上的联系,在进行移动、旋转、缩放、扭曲等变化时能够保持其独立性。构成一个图形的点永远是这个图形上的点而不会变成其他图形上的点,这和构成图像的"像素"是截然不同的。

矢量图在进行放大或缩小变化时,画面质量不会下降,尤其是在进行文字处理时,这一特点是非常重要的。

矢量图也有其不可克服的缺点,由于矢量图是以数学曲线描述的"形"的概念,因此,在颜色的描述上比位图有明显的不足,一般情况下不能进行各种滤镜效果的处理,例如,浮雕、马赛克、柔化、锐化等。要想使图形图进行这些操作,必须先转换成图像图才可以。

矢量图和图像图是可以相互转换的,一般的图形、图像处理软件都有这样的功能。

2. 图形的来源和获取

日常生活中没有现成的矢量图可以直接利用,图形只能够通过特定的软件生成,一般建立图形有两种方式,分别是矢量化和绘制图形。

(1) 图像矢量化是把图像经过运算描述成为矢量图形的过程。矢量化是动画制作、工程制图、产品设计、图案设计等领域非常重要的方法。基本上所有的图形处理软件都支持图像矢量化功能。

(2) 图形绘制是直接建立图形的方法。在 Adobe Illustrator、CorelDRAW 等图形设计软件中可以方便地建立矢量图形,并且可以对矢量图形进行各种效果的处理。

3. 常见图形格式

1) AI 格式

Adobe Illustrator(AI)开发的矢量文件格式,目前已经成为图形文件的标准格式。为 Windows 平台和大量基于 Windows 的插图应用程序支持。

2) SVG 格式

SVG(Scalable Vector Graphics)是可缩放的矢量图形格式。它是一种开放标准的矢量图形语言,可任意放大图形显示,可嵌入文字,并且文字在 SVG 图像中保留可编辑和可搜寻的状态。SVG 生成的文件很小,下载很快,十分适合用于设计高分辨率的 Web 图形页面。

3) DXF 格式

DXF 是 Drawing Exchange Format 的缩写,是 AutoCAD 中的图形文件格式,它以 ASCII 方式储存图形,在表现图形的大小方面十分精确,目前已经成为三维图形的标准格式,被所有三维设计软件支持。

4) EPS 格式

EPS 是 Encapsulated PostScript 的缩写,是跨平台的标准格式,扩展名在 PC 平台上是 EPS,在 Macintosh 平台上是 EPSF,主要用于矢量图像的存储。EPS 格式采用 PostScript 语言进行描述,并且可以保存其他一些类型信息,例如,多色调曲线、Alpha 通道、分色、剪辑路径、挂网信息和色调曲线等,因此 EPS 格式常用于印刷或打印输出。

5) PS 格式

页面描述 Interpreted PostScript 格式。Adobe 开发的矢量文件格式,既页面描述语言,在专业印刷工业领域应用非常广泛。被 PC、Macintosh 和 UNIX 平台及所有的图形应用程序所支持。

6) WMF 格式

Microsoft Windows 图元文件格式,Microsoft 公司开发的矢量文件格式。被 Windows

平台和基于 Windows 的图形应用程序所支持。支持 24 位颜色,广泛用于保存和基于 Windows 的应用程序间的矢量和位图数据交换。

3.4.3 数字图像及特点

图像是多媒体信息中除图形外的另一种"图"的类型。图像主要描述的是像素的信息,包括分辨率信息、颜色深度信息等。图像的特点是具有丰富的颜色描述,可以进行各种特殊效果的作用,如浮雕、纹理、色阶、色彩平衡、负相等。

1. 数字图像

图像又称为栅格图、位图等,是像素描述的图。图像的基本组成单元是像素,由像素的颜色变化形成了图像的内容。在日常生活中常见的图都属于图像,如照片、报纸杂志上的图片、电影电视呈现的画面等。

组成图像的像素有两个重要的指标参数,即分辨率和颜色深度。

1) 分辨率

分辨率是指单位内像素的多少,其常用单位是 dpi(每英寸像素点的数量),如 72dpi 表示位图每英寸有 72 个像素点。分辨率的大小决定着图像的质量,分辨率越大,图像质量越好,但是在视频处理中,由于显示设备的分辨率是有限的(如 CRT 显示器每英寸 72 像素点),所以创建和使用图像时应考虑设定其分辨率也为 72dpi,以便能较好地进行动画的显示输出。

2) 颜色深度

颜色深度是指图像图描述颜色的方式,图像常见的颜色描述方式有黑白图像(1 位颜色深度)、256 级灰度图像(8 位颜色深度)、RGB 真彩色图像(24 位颜色深度)、CMYK 真彩色图像(32 位颜色深度)、索引色图像(1 位~8 位颜色深度)。其中 CMYK 颜色图像常用于印刷领域,RGB 颜色图像应用于电脑动画、数码影视、网页制作等领域。

由于图像是由像素组成的,而像素又包含丰富的颜色信息,因此,位图在颜色的处理上有得天独厚的优势,颜色的色调变化、亮度变化、对比度变化等可以轻而易举进行,可以施加柔化、锐化、浮雕、扭曲、纹理等丰富多彩的处理效果。

然而图像也有先天的不足,由于图像的内容是靠像素的颜色差异来区分的,因此在图像中,画面的内容没有独立性。视觉上觉得"这一些像素属于树叶",这是由于这部分像素的颜色是绿色的,但是当把相同的像素颜色改变成红色后,视觉上就会觉得"这一些像素属于草莓"了,如图 3-10 所示。

图 3-10 在图像中画面的内容没有独立性

正因为图像图的这些缺点，图像的内容在进行旋转、移动、扭曲等各种变化时，往往导致画面内容被破坏；或把图像缩小时，像素颜色信息严重丢失；把图像放大时又会变得非常模糊，质量严重下降，如图3-11所示。

图3-11 图像图的缺点

2. 图像的来源和获取

多媒体信息中的图像有不同的来源，其主要的途径大体有以下三个方面：

1）生活中的图像

对印刷图片、视频图像或现实环境中的景观等这些生活中的图像，可以利用扫描仪、数码相机等设备加以数字化处理，成为计算机能够识别的数字图像文件。

2）数字图像资源

在互联网上、数字图书馆、图片光盘等媒体资源平台或媒体数据库中有极为丰富的数字图像文件，这些文件可以通过免费下载、授权复制、购买等方法从网络上、图书馆、音像商店等渠道获得，取得的数字图像文件可以直接使用。

3）绘制图像

使用电脑绘图软件 Painter、Photoshop 等进行绘制。

3. 常见图像格式

1）BMP 格式

BMP(bitmap，位图图像)是 Windows 环境下的标准图像格式，是一种与硬件设备无关的文件格式，支持 Windows 平台下所有的多媒体软件环境。BMP 采用位映射存储格式，图像压缩时可以对颜色深度进行1位、4位、8位及24位的选择压缩。BMP 格式的缺点是文件尺寸很大。

2）TIFF 格式

TIFF(TagImage File Format)图像文件是由 Adobe 和 Microsoft 公司为桌上出版系统研制开发的一种较为通用的图像文件格式，被广泛地应用在电子照排、印前系统。TIFF 是现存图像文件格式中最复杂的一种，它具有扩展性、方便性、可改性，可以提供给 Windows 平台、Mac 平台跨平台使用。

3）GIF 格式

GIF(Graphics Interchange Format，图像互换格式)是网页上普遍使用的一种图像文件格式。GIF 图像文件采用可变长度无损压缩算法，图像深度从1位到8位可选，GIF 最多支持256种色彩的图像。GIF 格式支持索引色图像存储，可以压缩成为很小的图像文件，适合网络上传输，GIF 89a 格式可以包含丰富的动画信息，可以生成动态的 GIF(GIF 动画)文件,是网络上主要的动画文件格式。

4) JPEG 图像文件格式

JPEG 是采用 JPEG 压缩算法(见 3.2.2 节)的图像文件格式,文件后辍名为 JPG 或 JPEG。JPEG 格式可以支持 24 位深度的颜色信息,经常用于存储高品质的图像,同时由于有很高的压缩比,文件尺寸可以压缩得很小,因此适合于网络传播,可减少图像的传输时间。

JPEG 格式的应用非常广泛,各类浏览器均支持 JPEG 这种图像格式。JPEG 2000 是 JPEG 格式的升级版本,可取代传统的 JPEG 格式。

5) TGA 格式

TGA(Terga)图像格式是视频非线性编辑普遍采用的一种图像文件格式,支持几乎所有的多媒体应用软件。TGA 格式采用的是无损压缩算法,支持 24 位的彩色信息,同时支持 8 位的 Alpha 信息。连续的 TGA 图像序列文件在视频编辑系统中被普遍采用。

6) PNG 格式

PNG(Portable Network Graphics,可移植性网络图像)是网页上普遍使用的图像文件格式。PNG 采用无损压缩算法,支持 24 位和 48 位真彩色图像文件,同时还支持 Alpha 透明。

浏览器能够支持的网页上的图像文件格式有 PNG、JPG 和 GIF,其中可以支持动画形式的文件格式只有 GIF,可以支持图像透明的格式有 PNG 和 GIF,但 GIF 只能支持简单的单色透明,而 PNG 可以支持 8 位的 Alpha 透明,有丰富的透明信息,因此在图像透明特色上更有优势。

3.4.4 数字音频及特点

除了视觉以外,人类获得的大部分信息来源于所听到的声音,在多媒体技术中,声音信息是最主要的媒体信息之一。声音可以吸引注意力,补充屏幕上显示的视觉信息。声音信息可以作为背景音乐、配音、解说等,也可以作为媒体的主要角色。声音信息具有瞬时性、顺序性的特点。

1. 音频信息的采集和获取

音频信息主要可以通过以下几种方式采集和获取。

1) 音频采集

利用计算机配置的声卡等多媒体硬件设备,通过声音采样(音频捕获)软件录制数字音频。可以录制声音波形的软件有很多,例如,Sony Soundforge、Adobe Audition 等。

2) MIDI 数字音乐

MIDI(Musical Instrument Digital Interface,乐器数字接口)是电声乐器之间通信的标准。MIDI 不仅在不同的电声设备间传输音符、响度、节奏等信息,同时也传送控制信息。MIDI 技术可以把电子合成器、电子节奏器、电子音源、音序器等连接在一起,组成功能强大的数字"乐队",MIDI 不仅可以模拟出真实世界中各种乐器的音色效果,还可以逼真地模拟出大型交响乐队的演奏效果。

由于 MIDI 文件不是数字的音频波形,而是音乐代码或称电子乐谱,因此 MIDI 还原成为声音需要通过声卡的波表合成。声卡把各种真实乐器所能发出的声音(包括各个音域、声调)进行取样,存储为一个波表文件。在播放时,根据 MIDI 文件记录的乐曲信息向波表发出指令,从波形表中逐一找出对应的声音信息,经过合成、加工后回放出来。

3)音乐资源

通过互联网络、视听图书馆、媒体资源库等平台从已有的声音库或网上获取声音素材,再对这些素材进行编辑加工。

2. 常用的声音文件格式

1)WAV 格式

在 Windows 多媒体音频格式中最经典的是 WAVE 文件,WAVE 文件采用 3 个参数来表示声音,即采样位数、采样频率和声道数。

2)MID 格式

MID 是 MIDI 的格式,RMI 是 Microsoft 制定的 MIDI 格式。

3)MP3 格式

MP3 是 MPEG 规范的 Audio Layer 3(第三层音频压缩)格式。其压缩率可达 1∶10 甚至更高,采样率为 44.1kHz,比特率一般为 64~320Kbps。MP3 音乐是以数字方式储存的音乐,如果要播放,就必须有相应的数字解码播放系统,一般通过专门的软件进行 MP3 数字音乐的解码,再还原成波形声音信号播放输出,这种软件就称为 MP3 播放器,如 Winamp 等。

4)RA 格式

RA、RAM 是 Real 公司的流媒体音频格式,采用了"音频流"技术,适合网络在线广播。

5)WMA 格式

微软的网络多媒体服务平台上的流媒体音频格式。WMA 是 Windows Media Audio 的缩写。WMA 文件在 80Kbps、44kHz 的模式下压缩比可达 1∶18,压缩速度比 MP3 提高一倍。

6)APE 格式

APE 是一种无损压缩音频格式,是网络上传播音乐文件的主要格式。WAV 文件可以压缩为 APE 文件,压缩后的 APE 文件容量要比 WAV 源文件小一半多,可以节约传输所用的时间。压缩之后的 APE 音频文件可以直接被播放,无须进行解压缩还原为 WAV。

3.4.5 动画、数字视频及特点

动画媒体是动画艺术与计算机多媒体技术相结合的产物。随着高性能计算机的不断发展和多媒体技术的不断进步,电脑动画已成为多媒体应用技术的新宠,不但在影视领域大量运用电脑动画技术,在其他领域也广泛地应用电脑动画技术,例如,动画在多媒体辅助教学中,可以动态地模拟演示一些事物的发展变化过程,使许多抽象或难以理解的教学内容变得生动有趣,达到事半功倍的教学效果。在广告传媒、建筑设计、工程建设、辅助教学、电子游戏、军事训练、科研开发等领域,动画也发挥着重要的作用。

由专门动画软件制作的动画文件在经过后期合成之前一般没有同步声音,并且电脑动画也很难完全表现真实物体和场景的运动,因此在应用中会受到一定限制,而现实拍摄、影音兼备的视频文件恰好弥补了这个不足。

1. 动画、数字视频的采集与获取

数字视频可以通过以下几种渠道获得。

1) 视频采集

通过视频采集卡，把模拟摄像机、模拟录像带等模拟视频设备拍摄的模拟视频节目，经过专门的视频采集软件转换为数字视频信号，经过编码压缩后存储成数字文件。

2) 直接利用

对于数码摄像机拍摄的节目文件，VCD、DVD等光盘中的节目文件可直接复制到计算机中进行利用。

3) 资源文件

通过互联网络、视听图书馆、媒体资源库等平台从已有的视频库或网上获取视频素材，再对这些素材进行编辑加工。

4) 电脑制作

通过电脑动画软件（三维、二维）、非线性编辑软件等制作、剪辑、合成出新的数字视频文件。

2. 常用的动画、视频文件格式

1) ASF 格式

ASF 是 Advanced Streaming Format 的缩写，是 Microsoft 为了和现在的 Real 竞争而发展出来的一种流媒体文件格式，使用了 MPEG-4 的压缩算法，压缩率和图像的质量都比较好。ASF 一般应用在网上即时观赏视频节目。

2) AVI 格式

AVI 是 Audio Video Interleaved 的缩写，是 Microsoft 开发的 Windows 平台音视频格式，从 Win 3.1 时代就被支持使用，目前已经成为音视频的标准格式了。其特点是兼容性好、视频质量好，几乎被所有的视频软件支持。缺点是文件尺寸较大，但随着 MPEG-4 标准的应用，基于 MPEG-4 编码的 AVI 已经可以压缩得很小了。

3) MPEG 格式

MPEG 是 Motion Picture Experts Group 的缩写，包括有 MPEG-1、MPEG-2 和 MPEG-4 等不同的版本标准。MPEG-1 广泛地应用在 VCD 节目中，MPEG-2 则应用在 DVD 的制作（压缩）方面，同时在一些 HDTV（高清晰电视广播）中也有应用。

4) DIVX 格式

DIVX 视频编码技术是一种新的视频压缩格式，由 Microsoft MPEG-4 v3 发展而来，视频部分用 MPEG-4 压缩算法，音频部分采用 MP3 或 WMA 进行压缩，然后把视频和音频部分进行完美合成。用它编码的视频文件不仅最大程度上还原了 DVD 原本的画面质量，而且还能允许选择几乎所有格式的音频，包括 MP3、AC3 等。DIVX 可以说是一种复制、储存、共享影视文件的较好方案。

5) MOV 格式

QuickTime(MOV)是 Apple(苹果)公司创立的一种视频格式，过去只能在苹果公司的 MAC 系统上使用。MOV 可以支持 Windows 平台，是一种跨平台的视频格式。它是一种视频剪辑、合成处理的标准格式，被所有的视频软件支持。在播放时，无论本地播放还是作为视频流格式在网上传播，都是一种优良的视频编码格式。

6) RM/RMVB 格式

RM/RMVB 格式是 Real 公司的视频格式，是流媒体技术中主要的格式标准。RMVB

格式是 RM 格式的升级和延伸。RMVB 在维持平均压缩比的基础上,规定了最大采样频率(一般是平均采样频率的两倍)。在视频压缩时,RMVB 把较高采样频率用于复杂的动态画面,如快速运动、战争场面等,而对于相对简单的画面或静态画面则灵活地使用较低的采样频率,从而使 RMVB 在牺牲少许影片质量情况下(一般察觉不到),最大限度地压缩了影片的大小。

本 章 小 结

本章主要讲述了数字媒体的基础知识,包括数字颜色知识,数据压缩及编码知识,数字媒体的组织、存储与管理;文字、图形、图像、音频、视频等数字媒体的获取、处理方法及主流文件格式的特点等知识。

思 考 题

1. RGB 颜色模式是什么?
2. CMYK 颜色模式是什么?
3. HSB 颜色模式是什么?
4. Lab 颜色模式是什么?
5. 什么是颜色模型?空间立方体的颜色模型和空间圆锥体的颜色模型的区别是什么?
6. 常见的图像颜色深度有几种形式?各是什么?
7. 什么是采样和量化?
8. 采样精度和采样频率与数字音频的关系是什么?
9. 数字信号为什么要进行数据压缩和编码?
10. 什么是多媒体数据库系统?
11. 数字图形有什么特点?
12. 数字图像有什么特点?
13. 什么是分辨率?分辨率和图像的质量有什么关系?
14. 常见的图形、图像、数字音频、数字视频的格式有哪些?各有什么特点?

第 4 章　数字办公系统应用

本章学习目标
- 了解数字化办公系统的概念；
- 熟练掌握 Word 2016 文字处理软件；
- 熟练掌握 PowerPoint 2016 多媒体演示制作软件；
- 熟练掌握 Excel 2016 电子表格处理软件；
- 了解 Visio 2016 科学图表软件。

现代生活离不开信息处理，熟练掌握一套数字办公系统，可以最大限度地提高工作效率，改善工作环境，改进工作质量，缩短工作周期，进一步节省人力、物力和财力。一套完整的数字办公系统一般包括文字处理、电子表格、演示文稿、数据统计以及科学图表综合应用等功能。

4.1　数字化办公系统概述

现代生活、工作离不开文件处理、表格制作、邮件收发等操作。有的时候，还需要将一些讲演稿、产品介绍等制作成电子演示文稿，直观、具体、生动地展示给观众。随着网络技术的不断完善，还需要处理大量的网络信息，包括网页制作、信息发布。所有这些都与数字化办公系统密不可分。

数字办公系统又称集成办公系统或无纸化办公系统，是以计算机技术为核心，以计算机设备、网络设备以及数字办公设备为平台的现代化综合办公环境。数字办公环境高度集成了计算机技术、网络技术、通信技术等现代信息技术，融系统科学和管理科学于一体，是信息社会中全面替代传统办公环境、最大限度地提高办公效率和提升办公质量的新型办公系统。一个好的数字化办公系统必须能够支持文字处理、电子表格、多媒体演示、数据处理、邮件管理、网络发布等功能。

目前，国内最流行的数字化办公系统有 WPS Office 和 Microsoft Office。

1. WPS Office 简介

WPS Office 是由金山软件有限公司自主研发的一款办公组合，是一款国产的主流数字办公系统。金山公司最新推出 WPS Office，主要集成了 WPS Office 文字、WPS Office 表格、WPS Office 演示等功能。其独特优势在于：内存占用低、运行速度快、体积小巧，并且可以支持强大插件平台，提供了海量的在线免费存储空间及文档模板，并支持阅读和输出 PDF 电子文件的功能，全面兼容 Microsoft Office 97～2003 格式。覆盖 Windows、Linux、Android 等多个平台。

2. Microsoft Office 简介

Microsoft Office 是美国微软公司开发的一套基于 Windows 操作系统的办公组合，以工作成果为导向，方便用户高效、快捷地完成任务。其常用组件有 Word、PowerPoint、Excel、Access、FrontPage、Visio 等。Microsoft Office 2016 全面支持 Windows 7、Windows 8、Windows 10 PC、笔记本和平板电脑。Microsoft office 2016 官方正式版进行了多方面的升级，包括文档共同创作，新的 Tell Me 导航支持功能，以及 Power BI 的集成，更多的权限管理功能等。其 Word、PowerPoint、Excel 等都非常智能。最新加入暗黑主题界面，按钮的设计风格也逐渐向 Windows 10 靠拢。

本章将以 Microsoft Office 2016 为例来介绍数字办公系统的应用。

4.2 Microsoft Office Word 文字处理系统

Word 2016 是 Microsoft Office 2016 办公组件中的核心组件之一，集成了文字处理、表格制作、公式编辑、图形图像处理、SmartArt 对象插入、图表生成等功能，是国内最流行的文字处理软件。

Word 2016 提供了一整套以工作成果为导向的用户界面。用户可以按照日常事务处理的流程，以最高效的方式完成日常工作。功能区与选项卡、实时预览、增强的屏幕提示、快速访问工具栏、后台视图、Word 选项、自定义功能区等功能，无不突出其人性化管理的特点。

（1）功能区与选项卡。在 Word 2016 中，传统的菜单、工具栏被功能区所取代。功能区是一种全新的设计，是以选项卡的方式对命令进行整合，分组显示，大大地提高应用程序的可操作性。Word 2016 功能区包括"开始"、"插入"、"设计"、"布局"、"引用"、"邮件"、"审阅"和"视图"等基本选项卡。

（2）实时预览。Word 2016 的实时预览功能非常强大。当用户将鼠标指针指向相关的选项后，实时预览功能就会将指针所指的选项应用到当前所编辑的文档中。这种全新、动态的功能极大地提高版面设计、编辑和格式化等操作的执行效率。如图 4-1 所示的艺术字，若要更改该艺术字的"形状样式"，首先需选中该艺术字对象，选择"绘图工具"|"格式"上下文选项卡。将鼠标指针移动到该选项卡的"形状样式"功能区中所列举的各个样式上，随着鼠标指针的移动，不同的形状样式效果实时应用到该艺术字上，非常直观。

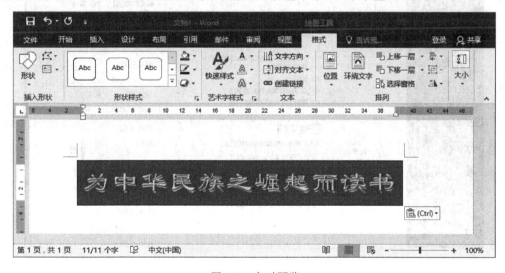

图 4-1　实时预览

(3) 增强的屏幕提示。屏幕提示是指屏幕上出现的说明。Word 2016 的屏幕提示还可以直接从某个命令的显示位置快速地访问其相关的帮助信息(如图 4-2 所示)。将鼠标指针指向某个命令,其相应的屏幕提示就会弹出来,它所提供的信息对于想快速了解该功能的用户已经足够了。

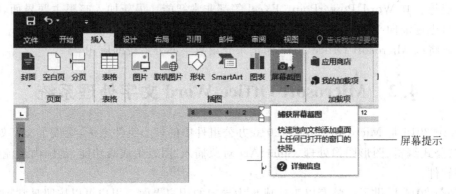

图 4-2　增强的屏幕提示

(4) 后台视图。Microsoft Office 后台视图用于管理文档和有关文档的相关数据。例如,文档安全控制选项;检查文档中是否有隐藏的属性或个人信息;新建、打开、保存和打印文档;共享发布文档;导出成 PDF/XPS 文档;应用程序自定义选项等。单击"文件"菜单,即可查看后台视图,如图 4-3 所示。

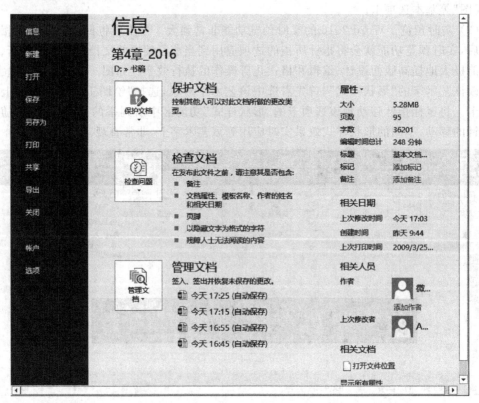

图 4-3　后台视图

（5）Word 选项。是一个非常重要的窗口。Word 中的许多功能的设置都需要在该对话框中进行。主要包括常规、显示、校对、保存、语言、高级、自定义功能区、快速访问工具栏、加载项及信任中心等类别（如图 4-4 所示）。在 Word 2016 中，执行"文件"|"选项"命令，弹出"Word 选项"对话框，即可对相应功能进行设置。

图 4-4　Word 选项

（6）自定义功能区。根据大多数用户的操作习惯，Microsoft Office 2016 确定其功能区中选项卡以及命令的分布。用户也可以根据自己的使用习惯自定义其功能区。具体操作步骤如下。

① 在功能区空白处右击，在弹出的快捷菜单中单击"自定义功能区"命令。或者打开如图 4-4 所示的"Word 选项"对话框，单击"自定义功能区"选项，即可打开如图 4-5 所示的自定义功能区。

② 用户可以在该对话框右侧区域中单击"新建选项卡"或"新建组"按钮，创建所需要的选项卡或命令组，并将相关的命令添加其中，单击"确定"按钮即可。

图 4-5 自定义功能区

4.2.1 Word 知识要点

Word 2016 是一套功能强大的文字处理系统,凭借其友好的界面、方便的操作、完善的功能和易学易用等优点,已成为众多用户进行文字处理的主流软件。

1. Word 2016 模板

Word 2016 模板是指 Word 2016 内置的包含固定格式设置和版式设置的文件,旨在帮助用户快速创建特定类型的 Word 文档。在 Word 2016 中,除了通用型的空白文档模板之外,还内置了多种文档模板,如书法模板、日历模板、报告模板等。微软还提供了众多特定类别的联机模板,如奖状、证书、名片、简历等,用户可以在线下载相应类别的模板,创建比较专业的 Word 文档。

打开 Word 2016,新建一个 Word 文档,即可弹出 Word 模板窗口,如图 4-6 所示。单击自己需要的模板样式,即可创建相应样式的 Word 文档。例如,打开如图 4-6 所示的模板向导,单击"2016 年可爱动物设计日历(月历,星期一～星期日)"模板,弹出如图 4-7 所示的对话框,再单击"创建"按钮,即可创建一个卡通动物日历 Word 文档。

2. Word 2016 的工作界面

Word 2016 的工作界面主要由标题栏、快速访问工具栏、选项卡、正文编辑区和状态栏等组成,如图 4-8 所示。

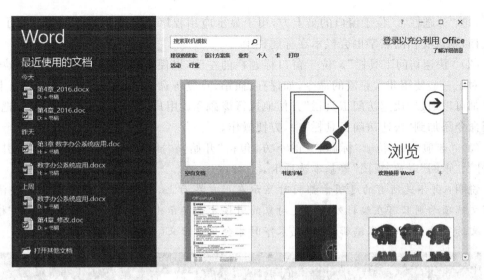

图 4-6 模板窗口

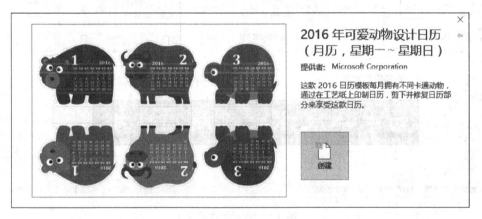

图 4-7 创建"2016 年可爱动物设计日历(月历,星期一～星期日)"对话框

图 4-8 Microsoft Office Word 2016 的工作界面

(1)"标题栏"。位于窗口的最上方,用于显示应用程序的名称。当打开或创建了一个新文档,则该文档的名字也会显示在标题栏上。

(2)"快速访问工具栏"。位于窗口标题栏的左侧,以便于用户能够更加方便地执行命令。对于一些使用非常频繁的命令,如保存、撤销、重复等命令,无论其处于哪个选项卡下,用户都可以通过"快速访问工具栏"方便地执行该命令。用户还可以根据自己的需要把一些常用命令添加到"快速访问工具栏"中,方便操作。

(3)"选项卡"。位于"标题栏"的下方,包括"开始"、"插入"、"设计"、"布局"、"引用"、"邮件"、"审阅"以及"视图"等基本选项卡。

说明:并不是所有的选项卡都同时显示在用户界面上。为了保证用户界面的整洁性,上下文选项卡则只有在编辑处理特定对象的时候才会显示出来。例如,"绘图工具"|"格式"上下文选项卡,则只有在编辑形状、艺术字时才会显示出来(如图4-9所示)。

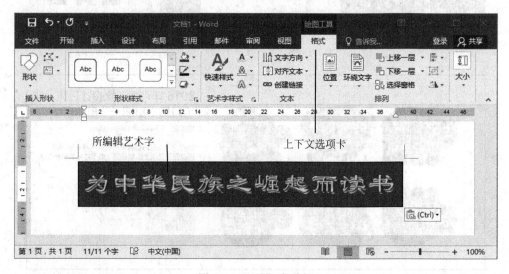

图4-9 上下文选项卡

另外,功能区中显示的内容还可以随应用程序窗口的宽度自动调整。当功能区变窄时,一些图标会相对缩小,以节省显示空间,当功能区继续变窄时,某些命令分组就只显示图标。

(4)"正文编辑区"。Word窗口界面中央的空白区域为正文编辑区,是Word文档录入与排版的区域,在正文编辑区中可以进行文档的录入、修改、排版等编辑工作,是用户工作的主要区域。

(5)"状态栏"。位于窗口界面的最下方,主要由"状态栏"、"视图模式"和"显示比例"三部分组成,用于显示当前编辑文档的页数与总页数、文档总字数、文档校对结果、视图模式、显示比例大小等信息。

3. Word 2016 文档的基本操作

Word 2016的结构化、模块化管理突出体现在窗口选项卡的设置上。用选项卡的形式代替以前版本的菜单命令,并将相关的操作进行整合,分类管理,使条理更加清晰,操作起来更加方便快捷。其中,对于文档的基本操作功能主要集中在"开始"、"插入"、"设计"、"布局"等选项卡中,以便于完成文字、段落的编排,页面布局的设置,外部对象的插入等操作。

1) 文字、段落排版

在 Word 2016 中,"开始"选项卡主要集中了文档中文字、段落的排版功能,如图 4-10 所示。

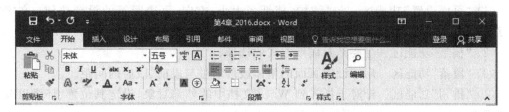

图 4-10 "开始"选项卡

(1)"字体"功能区。包括文字的字体、字号、字形、颜色、效果等的设置按钮。

(2)"段落"功能。包括段落的对齐方式、左右缩进、首行缩进、行距、底纹、边框、项目符号等的设置按钮。

(3)"样式"功能区。可实现文档样式的引用、更改与新建。

(4)"编辑"功能区。可以在文档中快速查找或替换指定的内容,选择相关的文本、对象、窗格等。

提示:在 Word 2016 中,单击任一选项卡所在功能区右下角的"对话框启动器 "按钮,即可弹出对该功能的详细设置对话框。如单击"字体"功能区右下角的"对话框启动器 "按钮,即可弹出"字体"对话框,可以对文字的字体进行详细的设置。

2) 页面设置

Word 2016 对于页面的整体效果设计,都集中在"设计"与"布局"两个选项卡中,如图 4-11 和图 4-12 所示。其中"设计"选项卡包括:

图 4-11 "设计"选项卡

图 4-12 "布局"选项卡

(1)"文档格式"功能区。用于挑选新的主题、新的样式集;选择不同的调色板、字体集;更改文档的行距与段落间距,以及更改文档中对象的普通外观。

(2)"页面背景"功能区。主要用于为页面添加水印；更改页面颜色；添加或更改页面周围的边框。

"布局"选项卡包括：

(1)"页面设置"功能区。包括对文档纸张大小、方向、页边距等的设置按钮；文字方向、纸张大小、分栏排版等按钮；分隔符、行号、断字等符号按钮。

(2)"稿纸"功能区。主要是对稿纸方式的选择。

(3)"段落"功能区。用于设定页面的整体段落缩进与段前、段后的间距。

(4)"排列"功能区。针对于插入到 Word 文档中的外部对象，设定其位置、环绕以及对齐方式等。

3) 插入外部对象

Word 2016 的外部对象可以通过"插入"选项卡实现，该选项卡主要分为 10 个功能区，如图 4-13 所示。分别为：

图 4-13 "插入"选项卡

(1)"页面"功能区。在文档中插入封面、空白页以及分页符等。

(2)"表格"功能区。在文档中插入表格。

(3)"插图"功能区。可以插入图片，绘制形状，插入 SmartArt 图形，添加图表，捕获屏幕截图等。

(4)"加载项"功能区。用于浏览 Office 应用商店、插入加载项等。

(5)"媒体"功能区。从各种联机来源中查找和插入视频。

(6)"链接"功能区。插入超链接、书签、交叉引用等。

(7)"批注"功能区。插入批注。

(8)"页眉和页脚"功能区。给页面添加页眉、页脚以及页码。

(9)"文本"功能区。在文档中插入文本框、文档部件、艺术字，添加首字下沉、签名行，插入日期和时间，以及插入嵌入对象等。

(10)"符号"功能区。插入公式、符号、编号等。

4.2.2 Word 典例剖析

本节通过几个实例讲解 Word 使用方法。

【实例 4-1】 字符录入。

目的：

熟练掌握 Word 文档中特殊字符的输入方法。

需录入的文字如图 4-14 所示。

① 呼和浩特气温-8℃
② 在几何学中,符号"△"表示三角形,"□"表示正方形
③ a×b≥b(✗)
④ A∪B=B∪A(✓)
⑤ π≈3.14
⑥ 卡尔·马克思

图 4-14 需录入的文字

操作步骤如下。

（1）启动 Word 应用程序。执行"开始"|"所有程序"|"Microsoft Office"|"Word 2016"命令，或者双击桌面上的 Word 2016 快捷方式图标，均可启动 Word 2016 应用程序。

（2）新建 Word 文档。启动 Word 2016，弹出如图 4-6 所示的模板窗口，单击"空白文档"模板，即可新建一个名为"文档 1"的 Word 文档。

说明：在 Word 2016 中，第一个创建的文档默认命名为"文档 1"，接下来再建立的文档依次命名为"文档 2"、"文档 3"……用户在保存文档的时候，可以给文档指定一个文件名。

提示：如果已经打开了 Word 2016 应用程序，则单击"文件"菜单，在弹出的下拉菜单中单击"新建"命令，或者直接按下键盘上的 Ctrl+N 快捷键，也可以新建一个空白文档。

（3）选择输入法。单击任务栏右侧的"语言栏 [CH] "中的"输入法指示器 "，选择一种自己熟悉的中文输入法，在文档中录入文字信息。

说明：若要更改语言栏设置，如添加、删除输入法，更改语言栏显示方式，可以右击"语言栏"，在弹出的快捷菜单中选择"设置"命令，打开"文本服务和输入语言"对话框进行设置。

技巧：各种输入法之间切换的快捷键为 Ctrl+Shift；中英文输入法之间切换的快捷键为 Ctrl+空格键。另外，当选择了某一种中文输入法，随时按下键盘上的 Shift 键，即可在该中文输入法与英文输入法之间进行切换。

（4）特殊字符的录入。创建了新文档后，文本编辑区中将会出现一个闪烁的光标，表明了文档当前的输入位置。用户可以由此开始录入文档内容。常见字符的录入这里就不再赘述。本实例主要介绍特殊字符的录入方法。如图 4-14 所示，第一行文字中的"①"和"℃"就属于特殊字符，可以通过插入符号的方式输入。首先单击"插入"选项卡，单击"符号"功能区中的"符号"按钮，弹出"符号列表"，如果"符号列表"中已经列出所需输入的字符，可以直接单击完成输入。如果"符号列表"中没有列出所需字符，则需要单击"符号列表"下端的"其他符号"命令，打开"符号"对话框（如图 4-15 所示）。单击"子集"下拉列表中的"带括号的字母

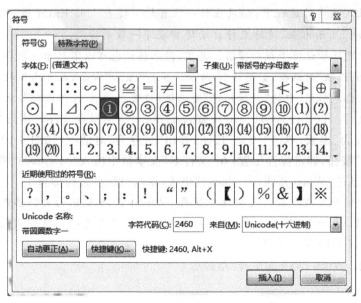

图 4-15 "符号"对话框

数字"选项,然后双击"①"字符,即可在当前光标所在位置录入"①"字符。同样,单击"子集"下拉列表中的"广义标点"选项,双击"℃"字符,即可输入"℃"字符。

另外,也可以使用"中文输入法"所提供的"软键盘"来录入特殊字符。以"中文简体－必应 Bing 输入法"为例,输入如图 4-14 中的第二行的"②"字符。右击"输入法状态栏 中中 ♪ ",⊞ ✿ 各 ♂ ❀"中的"软键盘 ⊞"按钮,在弹出的快捷菜单中单击"软键盘"命令,弹出如图 4-16 所示的菜单。单击"数字符号"命令,打开如图 4-17 所示的"软键盘",然后单击"软键盘"上的 Shift 键,再单击 S 键,输入"②"字符。同样的操作,可以输入字符"③④⑤⑥"。其他特殊字符均可以通过软键盘来完成输入。如单击如图 4-16 所示的"特殊符号"命令,即可输入"℃△□"字符;单击"数学符号"即可输入"≥×∪√≈"等符号;π 属于"希腊字母";文字加拼音可以选"拼音"命令;"卡尔·马克思"中间的点号·属于"常用标点"。

图 4-16 软键盘菜单   图 4-17 数字符号"软键盘"

提示:在录入文字的过程中,如果在任一位置按下键盘上的 Enter 键,则表示该段落结束,"段落标记 ↵"显示出来,同时光标自动停留在下一段的段首。

说明:显示段落标记便于识别段落。其实,段落标记也可以不显示。执行"文件"|"选项"命令,弹出"Word 选项"对话框,如图 4-18 所示。执行"显示"命令,在其右侧栏中单击"始终在屏幕上显示这些格式标记"中的"段落标记"复选框,勾选则显示"段落标记",反之则不显示。

(5) 保存文件。以文件名"01506001 郑吉 1.docx"为例保存文件。执行"文件"|"保存"命令,弹出"另存为"模板,单击"浏览"按钮,弹出"另存为"对话框,如图 4-19 所示。单击其左侧栏的"桌面"按钮,确定保存位置,在"文件名"文本框中输入"01506001 郑吉 1",在"保存类型"中选择默认的"Word 文档(*.docx)"格式,单击"保存"按钮即可。

提示:文档编辑完成之后一定要注意保存。Word 2016 默认的文件格式为".docx"。

说明:在 Windows 操作系统中,文件的打开、保存、另存为命令所弹出的对话框都是类似的,均可参照图 4-19 所示执行。

【**实例 4-2**】 Word 2016 文字、段落排版。

目的:

- 熟练掌握 Word 2016 文字、段落的排版。

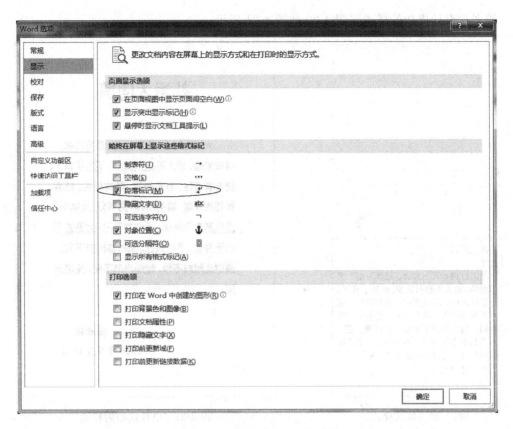

图 4-18 "Word 选项"对话框

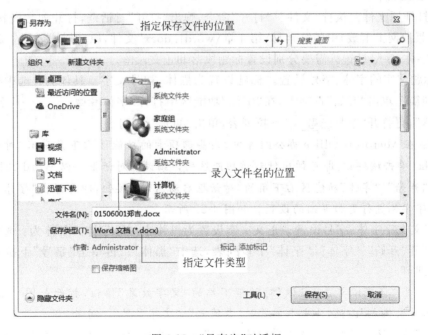

图 4-19 "另存为"对话框

原文与设计成功的样式如图 4-20 和图 4-21 所示。

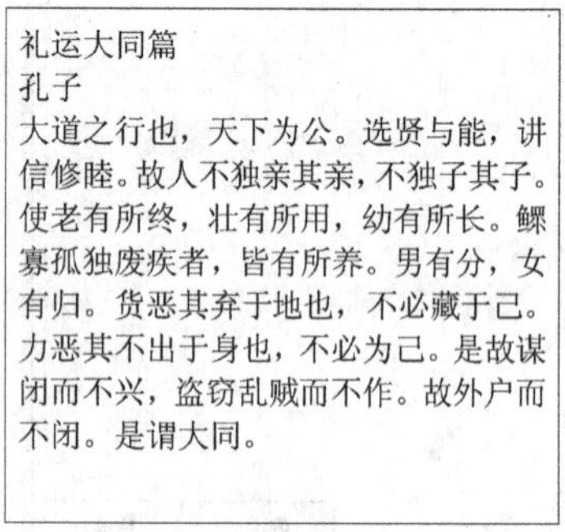

礼运大同篇
孔子
大道之行也，天下为公。选贤与能，讲信修睦。故人不独亲其亲，不独子其子。使老有所终，壮有所用，幼有所长。鳏寡孤独废疾者，皆有所养。男有分，女有归。货恶其弃于地也，不必藏于己。力恶其不出于身也，不必为己。是故谋闭而不兴，盗窃乱贼而不作。故外户而不闭。是谓大同。

图 4-20　原文样式

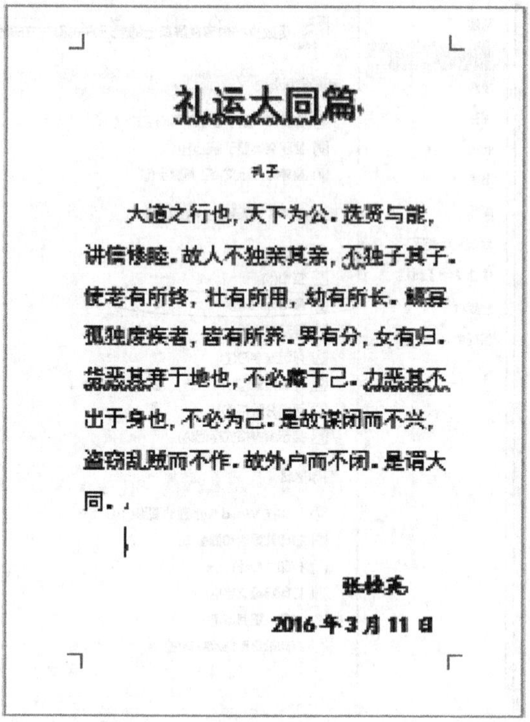

礼运大同篇
孔子
大道之行也，天下为公。选贤与能，讲信修睦。故人不独亲其亲，不独子其子。使老有所终，壮有所用，幼有所长。鳏寡孤独废疾者，皆有所养。男有分，女有归。货恶其弃于地也，不必藏于己。力恶其不出于身也，不必为己。是故谋闭而不兴，盗窃乱贼而不作。故外户而不闭。是谓大同。
张桂英
2016 年 3 月 11 日

图 4-21　设计成功的样式

操作步骤如下。

(1) 打开原文件。执行“文件”|“打开”命令，弹出“打开”对话框，打开配套资料(请从清华大学出版社网上下载)中的“\素材\第 4 章\word1. docx”文件，原文样式如图 4-20 所示。

(2) 字体、字号设置。需要分别设置标题段落和正文段落。

① 标题文字的字体、字号设置。标题设置为黑体、初号文字。具体为：选中标题文字“礼运大同篇”，单击“开始”选项卡，在“字体”功能区中打开“字体 宋体 ▾”下拉列表；单击“黑体”，再打开“字号 五号 ▾”下拉列表，单击“初号”，即可。

说明：在 Microsoft Office 办公组件中，某些选项卡的功能区右下角带有“对话框启动器 ”按钮，单击该按钮，即可弹出针对该功能区的详细设置对话框。以 Word 2016 软件为例。单击“开始”|“字体”功能区右下角的“对话框启动器 ”按钮，即可弹出“字体”对话框，可以对文字字体进行更加详细的设置。如图 4-22 所示。

② 正文文字字体、字号设置。正文文字设置为黑体小一号字体。具体为：选中正文所有文字，打开“开始”|“字体”|“字体”下拉列表，选中“黑体”。再单击“字号”下拉列表选中“小一号”即可。

说明：用户还可以单击“字体”对话框下端的“文字效果”按钮，打开如图 4-23 所示的“设置文本效果格式”面板，为文本设置“文本填充”、“文字效果”。另外，用户也可以单击“开始”|“字体”功能区中的“文本效果和版式 A ▾”按钮，为选中的文本套用文本效果格式，或者自定义文本效果格式，如图 4-24 所示。

图 4-22 "字体"对话框　　　　　　　　图 4-23 设置文本效果格式

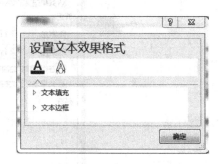

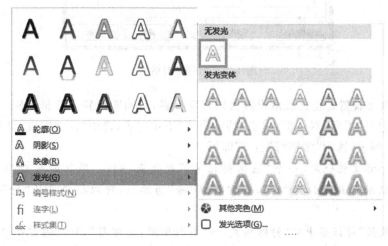

图 4-24 设置文本效果和版式

(3) 段落设置。需要分别设置标题段落和正文段落。

① 标题段落设置。标题居中，段前 2 行，段后 2 行。具体为：选中标题文字，单击"开始"|"段落"功能区中的"居中 ≡ "按钮，将标题居中；单击"段落"功能区右下角的"对话框启动器 "按钮，弹出"段落"对话框，如图 4-25 所示，分别在"间距"→"段前"中输入"2 行"，在"间距"→"段后"中输入"2 行"即可。

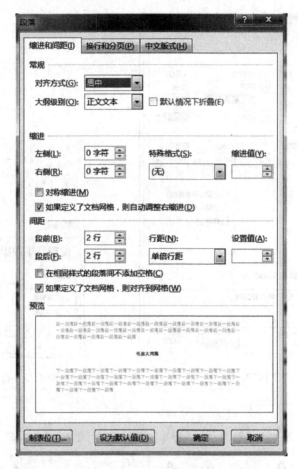

图 4-25 "段落"对话框

② 正文段落设置。正文段落设置为段首空 2 格,行间距设置为 3 倍行距。具体为:选中正文文字,打开"段落"对话框,单击"特殊格式"下拉列表,选中"首行缩进:2 字符";再单击"行距"下拉列表,选中"多倍行距:3"即可。

提示:Word 文档规定,一个"段落标记 ↵"就代表一段。段落的行距单位有"行"和"磅"两种,默认的行距单位为"行",若需要以"磅"为单位,可以将原来的"行"修改为"磅"即可。

说明:"段落"对话框中的"特殊格式"→"首行缩进:2 字符",对应的就是中文文档中的段首空两格。

(4) 落款。如图 4-21 所示,文档编辑完成后,需要在文档右下角签上名字、日期。具体为:首先在文档结尾处按 2 个 Enter 键,然后输入自己的名字,如"张桂英";再按一个 Enter 键,输入日期,如"2016 年 3 月 11 日"。在 Word 2016 中,默认输入的文字是以左对齐排版。但中文文档习惯的落款是右对齐。此时,需要再选中已输入的名字、日期,单击"开始"|"段落"功能区中的"右对齐 "按钮,将名字、日期右对齐。默认的"右对齐"按钮实现的落款,右侧太过整齐,缺少层次感。用户可以使用 Word 2016 所提供的"水平标尺"进行适当调整。分别选中刚输入的名字与日期,适当向左滑动"水平标尺"上的"右缩进"滑块,即可达到

满意的效果。

说明:"水平标尺"主要用于快速设置文档的左右边距、制表位和悬挂缩进等,共包含4个滑块,分别是"首行缩进"、"悬挂缩进"、"左缩进"和"右缩进",如图4-26所示。"首行缩进"用于快速设置段首空格。"悬挂缩进"用于设置一个段落中从第2行到最后一行的开始位置。"左缩进"用于同时移动悬挂缩进与"首行缩进"2个滑块,以保持它们之间的间距固定不变。"右缩进"用于设置段落的右缩进。

图4-26 "水平标尺"

(5)保存文件。执行"文件"|"保存"命令,弹出"另存为"模板,单击其中的"浏览"按钮,弹出的"另存为"对话框,保存文件。

【实例4-3】 Word 2016高级排版。

目的:
- 熟练掌握"查找"、"替换"功能;
- 熟练掌握图形、文本框的插入;
- 掌握页眉、页码的插入;
- 学习使用分栏排版;
- 熟练掌握纸张大小、纸张方向、页边距的设置过程。

原文内容与设计成功的样式如图4-27和图4-28所示。

> 家里没有五角星
>
> 许多家长反映,孩子在家不听话,就连一些在学校被大家公认为好孩子的小朋友竟然也是这样。这究竟是怎么一回事呢?在一节语言课上,当我们在讨论"为什么小宝在学校是个有礼貌、守纪律、爱劳动的好孩子,而在家却不是这样"时,小朋友们几乎是异口同声地告诉我这样一个答案:因为家里没有五角星、"金杯"、"红苹果"……
> 真没想到,一张小小的纸片刻成五角星、"金杯"、"红苹果",就能有那么大有魔力,让小朋友们对它那么着迷。是呀,老师们经常看到,额头上贴了五角星的小朋友在同伴中总是要努力地显得最精神,平时淘气好动的孩子为了得到这些小奖品,也能像换了个人似的那么神气。
> 那我们是否能从孩子们的答案中获得启示呢?我们做家长的为了要孩子听话,总是拿孩子喜欢的玩具、漂亮的衣物来激励他,但是,往往是花钱很多,收益却很小,而且经常会在很短的时间里就失去了效力。也许,生活在富裕家境中的孩子已经对物质刺激感到麻木了,他们更喜欢的,反而是对大人来说不起眼的这些五角星、"金杯"、"红苹果"。新衣服穿了三两回也就不新了,好吃的吃完了不会留下任何痕迹;而小奖品贴在身上却是最能吸引小朋友目光的点睛之笔,因为它总是在用无声的语言向大家宣告:我的小主人是一个好孩子。孩子们所需要的也正是这种真实的感受。因此,家长也应该在家中备上一些学校中常见的小奖品,当孩子有所进步时,也像在学校一样给他贴上一个,并且让他到学校时告诉大家获得这个奖品的原因。这样既满足了孩子好展示的愿望,又能加强家园沟通,使学校和家庭的教育协调一致,达到同步引导、促进提高的目的。
> 在本学期开学初,我们小班的小朋友们像以往任何一届的一个样,哭声此起彼伏,其中有一个孩子还哭闹得特别厉害。老师就想到了让他妈妈在来园时给他贴奖品的办法,帮助他演过家园转换这一难关,结果出人意料的好:当妈妈把孩子送到学校门口,和他讲好了,不哭就给他贴一个五角星,让小朋友们看看他的神气样儿,他就慢慢止住了哭声,小手无比爱惜地抚摸着额头上的五角星,走进自己班的活动室去了。没几天,这个孩子就不哭了。妈妈的手里有了小奖品,妈妈说的话就变得管用了,孩子也听话了。真有这么神奇吗?有心的家长,您不妨也试试。

图4-27 原文内容

操作步骤如下。

(1)打开原文件。打开配套资料中的"\素材\第4章\word3.docx"文件,如图4-27

所示。

（2）标题文字设置。标题文字设置为如图 4-28 所示的艺术字效果，具体操作步骤如下。

① 选中标题文字"家里没有五角星"。

② 选择"插入"|"文本"|"艺术字 A"，在弹出的下拉选项菜单中选中如图 4-29 所示的"填充-金色，着色 4，软棱台"艺术字效果。

图 4-28 设计成功的样式

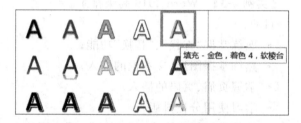

图 4-29 艺术字字库列表

③ 单击该艺术字对象，激活"绘图工具"|"格式"上下文选项卡，单击"排列"功能区中"环绕文字"按钮，在弹出的下拉选项菜单中选中"嵌入型"，如图 4-30 所示。

④ 将光标定位在正文第一个字"许"字的前面，单击 Enter 键，换行。

⑤ 选中标题艺术字，选择"开始"|"段落"|"居中 ≡"，将标题艺术字居中。

说明：文字环绕方式是插入的外部对象之间，以及这些对象与文字之间的排列关系。Word 2016 中文字的环绕方式共分为 7 种，分别为嵌入型、四周型、紧密型环绕、穿越型环绕、上下型环绕、衬于文字下方和浮于文字上方等。详细说明可参见 4.2.3 节中的表 4-1。

图 4-30 文字环绕方式下拉选项菜单

（3）正文文字段落设置。正文文字设置为楷体五号字，段首空 2 格。

（4）替换文字。将光标停在文档中某一位置，单击"开始"|"编辑"|"替换"按钮，打开"查找和替换"对话框，在"查找内容"中输入"学校"，在"替换为"中输入"幼儿园"，单击"全部替换"按钮，如图 4-31 所示。

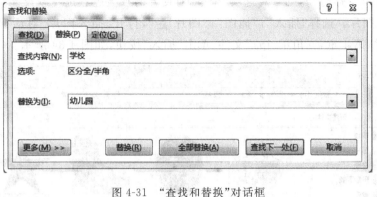

图 4-31 "查找和替换"对话框

提示：如果只需替换部分符合条件的文字,可单击"查找下一处"按钮,在找到需要替换的文字时,单击"替换"按钮；否则,单击"查找下一处"按钮,继续查找。

技巧：在"替换为"一栏中不输入任何字符,便可以删除所查找的文字内容。

(5) 插入文本框。选择"插入"|"文本"|"文本框",在弹出的下拉选项菜单中选中"绘制竖排文本框"命令,光标变为"+"形,按住鼠标左键拖动即可绘制出一个文本框。

(6) 文本框中输入文字。将光标定位在文本框中,输入文字"我家就有五角星!",选中文本框中的文字,设置为楷体、二号、黄色、加粗字。

技巧：单击文本框边框,选中文本框,按 Delete 键即可删除文本框。其他外部对象,如图形、图片、艺术字、SmartArt 对象等,在选定状态下,同样可以按 Delete 键删除。

(7) 文本框效果设置。单击文本框,激活"绘图工具"|"格式"上下文选项卡(如图 4-32 所示)。

图 4-32 "绘图工具"|"格式"上下文选项卡

① 底纹颜色设置。选择"形状样式"|"形状填充",在弹出的下拉菜单中选中"标准色"中的红色按钮；

② 边框设置。选择"形状样式"|"形状轮廓",弹出下拉菜单,勾选"无轮廓"选项,取消文本框的边框；

③ 绕排文字。如图 4-32 所示,选择"环绕文字"按钮,在弹出的下拉选项菜单中选择"四周型"。

④ 位置。单击"排列"|"位置"按钮,在弹出的下拉选项菜单中选择"中间居中,四周型文字环绕",如图 4-33 所示。

说明：Word 2016 提供的"位置"命令,方便用户根据文档类型来布局图片。Word 2016 的布局下拉选项菜单中提供了 10 种不同的图片位置,如图 4-33 所示。用户也可以通过

图 4-33 "位置"选项菜单

单击该下拉菜单下部的"其他布局选项"命令,对图片的位置进行进一步设置。

(8) 插入图片。选择"插入"|"插图"|"图片 ",打开"插入图片"对话框,选中教学资料中的"\素材\第4章\五角星.jpg"文件,单击"插入"按钮,如图4-34所示。

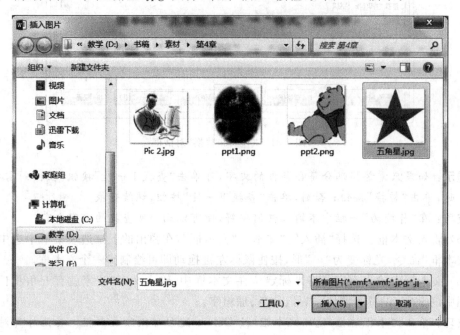

图 4-34 "插入图片"对话框

(9) 设置环绕文字格式。参照如图4-28设计成功的样式所示,将图片插入到文档中的指定位置。

(10) 插入页眉和页码。

① 插入页眉。选择"插入"|"页眉和页脚"|"页眉 ",在弹出的下拉选项菜单中选中"编辑页眉"命令,光标自动停在页面顶端页眉的位置,输入"儿童乐园"即可。

提示:页眉文字编辑完成后,双击页面正文部分,即可返回正文编辑状态。

② 插入页码。选择"页眉和页脚"|"页码 ",在弹出的下拉选项菜单中选中"页面底端"|"简单"|"普通数字2",即可在页面底端中部插入页码,如图4-28所示。

(11) 分栏排版。选中文档中除标题及最后一段外的所有文字,单击"布局"|"页面设置"|"分栏 "按钮,在弹出的下拉选项菜单中选"两栏"即可。

技巧:如果想在文档中显示栏线,可以在"分栏"下拉选项菜单中选择"更多分栏"命令,在弹出的"分栏"对话框中勾选"分隔线"复选框即可,如图4-35所示。

(12) 页面设置。打开"布局"选项卡,在"页面设置"功能区中分别单击"页边距"、"纸张方向"、"纸张大小"按钮,完成以下设定。

- "页边距"为普通;
- "纸张方向"为纵向;
- "纸张大小"为A4。

说明：用户也可以单击"布局"|"页面设置"功能区右下角的"对话框启动器 "按钮，在弹出的"页面设置"对话框中对页面进行更加详细的设置。例如，参照图4-36所示的完成效果，将本实例中的文字、段落、页面布局重新设置，具体操作步骤如下。

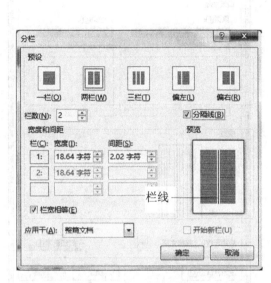
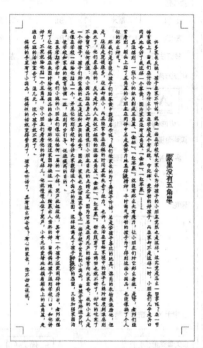

图 4-35　"分栏"对话框　　　　　　　　图 4-36　设计成功的文档样式

① 将光标定位在文档中的任一位置，选择"布局"|"页面设置"|"文字方向 "，在弹出的下拉选项菜单中单击"垂直"选项。

② 标题设置。标题文字设置为黑体、三号字，行距设置为固定值18磅，段前1行，段后1行。

③ 正文文字设置为小四号、楷体字，首行缩进2字符，行距设置为固定值18磅。

④ 页面设置。选择"布局"|"页面设置"|"对话框启动器 "，在"页边距"选项卡中设置：上、下页边距为1.2厘米，左、右页边距为1.1厘米，如图4-37所示。

⑤ 选择"页面设置"|"纸张大小"选项卡进行设置。依次选择"纸张大小"|"自定义大小"；设置宽度为15.4厘米，高度为26.8厘米，如图4-38所示。

提示：现代办公常用的纸张大小为A4纸。如果用户所选的纸张大小与系统所提供的标准纸张大小无法匹配，则可以选择"自定义大小"来完成纸张大小的设定。

技巧：当文档内容宽度较宽，超出了页面的左右边界，"纸张方向"则可以选择"横向"，如宽幅面的试卷、宽度较宽的表格等。

【**实例 4-4**】　Word 2016 表格制作。

目的：

熟练掌握表格的插入、编辑与表格样式的设计等操作。

图 4-37 "页边距"选项卡 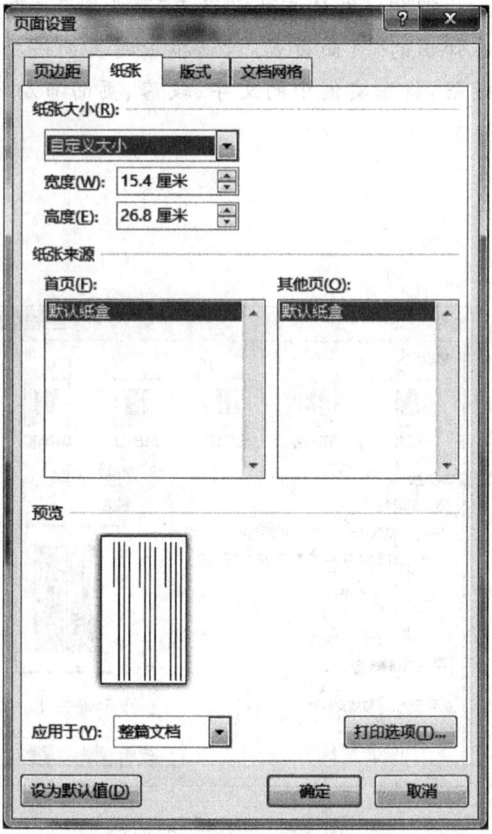　　　　　　　图 4-38 "纸张"选项卡

设计成功的表格样式如图 4-39 所示。

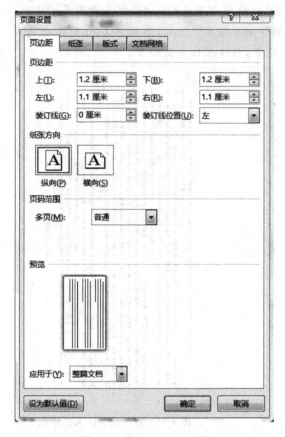

图 4-39　设计成功的表格样式

操作步骤如下。

(1) 插入表格。将光标定位在需要创建表格的位置,选择"插入"|"表格"|"表格 ⊞ ", 选中"插入表格"命令,弹出"插入表格"对话框,分别设置列数为 6,行数为 6,即可在当前光

标位置插入一个 6 列 6 行的表格。

提示：也可以单击"表格"按钮，在插入表格的下拉列表中按住鼠标左键拖动，当显示 6×6 时单击鼠标，同样可以插入 6 列 6 行表格。如图 4-40 所示。

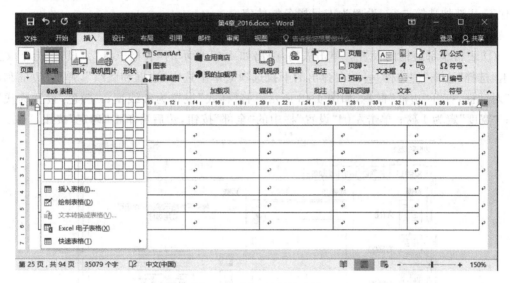

图 4-40　插入并预览表格

（2）合并单元格。分别选中表格第 1 行与第 5 行的所有单元格，右击，在弹出的快捷菜单中选中"合并单元格"命令。

（3）插入斜线表元。单击表格，选择"表格工具"|"布局"选项卡，如图 4-41 所示，在"绘图"功能区中单击"绘制表格 ✏"按钮，在表格第 2 行第 1 个单元格中绘制一条斜线。

图 4-41　"表格工具"|"布局"上下文选项卡

技巧：斜线表元中的文字录入。在斜线表元中按 Enter 键换行，第一行设置为"右对齐"，输入"星期"。第二行设置为"左对齐"，输入"节次"。

提示：插入表格后会激活"表格工具"|"设计"上下文选项卡，如图 4-42 所示，在其中可以对插入表格的样式做进一步的编辑，包括对表格样式的设置、底纹的填充、边框样式的设置等。

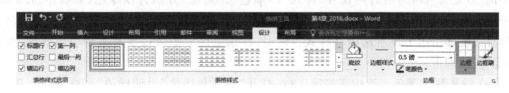

图 4-42　"表格工具"|"设计"上下文选项卡

（4）录入文字。参照图 4-39 所示，在表格单元中录入文字内容。

（5）设置文字对齐方式。单击表格，弹出"表格工具"|"布局"上下文选项卡，如图 4-41

所示,在"对齐方式"功能区中单击"水平居中 ▤"按钮。

(6) 文字字体字号设置。选中表格第1行文字,设置为三号红色楷体加粗字;选中表格第2行,再按住 Ctrl 键加选第1列,设置为小四号红色楷体加粗字;再选中表格第3、4行,按住 Ctrl 键加选第6行,设置为五号黑色楷体字。

(7) 表格边框的设置。

① 表格全部边框的设置。单击表格,弹出如4-42所示的"表格工具"|"设计"上下文选项卡,选择"边框"|"边框 ▤",在弹出的下拉选项菜单中选中"边框和底纹",弹出"边框和底纹"对话框,打开"边框"标签,如图4-43所示。将"样式"设置为细线型;"颜色"设置为浅绿色;"宽度"定为1磅;单击左侧"设置"栏中的"全部"按钮,然后再单击"确定"按钮。

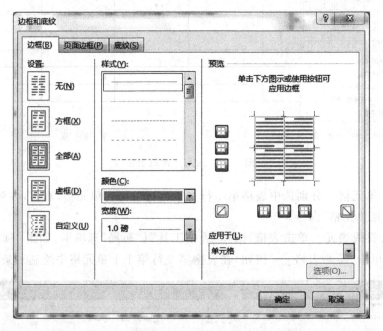

图4-43 "边框和底纹"对话框"边框"标签

② 斜线表元的设置。观察表格第2行第1列单元格中的斜线消失了。单击表格,弹出"表格工具"|"设计"上下文选项卡,选择"边框"|"边框刷 ▤",在该单元格中绘制一条斜线即可。

③ 表格外边框的设置。重复步骤①,打开"边框和底纹"|"边框"标签,单击左侧"设置"栏中的"自定义"按钮,然后再设置"样式"、"颜色"、"宽度"分别为浅绿色、双线型、1.5磅;再分别双击右侧"预览区"中的"上框线 ▤"、"下框线 ▤"、"左框线 ▤"、"右框线 ▤"按钮,表格外边框即引用了该所选边框样式。同时,在预览区中也可以实时观察引用效果,单击"确定"按钮即可。

(8) 设置底纹颜色。选中表格第1行,打开"边框和底纹"对话框的"底纹"标签,选"填充"为"蓝色,个性色5,淡色80%",如图4-44所示。到此为止,一张课程表就设计完成了。设计成功的表格样式如图4-39所示。

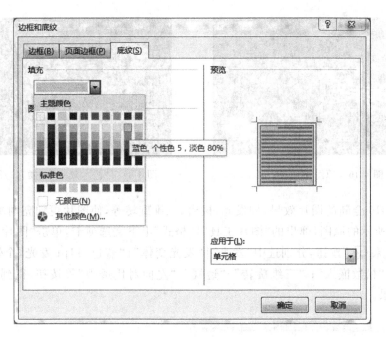

图 4-44 "边框和底纹"对话框"底纹"标签

4.2.3 Word 总结与提高

1. 总结

(1) Word 2016 中图片的处理技术。

文档编辑过程中,适当插入一些图片可以装饰文档,增强文档的视觉感染力,也可以对文档中的文字进行解释说明。单击图片,激活"图片工具"|"格式"上下文选项卡,即可以对图片进行详细的设置,如图 4-45 所示。

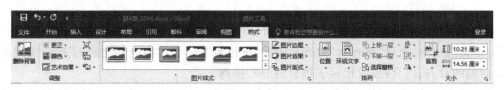

图 4-45 "图片工具"|"格式"上下文选项卡

在"格式"选项卡的"调整"功能区中,用户可以应用其提供的"更正"、"颜色"和"艺术效果"命令,自由地调节图片的亮度、对比度、色调、艺术效果。图 4-46 为原图,选中该图片,执行"艺术效果"|"发光边缘"命令,得到如图 4-47 的效果。

Word 2016 所提供的"图片样式库"如图 4-45 所示,如果"图片样式库"中内置的图片样式不能满足用户的需求,用户也可以通过单击其右侧的"图片边框 "、"图片效果 "、"图片版式 "等按钮,进行更多设置。例如以图 4-46 为原图,选中该图片后执行"图片样式"|"圆形对角,白色"命令,得到如图 4-48 所示的效果。

图 4-46　原图样式　　　　　　　　　图 4-47　"艺术效果"|"发光边缘"效果样式

Word 2016 全新的图片效果,如发光、棱台、三维旋转等,使图片更加亮丽多彩。单击选中如图 4-46 所示的原图,弹出的"图片工具"|"格式"上下文选项卡,单击"图片样式"功能区中的"图片效果 "按钮,分别选中"发光"|"发光变体"|"蓝色,11pt 发光,个性色 1";"棱台"|"棱台"|"松散嵌入";"三维旋转"|"透视"|"左向对比透视"等按钮,得到如图 4-49 所示的图片效果。

图 4-48　"图片样式"效果样式　　　　　图 4-49　"图片效果"效果样式

另外,用户还可以根据需要,对文档中的图片进行裁剪;也可以激活"图片工具"|"格式"上下文选项卡,通过"排列"|"对齐 对齐"按钮与"排列"|"组合 组合 "按钮实现多张图片对象的对齐、组合,或者相对于舞台的分布排列。

Word 2016 提供的"位置"命令,是为了方便用户布局图片。Word 2016 的布局下拉选项菜单中共提供了 10 种不同的图片位置,用户也可以通过"其他布局选项"命令进行更详细的设置。

在文档中插入图片时,图片与图片,以及图片与文字之间的排列关系,称之为环绕。Word 2016 中图片的环绕方式共分为 7 种,分别为嵌入型、四周型、紧密型环绕、穿越型环绕、上下型环绕、衬于文字下方、浮于文字上方等。

环绕有嵌入与浮动两种基本的形式。嵌入是图片位于文字层中;浮动则是图片位于图形层中,图片可以任意拖动到文档的某一位置,而不像嵌入式会受到一些限制。表 4-1 是对不同环绕方式的总结说明。

表 4-1　环绕方式的说明

环绕设置	文档中的效果
嵌入型	插入到文字层中。嵌入型是把图片作为一个字符对象处理,可以将图片从一个段落标记拖动到另一个段落标记中
四周型	文字可以环绕在图片周围,图片可以拖动到文档中的任意位置
紧密型环绕	文字可以环绕在图片周围。图片可以拖动到文档的任意位置。如果插入的图片是一个规则的矩形,则紧密型与四周型实现的效果是一样的。但如果图片的左右边界不是一条直线,则紧密型会沿着左右边界的轮廓线进行更加紧凑的环绕
穿越型环绕	文字可以环绕在图片周围。图片可以拖动到文档的任意位置。如果插入的图片是一个规则的矩形,则穿越型与四周型实现的效果是一样的。但如果图片的上下边界不是一条直线,则穿越型会沿着上下边界的轮廓线进行更加紧凑的环绕
上下型环绕	图片类似一个独立的段落,文字可以位于图片的上方或者下方,但不会出现在图片的左右两侧。图片可以拖动到文档的任意位置
衬于文字下方	衬托在文档下方或底部的绘制层中,文字位于图片上方,通常用作页面背景图片或者水印。图片可以拖动到文档的任意位置
浮于文字上方	浮在文档上方的绘制层中,文字位于图片下方。通常用在有意遮盖某些文字,以实现某种特殊效果。图片可以拖动到文档的任意位置

说明：在 Word 2016 文档中,可以插入多种外部对象,如图片、形状、SmartArt、图表、文本框、艺术字等,这里所讲的"图片处理技术"同样适用于这些对象。

(2) 图 4-50 为 Word 2016 的图形库(是通过选择"插入"|"插图"|"形状"弹出的下拉选项菜单),应用这些图形用户可以设计出非常生动有趣的文档。图 4-51 对图形绘制实例进行了展示。

提示：右击图形对象,执行"编辑文字",即可在选中的图形中输入文字。注意：不是每一个图形对象都可以输入文字的。

(3) 图 4-52 是文档版面设计的布局示意图,直观、形象地反映 Word 文档的版面布局效果。

(4) 在 Word 中,如"页面设置"、"边框和底纹"、"分栏"等对话框中都有"应用于"选项,是用于限定所设置的效果在文档中的适用范围,用户在排版过程中一定要注意。不同的应用范围,实现的效果都有区别。

2. 提高

1) 样式

(1) 应用"快速样式库"应用样式。

一篇文章一般都要有标题和正文,文章的标题层次比较多时,有大、中、小之分。最大的标题称之为一级标题,其次是二级标题、三级标题,以此类推。标题的层次表现正文内容的逻辑关系。常用不同的字体、字号、段落加以区别,使全文章节分明、层次清晰、便于阅读。

图 4-50　"图形库"

图 4-51　图形绘制实例展示

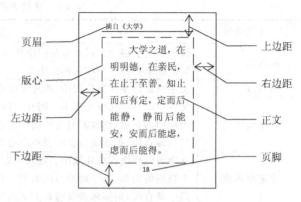

图 4-52　文档版面布局示意

"样式"就是数字化办公系统为了便于文档编辑，而命名的一系列字符和段落格式。它规定了一篇文档中各级标题、正文以及要点等各文本元素的格式。用户可以将某一个样式应用于选定的段落、文字或其他要点等，以使所选段落、文字、要点具有指定样式所定义的格式。这不仅可以帮助用户轻松统一文档格式，简化文档格式的编辑、修改工作，还可以辅助构建文档大纲，生成文档目录。

在 Word 2016 中，选择"开始"|"样式"|"其他 ▼"，弹出如图 4-53 所示的"快速样式库"。用户只需在各个样式之间轻松滑动鼠标，所选文本就会自动呈现出当前样式应用后的视觉效果。用户满意后，只需单击指定样式，即可将该样式应用到当前所选文本上。这种全新的实时预览功能，可以为用户节省大量的时间，极大地提高工作效率。

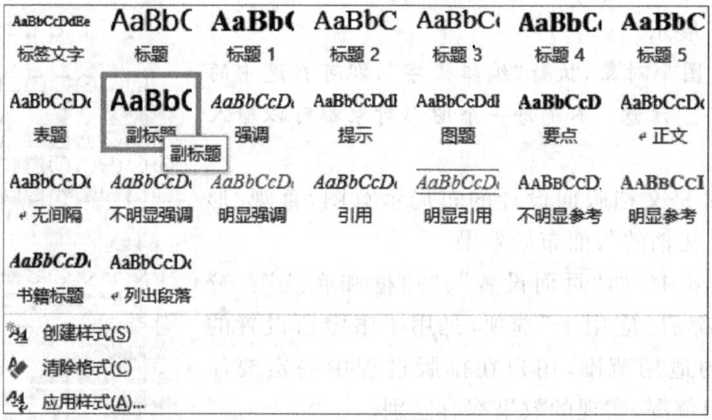

图 4-53　快速样式库

(2) 使用"样式"任务窗格应用样式。

以如图 4-54 所示的文本为例，介绍样式的定义与应用。在该文档中分别定义了以下样式："！标题1"、"！标题2"、"！标题3"三级标题，以及"！标题4"、"！正文"等正文样式。各级标题和正文的文字段落格式定义如下。

- ！标题1　宋体；3号；加粗字；居中；行距：1.5倍行距；段落间距：段后12磅；与下段同页；段中不分页；1级标题；

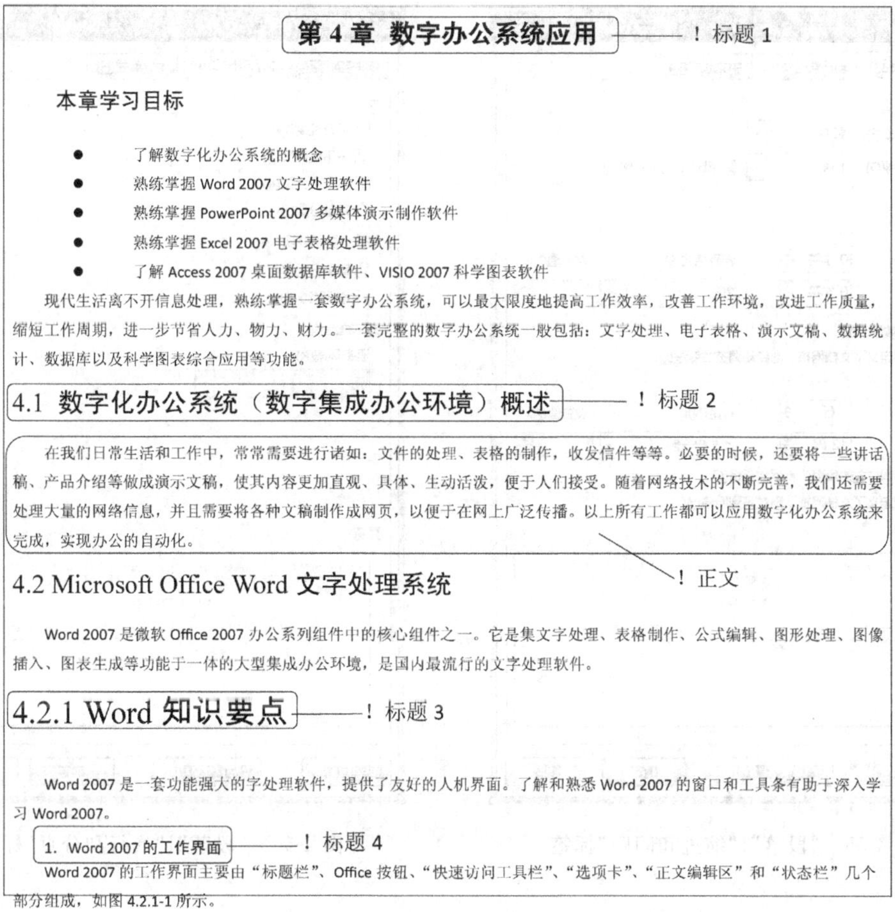

> **第 4 章 数字办公系统应用** ——！标题 1
>
> **本章学习目标**
> - 了解数字化办公系统的概念
> - 熟练掌握 Word 2007 文字处理软件
> - 熟练掌握 PowerPoint 2007 多媒体演示制作软件
> - 熟练掌握 Excel 2007 电子表格处理软件
> - 了解 Access 2007 桌面数据库软件、VISIO 2007 科学图表软件
>
> 现代生活离不开信息处理，熟练掌握一套数字办公系统，可以最大限度地提高工作效率，改善工作环境，改进工作质量，缩短工作周期，进一步节省人力、物力、财力。一套完整的数字办公系统一般包括：文字处理、电子表格、演示文稿、数据统计、数据库以及科学图表综合应用等功能。
>
> **4.1 数字化办公系统（数字集成办公环境）概述** ——！标题 2
>
> > 在我们日常生活和工作中，常常需要进行诸如：文件的处理、表格的制作、收发信件等等。必要的时候，还要将一些讲话稿、产品介绍等做成演示文稿，使其内容更加直观、具体、生动活泼，便于人们接受。随着网络技术的不断完善，我们还需要处理大量的网络信息，并且需要将各种文稿制作成网页，以便于在网上广泛传播。以上所有工作都可以应用数字化办公系统来完成，实现办公的自动化。 ——！正文
>
> **4.2 Microsoft Office Word 文字处理系统**
>
> Word 2007 是微软 Office 2007 办公系列组件中的核心组件之一。它是集文字处理、表格制作、公式编辑、图形处理、图像插入、图表生成等功能于一体的大型集成办公环境，是国内最流行的文字处理软件。
>
> **4.2.1 Word 知识要点** ——！标题 3
>
> Word 2007 是一套功能强大的字处理软件，提供了友好的人机界面。了解和熟悉 Word 2007 的窗口和工具条有助于深入学习 Word 2007。
>
> > 1. Word 2007 的工作界面 ——！标题 4
>
> Word 2007 的工作界面主要由"标题栏"、Office 按钮、"快速访问工具栏"、"选项卡"、"正文编辑区"和"状态栏"几个部分组成，如图 4.2.1-1 所示。

图 4-54 样式的定义与应用效果

- ！标题 2　黑体；小 3 号；左对齐；行距：1.5 倍行距；段落间距：段前 6 磅，段后 6 磅；与下段同页；段中不分页；2 级标题；
- ！标题 3　楷体；4 号；左对齐；行距：1.5 倍行距；与下段同页；段中不分页；3 级标题；
- ！标题 4　黑体；5 号；左对齐；行距：1.5 倍行距；首行缩进 2 字符；正文；
- ！正文　宋体；5 号；左对齐；行距：单倍行距；首行缩进 2 字符；正文。

套用已定义的样式进行排版，完成的文档样式如图 4-54 所示。具体过程如下。

① 设置文字段落格式。选中文字"第 4 章数字办公系统应用"，字体为宋体 3 号加粗字；段落设置为居中；行距为 1.5 倍行距；间距为段后 12 磅；与下段同页，段中不分页；大纲级别为 1 级，如图 4-55 和图 4-56 所示。

② 创建样式。

（a）选中文字"第 4 章　数字办公系统应用"，单击"开始"｜"样式"｜"其他 "，在弹出的"快速样式库"中单击其底部的"创建样式"命令，弹出"根据格式设置创建新样式"对话框，在"名称"栏中输入"！标题 1"，单击"确定"按钮，如图 4-57 所示。

 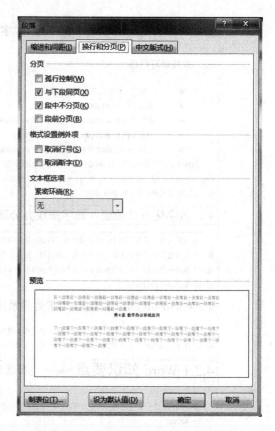

图 4-55 "段落"|"缩进和间距"标签　　　　图 4-56 "段落"|"换行和分页"标签

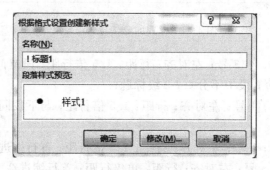

图 4-57　定义新样式名称

(b) 如果在创建新样式的同时,还希望进行进一步定义,则可以单击"修改"按钮,打开如图 4-58 所示的对话框。在该对话框中,用户可以定义该样式的"样式类型"是针对字符还是段落,以及"样式基准"与"后续段落样式"。此外,用户还可以单击"格式"按钮,分别设置该样式的字体、段落、边框、编号、快捷键、文字效果等。

(c) 单击"确定"按钮,新定义的样式出现在"样式"任务窗格中。

③ 重复上面的步骤,分别创建"!标题 2"、"!标题 3"、"!标题 4"、"!正文"等样式。

④ 应用样式。以图 4-54 样文中最后一段为例。选中样文中最后一段文字,单击"样式"

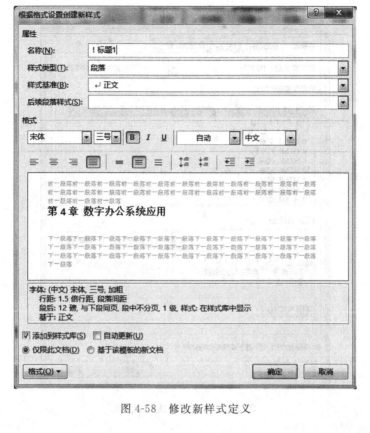

图 4-58 修改新样式定义

任务窗格中的"！正文"样式,如图 4-59 所示。可以看到,所选文字即应用了该样式效果。

提示：在"样式"任务窗格中,勾选其底部的"显示预览"复选框,则样式的预览效果就会直接显示出来,否则,所有样式只以文字描述的形式列举出来,如图 4-59 所示。

技巧：光标定位在已定义样式的文字段落中,单击"开始"|"格式刷 格式刷"按钮,此时鼠标变为格式设定样式,拖动鼠标左键选中需要引用样式的文字段落,即可快速引用样式。

⑤ 复制并管理样式。在编辑文档的过程中,如果需要使用其他文档或模板的样式,可以将其复制到当前活动文档或模板中,而不需要再重新创建相同的样式。具体操作步骤如下。

（a）打开需要复制样式的文档,选择"开始"|"样式"|"对话框启动器 ",打开"样式"任务窗格底部的"管理样式 "按钮,弹出如图 4-60 所示的"管理样式"对话框。

（b）单击"导入/导出"按钮,打开"管理器"对话框中的"样式"标签,如图 4-61 所示。该对话框中,左侧区域用于显示当前文档中所包含的样式,右侧区域用于显示 Word 默认文档模板中所包含的样式。

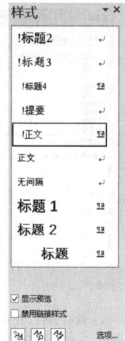

图 4-59 "样式"任务窗格

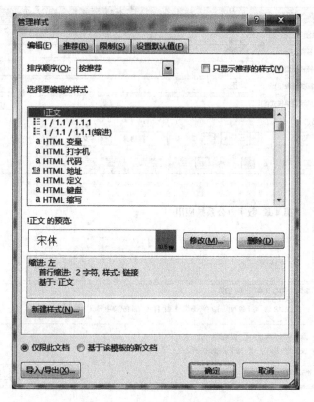

图 4-60 "管理样式"对话框

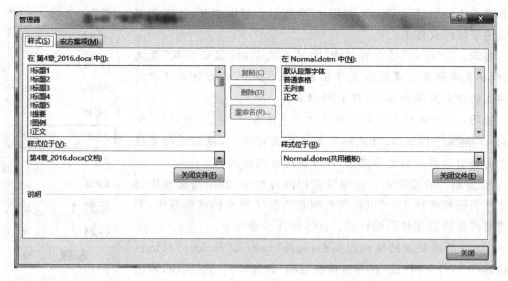

图 4-61 "管理器"对话框中的"样式"标签

(c) 此时，可以看到右侧的"样式和有效范围"下拉列表框中显示的"Normal.dotm（公用模板）"，并不是用户所要复制样式的目标文档。为了改变目标文档，需单击"关闭文件"按钮，此时，原来的"关闭文件"按钮变成了"打开文件"按钮。

（d）单击"打开文件"按钮，打开"打开"对话框，在"文件类型"下拉列表中选择"所有 Word 文档"，选中已经包含了特定样式的文档。单击"打开"按钮打开文档。此时，"管理器"对话框右侧将显示出包含在打开文档中的可选样式列表，这些样式均可以被复制到其他文档中，如图 4-62 所示。

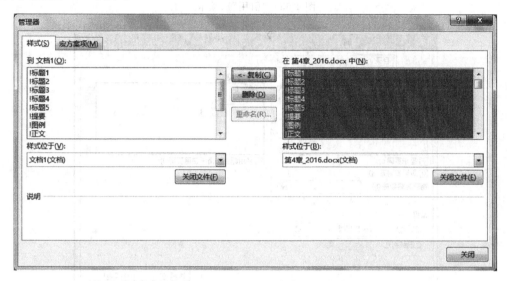

图 4-62 "管理器"对话框中的"样式"标签

（e）在右侧列表中选中所需要的样式类型，单击"复制"按钮，即可将所选样式复制到新的文档中。

提示：复制样式时，如果目标文档或模板已经存在同名的样式，系统还提示用户，是否覆盖现有样式。如果想要保留现有样式，而且还需要复制新的样式，则可以在复制前对样式进行重新命名。

提示：实际上，"管理器"右边的文件也可以设置为源文件，那么，左边的文件则变成目标文件。当用户选中右侧栏中的样式时，可以看到，中间的"复制"按钮的箭头方向发生了变化，从原来的从左指向右变成了从右指向左。也就是说，复制样式的操作，既可以把样式从左侧打开的文档或模板中复制到右侧的文档或模板中，也可以从右侧打开的文档或模板中复制到左侧的文档或模板中。

2）索引和目录

目录是文档中标题的列表。可以通过目录来浏览文档中的主题内容。在 Word 2016 中，通过样式可以迅速地提取目录并插入到文档中。目录的更新也很方便。插入目录的具体操作步骤如下。

单击"引用"选项卡（如图 4-63 所示），单击"目录"按钮，在弹出的下拉选项菜单中单击下部的"自定义目录"命令，弹出"目录"对话框，如图 4-64 所示，单击"选项"按钮，打开如图 4-65 所示的"目录选项"对话框，在"目录建自"栏中选择"样式"，单击"确定"按钮即可。

以图 4-54 所提供的文档样式为基础，提取目录，提取成功的目录样式如图 4-66 所示。

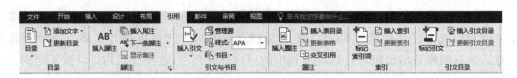

图 4-63 “引用”选项卡

图 4-64 “目录”对话框

图 4-65 “目录选项”对话框

目录

第 4 章 数字办公系统应用......79

4.1 数字化办公系统(数字集成办公环境)概述......79

4.2 Microsoft Office Word 文字处理系统......79

4.2.1 Word 知识要点......79

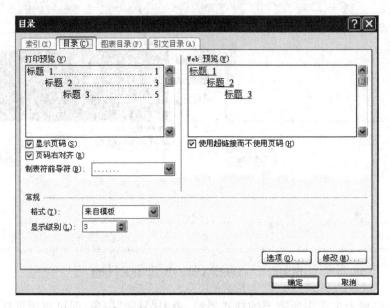

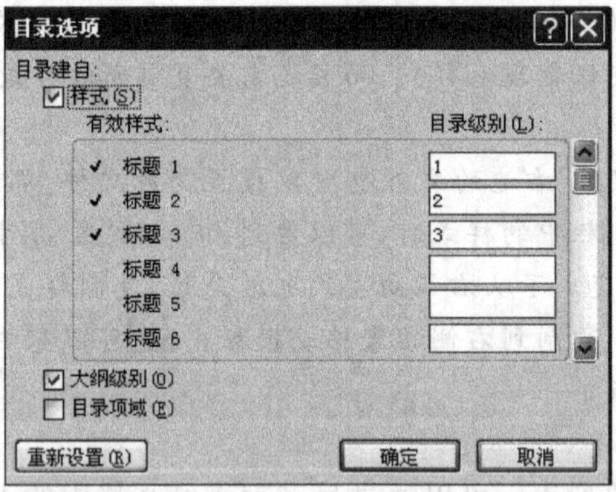

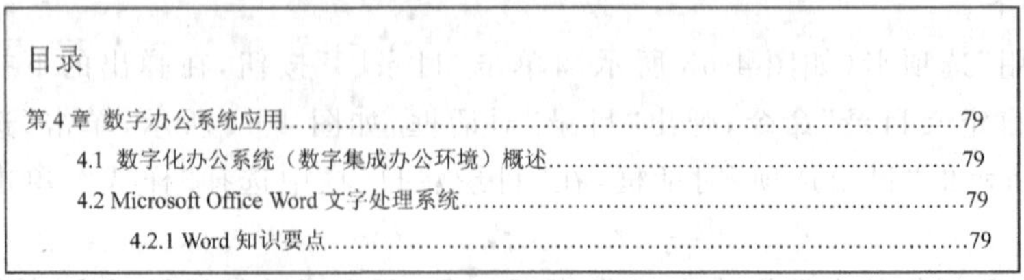

图 4-66 提取成功的目录样式

3) 公式编辑

Word 2016 以前的版本对公式的编辑需要借助公式编辑器。但在 Word 2016 中,单击"插入"选项卡,在"符号"功能区中可以直接插入公式,包括"二次公式"、"二项式定理"、"傅里叶级数"、"勾股定理"、"和的展开式"、"三角恒等式 1"、"三角恒等式 2"、"泰勒展开式"、"圆的面积"公式等。也可以选择"插入新公式",自己编辑公式。下面以图 4-67 为例来学习数学题目的输入过程,具体操作步骤如下。

$$圆\ C:\begin{cases}x=1+\cos\theta\\y=\sin\theta\end{cases}(\theta\text{ 为参数})\text{的普通方程为}\underline{\qquad}。$$

图 4-67 设计成功的数学题目样式

(1) 输入非数学公式部分。在编辑区中输入"圆 C:(为参数)的普通方程为_____。"文字内容,输入完成后将光标定位在"C:"的后面(定位公式插入点),如图 4-68 所示。

圆 C:|(θ为参数)的普通方程为_____。

图 4-68 屏幕录入过程 1

提示: θ 为特殊符号,可以选择"插入"|"符号"|"符号",在弹出的下拉选项列表中选择"其他符号",打开"符号"对话框,如图 4-69 所示,选中"子集:希腊语和科普特语",双击 θ 即可在当前光标所在的位置插入该字符,其他特殊字符同样可以通过这种方式来插入。

图 4-69 "符号"对话框

(2) 选择"插入"|"符号"|"公式",弹出"公式"下拉选项菜单,选择"插入新公式",激活"公式工具"|"设计"上下文选项卡(如图 4-70 所示),同时在当前光标所在位置出现"插入公式提示框"。

(3) 选择"结构"|"括号",在弹出的下拉选项菜单中选中如图 4-67 所示的大括号样式,在光标所在位置插入大括号,如图 4-71 所示。

图 4-70 "公式工具"中的"设计"上下文选项卡

图 4-71 屏幕录入过程 2

(4) 数学公式输入的操作如下。

① 单击图 4-71 大括号右侧上面的"小方框"文本输入框,输入"x=1+"。

② 单击"公式工具"|"设计"上下文选项卡,在"结构"功能区中单击"函数"按钮,在弹出的下拉选项菜单中单击 cos 按钮,即可在当前光标所在的位置插入 cos 。

③ 单击 cos 后的"小方框"文本输入框,参照步骤(1)中的提示,输入 θ 字符,即可完成大括号右侧上面部分的输入。

④ 同理,单击大括号右侧下面的小方框,输入"y=",再单击 sin 按钮,同样可以在当前光标所在的位置插入"sin"。

⑤ 重复步骤 c,在 sin 后面输入字符 θ,完成大括号右侧下面部分的输入。

到此为止,公式编辑的过程全部完成,完成后的效果如图 4-67 所示。

4) 脚注和尾注

在文献资料编辑过程中,往往需要插入脚注或尾注。脚注和尾注用于为文档中的文本提供解释、批注以及相关的参考资料。脚注是用于注释说明文档的内容,而尾注是用于说明所引用的文献。脚注或尾注由注释引用标记和与其对应的注释文本两个互相链接的部分组成。在文档中插入脚注和尾注的过程如下。

选中要插入脚注或尾注的文字,单击"插入脚注 AB¹"或"插入尾注 插入尾注"按钮,在所选文字的右上角将出现一个引用标记,如 1、2、3 等序号,同时页面下方将出现一条横线,在横线的下方出现与引用标记对应的序号,同时光标停在注释文本的位置,等待用户输入注释内容。

图 4-72 所示为《论语·学而》中的一段话,下方为其注释部分。注释的排版就是采用 Word 2016 的脚注功能实现的。

5) 打印预览

说明:在早期版本的 Microsoft Office 应用程序中,文档的打印设置和打印预览需要分别进行。而 Microsoft Office 2016 的后台视图,让文档的打印和预览合二为一,在进行打印选项设置的同时,即可同步预览最终打印效果。具体操作步骤如下。

(1) 使用 Word 2016 打开文档后,单击"文件"菜单即可打开后台视图,其自动显示的是"信息"视图中的内容。

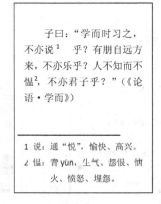

图 4-72 使用脚注功能的样文

(2)切换到"打印"视图,在这里人们可以方便地进行各种打印选项的设置,与此同时,在右侧的窗格中即可同步预览到打印效果,如图 4-73 所示。

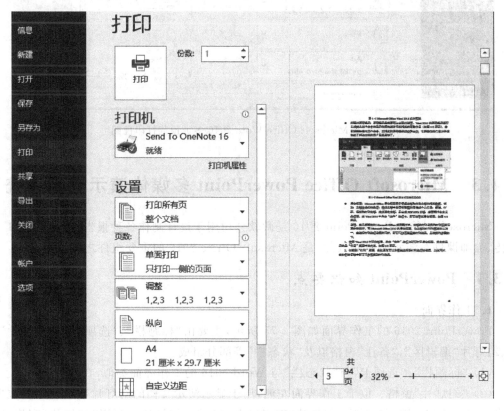

图 4-73 打印预览视图

(3)在预览窗格左下角提供了页面跳转按钮,利用它可自由选择要预览的页面,而使用右下角的页面缩放控件,可自由地放大或缩小预览的页面,进而达到预览多页的目的,如图 4-74 所示。

(4)打印选项设置完成后,即可在左侧窗格顶部单击"打印"按钮,开始打印文档。

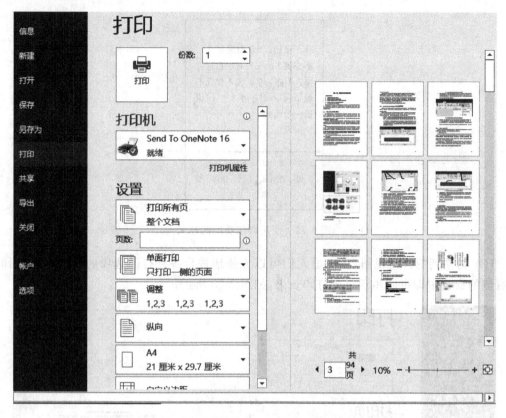

图 4-74 Microsoft Office Word 2016 多页预览打印视图

4.3 Microsoft Office PowerPoint 多媒体演示文档系统

Microsoft Office PowerPoint 2016 是微软公司用于设计制作各种报告、产品展示、广告宣传、教师课件等演示文档的软件,是 Microsoft Office 2016 的重要组件之一。

4.3.1 PowerPoint 知识要点

1. 工作界面

PowerPoint 2016 的工作界面如图 4-75 所示,主要由"标题栏"、"选项卡"、"幻灯片"窗格、幻灯片"编辑区"、"备注"窗格以及"状态栏"等部分组成。

(1)"标题栏"、"选项卡"与"状态栏"与 Word 2016 的工作界面类似,在此不再赘述。

(2)"幻灯片"窗格。位于工作界面左侧,用于显示演示文档的幻灯片数量及相对位置。单击某幻灯片缩略图,将立即在幻灯片"编辑区"中显示该幻灯片。利用"幻灯片"窗格可以重新排序、添加或者删除幻灯片,但不能编辑幻灯片的内容。

(3)幻灯片"编辑区"。位于工作界面的中央,用于显示和编辑幻灯片,是整个演示文档的核心部分,所有幻灯片都是在幻灯片"编辑区"中编辑完成的。可以实现如输入文字、插入图片、插入艺术字、添加音乐和设置动画等操作。

(4)"备注"窗格。位于"编辑区"下方,对幻灯片进行标注、解释、说明,以供用户参考。

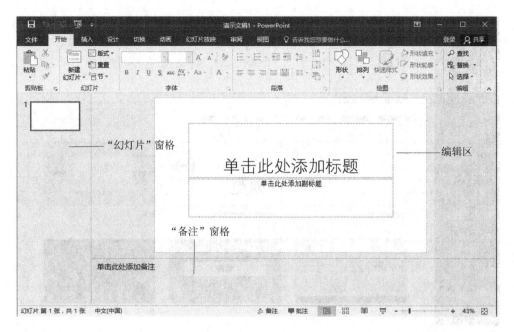

图 4-75　PowerPoint 2016 的工作界面

2．视图模式

视图模式是指演示文档在计算机屏幕上的显示方式。PowerPoint 2016 提供了多种视图模式，可以通过单击"状态栏"上的"备注 ≜"、"批注 ▇"、"普通视图 ▣"、"幻灯片浏览 ▦"、"阅读视图 ▦"与"幻灯片放映 ▽"按钮进行切换。

- "普通视图"模式是系统默认的视图模式，在该模式下可以对幻灯片的总体结构进行调整，也可以对单张幻灯片进行编辑；
- "幻灯片浏览"模式是一种可以看到多媒体演示文档中所有幻灯片的视图模式。用这种方式，可以很方便地进行各幻灯片的次序调整以及其他编辑工作；
- "幻灯片放映"模式是全屏动态放映幻灯片的模式，用于浏览每张幻灯片的放映情况以及测试其中的动画、声音效果等。在放映过程中，可以随时单击鼠标右键，在弹出的快捷菜单中选择相应的命令，控制幻灯片的播放。

3．幻灯片操作

要编排出一个专业、精美的多媒体演示文档，不论是文字格式、段落编排，还是图片选取、表格制作、颜色搭配等，都需要一定的艺术创造力和想象力，这是对审美能力和想象力的一个锻炼。幻灯片的基本操作包括新建、插入、删除、移动或复制等操作。

1）新建幻灯片

选择"文件"|"新建"，打开"模板窗口"，如图 4-76 所示。系统提供了许多模板样式，用户可以根据自己的需要，单击其中任意一个模板，如"环保"，即可新建一个"环保"主题的演示文档。用户也可以单击"空白演示文稿"新建一个空白演示文档。

2）插入幻灯片

选择"开始"|"幻灯片"|"新建幻灯片 ▤"，在弹出的下拉选项菜单中选择所需的样式，如图 4-77 所示。

图 4-76 模板窗口

图 4-77 "开始"选项卡

技巧：在"幻灯片"窗格中按 Enter 键，即可在当前幻灯片后插入一张新幻灯片。

3）删除幻灯片

在"幻灯片"窗格中，选中需要删除的幻灯片，按 Delete 键；或者右击幻灯片缩略图，在弹出的快捷菜单中选择"删除幻灯片"命令也可将所选幻灯片删除。

4）移动/复制幻灯片

如果需要调整幻灯片的前后顺序，可以在幻灯片浏览视图中按住鼠标左键拖动，鼠标指针右下角出现一个小的矩形虚线框，将要移动的幻灯片拖动到目标位置，松开左键即可实现幻灯片的移动操作。如果在拖动的过程中同时按住 Ctrl 键不放，即可实现幻灯片的复制操作。

技巧：在"幻灯片"窗格中，选中一张幻灯片的同时按下 Shift 键，再单击另外的幻灯片，可以连续选中多张幻灯片；如果在选中一张幻灯片的同时按住 Ctrl 键，则可以单击选中不连续的多张幻灯片，这样可以方便地进行多张幻灯片的删除、移动、复制等操作。

技巧：新建演示文稿的快捷键为 Ctrl+N。

4. 对象操作

演示文档中的每一张幻灯片中都可以包括文字、形状、图片、表格、图表、SmartArt 对象、艺术字以及多媒体文件等，制作演示文档的过程，实际上就是在幻灯片中添加各种对象，并对其进行格式编排、背景设置、界面美化的过程。

1）背景设置

（1）应用幻灯片的主题样式可以快速地设置幻灯片的背景样式。

单击"设计"|"主题"功能区域中的某一个主题样式按钮，即可为当前演示文档中的所有幻灯片指定对应的背景样式，如图4-78所示。

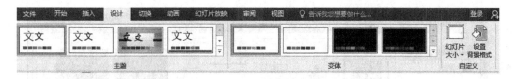

图4-78 "设计"选项卡

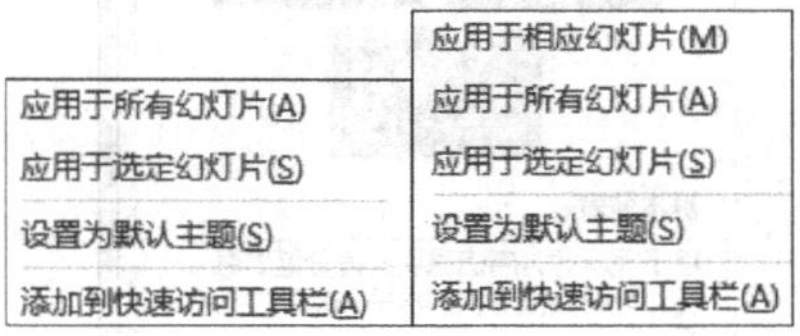

提示：右击指定的主题样式按钮，弹出如图4-79所示的快捷菜单，执行"应用于选定幻灯片"命令，即可将所选主题样式应用到选定的幻灯片上。

（2）可以通过更改幻灯片的颜色、阴影、图案或者纹理来设计出独具个性特征的幻灯片背景样式。

图4-79 主题样式快捷菜单

选择幻灯片主题样式后，选择"自定义"|"设置背景格式 "，打开如图4-80的"设置背景格式"面板，可以对幻灯片的背景进行详细的设置，具体设置过程可以参阅后面的实例。

2）文字操作

添加文本可以充实幻灯片的内容。一张幻灯片一般都是由"标题"文本框和"文本"文本框构成，"标题"文本框用于录入该张幻灯片的标题，"文本"文本框中可以插入文字、图形、图片、表格、艺术字以及其他外部对象等。

在"幻灯片"窗格中单击要在其中输入文本内容的幻灯片，在幻灯片编辑区中显示出该张幻灯片。在需要输入内容的文本框中录入所需的文本内容即可。幻灯片中文本格式的设置与Word中文本的操作类似。

3）插入对象

在幻灯片中除了可以添加文本外，还可以插入形状、图片、表格、图表、SmartArt对象、艺术字以及多媒体文件等，使幻灯片内容更加丰富，更具感染力。在幻灯片中插入对象的方法与Word中类似，下面以插入SmartArt图形为例，介绍在PowerPoint 2016中插入外部对象的方法。具体操作步骤如下。

① 打开"插入"选项卡（如图4-81所示），选择"插图"→SmartArt ，打开"选择SmartArt图形"对话框，如图4-82所示。

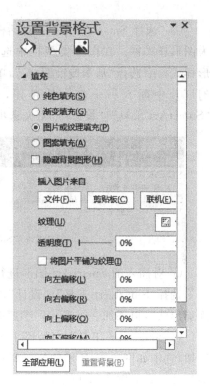

图4-80 "设置背景格式"面板

图 4-81 "插入"选项卡

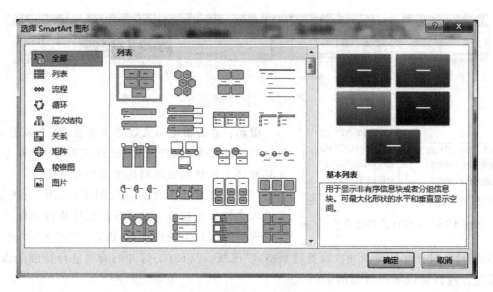

图 4-82 "选择 SmartArt 图形"对话框

② "选择 SmartArt 图形"对话框的左侧为图形类型栏,右侧为图形样式栏。在图形类型栏中选中"棱锥图 棱锥图",在图形样式栏中选择"基本棱锥图",单击"确定"按钮,即可在当前幻灯片中插入一个基本棱锥图,如图 4-83 所示,同时激活"SmartArt 工具"|"设计"上下文选项卡,如图 4-84 所示。

图 4-83 "基本棱锥图"

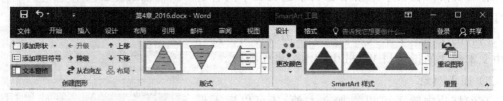

图 4-84 "SmartArt 工具"|"设计"上下文选项卡

③ 对插入的 SmartArt 图形进行编辑。

选择"SmartArt 工具"|"设计"|"添加形状",在弹出的下拉选项菜单中选择"在后面添加形状",再添加一个形状。参照图 4-87 所示,依次在"文本"中输入指定文字内容。

在"SmartArt 工具"|"设计"上下文选项卡中,单击 SmartArt 样式中的"更改颜色"按钮,选中如图 4-85 所示的颜色模式;选中如图 4-86 所示的 SmartArt 样式。设计完成的幻灯片样式如图 4-87 所示。

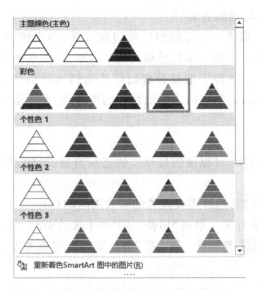

图 4-85　SmartArt 图形的颜色库

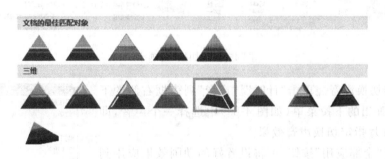

图 4-86　SmartArt 样式

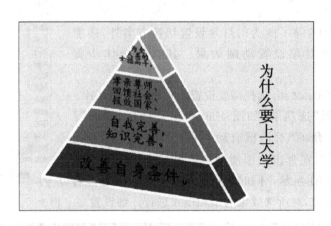

图 4-87　设计完成的幻灯片样式

说明：SmartArt 工具是一整套智能图形系统，用于在文档中插入列表、流程、循环、层次结构、关系、矩阵、棱锥图等，使单调乏味的文字以美轮美奂的效果呈现出来，从而在用户脑海中留下深刻的印象。

5. 幻灯片切换操作与动画方案

PowerPoint 2016 中提供了丰富的幻灯片切换效果，用户可以直接选中预设的效果应用于选定的幻灯片，并且可以进一步设计动画效果的细节，如切换声音、切换速度、换片方式等的设计。PowerPoint 2016 除了能够设置幻灯片的切换效果外，还可以对幻灯片中插入的对象进行"自定义动画效果"设置，增加幻灯片的趣味性，突出重点，引人注目，给人以强烈的视听冲击力。

1) 幻灯片切换操作

为幻灯片设置切换方案，可以使幻灯片放映更加自然、流畅，富于变幻。具体操作步骤如下。

（1）打开电子演示文档，选择需要设置动画效果的幻灯片。

（2）指定幻灯片切换方案。单击"切换"选项卡（如图 4-88 所示），选择"切换到此幻灯片"→"切换方案列表框 "中的某一个切换方案，即可为当前幻灯片指定对应的幻灯片切换方案。

图 4-88 "切换"选项卡

（3）指定切换声音。单击"计时"|"声音"列表框右侧的下箭头按钮，在弹出的下拉菜单（如图 4-89）中选择一个声音，即可为当前幻灯片指定切换声音效果。

（4）单击"全部应用"按钮，可将设置好的动画效果应用到当前电子演示文档的所有幻灯片中。

2) 动画方案

PowerPoint 2016 除了能为幻灯片设置切换方案外，还能为幻灯片中的每个对象设置动画效果。其具体操作步骤如下。

（1）打开电子演示文档，选择需要设置动画效果的幻灯片。

（2）单击"动画"选项卡（如图 4-90 所示），选择"动画"|"动画"列表框右下角的"对话框启动器 ![]"，或选择"高级动画"|"添加动画 ![]"，在弹出的添加动画效果列表中选中需要的动画效果，如图 4-91 所示。同时，还可以单击"动画列表框右侧"的"效果选项"按钮，对所选效果的呈现模式进行详细设置。

图 4-89 "切换声音"下拉菜单

图 4-90 "动画"选项卡

图 4-91　添加动画效果列表

（3）添加动画效果后，还可以单击"动画窗格 动画窗格 "按钮，弹出"动画窗格"面板，如图 4-92 所示。单击某一个已添加的动画效果右侧的下箭头，或者也可以右击该动画效果，弹出如图 4-93 所示的快捷菜单，可以设置该动画效果的开始时间、播放时间等。其中，用户可以单击"效果选项"命令，弹出如图 4-94 所示的效果选项对话框，可以对所添加的动画效果进行更加详细的设置和修改。

图 4-92　"动画窗格"面板

图 4-93　动画对象快捷菜单

6. 幻灯片放映操作

1）打开"设置放映方式"对话框

放映的场合不同，放映的方式也随之发生改变。为了适应不同的放映需求，可以设置不

图 4-94　效果选项对话框

同的幻灯片放映方式。打开"幻灯片放映"选项卡(如图 4-95 所示),选择"设置"|"设置幻灯片放映 ",打开"设置放映方式"对话框,如图 4-96 所示,在其中进行设置即可。

图 4-95　"幻灯片放映"选项卡

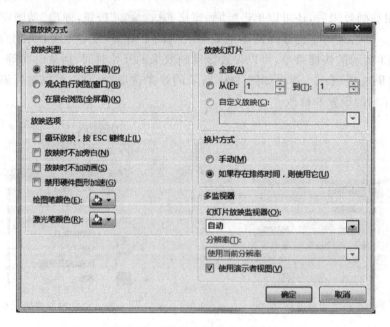

图 4-96　"设置放映方式"对话框

2) 设置放映类型

- "演讲者放映(全屏幕)"。这是一种全屏播放幻灯片的方式,也是最常用的一种放映方式。在该方式下，演讲者可以手动切换幻灯片和动画，控制幻灯片的播放时序。
- "观众自行浏览（窗口）"。让观众自行观看幻灯片。此方式将在标准窗口中放映幻灯片，其中包含自定义菜单和命令，便于个别观众浏览演示文稿。
- "在展台浏览（全屏幕）"。可以自动放映幻灯片，此模式适用于无人控制的幻灯片播放场合，如产品介绍、风光展示、作品展览等，是以全屏幕模式播放幻灯片，并可以自动循环放映。在该方式下，观众可以切换幻灯片，但不能更改演示文档。

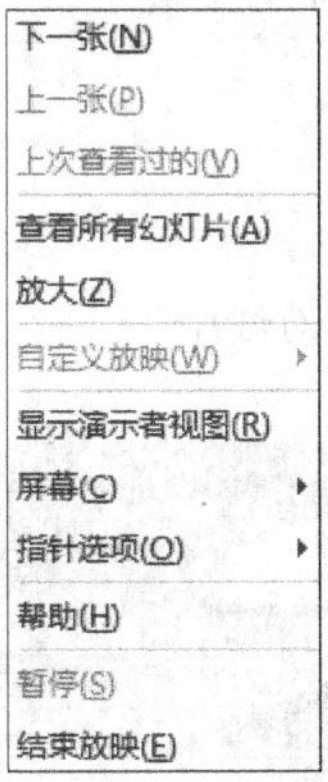

3）放映幻灯片

在幻灯片放映时，单击就可以切换到下一页，顺序进行幻灯片的放映。也可以打开放映幻灯片快捷菜单进行放映。

在放映幻灯片过程中，右击，打开放映幻灯片快捷菜单（如图4-97所示），其中：

- 单击"查看所有幻灯片"命令，可以将所有幻灯片缩略显示出来，便于快速切换幻灯片。
- 单击"指针选项"命令，在弹出的级联菜单中选择一种笔形，如笔、荧光笔等，此时鼠标指针将变成一个圆点，按住鼠标左键，同时在重点内容上拖动即可绘制标记线条，吸引观众注意。另外，还可以改变"墨迹颜色"，使标记色更加鲜明。

图4-97 "放映幻灯片"快捷菜单

4.3.2 PowerPoint 典例剖析

【实例4-5】 制作电子演示文档。

目的：
- 熟练掌握幻灯片中文字录入、图像插入、形状绘制；
- 熟练掌握幻灯片背景的设置；
- 学习幻灯片母版效果的定制；
- 掌握幻灯片中各种对象的美化设计。

设计成功的幻灯片样式如图4-98、图4-99、图4-100、图4-101和图4-102所示。

操作步骤如下。

（1）新建空白演示文档。打开 PowerPoint 2016，新建空白演示文稿。

图4-98 第1张幻灯片

（2）输入幻灯片中的文字内容。

① 第1张幻灯片的制作。在幻灯片的"编辑区"中单击"单击此处添加标题"文本框，输入文字"电子演示文档的制作"，单击"单击此处添加副标题"文本框，输入文字"主讲：张桂英"，如图4-98所示。

② 第2张幻灯片的制作。单击"开始"|"幻灯片"|"新建幻灯片"按钮，新建一张幻灯片。在幻灯片的"编辑区"中"单击此处添加标题"处单击，输入"概述"，在"单击此处添加文本"处单击，输入如图4-99所示的文字内容。

技巧：按下Ctrl+M键，即可快速新建一张幻灯片。

图 4-99　第 2 张幻灯片

图 4-100　第 3 张幻灯片

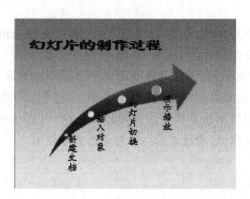
图 4-101　第 4 张幻灯片

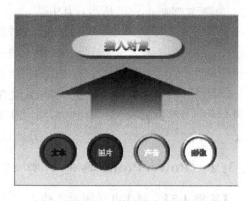
图 4-102　第 5 张幻灯片

③ 参照图 4-100、图 4-101 所示,新建第 3、第 4 张幻灯片。

(3) 幻灯片背景设计。选中第 1 张幻灯片,在空白处右击,弹出快捷菜单,执行"设置背景格式"命令,弹出"设置背景格式"面板,选中"填充"栏中的"渐变填充",如图 4-103 所示。

① 设置填充类型。单击"类型"列表框中的下箭头,在弹出的下拉菜单中选择"线性",如图 4-104 所示。

② 设置填充方向。单击"方向"列表框中的下箭头,在弹出的下拉选项中单击"线性向下"按钮,如图 4-105 所示。

③ 设置渐变光圈(如图 4-106 所示)。

(a) 删除"停止点 2"、"停止点 3"颜色滑块。鼠标左键向右向下拖动"渐变光圈"中间的"停止点 2"颜色滑块,将其删除掉。同样的操作,删除"停止点 3"颜色滑块。

(b) 设置"停止点 1"的颜色。选中"停止点 1"颜色滑块,选择"颜色"|"颜色 ▼",打开颜色选项中的"其他颜色"命令,弹出"颜色"对话框,单击"自定义"标签,设置"颜色模式"为"RGB",红色为 102、绿色为 255、蓝色为 153(如图 4-107 所示)。

(c) 同样的方法,将"停止点 2"的颜色设置为红色为 255、绿色为 255、蓝色为 153。

④ 设置完成后单击"全部应用"按钮,将所设背景效果应用于所有幻灯片上。

提示:Microsoft Office 2016 提供两种颜色模式。即 RGB 颜色模式与 HSL 颜色模式。RGB 颜色模式是通过调整红色、绿色、蓝色三种颜色来调色,如图 4-107 所示;HSL 颜色模式是通过调整色调、饱和度、亮度来改变颜色,如图 4-108 所示。

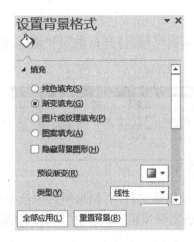

图 4-103 "设置背景格式"面板

图 4-104 渐变类型下拉列表

图 4-105 线性渐变方向设置

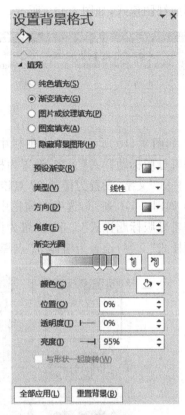

图 4-106 "设置背景格式"面板

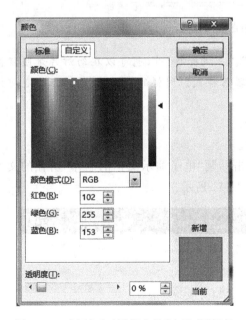

图 4-107 "颜色"对话框中的"自定义"标签

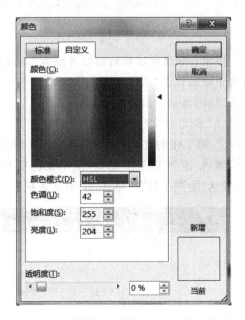

图 4-108 "颜色"对话框中的"自定义"标签

(4) 幻灯片母版设置。

① 选择"视图"选项卡（如图 4-109 所示）的"母版视图"|"幻灯片母版 "按钮，进入幻灯片母版视图模式，如图 4-110 所示。

图 4-109　"视图"选项卡

② 如图 4-110 所示，选中左侧栏中第 1 张幻灯片母版样式，在右侧编辑栏中选中"单击此处编辑母版标题样式"文字，设置为楷体 54 点深蓝色阴影加粗字；选中"单击此处编辑母版文本样式"文字，设置为楷体 32 点橙色字。

③ 如图 4-110 所示，选中左侧栏中第 2 张幻灯片母版样式，在右侧编辑栏中选中"单击此处编辑母版标题样式"文字，设置为楷体 60 点蓝色阴影加粗字；选中"单击此处编辑母版副标题样式"文字，设置为楷体 32 点黑色字。

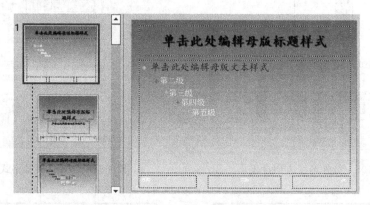

图 4-110　幻灯片母版视图模式

提示：如果所编辑的幻灯片还有"二级标题"、"三级标题"等，也可以在幻灯片母版视图模式中分别设置"第二级"、"第三级"……的文字段落样式。同样的，在幻灯片母版中也可以插入图片、日期、时间等。

(5) 幻灯片文字段落格式设计。

① 第 1 张幻灯片的设计（参照图 4-98 所示）。

激活"绘图工具"|"格式"上下文选项卡。双击标题"电子演示文档的制作"所在的文本框，激活"绘图工具"|"格式"上下文选项卡，如图 4-111 所示。

图 4-111　"绘图工具"|"格式"上下文选项卡

(a) 选中文字"电子演示文档的制作",选择"艺术字样式"|"文本效果 A▾ ",弹出下拉选项菜单,单击"发光"命令,在弹出的下级列表中选中"其他亮色"命令(如图 4-112 所示),在弹出的颜色面板中选黄色即可。

图 4-112 文本效果样

(b) 选中文字"主讲:张桂英",设置为楷体 32 点黑色字。
(c) 选择"插入"|"文本"|"文本框",参照图 4-98 所示,在幻灯片左上角插入一个文本框,输入文字"内蒙古艺术学院",设置为楷体 20 点黑色文字;双击该文本框,激活"绘图工具"|"格式"上下文选项卡,在"形状样式"功能区中单击如图 4-113 所示的形状或线条的视觉样式。

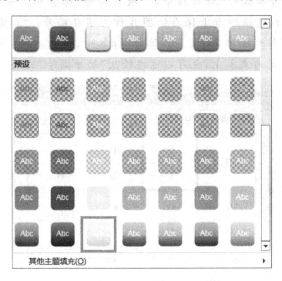

图 4-113 形状或线条的视觉样式

提示:PowerPoint 2016 提供了丰富的文本外观样式、文本效果样式、形状或线条的视觉样式,以便于用户可以设计出更加精美、个性化的电子演示文档。其中对于"文本效果样式",本例只是列出了"发光"效果,其他的如阴影、映像、棱台、三维旋转、转换等效果都非常形象、生动,读者尝试。

② 第2张幻灯片的设计(参照图4-99所示)。

(a) 项目符号的设置。选中文本内容,选择"开始"|"段落"|"项目符号 ",单击右侧的下箭头,弹出"项目符号"列表框,单击"项目符号和编号"命令,弹出"项目符号和编号"对话框,选中如图4-114所示的符号按钮,单击"颜色"按钮,在弹出的颜色列表框中单击"深绿色"按钮,即可将当前项目符号设置为深绿色箭头符号。

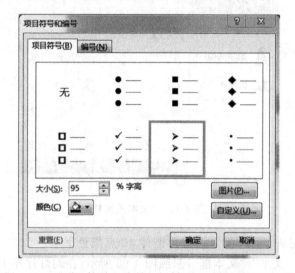

图4-114 "项目符号和编号"对话框中的"项目符号"标签

提示:在"项目符号和编号"对话框中的"项目符号"标签中,"大小"可以改变"项目符号"的大小;"图片"可以选择磁盘上保存的图片作为项目符号;"自定义"可以打开"符号"对话框,选择一个符号作为项目符号。在"编号"标签中,如图4-115所示,可以选择一个编号按钮样式,应用于选定的文本上,也可以通过修改"起始编号"的值,来改变编号的起始值。

图4-115 "项目符号和编号"对话框中的"编号"标签

(b) 插入图片。选择"插入"|"图像"|"图片 ![]"，插入配套资料中的"\素材\第 4 章\ppt1.png"图片文件，如图 4-99 所示，并适当调整其大小、位置。

③ 第 3 张幻灯片的设计(参照图 4-100 所示)。

(a) 竖排文文字。参照图 4-100 所示，选中文本内容，单击"开始"|"段落"|"文字方向 ![]"按钮，在弹出的下拉选项菜单中选中"竖排 ![]"按钮即可。

(b) 适当调整文本的大小、位置、行距等，以完美页面构图。

④ 第 4 张幻灯片的设计(参照图 4-101 所示)。

(a) 选择 SmartArt 图形中的"向上箭头"。单击"插入"|"插图"|SmartArt 按钮，弹出"选择 SmartArt 图形"对话框，单击"流程"|"向上箭头"按钮，再单击"确定"按钮即可。

(b) "向上箭头"图形样式设置。双击"向上箭头"图形，激活"SmartArt 工具"|"设计"上下文选项卡。单击"SmartArt 样式"|"更改颜色"按钮，弹出"颜色模式"列表框，单击如图 4-116 所示的"彩色范围——个性色 4 至 5"按钮；在"SmartArt 样式"|"选择 SmartArt 图形的总体外观样式"列表框中选中"三维"|"优雅"样式按钮，如图 4-117 所示。

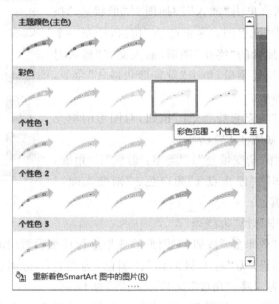

图 4-116　颜色模式列表框

图 4-117　"选择 SmartArt 图形的总体外观样式"列表框

说明：用户还可以根据自己的审美，对组成"SmartArt 样式"的各元素进行进一步美化设计，以本实例中的箭头对象为例。单击选中箭头对象，弹出"SmartArt 工具"|"格式"上下文选项卡，如图 4-118 所示。单击"形状样式"|"渐变填充-深绿，深色 1，无轮廓"按钮；再单击"形状样式"|"形状效果　"按钮，在弹出的形状效果下拉选项中选中"棱台"|"棱台"|"冷色斜面"选项即可，如图 4-119 所示。其他元素的美化设置均可以参照此实例来完成。

图 4-118　"SmartArt 工具"中的"格式"上下文选项卡

⑤ 第 5 张幻灯片的设计（参照图 4-102 所示）。

（a）插入标题形状。单击"插入"|"插图"|"形状　"按钮，弹出下拉选项，选中"流程图：终止　"按钮，绘制一个高 2.33 厘米、宽 12.6 厘米的"终止"图形，输入文字"插入对象"。右击该图形弹出快捷菜单，单击"设置形状格式"命令，打开"设置形状格式"面板。

单击"形状选项"|"填充与线条　"按钮，对图形的填充与线条进行详细设置（如图 4-120 所示）。

- 在"填充"中选择"渐变填充"；"类型：射线"；"角度：0°"；"渐变光圈"|"停止点 1"为白色、"渐变光圈"|"停止点 2"为黄色；
- 在"线条颜色"中选择"无线条"。

图 4-119　棱台效果列表

单击"形状选项"|"效果　"按钮，对图形的效果进行详细设置（如图 4-121 所示）。

- 在"阴影"中"预设"为"右下斜偏移"、"颜色"为黑色、"透明度"为 60%、"大小"为 100%、"模糊"为 4 磅、"角度"为 45°、"距离"为 14 磅。

（b）插入上箭头形状。参照图 4-102 所示，在幻灯片中绘制一个高 6 厘米、宽 16 厘米的"上箭头　"形状，并在"设置形状格式"面板中进行详细设置。

- 在"填充"中选择"渐变填充"、"线性"、"角度："90°、"渐变光圈"（"停止点 1"："颜色"为黑色、"透明度"为 20%；"停止点 2"："颜色"为黑色、"透明度为 100%"），选中"渐变光圈 3"，左键向右下拖动，将"渐变光圈 3"删除掉。
- "线条"为"无线条"。

（c）插入 4 个圆形。插入一个高 4 厘米、宽 4 厘米的椭圆，在"设置形状格式"面板中进行下列详细设置。

- 在"填充"中选择"纯色填充"、颜色为绿色；
- "线条"选择"无线条"；
- "效果"选择"三维格式"为"顶部棱台"|"松散嵌入"，"宽度：15 磅"、"高度：23 磅"；

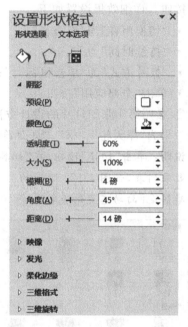

图 4-120 "设置形状格式"中的"填充与线条"面板　　图 4-121 "设置形状格式"中的"效果"面板

- 选中该圆形,再复制出 3 个,分别设置为红色、黄色、黑色,并在图形上分别输入相应的文字。

依据版面的整体布局效果,适当调整各个对象之间的相对位置。也可以借助系统所提供的"对齐"命令完成对齐操作。下面以本例中所绘制的 4 个椭圆对象为例。

- 参照图 4-102 所示,框选 4 个圆形对象,弹出"绘图工具"|"格式"上下文选项卡,单击"排列"|"对齐 对齐"按钮,在弹出的下拉选项菜单中选择"顶端对齐"命令;再一次单击"对齐 对齐"按钮,选择"横向分布"命令即可。

技巧:在绘制椭圆的过程中,同时按下键盘上的 Shift 键,即可绘制出一个圆形。同样的方法,可以绘制正方形、正三角形、直线等。

(6) 保存文档,文件名为"ppt1-1.pptx"。

技巧:在幻灯片设计过程中,按下键盘上的 F5 键,可随时观看放映效果。

到此为止,对于幻灯片的文字录入、图像插入、形状绘制,以及各种对象的设置与整个幻灯片的美化过程全部完成,效果如图 4-98、图 4-99、图 4-100、图 4-101 和图 4-102 所示。

【实例 4-6】 自定义动画设计。

目的：
- 熟练掌握页面切换效果的设置；
- 熟练掌握自定义动画效果的设置。

操作步骤如下。

(1) 打开文件。打开配套资料中的"\素材\第 4 章\ ppt1.pptx"文件。

(2) 页面切换效果的设计。

① 第 1 张幻灯片设计。选中第 1 张幻灯片，单击"切换"|"切换到此幻灯片"|"涟漪"按钮。详细效果设置如下。
- "切换声音"为"无声音"；
- "持续时间"为 01.40；
- "换片方式"为"单击鼠标时"；
- 单击"全部应用"按钮。

② 参照第 1 张幻灯片的设计方法，分别设置第 2 张、第 3 张、第 4 张和第 5 张幻灯片的切换效果为"摩天轮"、"框"、"页面卷曲"、"蜂巢"效果。

说明：单击"切换"按钮，在"切换到此幻灯片"功能区中单击"其他 "按钮，弹出页面切换效果列表，如图 4-122 所示的。不难看出，PowerPoint 2016 的页面切换效果更加丰富，更加华丽，页面动态变幻美轮美奂。

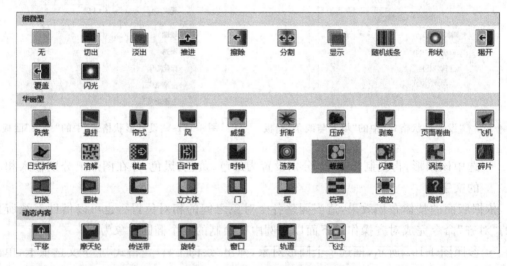

图 4-122 页面切换效果列表

(3) 自定义动画效果设置。

① 第 1 张幻灯片设计。
- 标题设置。单击选中标题文字"电子演示文档的制作"所在的文本框，在"动画"|"动画"功能区中，单击"其他 "按钮，在弹出的动画效果列表框中执行其下部的"更多进入效果"命令，弹出"更改进入效果"对话框，如图 4-123 所示，选中"华丽型"中的"浮动"，确定即可。

- 插入的文本设置。同理，选中"内蒙古艺术学院"所在的文本框，将其水平向左拖动到幻灯片之外，在动画效果列表框中执行"其他动作路径"命令，弹出"更改动作路径"对话框，选中"直线和曲线：向右"命令，得到如图 4-124 路径动画效果。适当调整动画结束点的位置，得到满意的路径动画效果。

图 4-123 "更改进入效果"对话框

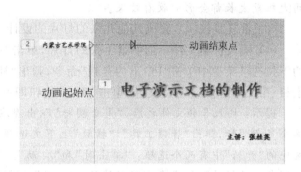

图 4-124 路径动画效果

技巧：选中"内蒙古艺术学院"所在的文本框，单击"高级动画"|"动画窗格"，弹出"动画窗格"任务窗格，单击"播放自"按钮，即可预览当前所选对象的动画效果。如果在打开"动画窗格"任务窗格的同时，没有选中任何对象，则"播放自"按钮会显示为"全部播放"按钮，单击该按钮，即可依次播放当前幻灯片中的所有动画效果。

- 副标题设置。设置副标题文字"主讲：张桂英"所在的文本框的动画效果为"温和型：升起"。

提示：为幻灯片中一个对象设置自定义动画效果之后，系统会在该对象前面加一个序号，如 1、2、3……代表动画播放的先后顺序。要调整动画播放顺序，可以在"动画窗格"任务窗格中选中要调整的动画效果选项，拖动至指定位置即可。

② 应用同样的方法，设置其他几张幻灯片的动画效果，设计完成后将文件另存为"ppt1-2.pptx"。

提示：在电子演示文档的"动画窗格"任务窗格中，不仅可以设定对象的进入效果，同样可以设定其强调、退出效果，设置方式与进入效果类似，这里不再一一列举。

【**实例 4-7**】 自动播放效果设置。

目的：
- 掌握幻灯片自动播放效果的设置；
- 掌握幻灯片中背景音乐的插入方法。

操作步骤如下。

（1）打开文件。打开配套资料中的"\素材\第 4 章\ppt2.pptx"文件。

(2) 第 1 张幻灯片的设计。

选中第 1 张幻灯片,单击"切换"选项卡,在"计时"功能区中勾选"设置自动换片时间:00:05.00",如图 4-125 所示。

图 4-125　幻灯片切换效果设置

提示:动画效果中 00:05.00 表示 5 秒钟。幻灯片页面切换的时间设置一定要合理,时间太短或太长都会影响收看效果。

(3) 重复步骤(2),完成其他几张幻灯片的设计。

(4) 插入音频文件。选中第 1 张幻灯片,单击"插入"|"媒体"|"音频 ◀))"按钮,在弹出的下拉选项菜单中单击"PC 上的音频"命令,弹出"插入音频"对话框,选中配套资料中的"\素材\第 4 章\ppt1.mp3"文件,单击"确定"按钮即可。

提示:插入音频文件之后,"声音图标"即出现在幻灯片中,还会出现浮动声音控制栏。单击声音图标,弹出"音频工具"|"播放"上下文选项卡(如图 4-126 所示),"音频选项"功能区中的"开始"中有两个选项:"单击时"和"自动"。"单击时"是在幻灯片播放时,单击播放控制条上的播放按钮声音才可以播放;"自动"是随着幻灯片的播放声音自动开始。

(5) 设置为背景音乐。单击"声音图标",激活"音频工具"|"播放"上下文选项卡,如图 4-126 所示。在"音频选项"功能区中选中"开始:自动"选项,再分别勾选"放映时隐藏"、"跨幻灯片播放"、"循环播放,直到停止"复选框。

图 4-126　"音频工具"中的"播放"上下文选项卡

(6) 调整声音效果的位置。在"动画窗格"任务窗格中选中声音效果选项"ppt1.mp3",如图 4-127 所示,向上拖动至动画列表最顶端,如图 4-128 所示。

(7) 设计完成后,将文件另存为"ppt2-2.pptx"。

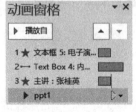 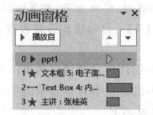

图 4-127　选中声音效果　　　　　图 4-128　调整声音效果的位置

4.3.3 PowerPoint 总结与提高

1. 总结

（1）在幻灯片编辑过程中随时按下 Ctrl+M 组合键，即可快速新建一张幻灯片。

（2）在绘制椭圆、矩形或等腰三角形的过程中，同时按下 Shift 键，则可以绘制出圆形、正方形或正三角形。

（3）在 PowerPoint 2016 中，右击所绘制的图形，在弹出的快捷菜单中单击"添加文字"命令，就可以在图形中输入文字信息。

（4）SmartArt 智能图形展示观点是 Microsoft Office 2016 的一个亮点。以美轮美奂的图形效果取代单调乏味的文字描述，给人以直观形象和强烈的视觉冲击，使人印象深刻。

2. 提高

1）"主题"样式

PowerPoint 2016 提供了 39 种主题效果样式供用户更改幻灯片背景使用，如图 4-129 所示。具体操作如下。

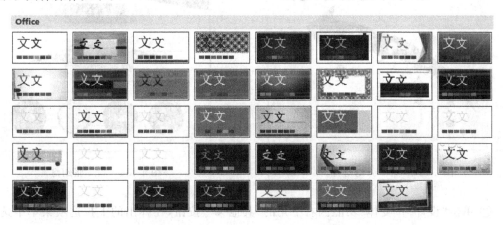

图 4-129　PowerPoint 2016 中的主题样式

① 打开配套资料中的"\素材\第 4 章\ppt2.pptx"文件。

② 单击"设计"|"主题"|"水汽尾迹"主题样式，右击"应用于所有幻灯片"，应用后的幻灯片效果如图 4-130、图 4-131、图 4-132、图 4-133 和图 4-134 所示。

2）配色方案

PowerPoint 2016 提供更加丰富的配色方案，满足不同用户的需要，用户可以应用这些配色方案，设计出更加专业、更加美观、大方的电子演示文档。设置配色方案的具体操作步骤如下。

① 打开配套资料中的"\素材\第 4 章\ppt2.pptx"文件。

图 4-130　第 1 张幻灯片

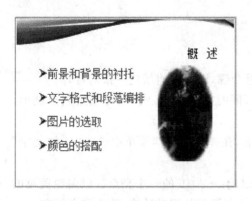

图 4-131　第 2 张幻灯片

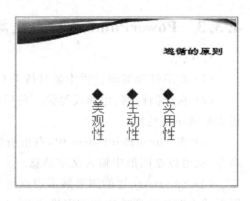

图 4-132　第 3 张幻灯片

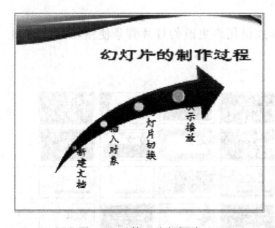

图 4-133　第 4 张幻灯片

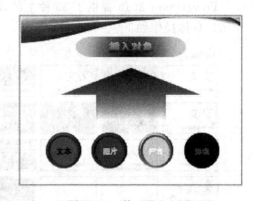

图 4-134　第 5 张幻灯片

② 单击"设计"|"变体"功能区右下角的"其他 ▼"按钮,在弹出的下拉选项菜单中选中"颜色 ■颜色 ▼"选项,弹出"颜色"下拉选项菜单,单击"视点"按钮,即可将该配色方案应用到所选幻灯片上。

提示:用户可以通过尝试其他的主题样式、颜色效果,设计出满意的幻灯片。同时,也可以打开"设计"选项卡,选择"变体"功能区中的"文字"、"效果"选项,进一步美化幻灯片。

3) 放映时间设置

通过"排练计时"功能可以将每一张幻灯片上所用的播放时间记录下来,并且可以保存这些计时,以便用于自动地运行放映,具体操作步骤如下。

① 单击"幻灯片放映"|"设置"|"排练计时 □"按钮,进入全屏放映状态,系统开始自动地为每一张幻灯片计时,并在"录制"工具栏中间的文本框中显示时间,如图 4-135 所示。

② 当达到所需的时间时单击鼠标切换到下一个动画效果或下一张幻灯片。

③ 用同样的方法为所有动画效果设置放映时间,完毕后系统弹出提示对话框,如图 4-136 所示,单击"是"按钮即可保留幻灯片排练时间。

④ 文件另存为"ppt3-1.pptx"。

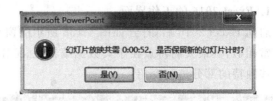

图 4-135 "录制"工具栏　　　　　　　　　图 4-136 "确认"对话框

4）自动循环播放幻灯片

对于产品介绍、成果展示、风光重现等电子演示文档,一般不需要操作人员控制,系统会自动循环播放幻灯片。要实现自动循环播放效果,具体操作步骤如下。

① 打开配套资料中的"\素材\第 4 章\ppt3.pptx"文件。

② 单击"幻灯片放映"|"设置"|"设置幻灯片放映 "按钮,弹出"设置放映方式"对话框,勾选"放映选项"|"循环放映,按 Esc 键终止"选项即可。如图 4-137 所示。

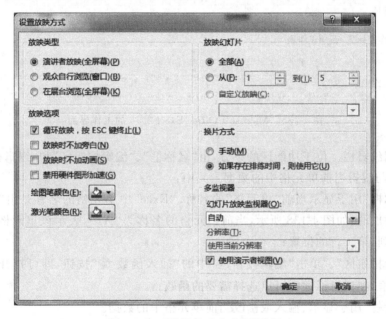

图 4-137 "设置放映方式"对话框

4.4　Microsoft Office Excel 电子表格系统

Excel 2016 是 Microsoft Office 的重要组成部分,是一个功能强大的电子表格管理系统。不仅可以创建电子表格,还可以对表格中的数据进行编辑和处理,包括进行复杂的计算、统计分析、图表生成以及分类查找等。

4.4.1　Excel 知识要点

在使用 Excel 2016 之前,要了解 Excel 2016 工作界面的组成和有关工作表、工作簿和单元格的概念。

1. Excel 2016 的工作界面

启动 Excel 2016 后，打开如图 4-138 所示的窗口。该窗口界面与 Excel 2007 的工作界面非常相似，其最大的特点在于其数据编辑栏、工作表、行号、列标、单元格与标签栏，下面将对这些独特的部分进行介绍。

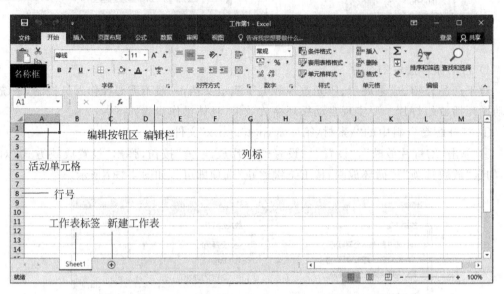

图 4-138　Microsoft Office Excel 2016 的工作界面

（1）数据编辑栏。位于功能区的下方，由"名称框"、"编辑按钮区"和"编辑栏"三部分组成，用于显示与编辑当前单元格中的数据。其中：

- "名称框"用于显示当前"单元格"的名称。Excel 中单元格的名称是由"列标"与"行号"构成的，如图 4-138 所示，当前单元格的名称为"A1"，表示该单元格位于表格的第 1 列、第 1 行的位置；
- "编辑按钮区"。单击"编辑按钮区"中的"插入函数 f_x"按钮，即可打开"插入函数"对话框，在该对话框中可以选择需要的函数；
- "编辑栏"用于显示、输入或修改当前单元格中的数据。

（2）"工作表"。位于工作界面的中央，由"行号"、"列标"和"网格线"构成，是 Excel 用来储存和处理数据的最重要部分。

（3）"行号"。位于工作表左侧的灰色阿拉伯数字，如 1、2、3 等。

（4）"列标"。位于工作表上方的灰色大写英文字母，如 A、B、C 等。

（5）"单元格"。Excel 工作表中由横线和竖线围成的小格子称为单元格，它是 Excel 中存储数据和公式以及进行运算的基本单元。单元格所在行列的列标与行号形成单元格的地址，即单元格的名称，如 C5、E8 等。

2. 工作簿

Excel 2016 的工作簿就相当于 Word 2016 的文档，用于编辑和保存表格内容的文件，其扩展名为 .xlsx。每一个工作簿可包含若干个工作表，Excel 2016 默认情况下包含一个工作表。在 Excel 中创建、打开和保存工作簿的方法与 Word 文档非常相似，这里不再赘述。

3. 插入工作表

在工作簿中单击"标签栏"上的"插入工作表"按钮,或者单击"开始"|"单元格"|"插入 插入"按钮,如图4-139所示,在弹出的下拉选项菜单中选择"插入工作表"命令,即可在当前工作表前插入一张新的工作表。

图4-139 "开始"选项卡

另外,右击当前活动工作表标签,弹出快捷菜单(见图4-140),单击"插入"命令,打开"插入"对话框(如图4-141所示),选中"工作表",单击"确定"按钮即可。

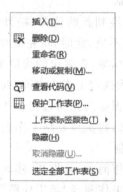

图4-140 工作表标签快捷菜单

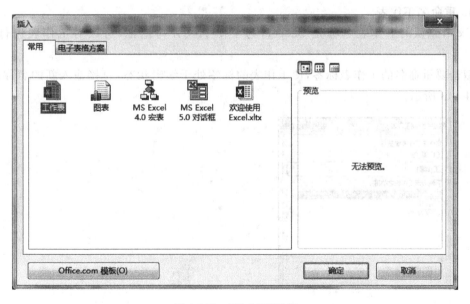

图4-141 "插入"对话框

4. 删除工作表

多余的工作表可以将其删除掉,具体操作方法如下。

右击当前活动工作表的标签,在弹出的快捷菜单中选择"删除"命令(见图 4-140),或者单击"开始"|"单元格"|"删除 删除"按钮,在弹出的下拉选项菜单中选择"删除工作表",即可将当前选中的工作表删除掉。

提示:删除工作表的时候,一定要小心,因为工作表一旦被删除,该工作表中的数据将永远删除,无法恢复。

5. 移动和复制工作表

在工作簿中常常要进行工作表次序的调整,即移动工作表。在实际工作中,也会遇到相似的情况,如单位的工资表,每月大体相同,只需修改个别内容,此时就可以直接复制工作表,减少工作量,提高工作效率。工作表的移动和复制分为下列两种情况。

(1) 在同一工作簿中移动或复制

沿着标签行拖动指定工作表标签到新的位置,松开左键,即可将工作表移动到新的位置。如果在拖动的同时按下 Ctrl 键不放,此时,将完成复制工作表的操作。

用户也可以右击指定工作表的标签,在弹出的快捷菜单中选择"移动或复制"命令,打开"移动或复制工作表"对话框,在"下列选定工作表之前"列表框中选择一个工作表,如图 4-142 所示,单击"确定"按钮,即可将工作表移动到所选工作表的前面。如果在"移动或复制工作表"对话框中勾选"建立副本"复选框,将实现复制工作表的操作。

(2) 在不同工作簿中移动或复制

要把工作表移动到另外一个工作簿中,可打开"移动或复制工作表"对话框,在"工作簿"下拉列表框中选择当前打开的其他工作簿或"新工作簿",则可将所选工作表移动或复制到其他工作簿中。

6. 重命名工作表

Excel 默认的工作表名称是 Sheet1,为了便于区分与记忆,可以对工作表进行重新命名。

双击要重命名的工作表标签,使工作表的标签处于编辑状态,直接输入新的名称即可,如图 4-143 所示。

图 4-142 "移动或复制工作表"对话框

图 4-143 重命名工作表

也可以右击指定工作表的标签，在弹出的快捷菜单中选择“重命名”命令，对工作表进行重新命名。

4.4.2 Excel 典例剖析

本节提供几个 Excel 实例。

【实例 4-8】 建立电子表格。

目的：

- 熟练掌握行、列的插入、删除操作；
- 熟练掌握文字效果、对齐方式的设置；
- 掌握 Excel 中数据类型详细设置。

原始数据表格与设计成功的表格样式如图 4-144 和图 4-145 所示。

	A	B	C	D	E	F	G	H	I
1	姓名	性别	语文	数学	英语	物理	化学	总成绩	平均成绩
2	赵娜	女	72	92	86	89	87		
3	王雪飞	男	78	96	89	76	58		
4	张伟	男	87	62	93	75	58		
5	胡春华	女	85	53	84	96	87		
6	米雅杰	女	82	78	94	88	79		
7	刘超	男	93	88	86	65	88		
8									
9	杜伟业	女	98	96	99	93	87		
10	雅茹	女	77	86	87	85	90		
11	李奇	男	81	98	87	87	77		
12	祁浩天	男	97	74	87	85	96		
13	杨林	男	96	94	84	75	86		
14	刘丽华	女	26	81	45	76	50		
15	刘春红	女	80	62	76	66	90		

图 4-144 Excel1. xlsx 原文样式

	A	B	C	D	E	F	G	H	I	J	K
1	学生成绩单										
2	学号	姓名	性别	语文	数学	英语	物理	化学	总成绩	平均成绩	名次
3	0150301001	赵娜	女	72	92	86	89	87			
4	0150301002	王雪飞	男	78	96	89	76	58			
5	0150301003	张伟	男	87	62	93	75	58			
6	0150301004	胡春华	女	85	53	84	96	87			
7	0150301005	米雅杰	女	82	78	94	88	79			
8	0150301006	刘超	男	93	88	86	65	88			
9	0150301007	杜伟业	女	98	96	99	93	87			
10	0150301008	雅茹	女	77	86	87	85	90			
11	0150301009	李奇	男	81	98	87	87	77			
12	0150301010	祁浩天	男	97	74	87	85	96			
13	0150301011	杨林	男	96	94	84	75	86			
14	0150301012	刘丽华	女	26	81	45	76	50			
15	0150301013	刘春红	女	80	62	76	66	90			

图 4-145 设计成功的表格样式

操作步骤如下。

(1) 打开配套资料中的“\素材\第 4 章\Excel1. xlsx”，参照图 4-145 进行操作。

(2) 删除图 4-144 中的第 8 行。右击“行号 8”，在弹出的快捷菜单中选择“删除”即可。

(3) 在 J2 单元格中输入文字“名次”。

(4) 插入列。右击“列标 A”，在弹出的快捷菜单中单击“插入”命令，即可在当前列的左侧插入一列。在新插入的列中输入文字“学号”，作为列标题。

(5) 插入行。右击“行号 1”，在弹出的快捷菜单中单击“插入”命令，即可在当前行的上方插入一行。在新插入的行中输入文字“学生成绩单”，作为表格的标题行。

(6) 输入学号。

① 单击 A3 单元格，输入学号"0150301001"，按 Enter 键结束。发现学号前面的"0"消失了。

说明：在 Excel 数据表格中输入阿拉伯数值时，系统默认为数值型。数值前面的"0"是没有意义的，因此，系统会自动忽略。但是，如学号、邮政编码、电话号码等等这些数字序列，其前面的 0 是有意义的，是不能忽略的。因此，为了避免数据丢失，保留数字前面的"0"，需要将数值型数据转换成文本型数据。具体的，可以采取下列 2 种方法来实现。

方法 1：在数字序列前面输入一个单引号" ' "。如本例中的学号输入，可以在 A3 单元格中输入"'0150301001"，输入完成后按 Enter 键结束，观察到其前面的"0"保留了下来。

方法 2：将指定单元格的数据类型设置为"文本"型，如本例中的学号输入。右击 A3 单元格，在弹出的快捷菜单中选择"设置单元格格式"命令，弹出"设置单元格格式"对话框，如图 4-146 所示，在"数字"标签的"分类"列表框中选中"文本"即可。

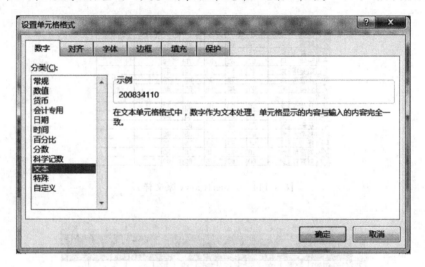

图 4-146 "设置单元格格式"对话框|"数字"标签

② 鼠标左键拖动选中 A3:A15 单元格区域，参照"方法 2"，将"学号"所在列的单元格数据类型均设置为"文本"型。

提示：在 Excel 中，A3:A15 称为单元格区域，代表从第 3 行第 1 列到第 15 行第 1 列的所有单元格，共 13 个单元格。Excel 中的区域是指工作表中的单元格组，用区域符号"："将区域的两个对角的单元格地址分隔开，如"D2:H5"，表示从第 2 行第 4 列到第 5 行第 8 列，共 20 个单元格。

③ 其他学号的输入：单击选中已经输入学号的 A3 单元格，将鼠标光标移动至其右下角"黑色小方块 ■"填充柄处，如图 4-147 所示，此时鼠标光标变成"＋"形状；按住鼠标左键拖动至 A15 单元格，释放鼠标左键，如图 4-148 所示，完成数据序列的自动填充，如图 4-149 所示。

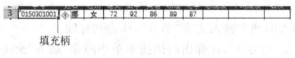

图 4-147 选中 A3 单元格

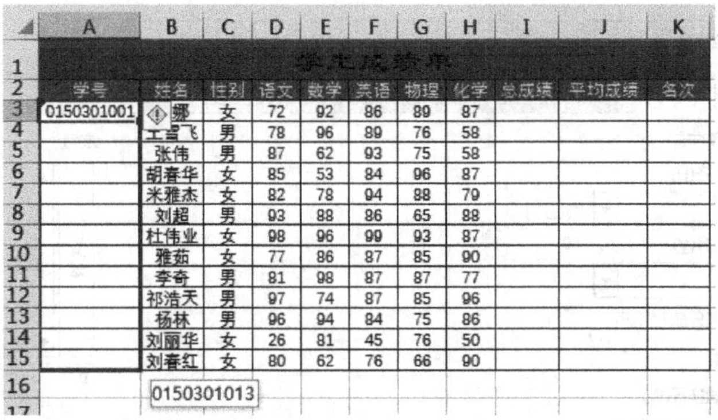

图 4-148　拖动鼠标

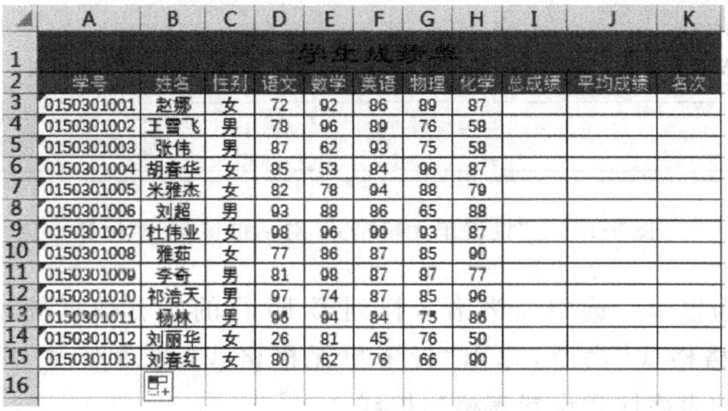

图 4-149　填充后的效果

技巧：选中 A3 单元格，双击其右下角的填充柄，也可以实现序列的快速填充。

技巧：通过填充柄填充数据后，会在目标位置下方出现"自动填充选项 ",将鼠标光标移至其上方,该按钮会由灰色变为亮白状态,此时单击该按钮,弹出一个下拉列表,在其中可以选择不同的填充方式。如图 4-150。

说明："自动填充选项"中的"复制单元格"可以实现相同数据的快速填充。

图 4-150　"自动填充选项"下拉列表

（7）文字效果、底纹填充效果设置。

① 标题设置。选中标题文字"学生成绩单",设置为隶书 22 点字；选中 A1:K1 单元格区域,单击"开始"|"对齐方式"|"合并后居中"按钮；再单击"字体"|"填充颜色 ▼"按钮,将底纹颜色填充为蓝色。如图 4-145 所示。

② 表头格式。选中表格 A2:K2 单元格区域,设置字体为黑体 12 点黄色字；底纹颜色为红色。

（8）表格对齐方式设置。进行居中对齐设置。选中表格中的所有数据,右击弹出快捷菜单,选择"设置单元格格式"命令,弹出"设置单元格格式"对话框,如图 4-151 所示,在"对齐"标签中分别设置"水平对齐：居中"、"垂直对齐：居中"。

提示：在 Excel 2016 中,数值、时间、日期的默认对齐方式为右对齐,文本的对齐方式为左对齐。

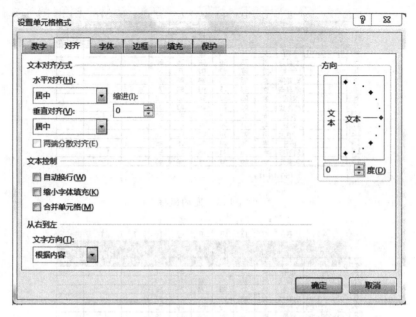

图 4-151 "设置单元格格式"对话框|"对齐"标签

(9) 设置表格边框线。选中表格第 2 行到第 15 行的所有数据信息,右击弹出快捷菜单,选择"设置单元格格式"命令,弹出"设置单元格格式"对话框,打开"边框"标签,参照图 4-145 设计成功的表格样式设置表格边框线。

(10) 重命名工作表。将 Sheet1 工作表重命名为"学生成绩"。

(11) 将文件另存为"Excel1-1.xlsx"文件。

【实例 4-9】 数据处理。

目的:

- 熟练掌握求和、求平均值的运算;
- 熟练掌握数据排序;
- 掌握数据筛选、数据汇总、图表生成等功能。

设计成功的表格样式如图 4-152 所示。

	A	B	C	D	E	F	G	H	I	J	K
1											
2	学号	姓名	性别	语文	数学	英语	物理	化学	总成绩	平均成绩	名次
3	0150301001	赵娜	女	72	92	86	89	87	426	85	1
4	0150301002	王雪飞	男	78	96	89	76	58	397	79	2
5	0150301003	张伟	男	87	62	93	75	58	375	75	3
6	0150301004	胡春华	女	85	53	84	96	87	405	81	4
7	0150301005	米雅杰	女	82	78	94	88	79	421	84	5
8	0150301006	刘超	男	93	88	86	65	88	420	84	6
9	0150301007	杜伟业	女	98	96	99	93	87	473	95	7
10	0150301008	雅茹	女	77	86	87	85	90	425	85	8
11	0150301009	李奇	男	81	98	87	87	77	430	86	9
12	0150301010	祁浩天	男	97	74	87	85	96	439	88	10
13	0150301011	杨林	男	96	94	84	75	86	435	87	11
14	0150301012	刘丽华	女	26	81	45	76	50	278	56	12
15	0150301013	刘春红	女	80	62	76	66	90	374	75	13

图 4-152 设计成功的表格样式

操作步骤如下。

(1) 打开配套资料中的"\素材\第 4 章\Excel1-1.xlsx",参照图 4-152 进行编辑。

(2) 求总成绩。依次选中 D3:I3 单元格区域(见图 4-153),单击"开始"|"编辑"|"自动求和 ∑ 自动求和 "按钮,即可在 I3 单元格中求出"总成绩"(如图 4-154)。

图 4-153　选中 D3:I3 单元格区域

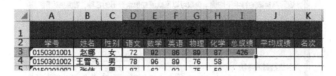

图 4-154　求出总成绩

(3) 公式的复制填充。选中已得出结果的 I3 单元格,将鼠标光标移动至其右下角"黑色小方块■"填充柄处,此时鼠标光标变成"＋"形状;按住鼠标左键拖动至 I15 单元格,释放鼠标左键,完成公式的复制填充,计算出所有学生的总成绩,如图 4-155 所示。

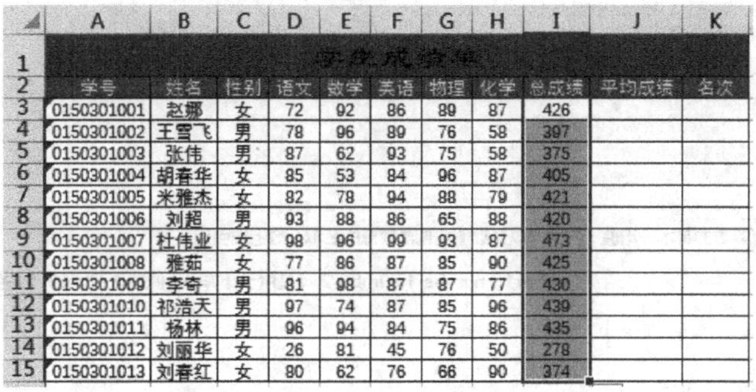

图 4-155　公式的复制填充

说明:"开始"选项卡的"编辑"功能区中的"填充"按钮,也可以进行公式的复制填充,此时自动填充的实际上并不是数据本身,而是复制的公式。填充时,公式中对单元格的引用采用的是相对引用。

(4) 求平均成绩。单击选中 J3 单元格,将光标定位在"数据编辑栏"的"编辑栏"中,输入"＝",单击"插入函数 f_x"按钮,打开"插入函数"对话框,选中"选择函数"中的 AVERAGE(见图 4-156),单击"确定"按钮,弹出"函数参数"对话框,在"Number1"中输入 D3:H3,如图 4-157 所示,单击"确定"按钮,即可在 J3 单元格中求出"平均成绩"。

提示:在 Excel 表格中输入一个公式时,必须以赋值号"＝"开头,然后才能输入公式表达式,如图 4-158 所示,表示使用"数据编辑栏"计算 D3 到 H3 单元格区域中的数值的平均值,结果存放在 J3 单元格中。

图 4-156 "插入函数"对话框

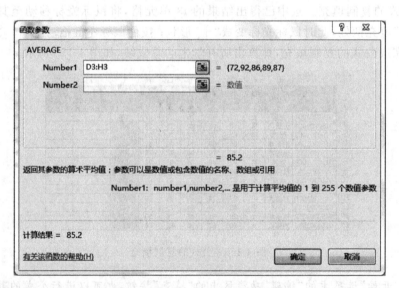

图 4-157 "函数参数"对话框

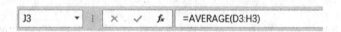

图 4-158 数据编辑栏

技巧：也可以通过单击"开始"|"编辑"功能区中的"平均值"命令求平均值。以本实例为例，具体操作步骤如下。

① 选中 J3 单元格。

② 单击"开始"|"编辑"功能区中的"自动求和"按钮右侧的下箭头，在弹出的下拉菜单中执行"平均值"命令，表格单元变成如图 4-159 所示的效果。

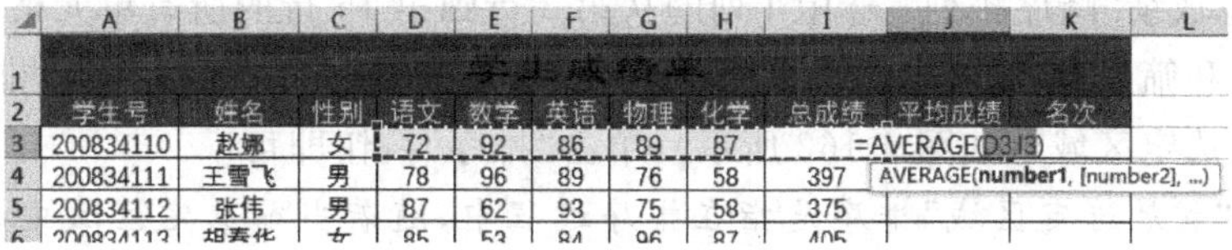

图 4-159　求平均值

③ 从 D3 单元格开始，按住鼠标左键拖动至 H3 单元格，释放左键，表格单元变成如图 4-160 所示的效果。

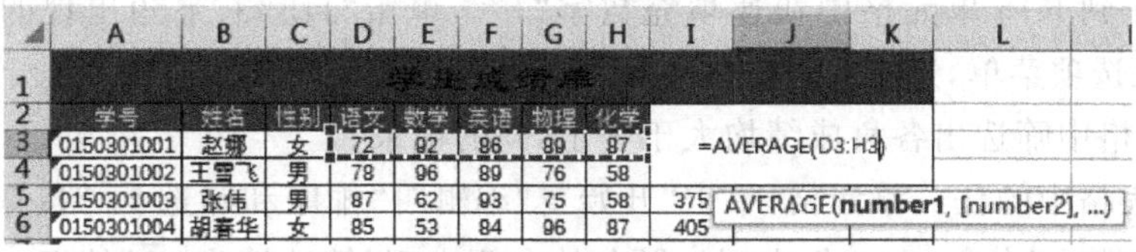

图 4-160　求平均值

④ 按键盘上的 Enter 键确定。

（5）公式的复制填充。选中 J3 单元格，双击其右下角的填充柄，生成其他学生的平均成绩。

（6）平均成绩小数位数的设置。默认生成的平均成绩有小数位数。选中 J3:J15 单元格区域，右击，在弹出的快捷菜单中选择"设置单元格格式"命令，弹出"设置单元格格式"对话框，在"数字"标签中选中"分类"|"数值"选项，在弹出的"数值"设置中设置"小数位数：0"，如图 4-161 所示，即可将平均成绩取整。

图 4-161　"设置单元格格式"对话框中的"数字"标签

（7）按"总成绩"降序排列：选中 I 列的从第 3 行到第 15 行的所有单元格，单击"开始"|"编辑"|"排序和筛选"按钮，弹出下拉选项菜单，选择"降序"命令，弹出"排序提醒"对话框，选中"扩展选定区域"（如图 4-162 所示），单击"排序"按钮即可。

提示：以"扩展选定区域"排序是指在排序过程中，随着当前选定区域中数据位置的调整，其他所有区域中的数据位置也会作相应的调整。如按学生的总成绩降序排序后，学生的学号、姓名等数据也必须作相应的调整。"以当前选定区域排序"是指只调整当前选定区域中的数据位置，而其他区域不作调整。

（8）输入名次。在 K3 单元格中输入数字"1"，选中 K3 单元格，双击其右下角的填充柄，即可在 K4 到 K15 单元格中快速填充数字"1"。单击"J15"右下角出现的"自动填充选项"，打开下拉选项菜单，选中"填充序列"即可。

（9）在表格中筛选出各科成绩均大于等于 80 的记录。

① 单击表格中的任一单元格，单击"开始"|"编辑"|"排序和筛选"按钮，弹出下拉选项菜单，单击"筛选"命令，在工作表列标题名的右侧出现"筛选箭头"按钮。

② 单击语文"筛选箭头"按钮，弹出下拉菜单，选择"数字筛选"命令，在弹出的下级菜单中选择"大于或等于"命令，打开"自定义自动筛选方式"对话框，如图 4-163 所示。在左侧"语文"下拉列表框中选择"大于或等于"，在右侧文本输入框中输入 80。按照此方法分别筛选数学、英语、物理、化学，得到各科分数均大于等于 80 的记录。筛选结果如图 4-164 所示。

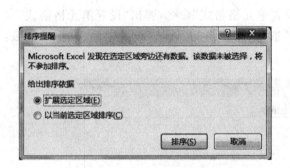

图 4-162 "排序提醒"对话框

图 4-163 "自定义自动筛选方式"对话框

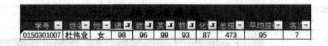

图 4-164 筛选结果

（10）按"性别"分类汇总。

① 打开配套资料中的"素材\第 4 章\Excel1-2.xlsx"文件，参照操作步骤（7）"按'总成绩'降序排列"的方法，完成对"性别"的升序排列操作。

说明：分类汇总首先是将数据列表中的数据依据一定的标准分组，然后对同一组数据应用分类汇总函数得到相应的计算或统计结果。分类汇总的结果可以按照分组明细进行分级显示，以便于显示或隐藏每一个分类汇总的明细行。本实例首先对"性别"字段进行排序，将数据列表中的数据分成"男"和"女"两组，然后再进行分类汇总。

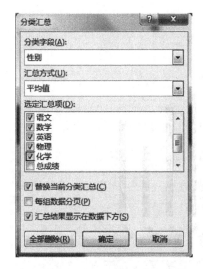

图 4-165 “分类汇总”对话框

② 单击表格中的任一单元格，单击“数据”|“分级显示”|“分类汇总”按钮，弹出“分类汇总”对话框，如图 4-165 所示。“分类字段”选择“性别”，“汇总方式”选择“平均值”，“选定汇总项”中勾选“语文、数学、英语、物理、化学”，其他选项默认，单击“确定”按钮即可。分类汇总结果如图 4-166 所示。

(11) 再次执行分类汇总命令，在弹出的“分类汇总”对话框中单击“全部删除”，将数据表中的分类汇总删除掉。

(12) 图表生成。

说明：图表是以图形的形式显示数值数据系列，以便于更加直观、形象地理解大量数据以及不同数据系列之间的相互关系。Excel 提供了多种类型的图表以供选择。

	A	B	C	D	E	F	G	H	I	J	K
1	学生成绩单										
2	学号	姓名	性别	语文	数学	英语	物理	化学	总成绩	平均成绩	名次
3	0150301002	王雪飞	男	78	96	89	76	58	397	79	2
4	0150301003	张伟	男	87	62	93	75	58	375	75	3
5	0150301006	刘超	男	93	88	86	65	88	420	84	6
6	0150301009	李奇	男	81	98	87	87	77	430	86	9
7	0150301010	祁浩天	男	97	74	87	85	96	439	88	10
8	0150301011	杨林	男	96	94	84	75	86	435	87	11
9			男 平均值	88.66667	85.33333	87.66667	77.16667	77.16667			
10	0150301001	赵娜	女	72	92	86	89	87	426	85	1
11	0150301004	胡春华	女	85	53	84	96	87	405	81	4
12	0150301005	米雅杰	女	82	78	94	88	79	421	84	5
13	0150301007	杜伟业	女	98	96	99	93	87	473	95	7
14	0150301008	雅茹	女	77	86	87	85	90	425	85	8
15	0150301012	刘丽华	女	26	81	45	76	50	278	56	12
16	0150301013	刘春红	女	80	62	76	66	90	374	75	13
17			女 平均值	74.28571	78.28571	81.57143	84.71429	81.42857			
18			总计平均值	80.92308	81.53846	84.38462	81.23077	79.46154			

图 4-166 分类汇总结果

① 打开配套资料中的“\素材\第 4 章\Excel1-2. xlsx”文件，选中“姓名”所在列的所有数据单元格，同时按住 Ctrl 键加选“总成绩”列，单击“插入”|“图表”|“柱形图”按钮右侧的下箭头，弹出下拉选项菜单，选中“二维柱形图”中的“簇状柱形图”按钮，如图 4-167 所示，即可生成如图 4-168 所示的簇状柱形图表。

图 4-167 “插入图表”下拉选项菜单

② 右击图 4-168，在弹出的快捷菜单中单击“选择数据”命令，弹出“选择数据源”对话框，如图 4-169 所示，在左侧“图例项”中单击“编辑”按钮，弹出“编辑数据系列”对话框，如图 4-170 所示，在“系列名称”中输入“总成绩”，单击“确定”按钮，即可生成带有标题的图表，如图 4-171 所示。

提示：在弹出如图 4-169 所示的对话框中，单击“切换行/列”按钮，将图表的行列进行切换，即可生成如图 4-172 所示的图表样式。

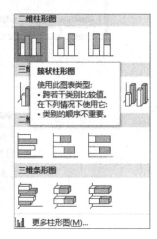

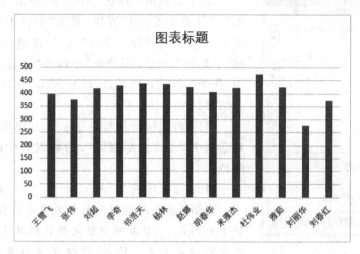

图 4-168 簇状柱形图表

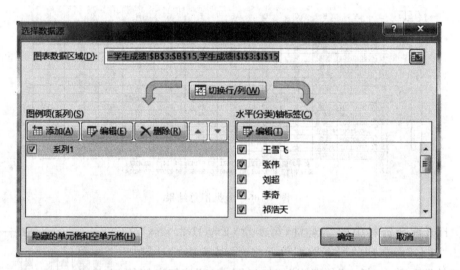

图 4-169 "选择数据源"对话框

图 4-170 "编辑数据系列"对话框

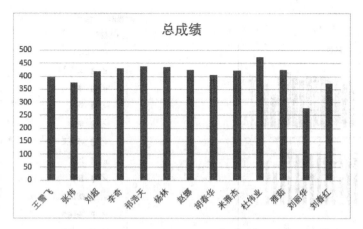

图 4-171　簇状柱形图表

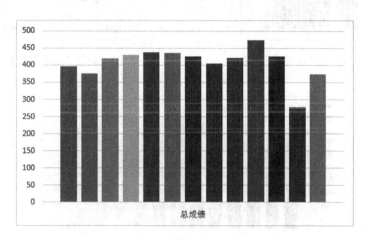

图 4-172　簇状柱形图表

提示：选中已生成的如图 4-172 所示的"簇状柱形图表"，"图表元素 ＋"、"图表样式 ✐"、"图表筛选器 ▼"浮动按钮即出现在"簇状柱形图表"右侧。"图表元素 ＋"用于添加、删除或更改图表元素，如图 4-173 所示。"图表样式 ✐"用于设置图表的样式和配色方案，如图 4-174 所示。"图表筛选器 ▼"用于编辑图表上需要显示的数据点和名称，如图 4-175 所示。

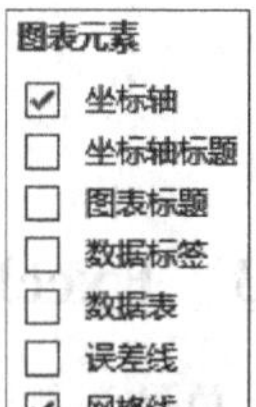

以如图 4-172 所示的图表样式为例，更改其样式的具体操作步骤如下。

① 单击如图 4-172 所示的图表样式，在弹出的浮动按钮中单击"图表元素 ＋"按钮，弹出的"图表元素"列表，勾选"图例"复选框。

图 4-173　"图表元素"列表

② 单击"图表样式 ✐"按钮，弹出"图表样式"列表，单击选中"样式"|"样式 7"选项；切换到"颜色"标签，单击选中"单色"|"颜色 8"。更改完成的样式如图 4-176 所示。

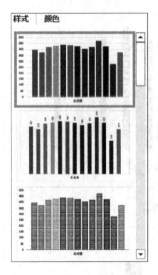

图 4-174 "图表样式"列表

图 4-175 "图表筛选器"

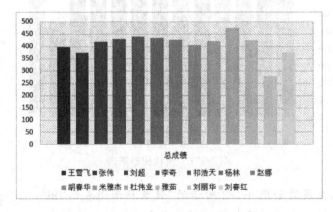

图 4-176 簇状柱形图表

4.4.3 Excel 总结与提高

1. 总结

1)一般类型的数据输入

在工作表中输入普通的文字、数字和符号等数据的方法有以下 3 种。

- 选中单元格,直接输入数据后按 Enter 键;
- 选中单元格后,在"编辑栏"中输入数据,再按 Enter 键;
- 双击要输入数据的单元格,当闪烁的光标出现在单元格中时,输入数据,然后按 Enter 键。

2)特殊类型数据的输入

除普通的文字、数字和符号等数据之外,Excel 表格还可以输入如数值、货币、会计专

图 4-177 "开始"|"数字"功能区

用、日期、时间和百分比、分数、科学计数、文本、特殊字符等类型的数据。用户可以通过单击"开始"|"数字"功能区中的相应按钮对数据格式进行快速设置，如图 4-177 所示。也可以单击"开始"|"数字"功能区中"常规"选项右侧的下箭头按钮，在弹出的下拉选项菜单中进行快速设置。其次，也可以打开"设置单元格格式"对话框，在"数字"标签中进行详细的设置。

3）快速填充数据

在数据输入的过程中，有时需要输入大量相同的数据，或具有某种特性的数据列。Excel 2016 提供了几种快速输入数据的方法来完成此类操作，以提高工作效率。

- 通过组合键填充相同数据。选中需要输入数据的单元格区域后，输入需要的数据，然后按 Ctrl+Enter 组合键，即可将选中的所有单元格输入相同的数据。
- 通过"填充柄"填充相同数据。在一个单元格中输入需要的数据，选中该单元格，将鼠标光标移至其右下角的"填充柄"处，此时鼠标光标变成"+"形状，按住鼠标左键进行拖动，至目标位置释放左键，即可完成输入。也可以直接双击"填充柄"完成快速填充数据的任务。
- 通过"填充柄"填充简单序列。在两个连续单元格中输入有规律的数据，如 1、2；0、10；星期一、星期二；0150301001、0150301002 等，同时选中这两个单元格，将鼠标光标移至"填充柄"处，当鼠标光标变为"+"形状时，按住鼠标左键进行拖动，至目标位置释放左键，即可完成序列数据的输入，如 1、2、3……；0、10、20……；星期一、星期二、星期三……；0150301001、0150301002、0150301003……。

4）文本数字类型数据的输入

在 Excel 数据表格中输入阿拉伯数值信息时，默认情况是"数值"型，如果前面有"0"的话，系统将自动忽略。为了避免丢失数据，在输入如邮政编码、电话号码、特殊代号等首字符为"0"的信息时，前面要加单引号"'"符号，这样就可以将数值型转换为字符型，保留前面的"0"。下面以输入电话号码：04714973144 为例来说明。

如图 4-178 所示，在单元格中直接输入"04714973144"，输入完成后按 Enter 键，结果如图 4-179 所示，前面的一个"0"消失了。如图 4-180 所示，在单元格中输入"'04714973144"，完成后按 Enter 键，结果如图 4-181 所示，保留了前面的"0"。

图 4-178 输入 04714973144

图 4-179 显示结果 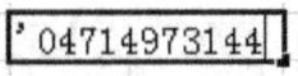　　图 4-180 输入 '04714973144 　　图 4-181 显示结果

提示：也可以参照"典例剖析"中的"【实例 4-8】建立电子表格"中"学号"一列的类型设置，将默认的"数值"型转换为"文本"型，以保证数字前面的"0"不会丢失。

2. 提高

1）公式

Excel 提供了大量的公式和函数，可以处理大量复杂的数据计算，极大地减轻了工作负担，提高了工作效率。

公式就是一组表达式，是由单元格引用、常量、运算符以及括号组成，复杂的公式还包括函数，用于计算出新的值。Excel 中主要有 4 种运算符，分别是"算术运算符"、"比较运算符"、"文本运算符"和"引用运算符"。"算术运算符"用于对公式中的各个元素进行加、减、乘、除、乘方等运算操作；"比较运算符"用于对公式中的各个元素进行大于、等于、小于等比较运算操作；"文本运算符"只有一个"&"符号，用于将两个字符串连接成为一个字符串；"引用运算符"可以实现单元格区域的合并运算。表 4-2 中为 Excel 提供的所有运算符。

表 4-2　Excel 中的运算符

算术运算符		比较运算符		引用运算符	
运算符	说明	运算符	说明	运算符	说明
＋	加号	＞	大于	：	区域运算
－	减号	＝	等于		
＊	乘号	＜	小于	，	联合运算
／	除号	＞＝	大于等于		
＾	幂符号	＜＝	小于等于	空格	交叉运算
％	百分号	＜＞	不等于		

提示：在 Excel 中，公式总是以赋值号"＝"开始。默认情况下，公式的计算结果显示在单元格中，但公式本身会显示在"编辑栏"中。

公式编辑举例。如图 4-182 所示，表中"总评＝平时成绩＋期末成绩×70％"，统计结果如图 4-183 所示。

	A	B	C	D	E	F
1	学号	姓名	性别	平时成绩	期末成绩	学期总评
2	0150301001	赵娜	女	30	60	
3	0150301002	张评飞	男	30	96	
4	0150301003	米静	女	30	84	
5	0150301004	陈雅芳	女	30	74	
6	0150301005	梁陆	男	30	84	
7	0150301006	刘方超	男	30	89	
8	0150301007	刘轶伦	男	30	87	
9	0150301008	雅茹	女	30	64	

图 4-182　表格原文

	A	B	C	D	E	F
1	学号	姓名	性别	平时成绩	期末成绩	学期总评
2	0150301001	赵娜	女	30	60	72
3	0150301002	张评飞	男	30	96	97
4	0150301003	米静	女	30	84	89
5	0150301004	陈雅芳	女	30	74	82
6	0150301005	梁陆	男	30	84	89
7	0150301006	刘方超	男	30	89	92
8	0150301007	刘轶伦	男	30	87	91
9	0150301008	雅茹	女	30	64	75

图 4-183　计算结果

具体操作步骤如下。

① 公式输入。选中 F2 单元格，将光标停在"数据编辑栏"的"编辑栏"中，输入"＝D2＋E2＊70％"，如图 4-184 所示，按 Enter 键，即可在 F2 单元格中得出结果。

图 4-184　公式输入

技巧：在"编辑栏"中输入公式时，也可以直接单击对应的单元格完成公式的录入。以本例的公式输入为例。具体操作步骤如下：单击选中 F2 单元格；将光标定位在"编辑栏"中，输入赋值号"＝"等号；再单击 D2 单元格；输入加号"＋"；再单击 E2 单元格；依次输入星号"＊"、70、百分号"％"；单击 Enter 键结束。

② 公式的复制填充：选中 F2 单元格，将鼠标光标移至其右下角的控制柄处，双击鼠标左键，即可完成公式的复制填充。计算完成的结果如图 4-183 所示。

2）数值数据小数位数的设置

在 Excel 数据表格中，可以打开"设置单元格格式"对话框来改变小数位数。具体操作步骤如下。

选中数值所在的单元格，右击，在弹出的快捷菜单中单击"设置单元格格式"命令，弹出"设置单元格格式"对话框。打开"数字"标签，选中"分类"列表框中的"数值"选项，在其右侧的"小数位数"中就可以设定数值的小数位数，如图 4-185 所示。

图 4-185　"设置单元格格式"对话框｜"数字"标签

如图 4-185 所示,总评成绩后面不保留小数位数。具体操作步骤如下。选中 F2:F9 单元格区域,右击,打开"设置单元格格式"对话框,选中"数字"|"分类"|"数值"选项,在其右侧的"小数位数"中输入 0 即可。

3）函数

Excel 的函数,实际上是一类事先编辑好的特殊的内置公式。用于处理简单的四则运算无法完成的算法。Excel 提供了几百个函数,包括数学与三角函数、统计函数、日期与时间函数、文本函数、财务函数、查找与引用函数、数据库函数、逻辑函数以及信息函数等。使用这些函数可以进行大量复杂的运算,大大地提高工作的效率。

Excel 中的函数是由函数名和参数组成的,其形式如下。

函数名(参数 1,参数 2,……)

如 SUM(D1:D4),SUM 为求和函数名,D1:D4 代表 D1、D2、D3、D4 四个单元格的值,用于计算 D1 到 D4 单元格中数据的总和。

由于 Excel 有几百个函数,用户记忆起来非常困难,为此,Excel 提供了粘贴函数的方法,方便用户使用函数。下面通过实例介绍有关函数的使用方法。

如图 4-186 所示,使用求和函数 SUM 计算 D1、D2、D3、D4 的总和,结果放在 D5 单元格中。计算完成的结果如图 4-187 所示,具体操作步骤如下。

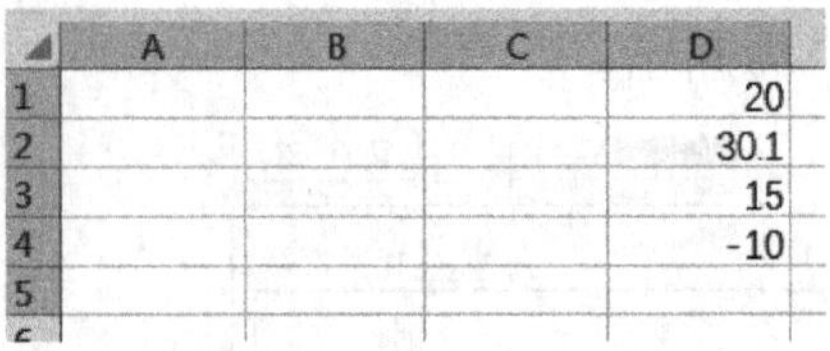

图 4-186　求和运算举例 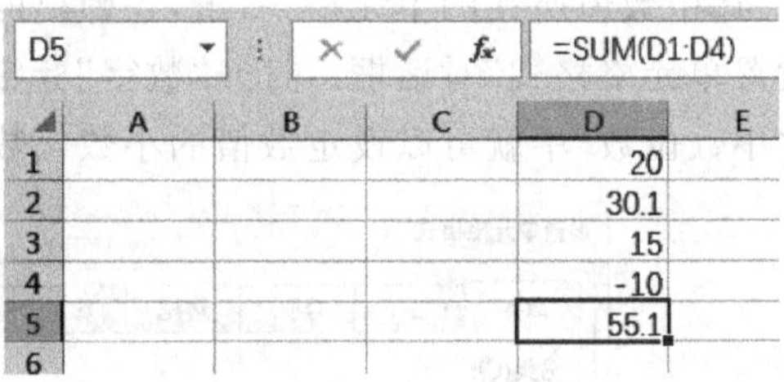　　　　　图 4-187　计算结果

① 选定 D5 单元格。

② 单击"数据编辑栏"上的"插入函数 f_x"按钮,弹出"插入函数"对话框,在"或选择类别"栏中选择"常用函数",在"选择函数"列表框中选中"SUM",单击"确定"按钮,弹出"函数参数"对话框,在"Number1"中自动生成"D1:D4",单击"确定"按钮,即可在 D5 单元格中得出总和值。如图 4-187 所示。

说明：Excel 2016 所提供的"公式"选项卡,集中了各种函数运算按钮,专门处理各种函数运算。如图 4-188 所示。

图 4-188　"公式"选项卡

提示：Excel 2016 默认提供了 13 大类函数,表 4-3 将常用的函数进行归纳整理,以方便用户使用。

表 4-3 Excel 中常用的函数

分　类	函数名	说　　明	举　　例
数学和三角函数	ABS	返回给定数值的绝对值	ABS(−68)、ABS(C5)
	COS	返回给定角度的余弦值	COS(3PI())、COS(B3)
	EXP	返回 e 的 n 次方	EXP(2)、EXP(A1)
	INT	将给定数值四舍五入取整	INT(2.3)、INT(B2)
	LN	返回给定数值的自然对数	LN(2)、LN(A5)
	LOG10	返回给定数值以 10 为底的对数	LOG10(500)、LOG10(C6)
	MOD	返回两个数相除后的余数	MOD(8,3)、MOD(B5,C2)
	PI	返回圆周率 π 的值,精确到 15 位	PI()
	POWER	返回给定数值的乘幂	POWER(2,3)、POWER(A2,C3)
	RAND	返回 0~1 之间的一个随机数	RAND()
	SIN	返回给定角度的正弦值	SIN(PI()/6)、SIN(D6)
	SQRT	返回给定数值的平方根	SQRT(2)、SQRT(A2)
	SUM	计算单元格区域中所有数值的和	SUM(2,5,4.4)　SUM(A1:C3)
	TAN	返回给定角度的正切值	TAN(PI()/4)、TAN(E2)
逻辑函数	AND	如果所有参数都为 TRUE,则返回 TRUE	AND(1<3,6>2)
	OR	如果任一参数为 TRUE,则返回 TRUE	OR(1<3,6>2)
	NOT	对参数的逻辑值求反	NOT(3>7)
日期时间函数	DATE	返回 Excel 日期时间代码中代表日期的数值	DATE(2008,2,11)
	DAY	返回给定日期的日子	DAY(NOW())、DAY(E2)
	MONTH	返回给定日期的月份	MONTH(NOW())、MONTH(D1)
	NOW	返回当前计算机日期和时间	NOW()
	YEAR	返回给定日期的年份	YEAR(NOW())、YEAR(A1)
文本函数	LEFT	返回给定字符串最左边的若干连续字符	LEFT("abcdef",3)、LEFT(A9,5)
	LEN	返回给定符串中的字符个数	LEN("happy")、LEN(E5)
	LOWER	将给定字符串全部转换成小写	LOWER(" FUNNY")、LOWER(D1)
	RIGHT	返回给定字符串最右边的若干连续字符	RIGHT(" ABCDEF",4) RIGHT(B2,5)
	UPPER	将给定字符串全部转换成大写	UPPER("text")、UPPER(C2)
统计函数	AVERAGE	返回一组数值的平均值	AVERAGE(A1:F1)、AVERAGE(2,4,6)
	MAX	返回一组数值中的最大值	MAX(E1:E5)、MAX(2,5,4,8)
	MIN	返回一组数值中的最小值	MIN(A1:C5)、MIN(5,4,8,4.3)

4.5　Microsoft Office Visio 科技图表综合应用

　　Office Visio 是 Microsoft Office 家族中的一个成员,是一款可视化的制图软件,使用 Office Visio 可以绘制业务流程图、组织结构图、项目管理图、营销图表、办公室布局图、网络图、电子线路图等,它将强大的功能和简单的操作完美地结合在一起。

4.5.1　Office Visio 2016 概述

Office Visio 2016 是一款图表制作软件，被广泛地应用于软件设计、办公自动化、项目管理、广告、企业管理、建筑、电子、机械、通信、科研和日常生活等众多领域，本节将简略介绍 Office Visio 2016 的使用。单击 Windows 10"开始"菜单，打开"所有应用"，找到"Visio 2016"项，单击启动 Office Visio 2016 程序，出现启动界面，如图 4-189 所示。

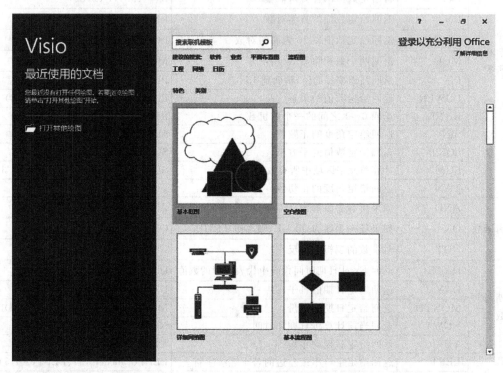

图 4-189　Office Visio 2016 的启动界面

在该窗口右侧显示的是新建图形的模板选项，窗口的左边显示的是最近打开的文档。如果没有编辑过绘图，那么这里将不会显示任何内容。窗口的右边模板有"类别"和"特色"两个选项卡，里面显示了很多模板种类。

窗口右侧最上端有"搜索"栏，里面默认显示"搜索联机模板"，可以通过联网在线搜索更多的模板类型。

联机搜索可以使用系统建议的类别进行搜索，例如"软件"、"业务"、"平面布置图"、"流程图"、"工程"、"网络"、"日历"等。例如，点选了"流程图"，会弹出流程图搜索页面，在该页面中列举出了大量的流程图类别可供选择。

Office Visio 2016 提供了强大的技术支持，单击页面右上角的"登录以充分利用 Office"，在弹出的对话框中，通过输入"电子邮件地址或电话号码"就可以登录访问。单击"了解详细信息"也可以打开 Office 支持网站。或者打开网页浏览器，直接在浏览器的地址栏内输入"https://support.office.com"，进入"Office 帮助和培训"网站获得帮助。

在 Office Visio 2016 专业版中包括 8 个模板类别，下面对这 8 个模板类别进行简单介绍。

（1）商务。包含用于创建组织结构图和其他商务绘图的模板，例如，"审计图"模板等。

(2) 地图和平面布置图。包含可用于创建地图和平面布局图的模板。

(3) 工程。包含用于创建基本电路图、管道设备图、工业控制流程图以及其他工程图的模板。

(4) 常规。包含用于创建星形、矩形、圆形等基本形状的模板。

(5) 日程安排。包含可用于创建时间线、甘特图、日历等绘图的模板。

(6) 流程图。包含用于创建各种各样流程图的模板。

(7) 网络。包含可用于创建计算机网络图的模板。

(8) 软件和数据库。包含用于创建数据库流程图和软件开发流程图等方面绘图的模板。

除了这 8 个模板类别外,还可以选择"根据现有内容新建…"。

在"特色"模板选项卡中,单击"空白绘图",在弹出的"空白绘图"窗口中,单击"新建"图标,启动 Office Visio 2016 绘图环境,如图 4-190 所示。它包括标题栏、菜单栏、工具栏、形状、绘图页,可以在绘图页上创建绘图。下面主要介绍一下绘图环境的使用。

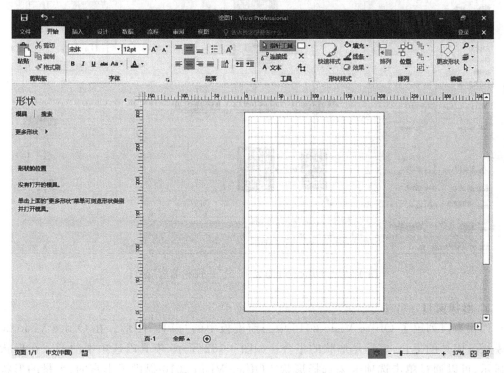

图 4-190　Office Visio 2016 的绘图环境

1. 绘图窗口

绘图窗口用于显示正在设计的绘图,绘图窗口大部分空间是绘图页,绘图页是拖放形状并制作绘图的区域。在绘图时可以根据需要设置绘图页的风格,例如,有时可能不需要用网格排列形状,那么可以清除"视图"菜单上的"网格"复选框,隐藏网格。

标尺位于绘图窗口的顶部和左边,它能帮助布置形状,以便打印。标尺可以在不需要时通过清除"视图"菜单中的"标尺"复选框隐藏。

注意绘图页底部的页选项卡,Office Visio 2016 绘图可以是多页的,而页选项卡能帮助人们轻松地在各个页之间切换。

在绘图窗口中绘图时会遇到各种各样的附加窗口,可以通过"视图"菜单使用这些附加窗口。例如,制作一个单个绘图页不能一次性显示的大绘图,但却希望能够了解整个绘图的全貌或是绘图的更多细节,这时就需要使用"视图"菜单中的"扫视和缩放"窗口。单击"视图"菜单中的"任务窗格"图标下方的"小三角",在下拉出的菜单中选择"平铺和缩放"菜单项,视图中出现"扫视和缩放"窗口(如图 4-191 所示),该窗口可以被移动到界面任意位置,也可以被放大或缩小。通过该窗口可以迅速地在视图中确定操作的范围。"扫视和缩放"窗口的这一特点对节省绘图空间而言非常实用,Office Visio 2016 还有其他窗口具有这种特点。

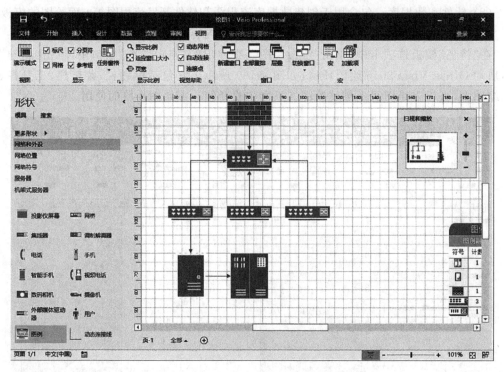

图 4-191　Office Visio 2016 的"扫视和缩放"窗口

2. 形状窗口

形状窗口列出了 Office Visio 2016 中当前模板中的"模具"图形。在 Office Visio 2016 中模板是模具的集合,模具是形状的集合。如图 4-192 所示,模具以选项卡的形式在形状窗口显示,可以通过单击选项卡来选择形状。Office Visio 2016 提供了丰富的、大量的形状模板。鼠标单击"更多形状"右侧的"小三角"可以推出形状模板列表框,在列表框中包含"商务"、"地图和平面布置图"、"工程"、"常规"……等多项列表。每项列表又包含多项子列表,例如,单击"网络"列表项,又推出二级列表框,包含"Active Directory 对象"、"Active Directory 站点和服务"、"Exchange 对象"、"LDAP 对象"、"服务器"等子列表。前面打上"√"的就是已经被选中的图形模板,会出现在"形状"下的列表选项中,可以单击打开,直接拖放使用。

在 Office Visio 2016 中,向绘图中添加形状可以把鼠标移动到模具中的形状上方,单击选中形状,然后将它拖动到绘图页。模具中的形状是主控形状,当主控形状拖放到绘图页时,主控形状就会创建一个副本,绘图页上显示的是该主控形状的副本。一个主控形状可以被拖动无限次。将形状拖放到绘图页之后,就可以对它进行操作,比如调整大小和旋转等。

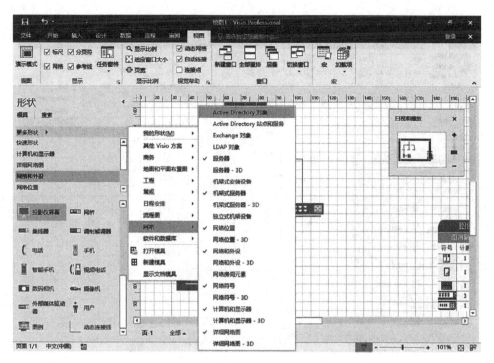

图 4-192　Office Visio 2016 的"形状"窗口

3. 选择鼠标指针工具

"指针工具"的作用是选择、移动图形和调整图形的大小。在 Office Visio 2016 中默认鼠标指针选择类型是"区域选择"。还可以根据需要选择"套索选择"鼠标指针选择类型,如图 4-193 所示,选择类型通过单击"开始"菜单的"编辑"选项卡更改,在"编辑"选项卡中单击"选择"图标,在弹出的菜单中选择"选择区域"或"套索选择"。

"选择区域"是默认选项,可以通过单击形状方式选择单个形状,也可以拖动矩形框的方式选择多个形状,当拖动矩形框选择多个形状时,鼠标指针变成"+"形状。一旦选中了多个形状,就可以一起对它们进行操作。例如,如果想一次移动多个形状,那么就可以用"选择区域"指针选中这些形状,然后将它们一起拖放移动到新的位置。

使用"套索选择"工具,能够用手工绘图的方式选择多个形状。当绘图页上有很多种形状,且形状分布比较密集且不均匀时,为了有效地选择形状,使用"套索选择"工具就很方便。

此外,Office Visio 2016 还有"全选"和"按类型选择"的选择方式。

4. 连接线和文本

Office Visio 2016 中的连接线是形状之间的连线,是各种类型 Office Visio 2016 框图的最基本的组成部分。实际上,连接线也是 Office Visio 2016 中的形状,它是 Office Visio 2016 中用于连接形状的一维形状线。一维形状和二维形状的区别是当图形被选中时,一维形状中会显示出两个端点,而二维形状中会显示带有绿色选择手柄和旋转手柄的选择框。连接线的种类很多,比如还有带有箭头的连接线。Office Visio 2016 中有很多连接形状的方式,具体如下。

(1) 在"开始"菜单工具选项卡中,选中"连接线"工具,在绘图的图形间创立连接线。

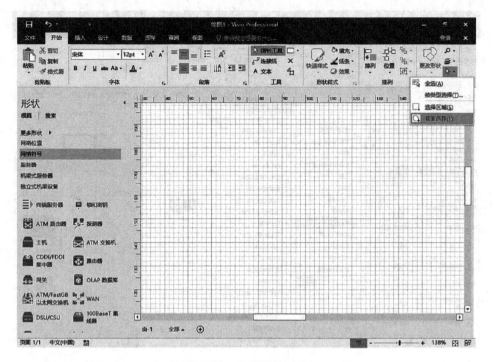

图 4-193 选择指针工具

（2）"形状"相应模具中有多种类型的连接线，将连接线从形状窗口拖动到绘图页直接使用。

（3）在"插入"菜单"图部件"选项卡中，选中"连接线"工具，在绘图中添加连接线。

（4）使用自动连接点：自动连接点是形状周围的浅蓝色的三角形。

在 Office Visio 2016 中，连接线除了简单的直线线条外，还可以使用动态连接线，当移动形状时，动态连接线会自动地将形状重新连接起来。此外，还有一种连接线——智能连接线，在调整绘图时，这种连线能自动地更改自己的形状和路径。

在 Office Visio 2016 中使用文本工具输入文本，也可以在形状中输入文本。文本块通常与形状相连接，并会随着形状的移动而移动。在形状中输入文本时，首先选中形状，再单击"开始"菜单的"工具"选项卡中的"文本"工具图标，此时形状便出现了可以输入文本的文本块和文本光标，在文本光标所在位置就可以输入文本了。

有时需要在绘图中添加独立于形状的文本（例如标题），这时不要选择任何形状，直接单击文本工具，就可以在页面上随意画出文本块来输入文本。

5. 保存文件

绘制好的绘图需要及时保存，保存绘图的操作通过选择"文件"菜单，在出现的"文件"页面中，选择"保存"或"另存为"来进行。保存文件时，需要确定文件保存的位置和文件的存储格式（既文件类型），以下是 Office Visio 2016 支持的文件类型列表。

- 绘图；
- 模具；
- 模块；
- XML 绘图；

- XML 模具；
- XML 模板；
- Visio 2002 绘图；
- Visio 2002 模具；
- Visio 2002 模板；
- 可缩放的向量图形；
- 可缩放的向量图形——已压缩；
- AutoCAD 绘图；
- AutoCAD 交换格式；
- Web 页；
- JPEG 文件交换格式；
- Tag 图像文件格式；
- Windows 图元文件；
- Windows 位图；
- 工作区；
- 可移植网络图形；
- 图形交换格式；
- 压缩的增强图元文件；
- 增强图元文件。

还可以设置 Office Visio 2016 文件的自动存储，在文件页导航栏，单击"选项"，弹出"Visio 选项"对话框（如图 4-194 所示），在其左侧的导航栏中选择"保存"项，在其右侧"自定

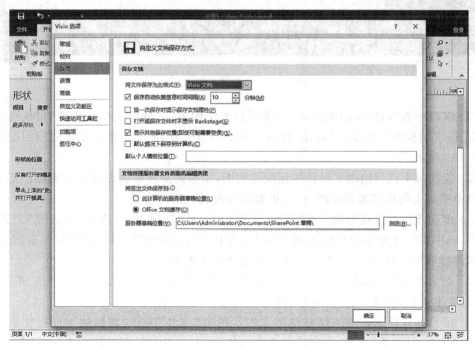

图 4-194　设置文件自动存储

义文档保存方式"区域,选中"保存自动恢复信息时间间隔"复选框,在时间栏内,如果设置保存文件的时间间隔为"10"分钟,则在进行文档编辑时,系统每隔 10 分钟就会自动存储文件。

4.5.2 Office Visio 2016 典例剖析

【实例 4-10】 绘制一张组织机构图表。

(1) 打开 Office Visio 2016 程序,在"新建"窗口的"特色"模板选项卡单击"组织结构图向导",弹出组织结构图选择窗口,如图 4-195 所示。

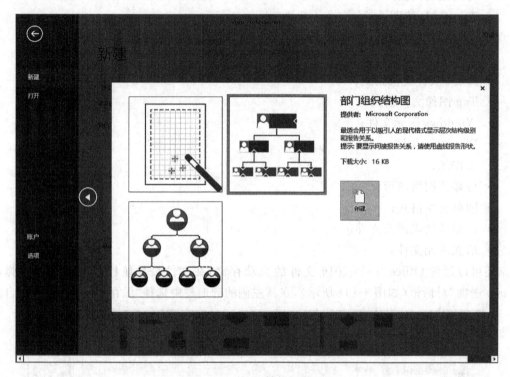

图 4-195　组织结构图向导

(2) 窗口中有"组织结构图向导"、"部门组织结构图"、"分层组织结构图"可供选择,选中"部门组织结构图",再单击"新建"按钮,Office Visio 2016 会创建一个新的组织结构图,如图 4-196 所示。

(3) 绘图页上已经给出了默认的组织结构图,根据需要还可以再增加或删除图形,把形状窗口中模具上的形状拖到绘图页上,根据需要放到合适的位置。

(4) 使用连接线连接形状。在"开始"菜单的"工具"选项卡中,选中"连接线"工具。在绘图中,选中需要建立连线的形状,拖动鼠标,形状会自动出现连接线,把连接线拖到另一个要连接的形状上后释放鼠标,两个形状之间便建立了连接线。

(5) 给组织结构图添加文字。双击要添加文字的形状,该形状中出现文字块,单击文字块,出现文本光标,在文本光标的位置就可以输入文字了,如图 4-197 所示。

(6) 最后保存绘制好的组织结构图文档。单击"文件"菜单,切换到文件操作页,单击"保存"按钮或"另存为"按钮,确定保存文件的位置,在弹出的保存对话框中,给文件起一个名字,单击"保存"按钮。组织结构图就制作完成了。

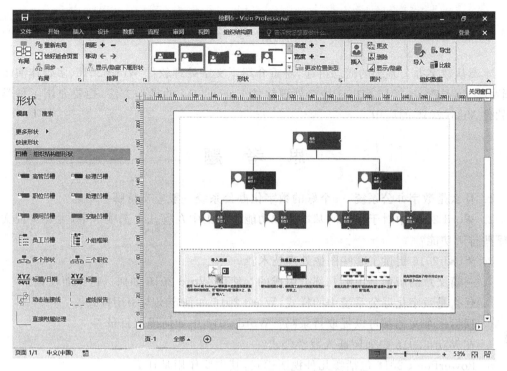

图 4-196　新建的组织结构图

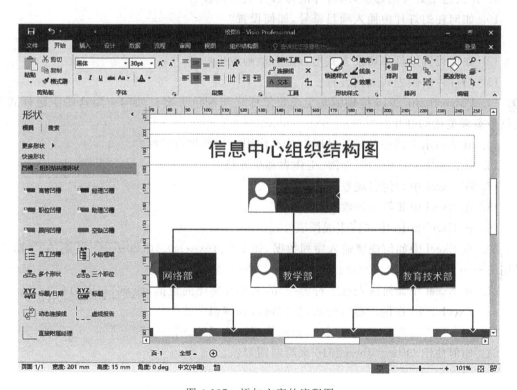

图 4-197　添加文字的流程图

本 章 小 结

本章从数字办公系统的概念讲起,着重介绍了文字处理软件 Word 2016、多媒体演示制作软件 PowerPoint 2016 和电子表格处理软件 Excel 2016 的操作方法,扼要介绍了科学图表软件 Visio 2016 的应用。

思 考 题

1. 什么是数字办公系统,一个好的数字化办公系统一般应支持哪些功能?
2. Word 2016 中对于文档的基本操作功能主要集中在哪几个选项卡中,主要实现文档的哪些排版功能?
3. Word 2016 提供了哪些图像处理技术?
4. 一篇文章的版面是由哪几部分组成的?使用 Word 2016 如何进行页面设置?
5. 什么是数字化办公系统中的样式,Word 2016 如何定义与引用样式?
6. 任何一个文档都可以提取目录吗?Word 2016 中如何提取目录?
7. 在 Word 2016 中如何插入数学公式?
8. PowerPoint 2016 包括哪几种视图模式,其主要作用是什么?
9. 什么是幻灯片的母版,幻灯片的母版样式如何设置?
10. 如何在幻灯片中插入项目符号,如何设置?
11. SmartArt 图形如何插入到幻灯片中,其样式如何设置?
12. 如何设置幻灯片切换方式与自定义动画效果?
13. 幻灯片放映方式如何设置?
14. PowerPoint 2016 提供哪些主题效果样式与配色方案?如何应用这些主题样式与配色方案来美化幻灯片?
15. 电子演示文档中的排练计时有什么作用?如何进行计时?
16. 什么是 Excel 中的工作簿、工作表和单元格?
17. 在 Excel 中如何实现数据的排序?
18. 在 Excel 中如何实现数据的筛选?
19. 在 Excel 2016 中如何生成图表?
20. 在 Excel 中如何快速输入序列数据,如 1、2、3……;0、10、20……;星期一、星期二、星期三……;200834110、200834111、200834112……?
21. 在 Excel 中如何输入首字符为"0"的文本数字序列数据,如 04714973144?
22. Excel 2016 提供了哪些公式,如何输入和编辑公式?
23. Excel 2016 提供了哪些函数,如何使用这些函数进行运算?
24. 如何使用 Office Visio 2016 来绘制图形?

第 5 章 图形图像处理系统应用

本章学习目标
- 熟练掌握图像获取的方法；
- 熟练掌握图像处理软件 Photoshop 的使用；
- 掌握图形图像管理软件 ACDSee 的使用。

5.1 数字图像扫描与获取

利用扫描仪可以将照片、杂志彩页等转换成数字图像。将要扫描的内容放在扫描仪内，扫描仪通过光线和镜头将图片进行成像曝光处理，并以数字的方式重新组合后，就会被输送到计算机中存储和显示，最终完成将普通的照片或图片转换为数字图像。

5.1.1 数字图像扫描与获取知识要点

1. 数字图像扫描与获取概述

扫描仪是一种数字化输入设备，通过扫描仪可以将各种图像信息录入到计算机中，这样就可以对图像信息进行编辑、存储和输出等操作。

在扫描图像过程中通常会面临以下几个问题。

① 扫描采集整张画面，还是只需要扫描局部画面？
② 图像是否需要缩放？扫描图像的分辨率取多少？
③ 每一个色点（或像素）用几个字节来表示？是彩色还是黑白的？
④ 待扫描的图像在色调、亮度和对比度等几方面是否需要作些调整？

能否很好地处理这些问题基本上决定了扫描仪的质量。下面列举几个比较重要的技术指标并对扫描仪的质量进行说明。

1) 光学分辨率

光学分辨率是指扫描仪的光学系统可以采集的实际信息量。例如，最大扫描范围为 216mm×297mm 的扫描仪，可扫描的最大宽度为 8.5 英寸，它的光学系统含有 5100 个单元，其光学分辨率为 5100 点/8.5 英寸＝600dpi。目前常见的光学分辨率有 600×1200dpi、1000×2000dpi 或者更高。由此可见，光学分辨率在某种意义上决定了一台扫描仪的级别。

2) 色彩分辨率

色彩分辨率又叫色彩深度，表示扫描仪分辨色彩或灰度细腻程度，单位为 bit（位）。用多少个位来表示扫描得到的一个像素即色彩位。如 1 位只能表示黑白像素，因为目前的计算机都是使用的二进制，所以 1 位只能表示 0 和 1，0 和 1 分别代表黑与白。8 位可以表示

256个灰度级。24位可以表示16 777 216种色彩，24位以上的色彩为真彩。色彩位数越多，颜色就越逼真。

3）灰度级

灰度级指在黑白显示器中像素点亮暗的差别，而在彩色显示器中显示不同的颜色，灰度级本身取决于像素的位数和显示器。

4）扫描幅面

扫描幅面是指扫描仪能够扫描到的区域，扫描幅面的大小由扫描仪的内部结构和扫描仪的外部尺寸所决定。一般情况下，扫描仪的扫描对象为像片和普通文档，所以A4和A4加长的扫描仪就可以满足日常的应用，A3以上幅面的扫描仪多用于一些高档专业领域中。

5）扫描速度

扫描速度是表示扫描快慢的指标。在扫描仪工作过程中，提高扫描速度会降低扫描仪的精度，提高扫描仪对图像的处理速度，会以简化扫描仪的色彩校正功能为代价，所以不要过分强调扫描速度。

购买的扫描仪都配有驱动程序和图像处理软件。扫描软件驱动后，通常都会出现一个对话框，用于设定扫描图像所需要的各种参数。

2. 利用计算机屏幕获取图像

对于在Windows操作系统下运行的图像，可以通过屏幕捕获工具进行抓取，从而获取当前屏幕图像。

如果要抓取当前屏幕显示的、任意的全屏图像，只要按下键盘上的PrtScn与SysRq键，屏幕上的画面就会被复制到剪贴板上。在任何可以调用图像的应用软件中，将抓取的屏幕图形粘贴到新建的文件中，在应用软件中可以对抓取的图形进行编辑和存储。

大多数情况下，人们需要的不是整个屏幕，而只是其中的一小块图像。这时可以采用以下两种方法之一进行获取。

（1）利用图像处理软件将抓取的画面进行截取，几乎任何一个图像处理软件都可以作简单的图像截取。

（2）采用专门的屏幕捕获软件，可以实现抓图的软件很多，常见的软件有FastStone Capture、Screen Thief屏幕大盗和SnagIt等。这些抓图软件都可以很方便地捕捉图像，通常都提供"全屏"、"活动窗口"、"矩形区域"和"录制屏幕视频"等选项，可供选择使用。

图5-1给出了抓图工具SnagIt的工作界面。由此可以对抓图工具的功能有一个大致的认识。

SnagIt是由TechSmith公司开发的屏幕、文本和视频捕获、编辑与转换软件。它的主要功能包括图像的任意区域截取、文本抓取、影片中的影像抓取、滚动窗口的抓取，同时它还可以对抓取后的图像进行编辑和一些特效处理。图像可保存为BMP、PCX、TIF、GIF或JPEG格式，也可以存为视频动画。

如图5-1所示的页面右侧的"配置文件"项目卡包括"图像"捕获、"视频"和"文本"捕获配置。在"省时配置"中还包括"降低灰度50％"捕获、"十秒延迟"捕获和"添加时间或日期标题"等省时配置。

SnagIt可进行如下配置设置。

（1）捕获类型。可以在其中设置选择抓取的范围，如全屏、窗口、特定区域、菜单、滚动

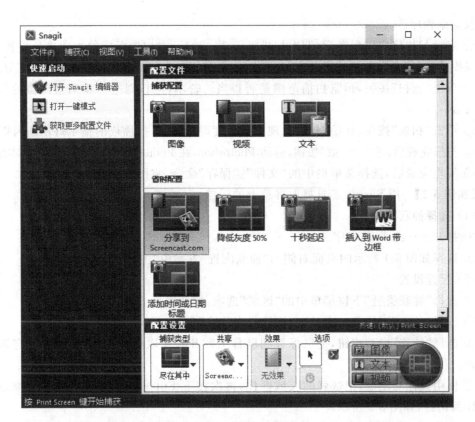

图 5-1 SnagIt 的工作界面

区域或窗口等。

(2) 共享。设定抓取的图片传送到指定的地方,如打印机、剪贴板、电子邮件、ftp、程序等。

(3) 效果。对图片进行一些特效处理,如色深、色彩置换、色彩修正、边缘效果等。

(4) 选项。设置 SnagIt 的属性。

5.1.2 数字图像获取典例剖析

本节通过实例讲解如何获取数字图像。

【实例 5-1】 通过 Photoshop 软件扫描一张照片。

在安装了驱动程序以及 Photoshop 软件后,可以利用 Photoshop 扫描图像。操作步骤如下。

(1) 连接扫描仪。

① 连接计算机与扫描仪,在计算机中安装扫描仪的驱动程序。

② 打开扫描仪和计算机的电源开关,计算机启动的同时扫描仪进行自检。

③ 单击桌面上的"开始"|"程序"|Epson,激活 Epson 扫描仪程序。

④ 打开扫描仪的上盖,将要扫描的照片正面朝下放入扫描仪中,并将照片的位置放正,合上盖子。

提示:Epson 为扫描仪品牌名,不同品牌的扫描仪名称也不相同。

(2) 扫描照片。

① 启动 Photoshop 应用程序,选择"文件"|"输入"|"扫描仪类型(驱动程序名)",启动

扫描仪应用程序。

② 启动扫描仪应用程序后,调出扫描对话框。然后,对扫描图像的参数进行设置,如设置扫描模式为"彩色"、扫描来源为"反射稿"、图像解析度为"72",然后选择"去网花"等。

③ 单击"预扫"按钮,预览扫描范围是否得当。若不得当,则进一步调整图像的位置或设置参数。

④ 单击"扫描"按钮,开始扫描,出现扫描进度提示,此时扫描仪的指示灯不断闪烁。

⑤ 扫描完成后,单击"结束"按钮,返回 Photoshop,在 Photoshop 中对图像进行基本编辑。

⑥ 编辑完成后,选择菜单栏中的"文件"|"保存"命令,将图像保存。

【实例 5-2】 用 SnagIt 工具抓取屏幕上的图像。

(1) 选择捕获图像。

① 打开 SnagIt 屏幕程序。

② 选择如图 5-1 所示的页面右侧的"捕获配置"方案中"图像"按钮。

(2) 配置设置。

① 选择"捕获类型"下拉菜单中的"区域"选项,捕获屏幕上的图像。

② 选择"共享"下拉菜单中的"在编辑器中预览"命令。

③ 选择"捕获"启动按钮,把鼠标移到屏幕上欲开始抓取处按下 Enter 键,确定选区起始位置。

④ 使用鼠标的左键,把选好的区域框住,再次按下 Enter 键后即可把框选图像输送到 SnagIt 编辑器,如图 5-2 所示。

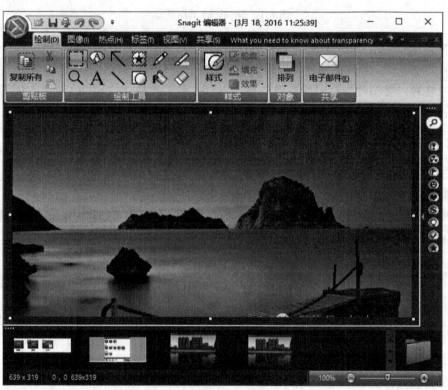

图 5-2 SnagIt 编辑器的工作界面

⑤ 在 SnagIt 编辑器中对所捕获的图像进行必要的编辑,选择要保存的路径,输入要保存的文件名,即可将捕获的屏幕图像保存成文件。

5.1.3 数字图像获取总结与提高

1. 扫描技巧

使用扫描仪时,常常会出现扫描效果并不理想的情况,这主要与使用扫描仪的技巧有关系,扫描仪的技巧主要有以下几点。

(1) 扫描前的准备工作很重要。扫描仪在工作之前,先打开扫描仪预热 4 至 10 分钟,使扫描仪内的扫描灯管达到均匀发光的状态,这样就可以确保光线平均照射到稿件的每一处。在扫描之前仔细检查扫描仪上的玻璃片是否有污渍,如果有就一定要用软布擦拭干净,以免影响到扫描的效果。

(2) 预扫步骤不可少。扫描前的预扫是非常重要的,通过预扫可以确定所需要扫描的区域,减少扫描后对图像的处理工作。观察预扫后的图像,大致可以看到图像的色彩、效果等,如果不满意可对扫描参数进行重设。

(3) 使用多少分辨率最合理。分辨率越高,获得的图像越清晰,但得到的图像文件大且不易处理。网站上的图片分辨率通常在 75dpi 左右,而用于印刷的图片分辨率一般为 300 至 400dpi,因此采用多大分辨率进行扫描由实际应用需求决定。

(4) 用好文字识别 OCR。OCR 自动识别汉字系统是扫描仪最常被使用的功能之一,使用扫描仪扫描文本时,利用 OCR 识别系统,可以减少文字输入工作量,提高工作效率。因此,选择合适的 OCR 软件也极为重要。

2. 抓图技巧

在捕获图像过程中,要想得到理想的图像,掌握一些抓图技巧也是必须的。抓图技巧主要有以下几点。

1) 抓取滚动窗口

在抓图过程中,常常会遇到一些特殊的情况,例如,要抓取的画面超过一屏,对于这种情况 Print Screen 键是无能为力的,所以要借助于专业的抓图软件,利用 SnagIt 的抓取滚动窗口功能就可以轻松完成。在"捕获类型"选项中选择"滚动活动窗口",将垂直滚动条移动到开始抓取的位置,按下"捕捉"启动按钮,屏幕会向下移动并自动捕捉画面。

2) 抓取多个窗口

在抓图过程中,有时需要同时抓取多个窗口内容,SnagIt 具有抓取多重窗口功能。在"捕获类型"中选择"多重区域"选项,按下"捕获"按钮,移动鼠标到一个窗口上,窗口即被一红色框框住,同时光标会变成一只小手带一个加号符号,表示把当前窗口加入抓取。依次选择其他窗口,最后单击"完成"按钮,即可把多个窗口抓取到 SnagIt 的编辑器预览窗口中。

3) 用好 SnagIt 编辑器

SnagIt 编辑器是一个强大的图像编辑器,如图 5-3 所示。它全面支持矢量图片的编辑,利用任务面板可以对图像从效果、大小、颜色三个方面进行编辑。需要注意的是,如果想下次继续编辑,在保存文件时,一定将其保存为"SnagIt 捕获文件",如果保存为一般图片文件将无法再继续编辑。

图 5-3　SnagIt 图像编辑器

4）抓取游戏画面

大部分抓图软件对游戏画面无能为力，通过 SnagIt 的 DirectX 功能不仅可以抓取游戏图片，还能抓取 VCD/DVD/ASF/RM 等电影中的图片。

启动 SnagIt，选择"输入"｜"高级"｜DirectX 选项。然后运行游戏程序，按下键盘上的 ScrollLock 键，即可把游戏中的精美图片抓取到 SnagIt 中了。如果要抓 VCD/DVD/RM 电影中的画面，先确保 VCD/DVD/RM 播放窗口为当前窗口，然后按下 ScrollLock 键即可。

5.2　Adobe Photoshop 图像处理系统

Photoshop 是美国 Adobe 公司推出的图像处理和设计工具。Photoshop 的应用非常广泛，在平面设计、3D 动画、数码艺术、网页制作、矢量绘图、多媒体制作、桌面排版等领域，Photoshop 都发挥着不可替代的作用。本节主要介绍 Photoshop 的用法。

5.2.1　Photoshop 知识要点

1. Photoshop 工作界面

在启动 Photoshop 后，将会出现如图 5-4 所示的工作界面。工作界面是编辑图像和处理图像的地方。

图 5-4　Photoshop 的工作界面

Photoshop 的工作界面主要由菜单栏、标题栏、工具栏、浮动调板、图像窗口和状态栏等部分组成。

（1）菜单栏包括了 Photoshop 的所有菜单项，根据需要可以选择使用。其中，大部分的菜单项都有快捷组合键。

（2）属性栏用于设置工具栏各种工具的参数，它随着用户使用工具的不同而发生变化。即显示当前使用的工具的属性。用户可以根据自己的需要来设置当前工具的属性。

（3）工具栏包括了 Photoshop 中所有的工具，需要时只须选中即可。为了用户的方便使用，每个工具都有相应的快捷键。

（4）浮动调板是指打开 Photoshop 后，在桌面上可以移动、可以随时关闭且具有不同功能的各种控制调板。

（5）图像窗口是图像文件的显示区域，也是编辑和处理图像的区域。在图像窗口中，可以实现所有的编辑功能，也可以对图像进行多种操作，如可以最大化和最小化图像显示、可以随意改变显示位置、可以对显示图像进行缩放等。图像的所有编辑操作都可以在图像窗口中进行。

（6）与其他软件一样，状态栏在窗口的最下方。用于显示图像文件的基本信息，如图像文件的大小、格式等。还显示一些操作的帮助信息，方便用户的操作。

2．Photoshop 工具栏

Photoshop 的工具分为如下几大类，它们是选取工具、图像绘制工具、效果工具、文字工具、图形路径工具、颜色工具、操作工具。工具箱下部是 3 组控制器：色彩控制器可以改变着色色彩；蒙版控制器提供了快速进入和退出蒙版的方式；图像控制窗口能够改变桌面图像窗口的显示状态，如图 5-5 所示是全部工具栏。下面将介绍常用工具所包含的工具功能及其基本操作。

1）选取工具

（1）规则选取工具。此类选取工具用来产生规则的选择区域。

① 矩形选框工具。可以选出矩形选区，是最常用、最基本的选取方法。按住 Shift 键可

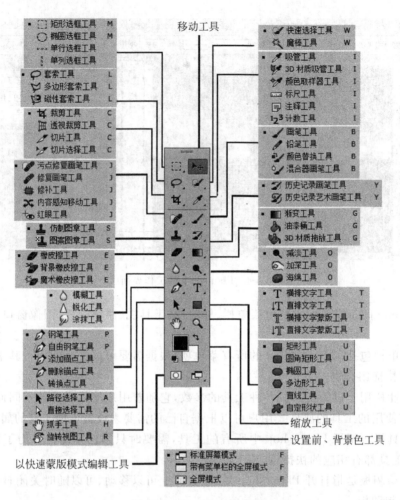

图 5-5　Photoshop 工具栏

以选出正方形选区。如图 5-6 所示为它的工具选项栏,"羽化"可以设置选取范围的羽化功能,设置了羽化功能后,在选取范围的边缘部分,会产生渐变晕开的柔和效果,其羽化的取值范围在 0～255 像素之间。选中"消除锯齿"复选框后,Photoshop 会在锯齿之间填入介于边缘与背景的中间色调的色彩,使锯齿的硬边变得较为平滑。

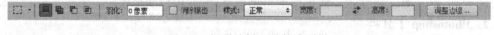

图 5-6　矩形选择工具的选项栏

② 椭圆选框工具。可以选出圆形选区,按住 Shift 键可以选出椭圆,其中工具选项栏中的消除锯齿可以使选区边缘更加光滑。

③ 单行和单列选框工具。可以选择出一行或一列像素。

(2) 不规则形状选取工具。通过不规则形状工具组可以创建各种不规则形状的选区。

① 套索工具。用于创建手绘类不规则选区。

② 多边形套索工具。用于创建具有直线或折线样式的选区。进行选取时,单击鼠标确

定开始点，再移动鼠标到改变选取范围方向的转折点单击，当确定好全部的选取范围并回到开始点时，光标右下角会出现一个小圆圈，表示可以封闭此选取范围，单击鼠标即可完成选取操作。如图 5-7 所示。

③ 磁性套索工具。是一个方便、准确、快速的选取工具，使用此工具可以根据选取边缘在指定宽度内的不同像素的颜色值的反差来确定选取范围，如图 5-8 所示。磁性套索工具的选项栏提供了许多参数的设置，可以更准确、更好地选取范围。"宽度"选项用于设置磁性套索工具在选取时，指定检测的边缘宽度，其值在 0～40 像素之间，值越小检测越精确。"频率"用于设置选取时的节点数，范围在 0～100 之间，值越高产生的节点数越多。

图 5-7　用多边形套索工具选取

图 5-8　用磁性套索工具选取

（3）魔棒工具。

① 快速选择工具。它使用自带的、可调整的圆形笔刷快速画出一个选区，在拖动鼠标时，选区会向外扩展并自动查找和跟随图像中定义的边缘。

② 魔棒工具。是根据相邻像素的颜色相似程度来确定选区的选取工具。

魔棒工具的选项浮动窗口如图 5-9 所示，其中容差的范围在 0～255 之间，默认值为 32。输入的容许值越低，所选取的像素颜色和所单击的那一个像素颜色越相近。反之，可选颜色的范围越大。

图 5-9　魔棒工具的选项栏

2）绘制工具

（1）画笔工具。画笔工具组包括画笔工具和铅笔工具。画笔工具将以画笔或铅笔的风格在图像或选择区域内绘制图像。

① 画笔工具。用于绘制具有画笔特性的线条。

② 铅笔工具。具有铅笔特性的绘线工具，绘线的粗细可调。

③ 颜色替换工具。颜色替换工具可以用前景色替换图像中的颜色。

④ 混合器画笔工具。它能模拟像素，可以混合真实的绘画技术，如混合画布上的颜色、组合画笔上的颜色以及在描边过程中使用不同的绘画湿度。

(2) 历史画笔工具。

① 历史记录画笔工具。可以将图像恢复到编辑过程中的某一步骤状态，或者将部分图像恢复为原样。

② 历史记录艺术画笔工具。历史记录艺术画笔与历史记录画笔的工作方式完全相同，但它在恢复图像的同时会进行艺术化处理，创建出独具特色的艺术效果。

3) 效果类工具

(1) 模糊工具。模糊工具组可以对图像的部分细节进行调整，可使图像的局部变得模糊或清晰。

① 模糊工具。选用该工具在图像上拖曳时可使图像变得柔化，减少图像的细节。

② 锐化工具。该工具在图像上拖曳时可以增强相邻像素间的对比，提高图像的清晰度。

③ 涂抹工具。该工具挑选笔触开始位置的颜色，沿着鼠标拖曳的方向进行扩展融合。可以制作出类似在颜料未干的绘画上用手指涂抹的效果。

(2) 色彩微调工具。色彩微调工具可以对图像的细节部分进行调整，可使图像的局部变亮、变深或色彩饱和度降低。

① 减淡工具。可使图像的某一细节部分变亮，类似于给图像的某一部分淡化。如果选中"阴影"选项，只更改图像的暗色部分。选中"中间调"选项，只更改图像的灰色调区域的像素。选中"高光"选项，只更改图像亮色区域的像素。选项栏如图 5-10 所示。

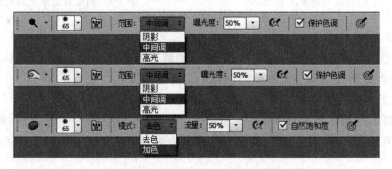

图 5-10　减淡、加深和海绵工具的参数设置

② 加深工具。可使图像的某一细节部分变暗，类似于给图像的某一部分暗化。

③ 海绵工具。用来增加或降低图像中某一特定区域的色彩饱和度。以"去色"方式处理图像时，能降低图像颜色的饱和度，使图像中的灰度色调增加。当对灰度图像作用时，则会增加中间灰度色调颜色。以"加色"方式处理图像时，可增加图像颜色的饱和度，使图像中的灰度色调减少。当对灰度图像作用时，则会减少中间灰度色调颜色，使图像更鲜明。

(3) 图章工具。在 Photoshop 中，图章工具根据其作用方式被分成仿制图章工具和图案图章工具。

① 仿制图章工具。用于将图像上用图章擦过的部分复制到图像的其他区域。利用仿制图章工具首先要按下 Alt 键，利用图章定义好一个基准点，然后放开 Alt 键，反复涂抹就可以复制了。

② 图案图章工具。用于复制设定的图像。在使用图案图章工具之前，必须先选取图像

的一部分并选择"编辑"菜单下的"定义图案"命令定义一个图案,然后才能使用图案印章工具将设定好的图案复制到鼠标的拖放处。

(4)图像修复工具。修复工具是非常实用的工具,对于照片的修复很有用处。

① 污点修复画笔工具。可以修复图像中的瑕疵。选中此工具只需在图像中的污点处单击鼠标,即可将取样点的图像自然融入到复制的图像位置,并保持其纹理、亮度和层次信息。

② 修复画笔工具。与仿制工具类似,利用图像或图像中样板像素绘画,并将样本的纹理、光照、透明度和阴影等与所修复的像素匹配,人工痕迹不明显。

③ 修补工具。利用其他区域或图案中的像素来修复选中的区域。先用选区定位修补范围,并将选区移动到适当的位置(比如与修补区相近的区域),单击即可。

④ 内容感知移动工具。可以选择和移动局部图像,当图像重新组合后,出现的空洞会自动填充相匹配的图像内容。

⑤ 红眼工具。可以去除用闪光灯拍摄的人物照片中的红眼,以及动物照片中的白色或绿色反光。在人物照片的红眼处单击,即可消除红眼现象。

4)文字工具

文字工具用于在图像上添加文字图层或放置文字。

① 横排文字工具。用于在图像的水平方向上添加文字。

② 直排文字工具。用于在图像的垂直方向上添加文字。

③ 横排文字蒙版工具。用于在图像的水平方向添加蒙版或将文字作为选区选定。

④ 直排文字蒙版工具。用于在图像的垂直方向添加蒙版或将文字作为选区选定。

5)矢量工具与路径

Photoshop 中的钢笔和形状等矢量工具可以创建不同类型的对象,包括形状图层、工作路径和像素图形。选择一个矢量工具后,需要先在工具选项栏中选择相应的绘制模式,如图 5-11 所示,绘制的都是矢量路径。

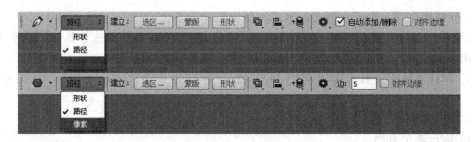

图 5-11 矢量工具的参数设置

(1)钢笔工具组。

① 钢笔工具。用于绘制路径和矢量图形,选定路径模式后,在要绘制的路径上依次单击,可将各个单击点连成路径。

② 自由钢笔工具。用于手绘任意形状的路径和矢量图形,选定路径模式后,在要绘制的路径上拖动,即可绘出连续的矢量路径。

③ 添加锚点工具。可以在现有的路径上增加一个锚点。

④ 删除锚点工具。可以在现有的路径上删除一个锚点。

⑤ 转换点工具。使用该工具可以在平滑曲线转折点和直线转折点之间进行转换。

(2) 图形工具组。

① 矩形工具。选定该工具的形状模式后,在图像工作区内拖动可产生一个矩形图形,并在图层面板创建形状图层。

② 圆角矩形工具。选定该工具的形状模式后,在图像工作区内拖动可产生一个圆角矩形图形。

③ 椭圆工具。选定该工具的形状模式后,在图像工作区内拖动可产生一个椭圆形图形。

④ 多边形工具。选定该工具的形状模式后,在工作区内拖动可产生一个多边形图形。

⑤ 直线工具。选定该工具的形状模式后,在图像工作区内拖动可产生一个直线图形。

⑥ 自定形状工具。选定该工具的形状模式后,在图形工作区内拖动可产生一个选定形状的图形,如图 5-12 所示。

图 5-12　自定形状工具的参数设置

(3) 路径选择工具。

① 路径选择工具。用于选择已有路径、锚点和路径段,然后进行位置调节。

② 直接选择工具。用于选择路径锚点和改变路径的形状。

6) 颜色工具

① 颜料桶工具。用于在图像的确定区域内填充前景色。

② 渐变工具。在工具箱中选中"渐变工具"后,在选项面板中可选择具体的渐变类型,单击"渐变预览条",打开如图 5-13 所示的"渐变编辑器"对话框。

③ 3D 材质拖放工具。可以利用 Photoshop 自有的或者载入的纹理为 3D 模型添加纹理。

7) 其他工具组

(1) 橡皮擦工具组。

① 橡皮擦工具。擦除图像中不需要的部分,并在擦过的地方显示背景图层的内容。

② 背景橡皮擦工具。用于擦除图像中不需要的部分,并使擦过区域变成透明。

③ 魔术橡皮擦工具。可以将图像中颜色相近的区域擦除。

(2) 裁切工具组。

① 裁剪工具。用于从图像上裁剪需要的图像部分。

② 透视裁剪工具。可以纠正由于相机或者摄影机角度问题造成的图像畸变。

③ 切片工具。在制作网页图片时常常要用到切片工具。切片就是对图像按照需要进行切割、编辑并保存,以备在网页上使用。

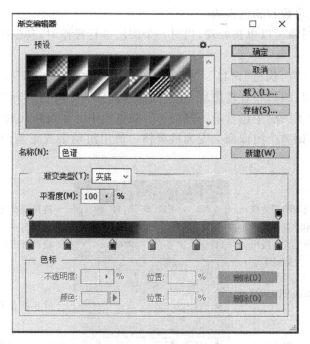

图 5-13　渐变编辑器

④ 切片选取工具。选定该工具后在切片上单击可选中该切片,如果在单击的同时按下 Shift 键可同时选取多个切片。

(3) 吸管与测量工具组。

① 吸管工具。用于选取图像上光标单击处的颜色,并将其作为前景色。吸管工具只能记录一个颜色值。

② 3D 材质吸管工具。可以吸取 3D 材质纹理以及查看和编辑 3D 材质纹理。

③ 颜色取样器工具。可用于拾取图像中某位置的颜色,可以选择多个颜色区域并记录多个颜色值后取平均值作为选取色。

④ 标尺工具。选用该工具后在图像上拖动,可拉出一条线段,在选项面板中则显示出该线段起始点的坐标、始末点的垂直高度、水平宽度、倾斜角度等信息。

⑤ 计数工具。使用数字计数工具在需要标注的地方单击,就会出现一个数字,数字会随着点击数量递增。用计数工具可以统计画面中一些重复的元素。

⑥ 注释工具。是在图片中添加注释的工具。可以体现某些额外信息,比如版权声明、图片内容介绍等信息。

3. Photoshop 图层

1) 图层概念

图层,也称图像层,是 Photoshop 中一个非常重要的功能,在处理图像时所有的操作都与图层有关,通过对其进行各种编辑操作,然后一层层叠加起来就构成一幅精美的图像。

从管理图像的角度来看,图层就像是保管图像的"文件夹";从图像合成的角度看,一个图层就像一张透明的胶片,每张胶片上保存着不同的图像,多个图层组成的图像就如同叠加在一起的透明胶片。图层中没有图像的部分为透明区域,可以看到下层的内容。各图层具有相同的分辨率、通道数和颜色模式。

各个图层中的对象可以单独处理,当对一个图层进行操作时,其他图层的内容将不会受到影响。

打开一个图像文件,执行"窗口"|"图层"命令,窗口中出现如图 5-14 所示"图层"面板。"图层"面板用于创建、编辑和管理图层,并为图层添加样式。图层内容的缩览图显示在图层名称的左侧,它显示了图层中包含的图像内容。缩览图中的棋盘格代表了图层的透明区域,如果隐藏所有图层,则整个图像都会变为棋盘格。使用滚动条或重新调整控制面板大小可以查看其余图层。

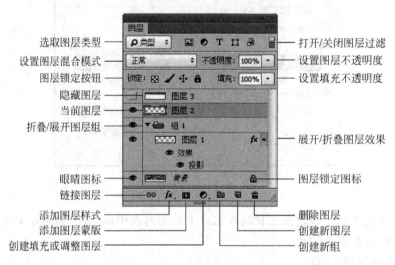

图 5-14 Photoshop"图层"面板

在编辑图层前,单击所需图层将其选中,选中的图层称为"当前图层"。绘画、颜色和色调调整都只能在一个图层中进行,而移动、对齐、变换或应用"样式"面板中的样式时,可以一次处理所选的多个图层。

2) 图层类型

Photoshop 中可以创建多种类型的图层,它们都有各自的功能和用途。可以创建的包括背景图层、普通图层、文字图层、调整图层、填充图层、形状图层和智能对象。

(1) 背景图层。

新建的图像或不包含其他图层信息的图像,通常只有一个图层,那就是背景图层。背景图层具有如下特点。

① 背景图层永远都在"图层"调板的最下层。

② 在背景图层上可用画笔、铅笔、图章、渐变、油漆桶等绘画和修饰工具进行绘画。

③ 无法对背景图层添加图层样式和图层蒙版。

④ 背景图层中不能包含透明区域。

⑤ 当用户清除背景图层中的选定区域时,该区域将以当前设置的背景色填充,而对于其他图层而言,被清除的区域将成为透明区。

(2) 普通图层。

普通图层是指包含位图图像的图层。要创建普通图层,可执行如下任一操作。

① 单击"图层"调板底部的"创建新图层"按钮,此时将创建一个完全透明的空图层。

② 选择"图层"|"新建"|"图层"菜单或按 Shift+Ctrl+N 组合键也可创建新图层。此时系统将打开"新建图层"对话框,在其中可设置图层名称、基本颜色、不透明度和色彩混合模式。

③ 在剪贴板上复制一幅图片后,选择"编辑"|"粘贴"菜单也可创建普通图层。

(3) 调整图层。

在 Photoshop 中,将使用"色阶"、"曲线"等命令调整图像的结果单独放在一个图层,从而形成调整图层,调整图层是一种特殊的图层,它不会改变原图像的像素值,因此不会对图像产生实质性的破坏。调整图层可以随时修改参数,而应用"图像"菜单下的"调整"命令以后,如将文档关闭,图像就不能恢复了。

要创建调整图层,只需单击图层调板底部的"创建新的填充或调整图层"按钮,从弹出的下拉菜单中选择"色阶"、"曲线"、"色相/饱和度"等选项,在打开的"命令设置"对话框中调整相关参数,然后单击"确定"按钮,即可得到一个调整图层。

创建调整图层以后,颜色和色调调整就存储在调整图层中,并影响它下面的所有图层。如果想要对多个图层进行相同的调整,可以在这些图层上面创建一个调整图层,如果某个图层移到调整图层的上面,则取消调整图层对它的影响。

(4) 填充图层。

填充图层也是一种带蒙版的图层,其内容可为纯色、渐变色或图案。填充图层可随时更换其内容,可将其转换为调整层,还可以通过编辑蒙版制作融合效果。

要创建填充图层,只需单击图层调板底部的"创建新的填充或调整图层"按钮,从弹出的下拉菜单中选择"纯色"、"渐变"或"图案"选项,然后在打开的相应对话框中设置相关参数,单击"确定"按钮,即可得到一个填充图层。

(5) 文字图层。

使用文字工具输入文字时创建的图层。选择横排文字工具或直排文字工具,并在图像窗口中单击输入文字,然后单击文字工具属性栏中的"提交所在当前编辑"按钮或按 Ctrl+Enter 组合键确认输入,即可得到一个文字图层,其图层缩览图是一个 T 标志。

(6) 形状图层。

在 Photoshop 中,选择路径和形状工具后,在其工具属性栏中单击"形状图层"按钮,然后在图像窗口中绘制图形,此时系统将自动创建一个形状图层,并且形状被保存在图层蒙版中。

(7) 智能对象。

智能对象是包含栅格图像或矢量图形的图层,其内容来自其他 Photoshop 或 Illustrator 文件。当更新源文件时,这种变化会自动反映到当前文件中。此外,可以对智能对象应用非破坏性滤镜效果,并能随时修改滤镜参数和删除滤镜效果,而原图像不受影响。在 Photoshop 中,可以使用如下任意一种方法获得智能对象。

① 选择"文件"|"打开为智能对象"或"置入"菜单,可以将打开或置入的文件(Photoshop 可支持的文件格式包括 TIF、JPG、PSD、AI 等)生成为智能对象。

② 在 Illustrator 程序中,使用"复制"命令将矢量图形复制到剪贴板,然后切换到 Photoshop 程序中,使用"粘贴"命令即可创建一个智能对象。

③ 选中任意图层（调整与填充图层除外），选择"图层"|"智能对象"|"转换为智能对象"菜单，或者选择"滤镜"|"转换为智能滤镜"菜单均可。

（8）中性色图层。

填充了中性色并预设了混合模式的特殊图层，中性色图层用于承载滤镜或在上面绘画。

（9）剪贴蒙版图层。

蒙版的一种，可以使用一个图层中的图像控制它上面多个图层的显示范围。

（10）3D 图层。包含 3D 文件或置入的 3D 文件的图层。

3）图层的混合模式

在图层的使用中，通过设置图层的混合模式可以将某个图层与其下方图层的颜色进行色彩混合，从而获得各种特殊图像效果。其设置方法很简单，只需单击"图层"调板中"图层混合模式"右侧的下拉按钮，打开如图 5-15 所示的混合模式下拉列表，然后从 25 种模式中选择适当选项即可。为便于更好地理解混合模式，先来了解"基色"、"混合色"和"结果色"3 个术语。

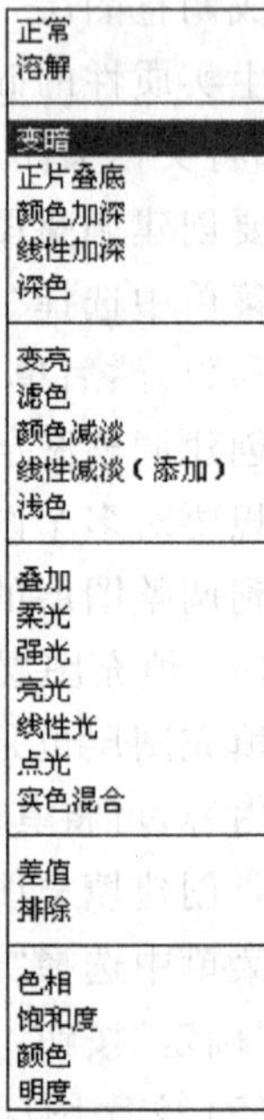

（1）基色。指当前图层下方图层的颜色。对于绘画工具来讲，基色是图像中原来的颜色。

（2）混合色。指当前图层的颜色。对于绘画工具来讲，混合色为绘画工具使用的颜色。

（3）结果色。指混合后得到的颜色。对于绘画工具来讲，结果色为选择一种混合模式并在原图像中进行绘画后，在计算机屏幕上显示的颜色。

下面分别介绍各种色彩混合模式的意义，以供参考。

① 正常。这是 Photoshop 中默认的色彩混合模式，此时上面图层中的图像将完全覆盖下层图像（透明区除外）。

图 5-15　图层混合模式

② 溶解。在这种模式下，系统将用混合色随机取代基色，以达到溶解效果。

③ 变暗。查看每个通道的颜色信息，混合时比较混合颜色与基色，将其中较暗的颜色作为结果色。也就是说，比混合色亮的像素被取代，而比混合色暗的像素不变。

④ 正片叠底。将基色与混合色混合，结果色通常比原色深。黑色或白色以外的颜色与原图像相叠的部分将产生逐渐变暗的颜色。

⑤ 颜色加深。查看每个通道的颜色信息，通过增加对比度使基色变暗。其中，与白色混合时不改变基色。

⑥ 线性加深。通过降低亮度使基色变暗。其中，与白色混合时不改变基色。

⑦ 深。比较混合色和基色的所有通道值的总和并显示值较小的颜色。

⑧ 变亮。混合时比较混合色与基色，将其中较亮的颜色作为结果色。比混合色暗的像素被取代，而比混合色亮的像素不变。

⑨ 滤色。选择此模式时，系统将混合色与基色相乘，再转为互补色。利用这种模式得到的结果色通常为亮色。

⑩ 颜色减淡。通过降低对比度来加亮基色。其中，与黑色混合时色彩不变。

⑪ 线性减淡。通过增加亮度来加亮基色。其中，与黑色混合时色彩不变。

⑫ 浅色。比较混合色和基色的所有通道值的总和并显示值较大的颜色。

⑬ 叠加。将混合色与基色叠加，并保持基色的亮度。此时基色不会被代替，但会与混合色混合，以反映原色的明暗度。

⑭ 柔光。根据混合色使图像变亮或变暗。其中，当混合色灰度大于50%时，图像变亮。反之，当混合色灰度小于50%时，图像变暗。当混合色为纯黑色或纯白色时会产生明显较暗或较亮的区域，但不会产生纯黑色或纯白色。

⑮ 强光。根据混合色的不同，使像素变亮或变暗。其中，如果混合色灰度大于50%，图像变亮，这对于向图像中添加高光非常有用。反之，如果混合色灰度小于50%，图像变暗。这种模式特别适于为图像增加暗调。当混合色为纯黑色或纯白色时会产生纯黑色或纯白色。

⑯ 亮光。通过增加或减小对比度来加深或减淡颜色，具体效果取决于混合色。如果混合色灰度大于50%，则通过减小对比度使图像变亮；如果混合色灰度小于50%，则通过增加对比度使图像变暗。

⑰ 线性光。通过减小或增加亮度来加深或减淡颜色，具体效果取决于混合色。如果混合色灰度大于50%，则通过增加亮度使图像变亮；如果混合色灰度小于50%，则通过减小亮度使图像变暗。

⑱ 点光。替换颜色，具体效果取决于混合色。如果混合色灰度大于50%，则替换比混合色暗的像素，而不改变比混合色亮的像素；如果混合色灰度小于50%，则替换比混合色亮的像素，而不改变比混合色暗的像素。

⑲ 实色混合。图像混合后，图像的颜色被分离成红、黄、绿、蓝等颜色，其效果类似于应用"色调分离"命令。

⑳ 差值。以绘图颜色和基色中较亮颜色的亮度减去较暗颜色的亮度。因此，当混合色为白色时使基色反相，而混合色为黑色时原图不变。

㉑ 排除。与差值类似，但更柔和。

㉒ 色相。用基色的亮度、饱和度以及混合色的色相创建结果色。

㉓ 饱和度。用基色的亮度、色相以及混合色的饱和度创建结果色。在无饱和度（灰色）的区域上用此模式绘画不会产生变化。

㉔ 颜色。用基色的亮度以及混合色的色相、饱和度创建结果色。这样可以保留图像中的灰阶，并且对于给单色图像上色和给彩色图像着色都会非常有用。

㉕ 明度。用基色的色相、饱和度以及混合色的亮度创建结果色。

4. Photoshop蒙版

"蒙版"一词在摄影中指的是控制照片不同区域曝光的传统暗房技术。Photoshop中的蒙版借鉴了区域处理这一概念，但与曝光无关。在Photoshop中，蒙版是一种遮盖图像的工具，用蒙版控制画面的显示内容。蒙版将部分图像遮住，并不是删除图像，而只是将其隐藏起来，因此，蒙版是一种非破坏性的编辑工具，主要用于合成图像。Photoshop中提供了图层蒙版、剪贴蒙版和矢量蒙版。如图5-16所示为蒙版"属性"面板。

1) 图层蒙版

图层蒙版是一个256级色阶的灰度图像，它通过蒙版中的灰度信息来控制图像的显示

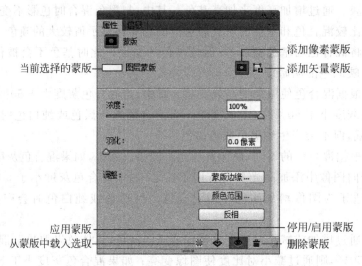

图 5-16 蒙版"属性"面板

区域,图层蒙版蒙在图层上面,起到遮盖图层的作用,而其本身并不可见。图层蒙版主要用于合成图像。此外,创建调整图层、填充图层或者应用智能滤镜时,Photoshop 也会自动为其添加图层蒙版,因此,图层蒙版还可以控制颜色和滤镜的应用。

2)剪贴蒙版

剪贴蒙版可以用一个图层中包含像素的区域来限制它上层图像的显示范围,通常由一个对象的形状实现其功能。它的最大优点是可以通过一个图层来控制多个图层的可见内容,而图层蒙版和矢量蒙版都只能控制一个图层。

3)矢量蒙版

矢量蒙版则通过路径和矢量形状控制图像的显示区域。矢量蒙版是由钢笔、自定义形状等矢量工具创建的,它与分辨率无关,无论怎样缩放都能保持光滑的轮廓,因此,常用来制作 Logo、按钮或其他 Web 设计元素。图层蒙版和剪贴蒙版都是基于像素的蒙版,矢量蒙版将矢量图形引入到蒙版中,不仅丰富了蒙版的多样性,也提供了一种可以在矢量状态下编辑蒙版的特殊方式。

5. Photoshop 通道

通道是 Photoshop 中的高级功能,它与图像内容、色彩和选区有关。在 Photoshop 中提供的通道类型有颜色通道、Alpha 通道和专色通道。下面介绍这几种通道的特征和主要用途。

1)颜色通道

颜色通道主要用于存储图像的颜色,是打开新图像时自动创建的。在 Photoshop 中,不同颜色模式的图像,其颜色通道的数量也不相同,RGB 模式的图像是由红(R)、绿(G)、蓝(B)3 个颜色通道和一个用于编辑图像内容的复合通道组成,3 个颜色通道分别用于保存图像中的红色、绿色和蓝色的颜色信息;而 CMYK 模式的图像是由青色(C)、洋红(M)、黄色(Y)和黑色(K)4 个颜色通道和一个复合通道组成;Lab 图像包含明度、a、b 和一个复合通道。3 种颜色模式的通道如图 5-17 所示。颜色模式为位图、灰度、双色调和索引颜色的图像都只有一个通道。

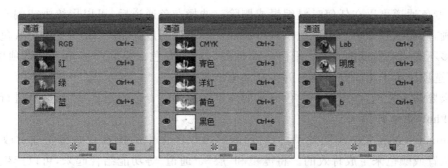

图 5-17　不同颜色模式的通道面板

每个颜色通道都存放着图像中颜色元素的信息,所有颜色通道中的颜色叠加混合产生图像中像素的颜色,所以调整某个颜色通道的信息就能达到调整图像颜色的目的。

2) Alpha 通道

Alpha 通道主要用于保存图像选区的蒙版(蒙版用于处理或保护图像的某些部分),而不保存图像的颜色。在"通道"调板中,新创建的通道称其为 Alpha 通道。

Alpha 通道有 3 种用途,一是用于保存选区;二是可以将选区存储为灰度图像,这样就能够用画笔、加深、减淡等工具以及各种滤镜,通过编辑 Alpha 通道来修改选区;三是 Alpha 通道中可以载入选区。

在 Alpha 通道中,默认状态下对应的选择域部分是白色,而选择域外的部分则是黑色的,而且作为图形保存的 Alpha 通道可以用任意一种编辑图形的方法来进行编辑。如图 5-18 所示,将图中所建立的选择域保存在 Alpha1 通道。当需要时,在通道控制板中选取 Alpha1 通道,使用通道控制面板底部的加载选择域按钮或执行"选择"菜单中的"载入选区"命令,均可以从 Alpha1 通道中加载选择域。

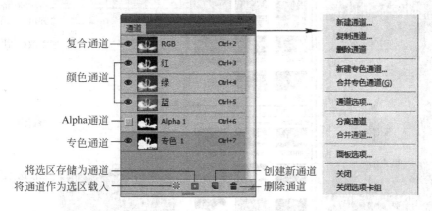

图 5-18　Photoshop 的通道面板

3) 专色通道

专色是特殊的混合油墨,专色印刷是指采用黄、品红、青、黑四色墨以外的其他色油墨来复制原稿颜色的印刷工艺。专色通道主要用于辅助印刷,将带有专色的图像进行印刷的时候,需要用专色通道来存储颜色。

专色通道具有把专色添加到图像的功能,使得专色作为特殊的图像部分。与 Alpha 通道一样,专色通道可以在任何时候编辑或删除。选择专色通道后,可以用绘画或编辑工具在图中绘画,从而编辑专色。用黑色绘画可添加更多不透明度为100%的专色;用灰色绘画可添加更多不透明度较低的专色;用白色涂抹的区域无专色。绘画或编辑工具选项中的"不透明度"选项决定了用于打印输出的实际油墨浓度。

如果要修改专色,可以双击专色通道的缩览图,打开"专色通道选项"对话框进行设置。

6. Photoshop 滤镜

Photoshop 滤镜是一种插件模块,它们能够操纵图像中的像素。滤镜是通过改变图像像素的位置或颜色来生成特效的。将滤镜和"层"、"通道"等功能结合起来,可以产生多种多样的效果。

Photoshop 滤镜分为内置滤镜和外挂滤镜两大类。内置滤镜是 Photoshop 自身提供的各种滤镜。外挂滤镜则是由其他厂商开发的滤镜,它们需要安装在 Photoshop 中才能使用。著名的有 Ulead 公司的 Ulead Particle.Plugin 系列滤镜、Alien Skin 公司的 Black Box 系列滤镜和 Eye Candy 系列滤镜、Meta Tools 公司开发的 KPT 系列滤镜及 Corel 公司开发的经典抠图插件 Knockout 等,这些外挂滤镜为文字和图像提供了丰富多样的艺术效果和方便的处理方法。

Photoshop 的内置滤镜主要有下列两种用途。

(1) 创建具体的图像特效。此类滤镜数量较多,大多数都在"风格化"、"画笔描边"、"纹理"、"渲染"和"艺术效果"等滤镜组中,基本上都是"滤镜库"来管理和应用的。Photoshop 滤镜库可以预览常用滤镜效果,可以同时对一幅图像应用多个滤镜、复位滤镜的选项以及更改应用滤镜的顺序等,如图 5-19 所示。

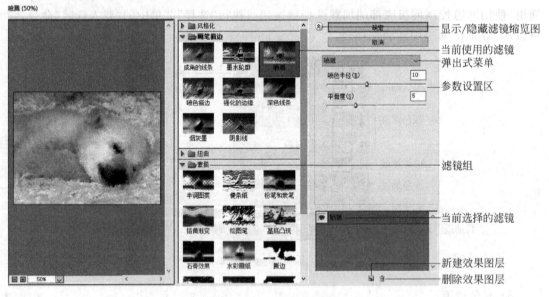

图 5-19 Photoshop 的滤镜库

(2) 用于编辑图像,如减少图像杂色、提高清晰度等。这些滤镜在"模糊"、"锐化"和"杂色"等滤镜组中。此外,"液化"、"消失点"和"镜头校正"也属于此类滤镜,这 3 种滤镜比较特殊,它们功能强大,并且有自己的工具和独特的操作方法,更像是独立的软件。

7. 图像色调和色彩调整

在一张图像中，除了创意、内容和布局外，主要靠色调和色彩来表现。控制好色调和色彩，可以使图像更具表现力。Photoshop 提供了大量色调和色彩调整命令，使用这些命令可以快速有效地控制图像的色调和色彩，从而制作出高质量的图像。

Photoshop 的调整命令可以通过两种方式来使用，第一种是直接用"图像"菜单中的命令来处理图像，第二种是使用调整图层来应用这些调整命令。这两种方式可以达到相同的调整结果。它们的不同之处在于："图像"菜单中的命令会修改图像的像素数据，而调整图层则不会改变像素，它是一种非破坏性的调整功能。

打开"图像"菜单选择"调整"选项即可打开"调整命令"下拉列表，如图 5-20 所示。下面分别介绍各种调整命令的功能，根据功能的不同，大致分为以下几部分。

图 5-20　调整命令下拉列表

1) 自动调整命令

自动调整命令包括 3 个命令，它们没有对话框，直接选中命令即可调整图像的对比度或色调。

(1)"自动色调"命令将红色、绿色和蓝色 3 个通道的色阶分布扩展至全色阶范围。这种操作可以增加色彩对比度，但可能会引起图像偏色。

(2)"自动对比度"命令是以 RGB 综合通道作为依据来扩展色阶的，在增加色彩对比度的同时不会产生偏色现象。因此，在大多数情况下，颜色对比度的增加效果不如自动色阶来得显著。

(3)"自动颜色"命令除了增加颜色对比度以外，还将对一部分高光和暗调区域进行亮度合并。最重要的是，它把处在 128 级亮度的颜色纠正为 128 级灰色。正因为这个对齐灰色的特点,使得它既有可能修正偏色,也有可能引起偏色。而且"自动颜色"命令只对 RGB 色彩模式的图像有效。

2) 简单颜色调整

在 Photoshop 中,一些颜色调整命令不需要复杂的参数设置,就可以更改图像颜色。

(1)"去色"命令是将彩色图像转换为灰色图像,但图像的颜色模式保持不变。

(2)"阈值"命令是将灰度或者彩色图像转换为高对比度的黑白图像,其效果可用来制作漫画或版刻画。

(3)"反相"命令是用来反转图像中的颜色。在对图像进行反相时,通道中每个像素的亮度值都会转换为 256 级颜色值刻度上相反的值。例如,值为 255 时,正片图像中的像素会被转换为 0,值为 5 的像素会被转换为 250。

(4)"色调均化"命令是按照灰度重新分布亮度,将图像中最亮的部分提升为白色,最暗部分降低为黑色。

(5)"色调分离"命令可以指定图像中每个通道的色调级或者亮度值的数目,然后将图像像素映射为最接近的色调级。

3) 明暗关系调整命令

对于色调灰暗、层次不分明的图像,可使用针对色调、明暗关系的命令进行调整,增强图像色彩层次。

(1)"亮度/对比度"命令可以直观地调整图像的明暗程度,还可以通过调整图像亮部区域与暗部区域之间的比例来调节图像的层次感。

(2)"阴影/高光"命令能够使照片内的阴影区域变亮或变暗,常用于校正照片内因光线过暗而形成的暗部区域,也可校正因过于接近光源而产生的发白焦点。"阴影/高光"命令不是简单地使图像变亮或变暗,它基于阴影或高光中的周围像素增亮或变暗。所以,阴影和高光都有各自的控制选项。

(3)"曝光度"命令可以对图像的暗部和亮部进行调整,常用于处理曝光不足的照片。

4) 矫正图像色调命令

(1)"色彩平衡"命令可以改变图像颜色的构成。它是根据在校正颜色时增加基本色,降低相反色的原理设计的。例如,在图像中增加黄色,对应的蓝色就会减少。

(2)"可选颜色"命令可以校正偏色图像,也可以改变图像颜色。一般情况下,该命令用于调整单个颜色的色彩比重。

"色彩平衡"与"可选颜色"命令的作用相似,均可以对图像的色调进行矫正。不同之处在于"色彩平衡"是在明暗色调中增加或者减少某种颜色,"可选颜色"是在某个颜色中增加或者减少颜色含量。

5) 整体色调转换命令

一幅图像虽然具有多种颜色,但总体会有一种倾向,是偏蓝或偏红,是偏暖或偏冷等,这种颜色上的倾向就是一幅图像的整体色调。在 Photoshop 中可以轻松改变图像整体色调的命令有"照片滤镜"、"匹配颜色"以及"变化"命令等。

(1)"照片滤镜"命令是通过模拟相机镜头前滤镜的效果来进行颜色参数的调整,该命令还允许选择预设的颜色以便向图像应用色相调整。

(2)"渐变映射"命令是将设置好的渐变模式映射到图像中,从而改变图像的整体色调。

(3) "匹配颜色"命令可以将一个图像的颜色与另一个图像中的色调相匹配,也可以使同一文档不同图层之间的色调保持一致。

(4) "变化"命令是通过显示替代物的缩览图,通过单击缩览图的方式,直观地调整图像的色彩平衡、对比度和饱和度。

6) 调整颜色三要素命令

任何一种色彩都有它特定的明度、色相和纯度,而使用"色相/饱和度"与"替换颜色"命令可针对图像颜色的三要素进行调整。

(1) "色相/饱和度"命令可以调整图像的色彩及色彩的鲜艳程度,还可以调整图像的明暗程度。

"色相/饱和度"命令具有 2 个功能:首先能够根据颜色的色相和饱和度来调整图像的颜色,可以将这种调整应用于特定范围的颜色或者对色谱上的所有颜色产生相同的影响。其次是在保留原始图像亮度的同时,应用新的色相与饱和度值给图像着色。

(2) "替换颜色"命令与"色相/饱和度"命令中的某些功能相似,它可以先选定颜色,然后改变选定区域的色相、饱和度和亮度值。

7) 调整通道颜色

在 Photoshop 中通过颜色信息通道调整图像色彩的命令有"色阶"、"曲线"与"通道混合器"命令,它们可以用来调整图像的整体色调,也可以对图像中的个别颜色通道进行精确调整。

(1) "色阶"命令可以调整图像的阴影、中间调和高光的关系,从而调整图像的色调范围或色彩平衡。其"通道"选项根据图像颜色模式不同而改变,可以对每个颜色通道设置不同的输入色阶与输出色阶值。

(2) "曲线"命令能够对图像整体的明暗程度进行调整。其"通道"选项根据图像颜色模式不同而改变,可以对每个颜色通道设置不同的输入色阶与输出色阶值。

(3) "通道混合器"命令利用图像内现有颜色通道的混合来修改目标颜色通道,从而实现调整图像颜色的目的。

5.2.2 Photoshop 典例剖析

本节通过几个实例讲解 Photoshop 的应用。

【实例 5-3】游戏币制作。

目的:

- 熟练使用选区工具;
- 图层样式的使用;
- 调整命令的使用;
- 图层顺序的调整。

(1) 在 Photoshop 中新建图像文件,命名为游戏币,高度为 500 像素,宽度为 500 像素,其他选项按默认。将背景色设置为黑色(RGB:♯000000),前景色设置为土黄色(RGB:♯bead81),如图 5-21 右图所示。游戏币制作的最终效果如图 5-21 左图所示。

(2) 打开"标尺"(快捷键为 Ctrl+R)。从标尺中拖拉出参考线,两参考线均在图像中间。

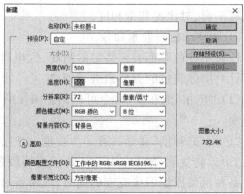

图 5-21　最终效果图及新建图像文件

(3) 在工具箱中，选择"椭圆选区工具"，以两参考线交点为始点，拖拉出一个半径为 16.6cm 的正圆形。选择"椭圆选区工具"|"从选区减去"选项，以两参考线交点为始点拖拉出一个半径为 16cm 的正圆，如图 5-22 所示。

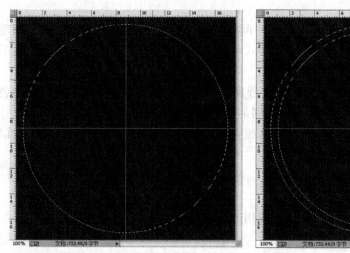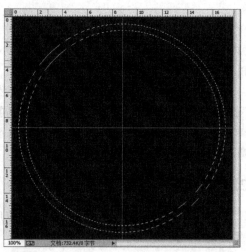

图 5-22　制作椭圆选区

(4) 新建一个图层，用前景色填充选区，如图 5-23 所示。在工具箱中，选择"椭圆工具"|"路径"选项，以两参考线为始点拖拉出一个半径为 15.5cm 的正圆路径，如图 5-23 右图所示。

(5) 选择"画笔工具"，在"画笔工具"的选项栏中，将画笔的主直径设置为 20，画笔硬度为 100%。在菜单栏，选择"窗口"|"画笔"命令，打开"画笔"调板，将画笔间距设置为 152%。在"路径"调板中，单击"用画笔描边路径"命令，就可将路径使用画笔进行路径描边，如图 5-24 所示。之后删除路径。

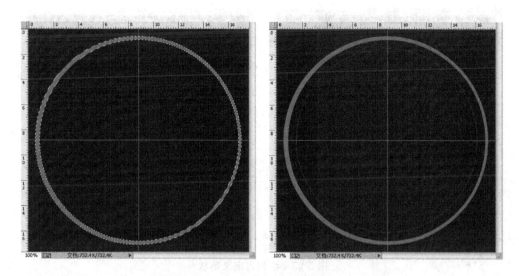

图 5-23 填充选区并建路径

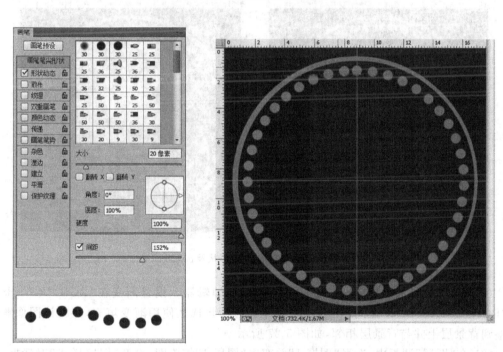

图 5-24 用画笔描边路径

(6) 在工具箱中,在"自定义形状工具"的选项栏中,单击"形状"选项,拖拉出一个如图 5-25 所示的形状,使用"自由变换"命令调整其大小。对该形状进行拷贝,再进行自由变换,以参考线为旋转点进行旋转。将所有的形状图层进行合并,如图 5-25 所示。

(7) 在工具箱中,选择"自定义形状工具",在"自定义形状工具"的选项栏中,单击"形状"选项,拖拉出一个如图 5-26 所示的形状,使用"自由变换"命令调整其大小。新建图层,以参考线交点为始点,拖拉出一个半径为 16.3cm 的正圆选区。如图 5-26 所示。

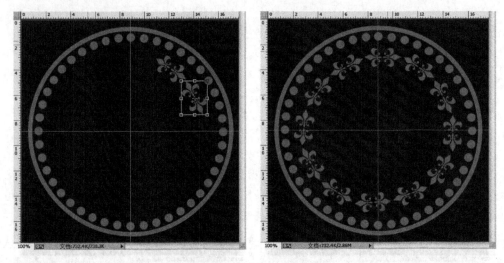

图 5-25　绘制自定义形状

图 5-26　绘制自定义形状及选区

（8）在工具箱中，选择"渐变工具"，打开"渐变编辑器"，设置渐变在"RGB：♯bead81"与"RGB：234、228、188"之间，如图 5-27 所示。然后将选区使用渐变填充，并将该图像顺序调整到背景层上并与背景层相邻，如图 5-27 所示。

（9）在"图层"调板中，选择"图层 1"并双击"图层 1"缩览图，打开"图层样式"对话框，选择"斜面与浮雕"选项，设置高光模式为线性减淡，颜色为"RGB：♯e2d0a2"，设置阴影模式为线性光，颜色为"RGB：♯938b75"。选择"光泽"选项，设置混合模式为正片叠底，颜色为"RGB：♯efce31"，如图 5-28 所示。

提示：Photoshop 提供了多种图层样式，如投影、阴影、发光、斜面和浮雕、叠加与描边效果，利用它们可以快速地改变图像的外观。通过本例可以看出，一个图层可以同时添加多个图层样式。

（10）第 9 步的设置结果如图 5-29 左图所示。将除底端的两个图层之外的所有图层的图层模式都设置为与第 9 步相同，如图 5-29 右图所示效果。

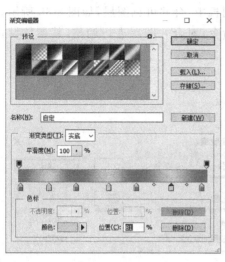 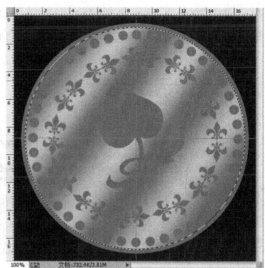

图 5-27 进行渐变填充

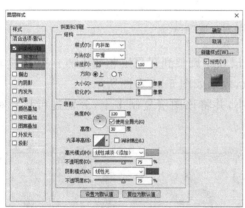 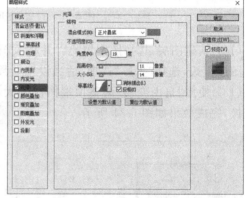

图 5-28 设置图层样式

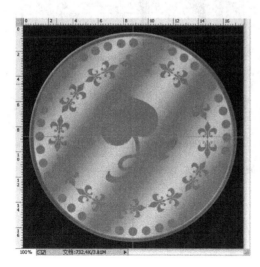 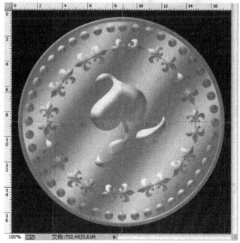

图 5-29 设置图层样式后效果

(11) 取消参考线,将背景图层隐藏,在图层调板中,合并可见图层,如图 5-30 所示。在菜单栏中,选择"图像"|"调整"|"亮度/对比度"命令,对合并图层进行调整,其参数设置如图 5-30 所示。

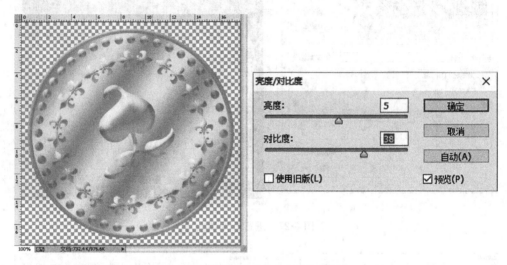

图 5-30　设置"亮度/对比度"后效果

(12) 新建图层,选择图案填充。并将该图层顺序调整到背景层相邻上方。打开顶端图层的图层模式,选择"投影"选项,适当设置参数,效果如图 5-31 左图所示。

(13) 使用"自由变换"调整顶端图层的大小,并将该图层复制多个,分别进行移动和旋转变换,完成效果如图 5-31 所示。

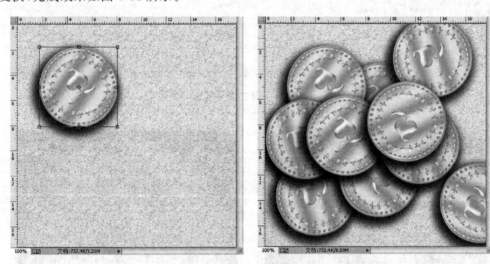

图 5-31　最终效果

【实例 5-4】 瓶子里的风景。

目的:
- 熟练图层蒙版的使用;
- 熟练剪贴蒙版的使用;

- 熟练调整图层的使用；
- 渐变填充工具的使用；
- 选区工具的使用。

（1）在 Photoshop 中，打开配套资料中的"\素材\第 5 章\瓶子.bmp"文件，如图 5-32 左图所示。下面以这张图片为基础，将风景图像合成到瓶子中，最终效果如图 5-32 右图所示。

图 5-32　素材及最终效果图

（2）先来调整一下瓶子的颜色，选择"图层"面板的"色相/饱和度"调整图层，分别调整"绿色"和"全图"参数，"全图"参数设置"色相"为 41，"饱和度"和"明度"为 0，如图 5-33 左图所示。此时图像的预览效果如图 5-33 右图所示。

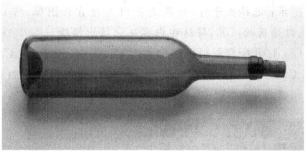

图 5-33　设置"色相/饱和度"参数

（3）单击"图层"面板的图层蒙版按钮，为调整图层添加一个蒙版。使用"画笔"工具（柔角，不透明度为 30%），在瓶子的暗部区域和瓶塞上涂抹黑色，通过修改调整图层的蒙版，使涂抹过的图像恢复为原来的颜色，如图 5-34 所示。

（4）选择魔棒工具（容差为 32），按住 Shift 键在背景上单击，将背景全部选中。按下 Shift＋Ctrl＋I 快捷键反选，将瓶子选中。按下 Shift＋Ctrl＋C 快捷键合并拷贝选区内的图像，再按下 Ctrl＋V 快捷键粘贴到一个新的图层中，如图 5-35 所示。

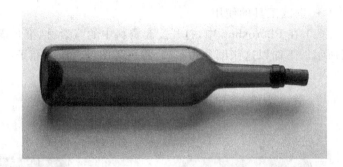

图 5-34　设置调整图层的蒙版及效果

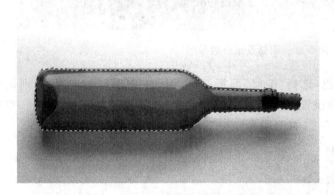

图 5-35　设置调整图层的蒙版及效果

提示：选择瓶子时，如果选区内包含背景图像，可以使用选框工具按住 Alt 键选择它们，通过选区的运算，将这些内容从选区中排除。

（5）打开配套资料中的"\素材\第 5 章\风景.psd"文件，将它拖入瓶子文档中。按下 Alt+Ctrl+G 快捷键，将它与瓶子图像创建为剪贴蒙版，隐藏瓶子之外的风景图像，此时图像的预览效果如图 5-36 所示。

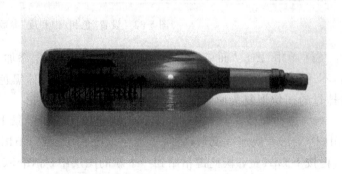

图 5-36　创建"剪贴"蒙版及效果

提示:"剪贴蒙版"是一组图层的总称,它由基层和内容层组成,在一个剪贴蒙版中,基层只能有一个且位于剪贴蒙版的底部,而内容层则可以有多个。剪贴蒙版可以由多种类型的图层组成,如文字图层、形状图层以及调整图层等,都可以用来做剪贴蒙版的基层或内容层。在创建剪贴蒙版后,仍可以为各个图层设置混合模式、不透明度和图层样式。

(6)单击"图层"面板的图层蒙版按钮,为风景图层添加一个蒙版。使用"画笔"工具(柔角,不透明度为 30%),在瓶子的两边区域和风景图片左右涂抹黑色,将涂抹区域图像隐藏,使风景与瓶子的融合效果更加自然、真实,如图 5-37 所示。

 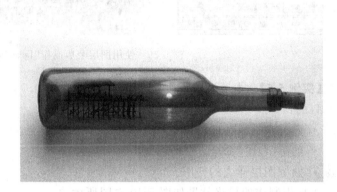

图 5-37 设置"图层蒙版"及效果

提示:"图层蒙版"是将不同灰度色值转化为不同的透明度,并作用到它所在的图层,使图层不同部位透明度产生相应的变化。黑色为完全透明,白色为完全不透明。

(7)按下 Ctrl 键,单击选择"瓶子"和"风景"图层,按下 Alt+Ctrl+E 快捷键将合并到一个新的图层中。按下 Ctrl+T 快捷键打开"自由变换"命令,右击,打开下拉菜单,选择"垂直翻转"命令,并将图像移动到瓶子的下面成为瓶子的倒影,如图 5-38 所示。

 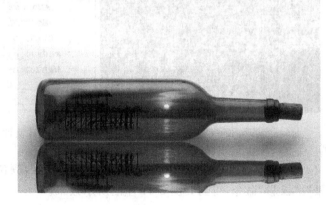

图 5-38 合并新图层和"变换"效果

(8)设置新图层的不透明度为 30%,单击"图层"面板的图层蒙版按钮,为该图层添加一个蒙版。选择"渐变填充"工具,填充默认的"前景色到背景色"线性渐变,将图像的下半部分隐藏,使制作出来的倒影更加真实,如图 5-39 所示。

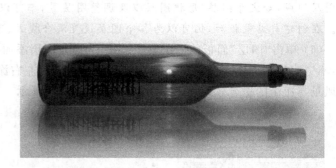

图 5-39　使用图层蒙版制作"倒影"效果

【实例 5-5】　木地板的制作。

目的：
- 熟练掌握滤镜的使用；
- 熟练"色阶"命令；
- 熟练图层样式的使用。

木地板制作的最终效果如图 5-40 左图所示。

（1）在 Photoshop 中，新建一个文件，设置"宽度"和"高度"数值为 800、600 像素，"分辨率"为 72 像素/英寸，"颜色模式"为 8 位 RGB 模式，"背景内容"为"白色"，如图 5-40 右图所示。

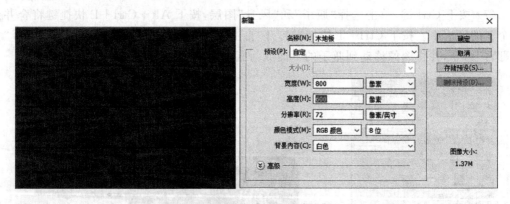

图 5-40　最终效果及新建文件

（2）设置前景色的颜色值为"♯9a5018"，背景色的颜色值为"♯280906"，选择"滤镜"|"渲染"|"云彩"命令，得到如图 5-41 左图所示效果。

提示：利用"云彩"命令制作出随机的木纹明暗效果。"云彩"命令用前景色和背景色随机生成云彩效果。如果先按下 Alt 键不放，再选择"滤镜"|"渲染"|"云彩"命令，产生的云彩效果会更加强烈。

（3）选择"滤镜"|"杂色"|"添加杂色"命令，弹出的对话框如图 5-42 左图所示，设置"数量"为 7，选择平均分布，单击"确定"按钮退出对话框，得到的效果如图 5-42 右图所示。

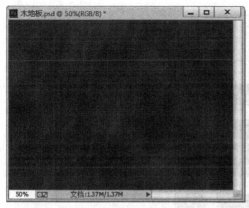

图 5-41 "云彩"和"干笔画"滤镜效果

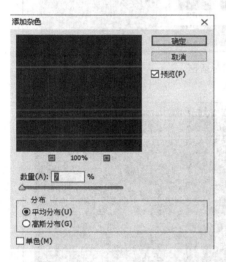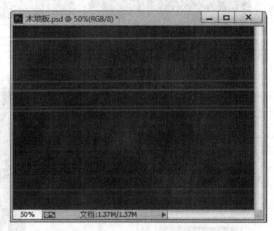

图 5-42 设置"添加杂色"及效果

(4) 选择"滤镜"|"艺术效果"|"干画笔"命令,如图 5-43 所示。单击"确定"按钮,退出对话框,得到如图 5-41 所示右图效果。

(5) 按 Ctrl+I 快捷键应用"色阶"命令,设置弹出的对话框如图 5-44 左图所示。单击"确定"按钮,退出对话框,得到如图 5-44 右图所示效果。

分析:通过增加图像对比度的方法使木纹更"红"。

(6) 选择"滤镜"|"扭曲"|"切变"命令,在弹出的对话框中添加节点并调整其位置,如图 5-45 左图所示。单击"确定"按钮,退出对话框,得到如图 5-45 所示的右图效果。

提示:使用"切变"命令时,直线的扭曲程度就代表了图像的扭曲程度。

(7) 选择背景层,使用"矩形选框"工具拖出一矩形选区,按下 Ctrl+C 快捷键进行复制。按下 Ctrl+V 快捷键粘贴,此操作将所选区域复制到新图层。同一方法在背景层不同区域进行复制,将得到的图层互换位置,"图层"面板如图 5-46 左图所示。将背景层隐藏,木地板如图 5-46 右图所示。

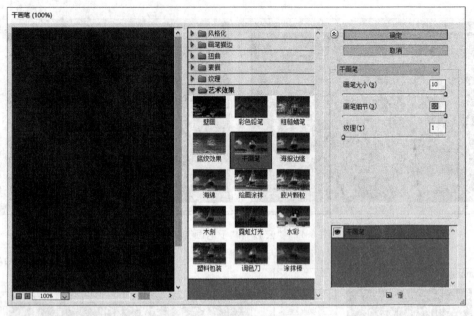

图 5-43 "干画笔"对话框

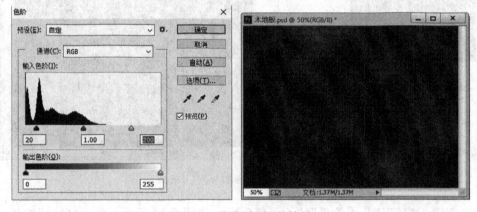

图 5-44 设置"色阶"及效果

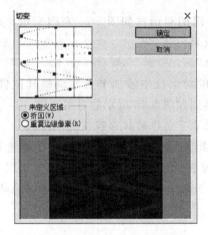
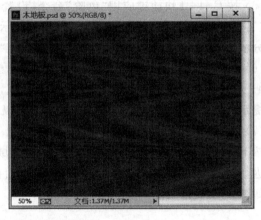

图 5-45 "切变"对话框及效果

图 5-46 复制木板及效果

(8) 分别选择不同的图层,在"图层"面板底部单击"图层样式"按钮,勾选"斜面和浮雕"和"阴影"效果,如图 5-47 左图所示。将中间图层一分为二,最终木地板如图 5-47 右图所示。

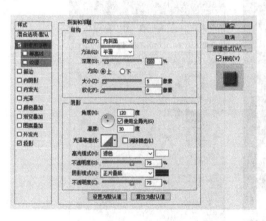 

图 5-47 设置"图层样式"及效果

【实例 5-6】 制作足球海报。

目的:
- 熟练图像色调调整命令;
- 熟练图像色彩调整命令;
- 使用图层混合模式。

(1) 将背景色设置为绿色(#6dbd73),打开"新建"对话框,设置"宽度"和"高度"数值为 450、600 像素,"分辨率"为 72 像素/英寸,"颜色模式"为 8 位 RGB 模式,"背景内容"为"背景色"的图像文件。

(2) 打开配套资料中的"\素材\第 5 章\足球 1.jpg"图像文件,如图 5-48 左图所示。用移动工具将其拖至新图像窗口中,系统自动生成"图层 1",并放在图 5-48 右图所示位置。

(3) 选择套索工具并将选区羽化设为 10 像素,将其中一人物选取,如图 5-49 所示。按 Ctrl+J 组合键,将选区内图像复制为"图层 2"。

图 5-48　图像文件及移动图像

图 5-49　选取图像及复制

(4) 在"图层"调板中选中"图层1",然后选择"图像"菜单的"调整"|"色调均化"命令。利用"色调均化"命令调整图像,效果如图 5-50 左图所示。

(5) 选择"图像"菜单的"调整"|"色调分离"菜单,在打开的"色调分离"对话框中设置"色阶"为 4,单击"确定"按钮,效果如图 5-50 右图所示。

(6) 在"图层"调板中设置"图层1"的"混合模式"为"差值",然后为该图层添加一个图层蒙版,编辑图层蒙版隐藏部分图像,如图 5-51 所示。

(7) 打开配套资料中的"\素材\第 5 章\足球.jpg"图像文件,利用移动工具将其拖至新图像窗口的上部,系统自动生成"图层 3"。在"图层"调板中,将"图层 3"移至"图层 2"的上方,然后利用"色调均化"命令调整"图层 3"中的图像。

图 5-50　调整图像效果

图 5-51　设置图层属性及"蒙版"后效果

(8) 利用椭圆选框工具选中"图层3"中的足球,然后将选区反向,再利用"阈值"命令调整图像,参数设置和效果如图 5-52 所示。

提示:"阈值"命令是对图片颜色进行特殊处理的一种方法。"阈值"是一个转换临界点,不管图片是什么样的彩色,它最终都会把图片当黑白图片处理。当在"阈值色阶"处设定了一个值之后,该命令会以此值作标准,凡是比该值大的颜色就会转换成白色,低于该值的颜色就转换成黑色。

(9) 在"图层"调板中将"图层3"的"混合模式"设置为"颜色加深","填充"设置为40%,如图 5-53 左图所示。此时图像效果如图 5-53 右图所示。

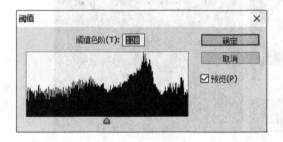

图 5-52 利用"阈值"命令调整图像

图 5-53 设置图层属性及图像效果

(10) 打开配套资料中的"\素材\第 5 章\足球.psd"图像文件,利用移动工具将足球图像移至新图像窗口中,系统自动生成"图层 4"。

(11) 打开配套资料中的"\素材\第 5 章\光.psd"图像文件,利用移动工具将"光"图像移至新图像窗口,系统自动生成"图层 5",然后将"图层 5"移至"图层 4"的下方,并设置图层"混合模式"为"变亮",如图 5-54 左图所示,效果如图 5-54 右图所示。

(12) 打开配套资料中的"\素材\第 5 章\文字.psd"图像文件,如图 5-55 左图所示,然后利用移动工具将文字图像移至新图像窗口中,并放置在适当位置,最终效果如图 5-55 右图所示。

提示:通过本例可以看出,没有哪个调色命令是万能的,在实际操作过程中,应根据不同的情况选择合适的命令进行处理。

图 5-54　设置图层属性及效果

图 5-55　文字图像及最终效果图

5.2.3　Photoshop 总结与提高

1. 总结

1) "历史记录"面板

在 Photoshop 中编辑图像时,每进行一步操作,都会被记录在"历史记录"面板中。通过该面板可以将图像恢复到操作过程中的某一步状态,也可以再次回到当前的操作状态。

"历史记录"面板默认只能保存 20 步操作,然而,使用画笔、涂抹等绘画工具时,每单击一下鼠标都会记录为一个操作步骤,进行还原操作时,根本无法分辨哪一步是自己需要的状态,这就使得"历史记录"面板的还原能力非常有限。有两种方法可以解决这个问题。

第一种方法是执行"编辑"|"首选项"|"性能"命令,打开"首选项"对话框,在"历史记录状态"选项中增加历史记录的保存数量。这种方法的弊病就是历史步骤数量越多,占用的内存就越多。

第二种方法更实用一些。每当操作完重要的效果后,就可以单击"历史记录"面板中"创建新快照"按钮,将当前的图像状态保存为一个快照。这样不论面板有多少步,都可以通过快照将图像恢复为快照所记录的效果。

2) 图层编组

如果当前图像中包含的图层很多,为减轻"图层"调板中的杂乱情况,可以将图层分类进行图层编组。图层编组后图层内容没有改变,但组中的图层可以统一进行混合模式、不透明度等属性设置。

图层编成图层组之后,可以进行整体复制。图层组复制后,仍然可以打开该组内的图层进行处理。

3) 调整图层

调整图层可将"颜色"和"色调"调整命令存储在调整图层中,而不是直接在图像上调整,从而不会永久地更改像素值。调整图层提供了以下优点。

① 调整图层可以进行不同的设置并随时重新编辑,也可以通过降低调整图层的不透明度来减轻调整的效果。

② 编辑不会造成破坏,可以使用多个调整图层进行图像调整,图像数据的损失有所减少。编辑具有选择性。在调整图层的图像蒙版上绘画可将调整应用于图像的一部分。

③ 调整图层可以应用于多个图像。在图像之间拷贝和粘贴调整图层,以便应用相同的颜色和色调调整。

④ 调整图层具有许多与其他图层相同的特性。可以将它们编组,以便将调整应用于特定图层。

⑤ 调整图层会影响它下面的所有图层。所以可通过调整图层来校正多个图层,而不是分别调整每个图层。

4) 滤镜的使用原则

滤镜功能是非常强大的,使用起来千变万化,要想很好地使用滤镜,还需要掌握如下一些原则。

① 滤镜应用于当前使用的可见图层或者选区。

② "位图模式"和"索引模式"的图像不可以使用滤镜效果。

③ 一些滤镜只在 RGB 图像中起作用。

④ 8 位图像中可以使用所有滤镜。

⑤ 在 8 位通道的图像中,滤镜库中的大多数滤镜效果我们都可以重复应用,所有的滤镜效果都是可以单独使用的。

⑥ 一些滤镜可以应用于 32 位图像,它们是平均模糊、方框模糊、径向模糊、形状模糊、表面模糊、高斯模糊、动感模糊、添加杂色、云彩、镜头光晕、智能锐化、USM 锐化、逐行、NTSC 颜色、高反差保留、最大值、最小值、浮雕效果和位移。

⑦ 一些滤镜可以应用于 16 位图像,它们是液化、消失点、平均模糊、模糊、径向模糊、表面模糊、形状模糊、进一步模糊、方框模糊、高斯模糊、镜头模糊、动感模糊、镜头校正、添加杂

色、去斑、蒙尘与划痕、中间值、减少杂色、纤维、云彩、镜头光晕、锐化、进一步锐化、锐化边缘、智能锐化、USM 锐化、浮雕效果、曝光过度、查找边缘、NTSC 颜色等。

⑧ 滤镜的处理效果是以像素为单位的,用相同的参数处理不同分辨率的图像,其效果也不同。

⑨ 由于有些滤镜完全是在内存中处理的,所以当可用于处理滤镜效果的内存不够时,系统将弹出一条错误信息。

2. 提高

1) 动作的应用

使用 Photoshop 时,经常要对大量的图像采用同样的操作。如果单个进行处理要消耗大量时间,而且处理过程复杂,各项参数设置较多也容易出错,这时就可以用动作用来记录 Photoshop 的操作步骤。可以把一些经常进行的"机械化"操作录成动作来提高工作效率,也可以把一些颇具创意的操作过程记录下来分享。

在菜单栏中执行"窗口"菜单的"动作"命令,弹出"动作"面板,如图 5-56 所示。

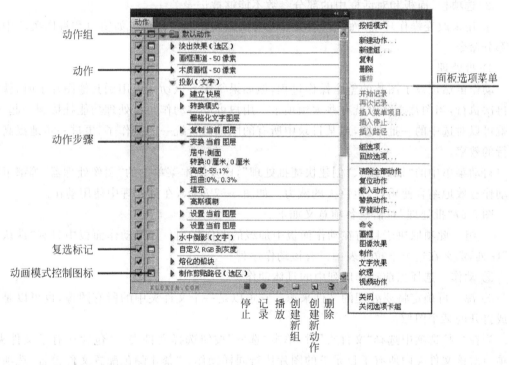

图 5-56 动作面板

Photoshop 本身自带了多个动作集,每个动作集中都包含多个同类型的动作。这些可添加的动作集分别为命令、画框、图像效果、制作、文字效果、纹理和视频动作。可以在面板的选项菜单中追加这些动作集。这些附加的动作集包含更丰富的视觉效果和更多的实用功能。除了可以单独使用这些动作,还可以累加、重复、混合使用它们,甚至可以修改和添加步骤。

选择要处理的图片(部分动作无需图片,部分动作对图片尺寸有要求),展开一个动作组,选择一个动作,单击"播放"按钮,即可执行一个动作。

如果自己录制动作,需要遵循以下步骤。

① 建立一个动作组,这有利于区别其他的众多组,便于后期的管理。

② 建立动作,输入该动作的名称,选择其快捷键和外观颜色。确定后,即开始录制。

③ 开始具体的操作,这些操作会被动作所录制。

④ 如需要提示,或提醒用户设置何种参数,可插入一个停止。面板选项菜单中选择"插入停止",并在出现的对话框中输入信息。

⑤ 录制过程中,可以临时停止,并在之后继续录制。

以上操作非常简单,可以参考图5-56中的相应按钮,单击即可实现,这里不再赘述。

动作也并非是万能的,它更善于记录一些比较机械性的命令、对话框和参数。对于一些随机性比较强的或一些特殊的面板,它也有无能为力的时候,以下为不能被直接记录的命令和操作。

① 使用钢笔工具手绘的路径不能在绘制过程中被记录。

② 基于笔触的大多数绘制和润饰工具在操作过程中不能被记录,比如画笔工具、污点修复画笔工具、仿制图章工具等。

③ 选项栏、面板和对话框中的部分参数不能够被记录。

④ 用来改变操作环境,而非针对文件本身的操作不能被记录。如窗口和视图菜单中的大部分命令。

2) 批处理

动作虽然记录了图片的整个操作过程,但如果每次将该动作应用到其他图片上时,就需要再次执行,当图片众多时就有些太烦琐了。用户可以将动作与批处理功能挂接到一起,这样就可以对选中的一批图像,或某目录中所有的图像进行统一的操作了,更进一步地提高了执行的效率。

自动菜单中的"批处理"、"创建快捷批处理",以及脚本菜单中的"图像处理器"等都可以和动作有效地结合使用,产生巨大的威力。如图5-57所示,在批处理中使用动作。

图5-57"批处理"对话框各项意义如下。

① 组。此项取决于目前在动作面板中加载的动作序列。如果动作面板中只有"默认动作"序列,那么在这个下拉列表中只有该动作序列。

② 动作。选择当前动作序列中的具体动作。

③ 源。可确定将要处理的文件来源。它可以是一个文件夹中的所有图像,也可以是导入或打开的某个图像。

当在"源"选项中选择"文件夹"时,单击"选取"按钮选择文件夹。"包含所有子文件夹"选项可对该文件夹内所有子目录下的图片执行同样操作;"禁止颜色配置文件警告"选项表示可禁止颜色警告。

④ 目标。此项可以确定文件最后保存的方式。有3种选择方式,其中"无"选项表示不对图像进行任何保存,处理完毕的图像直接在Photoshop CS3中打开;"存储并关闭"选项表示将在保存图像后关闭;"文件夹"选项表示可以按指定方式保存到指定文件夹中。

⑤ 兼容性。是与其他系统的兼容性,主要包括3种操作系统,即Windows、Mac OS、UNIX。

⑥ 错误。可提供遇到错误时的两种解决方法。一是"由于错误而停止",此方法表示遇到错误时停止操作;二是"将错误记录到文件",此方法表示遇到错误时将错误信息记录在文件中完成操作,此时"另存为"按钮会被激活,单击"另存为"按钮将错误信息保存。

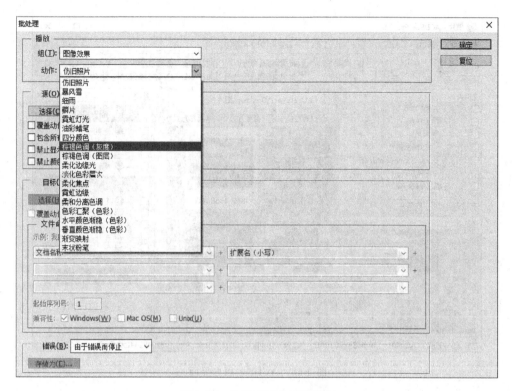

图 5-57 在批处理中使用动作

5.3 ACDSee 图形图像管理软件

ACDSee 是目前非常流行的看图工具之一。利用它可以浏览、查看、编辑及管理图形图像文件。

5.3.1 ACDSee 知识要点

1. ACDSee 概述

ACDSee 是一款专业的图形图像管理软件，使用 ACDSee 可以对图像进行查找、组织和预览。ACDSee 提供了良好的操作界面，简单人性化的操作方式，优质的快速图形解码方式，支持丰富的图形格式。ACDSee 主要由"浏览器"、"查看器"以及"编辑模式"三个部分组成，下面分别介绍。

1）ACDSee 浏览器

"ACDSee 浏览器"是界面的主要浏览与管理组件，使用桌面上的快捷方式图标启动 ACDSee 时就会看到它，如图 5-58 所示。在"浏览器"中，可以查找、移动及预览文件，可以给文件排序，也可以访问整理与共享工具。

"浏览器"由 12 个窗格组成，大多数窗格不用时可以关闭。"文件列表"窗格总是可见的，它显示当前文件夹的内容、最新的搜索结果。状态栏位于"浏览器"窗口的底部，显示当前所选的文件、文件夹或类别的有关信息。

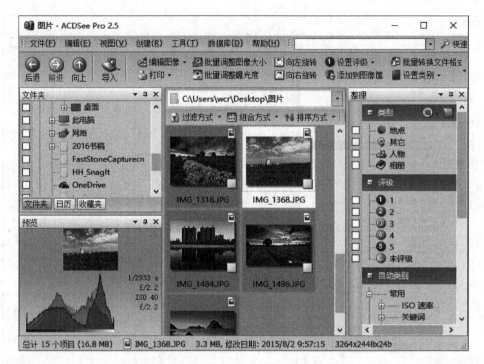

图 5-58 ACDSee 用户界面

"浏览器"还包含两个工具栏：主工具栏提供常用命令的快捷方式，上下文相关工具栏根据"浏览器"中当前所选的项目提供不同的快捷方式。

"浏览器"可以打开、关闭窗格，还可以移动到屏幕的不同区域或叠加到其他窗格上。大多数窗格还有一些附加的选项，可用来进一步设置行为与外观。

2）ACDSee 查看器

"ACDSee 查看器"播放媒体文件，并使用完整的分辨率一次显示一张图像。还可以在"查看器"中打开窗格来查看图像属性，按照不同的缩放比例显示图像的区域，或是查看详细的颜色信息。

通过在"Windows 资源管理器"中双击关联的文件类型，可以直接打开"查看器"，并且可以使用"查看器"快速翻阅某个文件夹中的全部图像。如图 5-58 所示"查看器"包含一个工具栏，提供常用命令的快捷方式；还有一个位于"查看器"窗口底部的状态栏，显示当前图像或媒体文件的有关信息。

3）ACDSee 编辑模式

在 ACDSee 的"编辑模式"中打开图像，以便使用编辑工具来调整或增强图像效果，如图 5-59 所示。

"编辑模式"在"编辑面板"上显示提供的许多工具，并提供一个可以自定义的菜单，在不用时可以关闭或隐藏。单击菜单上某个工具的名称，可以在"编辑面板"中打开该工具，在面板中可以调整设置来编辑或增强图像。"编辑模式"还包含一个状态栏，显示正在编辑的图像的有关信息。

图 5-59　ACDSee 的"编辑模式"界面

2. ACDSee 其他功能

1）用 ACDSee 来管理文件

ACDSee 提供了简单的文件管理功能，用它可以进行文件的复制、移动和重命名等，使用时只需选择"编辑"菜单上的命令或单击工具栏上的命令按钮即可打开相应的对话框，根据对话框进行操作即可。

2）制作屏幕保护程序

如果想将自己喜欢的图片制作成一个漂亮的屏幕保护程序，只要巧妙地利用 ACDSee 的连续播放功能就可能达到这个目的。

5.3.2　利用 ACDSee 转换图像格式

（1）选中"ACDSee 浏览器"窗口内需要转换格式的图片，单击"工具"菜单下的"转换文件格式"命令，弹出"图片格式转换"对话框，如图 5-60 所示。

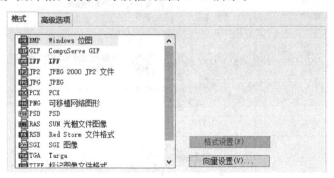

图 5-60　"图片格式转换"对话框

（2）在"格式"框内选中要转换的图片格式，对于 JPG 等格式，单击"格式设置"按钮设置压缩率等参数，单击"向量设置"按钮，设置分辨率等参数，如图 5-61 所示。

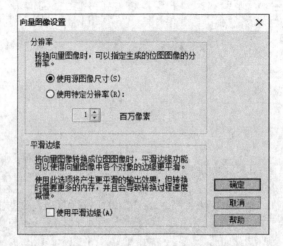

图 5-61 "向量图像设置"对话框

（3）单击"确定"按钮后，即弹出"输出选项"对话框，在"目的地"框显示转换后的图片保存位置，可以单击"浏览"按钮选择其他文件夹。

（4）在"输出选项"对话框里单击"下一步"按钮，即弹出"多页图像的输入与输出选项"对话框，设置如图 5-62 所示。多页输出功能仅在格式支持时才会启用。

（5）所有设置完成后，单击"开始转换"按钮，开始转换文件。

图 5-62 "设置多页选项"对话框

本 章 小 结

本章主要介绍了图像处理软件 Photoshop 的基本功能和使用方法，并通过实例详细分析了 Photoshop 中的图层、通道、滤镜和调色等重点内容。同时对数字图像扫描与获取的方法和计算机图形图像的管理做了简单介绍。

思 考 题

1. 用扫描仪获取图像时应该注意什么？
2. 在 Photoshop 中，基本颜色通道指的是什么？
3. 在 Photoshop 中，Alpha 通道有什么作用？
4. 在 Photoshop 中，选择域和遮罩的关系是什么？
5. 在 Photoshop 中，进行图像合成时，使用图层的优势是什么？
6. 在 Photoshop 中，图像合成的一般过程有哪些？

第 6 章　数字音频系统应用

本章学习目标
- 了解数字音频信息的基本知识；
- 熟练掌握 Windows 10 录音机系统的使用；
- 熟练掌握 Adobe Audition CC 音频处理软件的使用。

声音是多媒体作品的重要组成部分。一个没有声音的世界是不可思议的，"没声音再好的戏也出不来"。一句广告词道出了声音的重要性，充分表明声音在人类情感表达中所起的重要作用。

声音是多媒体作品的重要组成部分，在进行多媒体作品创作过程中，需要利用到各种各样的声音素材，这些声音素材往往以一种数字音乐文件的形式存在，如何正确识别这些数字音乐的格式就成为处理和利用这些音乐素材的基础。

数字音频是指描述声音强弱的数据序列，由模拟声音经过抽样、量化和编码后得到。数字音频在计算机中以数字音频文件的形式存在。在数字音频文件的创建过程中，不同的数字音频编码方案可以产生不同的数字音频格式。在多媒体技术中，不同的数字音频设备一般都对应着不同的音频文件格式，不同的音频处理软件对应着不同的数字音频格式。常见的数字音频格式有 WAV、MIDI、MP3、RA、WMA 等。

音频软件通常包含音频采集软件、音频编辑软件和音频播放软件。通过音频采集软件可以把模拟的声音信号经过音频采样和编码转化成数字音频格式，以便多媒体系统利用。例如，Windows 系统自带的"录音机"就是一款声音采录软件。音频编辑软件可以对数字音频文件进行进一步的加工处理，这一过程一般称作音频后期编辑（或音频非线性编辑），例如，对声音进行合成、延迟、空间混响、改变音调和音色等处理，也可对数字音频格式的转换等。音频播放软件主要是把数字音频文件通过相应的解码程序进行解码，还原成模拟的音频信号、驱动声卡、功放等设备播放出来。各种数字音乐播放器就属于音频回放软件。例如，Groove 音乐、Windows Media Player、QuickTime 等。

6.1　数字音频的采集与录制

多媒体作品是声像结合的艺术，画面是多媒体作品的生命，声音是多媒体作品的灵魂，在一部成功的多媒体作品中，画面和声音往往是相得益彰的。如何获得和处理声音素材，就是数字音频的采集与录制所要解决的问题。

6.1.1 数字音频采集与录制的知识要点

数字音频的采集与录制的过程,就是使用音频设备。如麦克风、录音机等设备将声音信息采集到计算机中,然后利用录音软件将声音信息保存起来。

采集和录制声音信息的硬件设备主要有麦克风、录音机等电声设备和声卡等。声卡又称音频卡或声效卡,是一块专用电路板,插入到主板的扩展槽中,实现模拟声音信号与数字信号之间的相互转换。现代计算机的主板上一般都集成了音频处理芯片,就不需要再在扩展槽中插入声卡了。

声卡的主要功能如下。

(1) 将模拟声音信号转换成相应数字信号保存到计算机中。

(2) 将计算机中的数字信号转换成对应的模拟声音信号播放出来。

模拟信号转换为数字信号称为模/数转换,即"A/D(Analog to Digital)"转换;数字信号转换为模拟信号称为数/模转换,即"D/A(Analog to Digital)"转换。

声卡一般都有音频输入、线性输入和音频输出 3 个接口。

麦克风输入接口应插入到粉红色的音频输入孔中,线性输入接口是蓝色的,扬声器接口插入到绿色的音频输出孔中,如图 6-1 所示。

正确连接设备后,打开采录软件开始采录声音信息。采录用的软件种类很多,其实大同小异。最简单的方法就是采用 Windows 10 自带的录音机程序进行音频信号的采录。

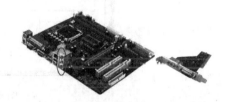

图 6-1 集成声卡和外置声卡接口示意图

6.1.2 数字音频采集与录制的典例剖析

【实例 6-1】 Windows 10 录音机程序录制声音文件。

目的:
- 熟练掌握声音的采集方法;
- 熟练掌握声音的录制过程。

操作步骤如下。

(1) 连接录音硬件设备。

参照图 6-1 所示,把麦克风输入接口插入到粉红色孔中,扬声器接口插入到绿色孔中。Windows 10 操作系统在录制声音时,可以对音频进行设置,具体操作方法如下。

① 在任务栏右侧小喇叭上右击,在弹出的菜单中选择播放设备或录音设备,打开"音频设置"对话框。

② 在"播放"选项卡中,依据在计算机声卡输出插孔插入的设备,单击选择扬声器或头戴式耳机,如图 6-2 所示。

③ 在"录制"选项卡中,依据在计算机声卡输入插孔插入的设备,单击选择"麦克风"或"线路输入",如图 6-3 所示。

(2) 启动"语音录音机"录制声音。Windows 10 操作系统中,录制声音的软件叫语音录音机。单击选择任务栏"开始"|"所有应用"|"语音录音机"菜单项,启动语音录音机程序。

图 6-2 设置播放设备

图 6-3 设置录制设备

单击中央"录音"按钮开始录音,如图 6-4 所示。在录音过程中,单击中央"停止录音"按钮结束录音,如图 6-5 所示。

图 6-4 语音录音机

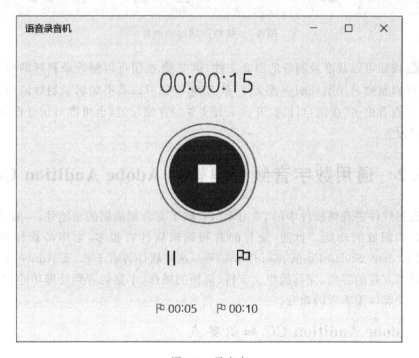

图 6-5 录音中

（3）播放和编辑声音。录制好的声音出现在了窗口的左侧列表中，单击窗口右侧中间的"播放"按钮就可以听到回放的声音内容，如图 6-6 所示。

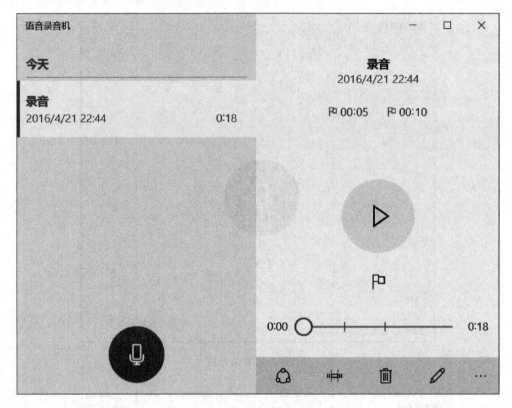

图 6-6　播放录制好的声音

单击 按钮可以共享录制好的声音文件，单击 按钮可以删除录制好的声音文件，单击 按钮可以重命名录制好的声音文件，单击 按钮可以裁剪编辑录制好的声音文件，单击 按钮（"查看更多"按钮）可以打开该录音文件的存储位置，也可以对录音设备（麦克风）进行"隐私"设置。

6.2　通用数字音频处理软件 Adobe Audition CC

音频编辑软件是音频软件中的"主力军"，它除了有音频编辑的功能外，一般还包含有音频采集和音频回放的功能。目前，流行的音频编辑软件有很多，常用的软件包括 Adobe Audition CC、Sony Sound Forge、GoldWave 等。这些软件各有千秋，而 Adobe Audition CC（中文版）以其友好的界面、完善的中文支持、简便的操作、丰富的音频处理功能、强大的多音轨编辑而深受媒体编辑者的欢迎。

6.2.1　Adobe Audition CC 知识要点

Adobe Audition CC 是著名的 Adobe 公司旗下的产品，是一个很全面的音频编辑软件，广泛地应用在音乐制作、游戏音效编辑、数字影视配音等领域。

Adobe Audition CC 操作简便,功能强大,不仅适用于数字音频编辑的初学者,而且也极大地方便了电脑音乐发烧友的音乐编辑和创作。其主要功能包括以下几个方面。

(1) 采集与录制声音信息。能够利用麦克风、录音机等硬件设备,通过计算机声卡将声音信息采集到计算机中,并且可以在录制声音的过程中通过电平校准功能消除零点漂移的现象。

(2) 修改与编辑音频信息。可以修改与编辑声音波形,调整声音振幅的大小,声像(即左右平衡)处理,频率均衡(EQ)处理、左右声道相位差的改变等。

(3) 音效处理。可以进行混响、回声、延迟等处理,实现升降调整,加入合唱效果等。

此外,Adobe Audition CC 还能够进行声音文件格式的转换,Adobe Audition CC 支持几乎所有的数字音频格式和各种采样频率、采样精度。同时,由于 Adobe Audition CC 支持基于 DirectX 标准的效果插件,因此其功能的扩展性得到了相当程度的提升。这些特点都使得 Adobe Audition CC 成为同类软件中的佼佼者。

Adobe Audition CC 还具备多轨处理能力,可以对多音轨声音进行编辑。

1. Adobe Audition CC 窗口界面

依次单击"开始"|"所有应用"|Adobe Audition CC 菜单项,运行 Adobe Audition CC 软件,进入 Adobe Audition CC 的工作界面,如图 6-7 所示。

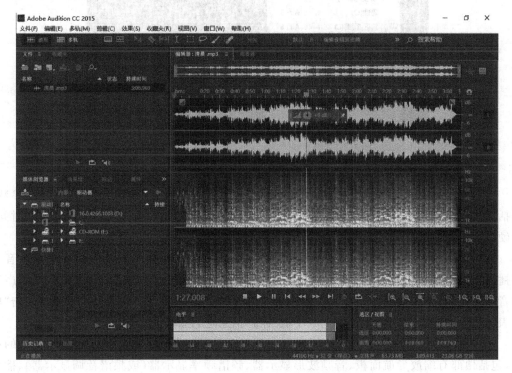

图 6-7　Adobe Audition CC 的工作界面

提示:默认的工作界面(工作区)包括编辑器、文件、历史记录、电平表、媒体浏览器、选区/视图、工具窗口。还有很多窗口没有打开,可以通过单击顶部菜单"窗口"弹出下拉菜单项进行选择,前面有"√"符号的表示该窗口已经打开。Adobe Audition CC 的工作区可以由"默认"切换到其他样式,也可以自行编辑,如图 6-8 所示。

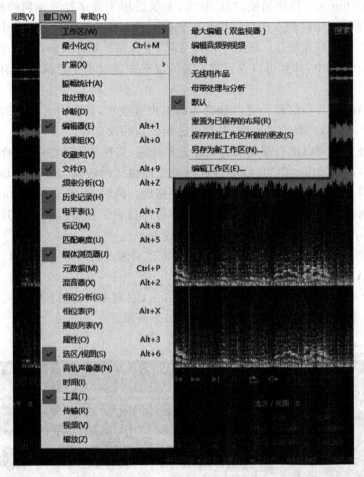

图 6-8 工作界面"窗口"选择

(1)"状态栏"位于"编辑器"窗口的最下端,主要显示当前工作窗口内声音文件的参数,包括播放状态、采样频率、采样位数、立体声/单声道、音频文件大小、声音总长度(持续时间)和硬盘可用空间等。

(2)"电平表"(音量监视器)位于"编辑器"窗口的下部,用两个彩条分别来表示声音文件播放过程中左右声道音量大小的变化。在播放声音文件的时候,音量监视器会显示声音的音量变化,彩条右端的两根"竖线"表示的是刚才进行播放过程中的最大音量值。右击"电平表"窗体,弹出操作菜单,可以对"电平表"窗口信息进行设置,如图 6-9 所示。

(3)"编辑器"是声音文件的处理窗口。在编辑器中从上到下依次有以下几项重要的部分,包括顶部有缩放导航面板、音频波形显示器、频谱频率显示器(或频谱音调显示器)、播放控制及视图缩放控制。

①"声音波形显示区"。用于显示当前声音文件的波形。在对声音文件进行操作时,在窗口中有滑块和一条闪动的竖线,表示当前播放点的时间位置,它相当于 CD 唱机的激光头或录音机的磁头。具体数值可以从窗口下方的状态栏中读出。可以通过滑动鼠标选定某一段波形区域,选定的波形范围也可以从窗口下方的状态栏中读出。

②"音量标尺"。用于显示声音波形振幅的大小。声音波形的振幅大小决定了声音音量的大小。在音量标尺中,中间点的音量最小,而声音的波形偏离中心越远,表明音量越大。在 Adobe Audition CC 中,默认的音量度量单位用分贝表示。在音量标尺中右击,在弹出的菜单中有多个选项,可以选择用分贝、百分比、采样值、标准化值来度量音量,如图 6-10 所示。

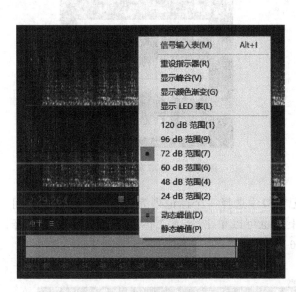

图 6-9 "电平表"窗口

图 6-10 "音量标尺"窗口

提示:当音量以分贝表示时,计算机所能识别的最大音量为 0dB,也就是音量标尺的最外侧为 0 分贝,向内依次减小。当以百分比来表示音量时,音量的最大值设定为 100%,最小音量设置为 0%。

2. Adobe Audition CC 的音频处理

1) 选择和标记

当打开一个时间较长的声音文件时,由于操作窗口的限制,往往在寻找某个声音点时是比较困难的,这个时候,就需要使用在声音文件中加入标记的功能。

在 Adobe Audition CC 中标记分为以下两种。

①点标记。它可以为声音文件中的某一时间点建立一个标记。

②范围段。可以为声音文件中的某一选择区段建立一个标记。

创建标记和调用标记具体操作如下。

(1) 创建标记的过程。首先在波形文件中把指针定位到某一位置,然后在"标记"面板中,单击"添加提示标记",如图 6-11 所示,标记就标定到了时间

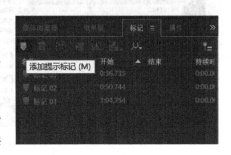

图 6-11 "标记"窗口

标尺的相应位置上,如图 6-12 所示。也可以在菜单"编辑"下的"标记/添加提示标记"来创建标记。

(2) 创建范围标记的过程。首先选取一段波形,然后在"标记"面板中,单击"添加提示标记",标记就标定到了时间标尺的相应位置上,如图 6-13 所示。也可以在菜单"编辑"下的"标记/添加提示标记"来创建范围标记。

图 6-12　添加了标记　　　　　　图 6-13　选取范围添加标记

(3) 调用标记可以采用的方法。在标记窗口中选择一个标记列表,双击,在波形的时间标尺上,播放指针就会定位到该标记位置上。也可以单击"编辑"菜单,在下拉菜单中选择"标记"|"将播放指示器移至下一点",如图 6-14 所示。

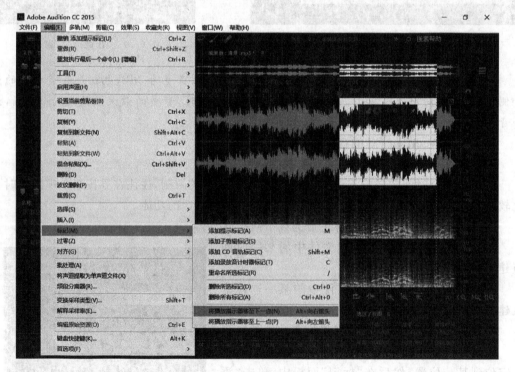

图 6-14　"标记"菜单

（4）标记建立后可以通过"标记"面板窗口删除、重命名，也可以更改标记范围（起始、结束时间）等。具体的操作是在"标记"面板中选择一个标记，右击，在弹出的菜单中选择操作项即可。如图6-15所示。这些操作也可以通过"标记"菜单执行。

2）声音的基本编辑

Adobe Audition CC最基本的音频编辑功能包括声音的剪辑、音量的调整和混音等。

（1）声音的剪辑。声音剪辑编辑是最基本的操作，包括删除、移动、复制等。

① 删除。选择相应的波形区域，然后直接按下Delete键进行删除。删除后，后面的波形会补上来。

② 静音。选择相应的波形区域，在"编辑"下拉菜单中单击"插入"|"静音"菜单项，波形会被删除，后面的波形保持不动。

③ 复制。选择相应的波形区域，使用快捷键Ctrl＋C，或在"编辑"下拉菜单中单击"复制"菜单项（也可使用鼠标右键菜单中的"复制"），然后把指针移到需要粘贴的地方，按下快捷键Ctrl＋V，或在"编辑"下拉菜单中单击"粘贴"菜单项，进行粘贴（也可使用鼠标右键菜单中的"粘贴"）。

④ 插入空白声音。定位指针到相应的波形点，在"编辑"下拉菜单中单击"插入"|"静音"菜单项，在弹出的对话框中设置好持续的时间，单击"确定"按钮确认。

提示：要对声音进行剪辑编辑，首先应建立选择区域。如果没有建立选区，Adobe Audition CC默认的是对整个波形文件进行操作。

（2）调节音量。

① 音量调节。在编辑器窗口，在浮动面板上方的"增益控件"中，拖动旋钮或数字可以改变音量，如图6-16所示。

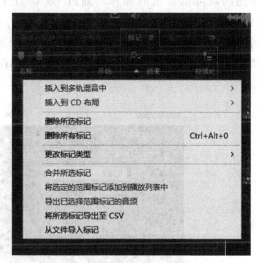

图6-15　通过"标记"面板操作标记

图6-16　浮动的增益控件

② 淡入淡出。通过拖动编辑器窗口上浮动的"淡化控件"快速地进行淡入淡出处理，如图6-17所示。对于选择的音频波形，执行"收藏夹"下拉菜单中的"淡入"、"淡出"菜单项也可以快速地进行淡入、淡出处理。

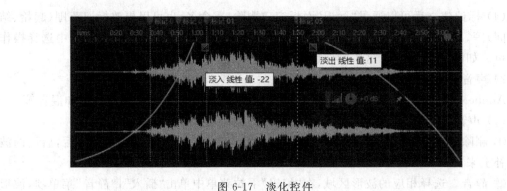

图 6-17 淡化控件

③ 对于复杂的音量淡入淡出调整,可以通过"效果"下拉菜单"振幅与压限"中的"淡化包络"、"增益包络"处理,可以任意编辑包络线,如图 6-18 所示。

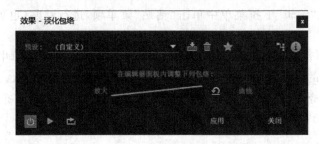

图 6-18 淡化包络

④ 音量标准化。是按照某种规格总体提高或降低音量的操作。通过"效果"下拉菜单"振幅与压限"中的"标准化"处理,如图 6-19 所示。

(3) 变换采样类型。对当前打开的声音文件进行采样参数的重新设定,如改变采样频率、改变采样精度、改变声道数目等。通过"编辑"下拉菜单"变换采样类型"处理,如图 6-20 所示。

图 6-19 音量标准化

图 6-20 变换采样类型

(4) 伸缩与变调。"伸缩与变调"能够更改音频信号、节奏或两者的音调。如可以在持续时间(速度)不变的情况下改变音调(声调或降调),也可以在保持声调不变的情况下改变声音的持续时间(速度加快或减慢)。通过"效果"下拉菜单"时间与变调"中的"伸缩与变调"处理,如图 6-21 所示。

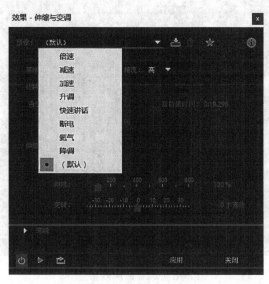

图 6-21　伸缩与变调

(5) 延迟和回声:延迟是在数毫秒之内相继产生单独的原始信号副本。回声是在时间上延迟更长的声音,以便每个回声听起来都是清晰的原始声音副本。延迟与回声可产生很强的临场感。"延迟"效果可用于产生单个回声以及大量其他效果。如 35 毫秒或更长时间的延迟可产生不连续的回声,而 15～34 毫秒之间的延迟可产生简单的和声或镶边效果。通过"效果"下拉菜单"延迟与回声"中的"延迟"处理,如图 6-22 所示。"回声"效果可向声音添

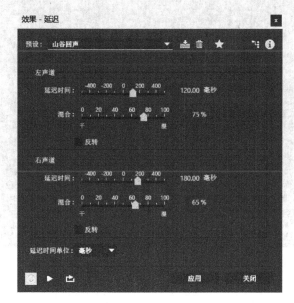

图 6-22　延迟效果

加一系列重复的衰减回声。如可以通过改变延迟量来创建从大峡谷类型的回声到金属的水管叮当声等各种效果，如图 6-23 所示。

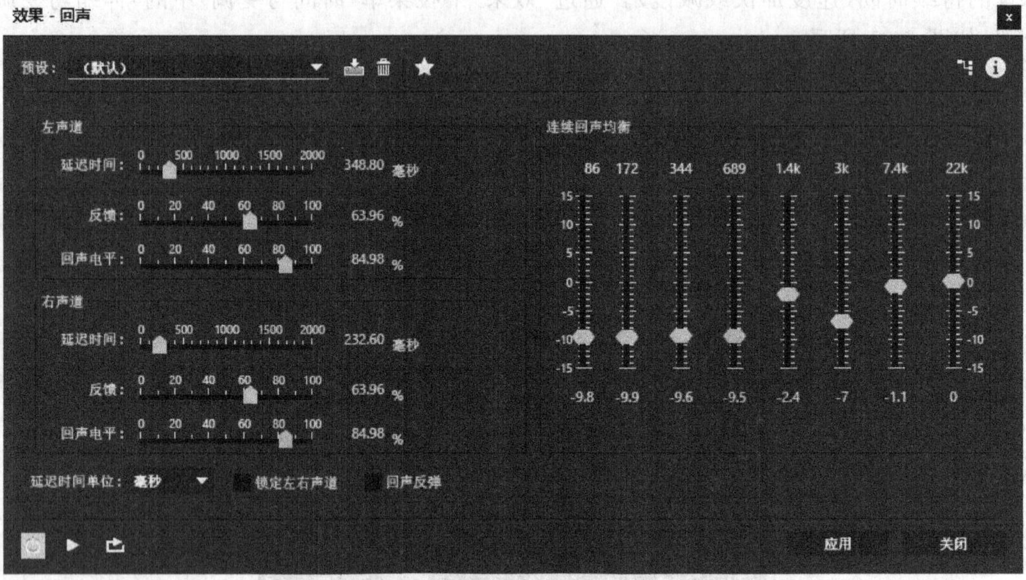

图 6-23 回声效果

（6）均衡器效果。"图形均衡器"效果可增强或消减特定的频段，并可直观地反映在 EQ 曲线上。通过"效果"下拉菜单"滤波与均衡"中，可以选择 10 频段、20 频段和 30 频段的图形滤波器，如图 6-24 所示。

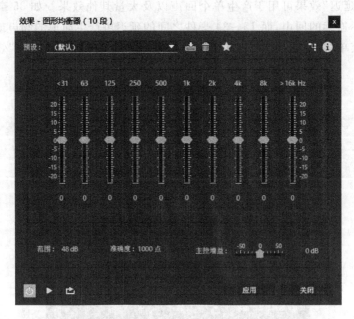

图 6-24 10 段均衡效果

(7) 降噪处理。"自适应降噪"效果可快速地去除声音中变化的宽频噪声,如背景声音、隆隆声和风声。通过"效果"下拉菜单"降噪/恢复"中的"自适应降噪"操作,如图 6-25 所示。

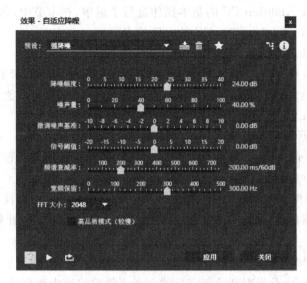

图 6-25 自适应降噪效果

(8) 混响效果。在空间环境中,声波从物体、屋顶和地面反射到人耳中。由于所有这些反射声几乎同时到达人耳中,人耳就会感受到具有空间感的声音环境。这些反射声就形成了混响。在 Adobe Audition CC 中,可以使用混响效果模拟各种空间环境。如通过"效果"下拉菜单"混响"下的"完全混响"操作,如图 6-26 所示。

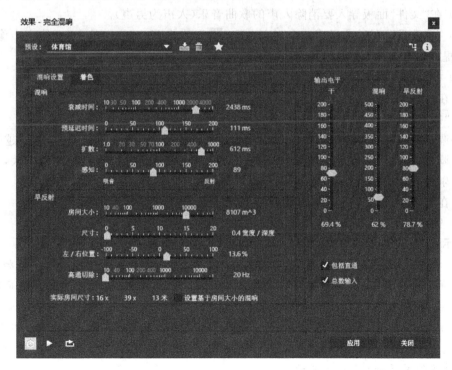

图 6-26 完全混响效果

6.2.2 Adobe Audition CC 典例剖析

上节中对 Adobe Audition CC 的基本操作进行了讲解，在本节中，将通过几个具体的实例来进一步地学习 Adobe Audition CC 的实用技术。

【实例 6-2】 Adobe Audition CC 录制声音。

Adobe Audition CC 除了进行音频编辑之外，还可以将连接在计算机声卡上的麦克风、线路输入、CD 播放器、MIDI 等声音录制成数字声音文件，实现录音功能。

Adobe Audition CC 录音可以分为下列两个部分。

1. 在波形编辑器中录制音频

(1) 首先进行录音设备的设置，可参照 6.1.2 数字音频采集与录制的典例剖析。录音的设备设置好后，就可以录音了。

(2) 录制一个单的录音文件，首先要在 Adobe Audition CC 中创建新文件。如果要在已有的声音文件中添加录音内容，要打开现有文件，并把当前时间指针 ▮ 放置在想要开始录制的位置。

(3) 在"编辑器"面板的底部录音工具栏中，单击"录制"按钮 ▮ 开始和停止录音。

(4) 录音结束后，会看到刚刚录制完成的声音文件的波形出现在波形图中。

2. 校正 DC 偏移

一些声卡进行录音时会有轻微的 DC 偏移，将直流电引入音频信号中，导致波形中心与零点(波形显示中的中心线)偏移。DC 偏移可在文件的开头和结尾产生咔嗒声或爆音。

在波形编辑器中，通过"收藏夹"下拉菜单中的"修复 DC 偏移"进行校正。

【实例 6-3】 Adobe Audition CC 消除歌曲中的人声。

(1) 在"文件"面板导入要消除人声的歌曲音乐(人声为男声)。

(2) 在"效果"面板，选择第一个列表右侧" ▶ "，弹出菜单，依次单击"立体声声像"|"中置声道提取器"，弹出"效果-中置声道提取"对话框。

(3) 在"效果-中置声道提取"对话框中进行如下参数设置，如图 6-27 所示。

- 在"预设"参数栏中选择"人声移除"；
- "提取"标签中，在"频率范围"栏选择"男声"；
- 调整"中心声道电平"滑尺。根据监听效果，设置较低的值，此值越高，人声越明显；
- 调整"侧边声道电平"滑尺。根据监听效果，设置合适的值。设置此值越大，背景音乐声音越明显；
- 在高级中，设置 FFT 滤波，根据频谱图特征，选择人声较多的频率。

(4) 完成人声去除后，就可以把音频文件存盘了。

提示：

(1) 对于效果的设置，可以不在"效果"面板中添加，而是直接通过效果菜单添加。例如本例中，第二步操作，也可以通过依次单击菜单"效果"|"立体声声像"|"中置声道提取器"，弹出"效果-中置声道提取"对话窗进行设置。区别在于：在"效果"面板中施加的效果可以通过"效果"面板管理，可以移除效果(单击 🗑 图标)，可以切换效果失效或有效(单击 ⏻ 图标使之成为灰色或灰色)，可以随时更改效果参数(双击效果列表，就会弹出相应的效果对话框)，操作方便灵活，如图 6-28 所示。

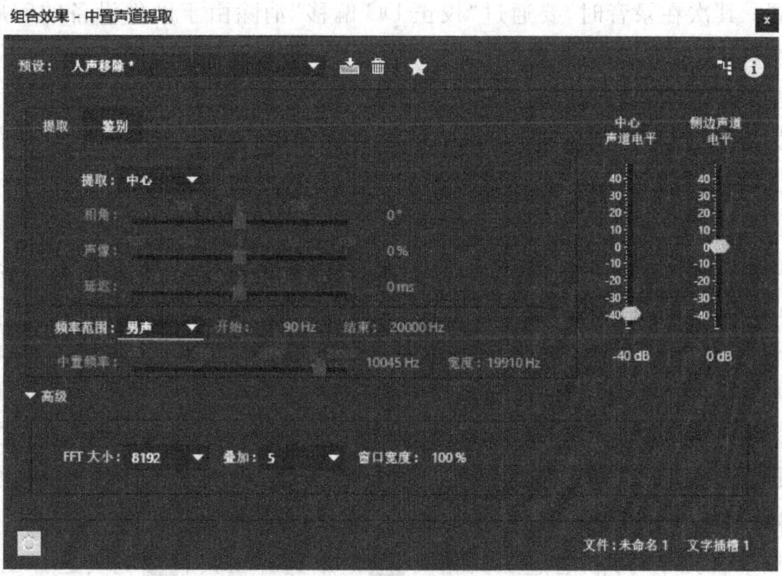

图 6-27 中置声道提取

图 6-28 "效果"面板

(2) FFT 代表"快速傅里叶变换",是一种用于快速分析频率和振幅的滤波。FFT 大小确定频率和时间精度之间的权衡。对于陡峭的精确频率滤波器,需选择较高值。要减少带打击节奏的音频中的瞬时扭曲,需选择较低值。1024~8192 之间的值适用于大多数素材。

6.2.3 Adobe Audition CC 总结与提高

1. 总结

(1) 由于数字音频的格式数量众多,不同的声音处理软件支持的格式也不尽相同。很难有一种软件能够把所有的音频格式"一网打尽",因此在实际应用时,需要掌握多种处理软件,以解决不同的数字音频格式的处理和使用问题。

(2) 在使用 Adobe Audition CC 进行录音时要注意两点,首先在操作系统中要进行录音设备的设置；其次在录音时，要通过"校正DC偏移"消除由于硬件设备的问题，造成录音中出现零点漂移的现象。

（3）在进行动画的配音过程中，有时候由于声音文件太长或太短，造成与画面的不匹配，这时候就要考虑对声音文件进行调整，将声音文件进行压缩或拉伸。可执行"伸缩与变调"效果，弹出时间伸缩调整窗口后，通过调整相关参数得到与画面相匹配的声音。

2. 提高

掌握了 Adobe Audition CC 的基本操作后，下面再通过两个具体的实例来进一步地学习 Adobe Audition CC 的实用技术。

【实例6-4】 通过编辑频谱频率消除人声。

Adobe Audition CC 的"频谱频率显示器"能显示音频文件的频率分量波形，其中水平标尺（X轴）标示时间，垂直标尺（Y轴）标示频率。通过该视图能够分析音频文件的音频数据，了解音频的频率特征。颜色越亮表示振幅分量越大。颜色范围从低振幅频率的深蓝色变化到高振幅频率的亮黄色。

在频谱频率视图下，可以通过工具箱的■矩形选择工具、■绳套选择工具、■画笔选择工具、■污点修复画笔工具来选择和编辑特定频率的波形。频谱频率显示非常适合于删除音乐中的特殊噪声，如咳嗽声和其他伪声等。

（1）在"文件"面板导入要消除人声的歌曲音乐（人声为男声）。

（2）在工具栏单击■，打开"频谱频率显示器"视图。

（3）播放音乐，识别哪些频谱是人声，哪些是背景音乐。一般情况下亮度高、频谱密度大的是人声，如大块黄色分布的频谱区域。当然也会包含背景音乐，尤其是在背景音乐音量较大时。这需要仔细甄别和分析，如图6-29所示。

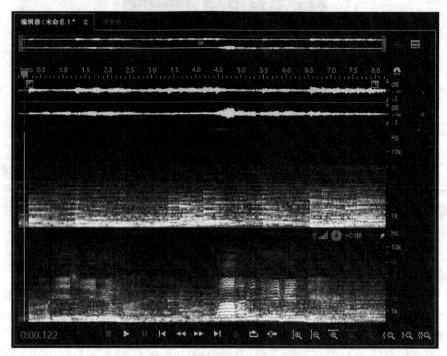

图6-29 频谱频率显示器

（4）经过分析后发现，左声道(L声道)全是音乐，没有人声，人声全部出现在右声道(R声道)。单击左声道波形图右侧的 ■ ，把左声道禁用(视图中变成灰色)，只让右声道起作用。

（5）单击选择工具栏中的 ■ "污点修复画笔"工具，设置画笔像素的大小，涂抹频谱波形中亮黄色区域，对频谱波形进行修改。播放修改后的部分，发现人声得到了一定的减弱。

（6）对于使用"污点修复画笔"工具效果不理想的频谱波形，也可以使用 ■ "画笔选择"工具。先对"画笔选择"工具的参数(像素大小和透明度)进行设置，然后在频谱中选择特定波形，把选区进行删除操作。通过播放，监听声音效果。污点修复画笔工具和画笔选择工具往往结合起来使用，效果会更好。

（7）完成人声去除后，就可以把音频文件存盘了。

【实例6-5】 Adobe Audition CC多音轨混合编辑。

在多轨编辑器中，用户可以混音多个音频轨道以创建分层的声道和精心制作的音乐创作。用户可以录音和混音无限多个轨道，每个轨道可以包含用户需要的剪辑，唯一的限制是硬盘空间和处理能力。在对混合感到满意时，可以导出供CD和Web等上使用的混音文件。

多轨编辑器是一个极其灵活的、实时编辑环境，因此用户可以在播放期间和在听到结果后立即更改设置。例如，在收听会话时，可以调整轨道音量以正确地将轨道混合在一起。所做的任何更改都是暂时的或非破坏性的。如果某个混合在下周乃至明年似乎不再适合，则用户只需重新混合原始源文件，自由应用并移除效果以创建不同的声音。

在多轨编辑器中，"编辑器"面板提供帮助用户混合和编辑会话的多个元素。在左边的轨道控件中，可以调整特定于轨道的设置，如音量和声像。在右边的时间轴中，可在每个轨道中编辑剪辑和自动包络，如图6-30所示。

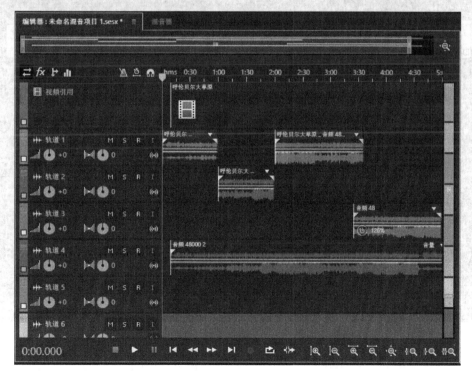

图6-30 多音轨编辑器

（1）依次单击"文件"|"新建"|"多轨会话"，弹出"新建多轨会话"对话窗，设置好相应参数，单击"确定"按钮，如图 6-31 所示。

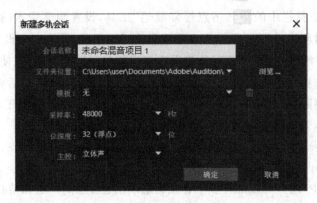

图 6-31 "新建多轨会话"对话框

（2）在"多轨编辑器"视图中，点选一条声音轨道，右击，在弹出的菜单中依次单击"插入"|"文件"，如图 6-32 所示，弹出"导入文件"对话窗，选择要导入的素材声音（或视频）文件，单击"确定"按钮，则一个声音文件就导入到了这条音轨中。相同做法，分别在其他几条音轨中导入素材声音文件。

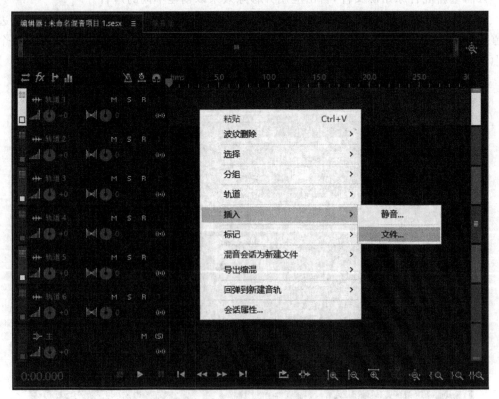

图 6-32 多轨会话导入文件

（3）每一条声音轨道都可以进行选择、剪切、复制、粘贴的编辑操作，不同的轨道之间也可以进行剪切、复制、粘贴的操作。

（4）双击某条音轨，则编辑器由多轨编辑切换到单轨编辑，此时，可对该轨道音频进行常规的编辑。也可以在多轨编辑和单轨编辑间随时切换，在工具栏中单击███████，就切换到了多轨编辑器视图，单击████波形，就切换到了单轨编辑的音频波形视图。

（5）多轨混音编辑完成后就可以输出声音文件了。依次单击"文件"|"导出"|"多轨混音"|"整个会话"，弹出"导出多轨混音"对话窗，设置好相应的参数后，单击"确定"按钮，完成的文件就存盘了，如图 6-33 所示。

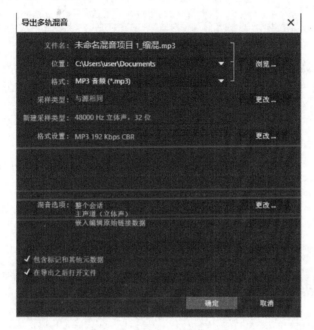

图 6-33　多轨会话输出文件

提示：
如果导入了一个视频文件，则会在视图中新增加一条视频轨道，来记录视频内容。

本 章 小 结

本章主要讲述了数字音频方面的基础知识。并通过 Windows 10 录音机软件和 Adobe Audition CC 录制声音软件，简单介绍了数字音频的录制过程。通过对 Adobe Audition CC 软件几个实例的应用，重点讲解了如何使用音频编辑软件进行数字音频的制作和处理。

思 考 题

1. 多媒体技术中数字音频的常见格式有哪些？
2. 数字音频软件一般分为哪几类，Adobe Audition CC 软件的主要功能有哪些？

3. 在使用 Adobe Audition CC 进行录音时应该注意些什么？
4. 通过 Adobe Audition CC 如何调整音频文件的频率？
5. 图示均衡器有什么作用？
6. 如何对音频文件进行时间的压缩和拉伸？
7. 如何通过 Adobe Audition CC 对声音文件进行多音轨混音编辑？
8. 如何重新编码音频文件？
9. Adobe Audition CC 的频谱频率显示器的作用是什么？

第 7 章　数字视频编辑系统

本章学习目标
- 熟练掌握数字视频的采集与录制方法；
- 熟练掌握视频处理软件 Sony Vegas 的使用；
- 掌握视频影音格式转换与播放的方法。

7.1　数字视频的采集与录制

随着数字化生活的到来，视频采集在日常生活中的应用越来越普遍。各种视频信号通过数据采集才能进入计算机，从而被处理、存储和传输。

7.1.1　视频采集概述

视频采集就是将各种视频信号，通过专用的视频数据采集设备，转换为计算机能够处理的数字视频的过程。在进行视频采集前，除计算机本身的性能设置外，还需要一些外部硬件设备。

1. 视频采集卡

在视频采集工作中，视频采集卡是主要设备，是外部视频信号记录到计算机硬盘的中间媒介。常用的视频采集卡有独立的视频采集卡和集成视音频处理套卡。

使用视频采集卡的另一个原因是在模拟信号和数字信号转换中数字视频信号的压缩。视频信号的数据量非常大，在转换的过程中如果没有压缩，一般计算机的硬盘难以承受。衡量视频采集卡的标准之一就是是否带有硬压缩，硬压缩就是通过硬件压缩视频文件的数据量。如果视频采集卡上有硬压缩，捕捉性能将有很大的提高，例如，带有 JPEG 压缩的视频采集卡就可以有效地采集全部运动的视频。视频采集卡的速度越快，视频采集的质量越好，视频在屏幕上的刷新速度就越快。

2. 大容量硬盘

对于采集的视频文件，在计算机中存储文件的大小取决于它占全屏大小的像素、采集的帧速率以及视频的时间长度。采集的帧速率和时间长度都直接影响了采集的视频中包含的帧数，帧数越多所占的内存空间就越大，这些因素对文件大小的影响可以用下面的表达式说明。

$$像素 \times 采集的帧速 \times 1 \times 60 = 每分钟采集的视频的数据量（字节表示）$$

其中"1"表示一分钟，"60"指的是一分钟的 60 秒。如果要以帧速率 30 帧/秒（fps）、16 位的色彩捕获 640×480 像素的原始视频影像，每分钟视频影像就需要 640×480×30×

1×60＝1 105 920 000，约 1.1GB 的硬盘空间，如果采集 1 小时 640 像素×480 像素的视频，大概需要 65GB 的空间。由此可以看出大容量硬盘在视频采集中是非常重要的。

3. 高速硬盘和内存

速度快的硬盘和内存可以提高视频数据读取速度。提高数据量的传输速率关键是计算机要具有与视频协处理器同样功能的芯片。在视频采集过程中，数据是随机地存到硬盘中的，在较长的连续的操作中，它可能要填充硬盘的一半或一半以上的空间，任何硬件存储操作的延迟都会使采集到的视频影像不完美甚至导致漏帧。

4. 整理磁盘碎片

整理硬盘碎片也是关键，硬盘碎片是在经常删除硬盘文件或者在硬盘上添加文件的时候产生的。它实际上就是物理硬盘中不连续的存储单元。采集视频的文件连续地存放到硬盘上，如果硬盘有碎片，很可能就会减慢读取视频信号数据的速度以及减慢帧速率，更严重的是会遗漏一些视频信号，所以采集前一定要对保存采集视频的硬盘进行碎片整理。

7.1.2 视频采集典例剖析

Windows Movie Maker 是 Windows 自带软件，具有流程简洁、容易上手等优点，使用方便。Windows Movie Maker 具有分割视频、实时录制、添加图片和音乐、录制语音旁白、输出电影等功能。

【实例 7-1】 以 Windows Movie Maker 程序为例介绍视频采集的过程。

（1）配置好硬件设备后，打开 Windows Movie Maker 程序，如图 7-1 所示。

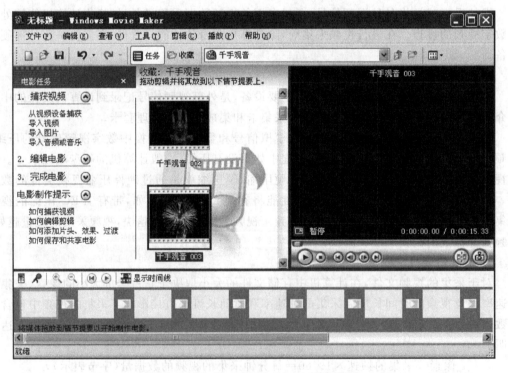

图 7-1　Windows Movie Maker 程序界面

(2)选择"捕获视频"|"从视频设备捕获"命令,弹出"视频捕获向导"对话框,如图7-2所示。

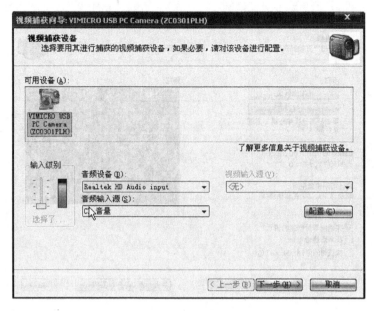

图7-2 "视频捕获向导"对话框

(3)选择"配置"按钮,出现"配置视频捕获设备"对话框,进行摄像机设置或视频设置。

(4)选择"视频设置"按钮,出现视频"属性"对话框,如图7-3所示。在这里设置视频属性。

图7-3 视频"属性"对话框

(5)选择"摄像机设置"按钮,在"摄像机属性"对话框里设置摄像机。关闭"配置视频捕获设备"对话框。

(6)在"视频捕获向导"对话框里单击"下一步"按钮,在弹出的对话框里设置视频文件名和要保存的位置。

(7)在"视频捕获向导"对话框里单击"下一步"按钮,在弹出的对话框里设置视频录制质量。

(8)单击"下一步"按钮,弹出如图7-4所示对话框,单击"开始捕获"按钮进行视频捕获。

（9）捕获完成后，单击"完成"按钮，对捕获的视频进行预览。

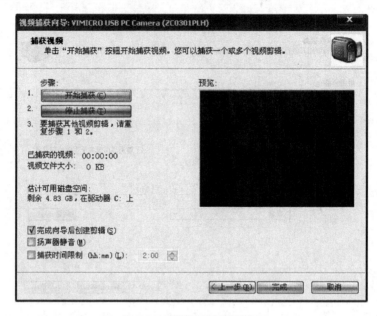

图 7-4　"捕获视频"对话框

7.2　数字视频处理软件 Sony Vegas

Sony Vegas 是一款非常优秀的非编软件，可以实现非编软件几乎所有的功能，同时又可以实现一些合成软件才能完成的特技。Sony Vegas 集剪辑、特效、合成于一身，而且具有自由灵活的编辑方式。

Sony Vegas 是一款不需要硬卡支持就能实时预览、实时渲染的非编软件。相对那些需要昂贵硬件支撑的非编软件，性能却毫不逊色。

Sony Vegas 拥有强劲的音频处理工具，它的前身是一款音频编辑软件，后来才发展成为视频编辑软件，因此，没有哪一款非编软件在音频的处理上能够超越它。

7.2.1　Sony Vegas 知识要点

Sony Vegas 不仅是专业人士创作影视作品的有力工具，也是业余人士涉足多媒体世界的得力助手。下面对 Sony Vegas 做简单介绍。

1. Sony Vegas 界面

Vegas 提供了强大而灵活的界面自定义方案，可以随意搭配、组合、拆分窗口和面板，掌握界面的操作方法可以顺利地进行视频编辑。默认启动后的工作界面主要包括以下几个部分，它们是菜单栏、工具栏、项目媒体窗口、资源管理器窗口、转场特效窗口、视频特效窗口、媒体发生器窗口、修剪器窗口、预览窗口、音频控制台窗口和时间线窗口。Vegas 启动后的界面如图 7-5 所示。

图 7-5　Vegas 界面

Vegas 采用浮动面板的形式安排窗口界面，每个窗口都是浮动的，都可以拖动组合。每个窗口的左上角都有按钮，拖动这些按钮，可以将某一个面板合并到另外一个面板中去，或者关闭这个窗口。

1）项目媒体窗口

一个工程项目中所有打开或者用到的素材都集中在这个窗口中。在项目媒体窗口中能够进行如下操作。

① 导入素材。

② 采集素材。

③ 从 CD 抓取音轨。

④ 从网络获取媒体素材。

⑤ 删除项目中的素材。

⑥ 查看项目媒体的属性。

⑦ 预览素材。

2）修剪器窗口

在修剪器窗口中对素材进行初步预览和修剪，然后再拖上轨道进行编辑，是 Vegas 中最重要的窗口之一。在本窗口中可以完成以下工作。

① 对素材进行预览播放。

② 选定入点和出点，然后插入或者覆盖到轨道上。

③ 显示选定片段的入点时间、出点时间以及持续时长。

④ 将入点和出点之间的选定片段创建为子素材。

⑤ 管理修剪器窗口中的素材，例如删除当前素材、快速清空、对修剪器素材进行排序、在外部监视器中预览等。

3）转场特效窗口

Vegas 所有的转场特效都集中在这个窗口，如图 7-6 所示。可以选择一种效果直接拖放到素材之间转场过渡处。

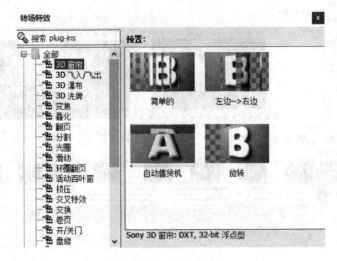

图 7-6　转场特效窗口

4）视频特效窗口

全部的视频特效都集中在这个窗口中，包括它们的效果预览，如图 7-7 所示。可以选中某一种特效直接拖放到素材上完成特效的添加。Vegas 的视频特效针对非编过程中的实际需要，虽然数量不多，却非常实用。

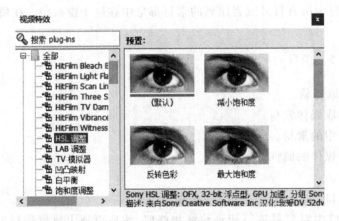

图 7-7　视频特效窗口

5）媒体发生器窗口

媒体发生器中集中了 Vegas 内部生成的一些特殊素材，由计算机模拟计算生成，并非真实的现实素材，例如一些纹理、文字、填充色、字幕等，如图 7-8 所示。

6）轨道预览窗口

轨道预览也是 Vegas 中最重要的窗口之一，在本窗口中可以实现以下功能。

① 预览轨道上剪辑合成的效果。

② 设置当前项目的属性。

③ 切换到外部显示器中预览。

④ 添加视频输出特效。

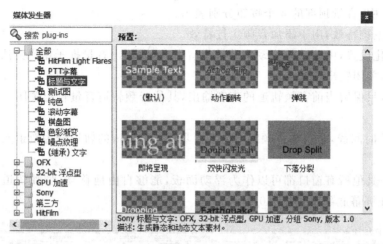

图 7-8 媒体发生器窗口

⑤ 分屏显示。在调色时可以分屏观看调色前和调色后的效果对比。

⑥ 设置预览的显示比例，最大全屏预览，最小以原始画面的四分之一预览，默认为自动设置显示比例，以最佳的比例显示，同时兼顾性能，能够实时预览。

⑦ 显示安全框，关闭字幕，只显示 RGB 通道中的某一个通道，或者将某一种颜色通道转变为灰度。

⑧ 保存快照，对当前画面拍照，保存为图像文件或者复制到剪贴板中。

⑨ 录音，在编辑过程中可以随时录音，并自动添加到轨道上，这样可以实现即时配音。

7) 输出音量表

直观反映当前音频的输出音量，对于立体声分左右两个声道显示。绿色表示音量在正常范围内，黄色表示声音超标。左侧的音量调节滑竿称为"输出音量推子"，简称"推子"，可以调节音频输出的音量大小，如图 7-9 所示。单击图中音量右上角的按钮，能够打开音频"混合控制台"，用于查看更多的详细信息。

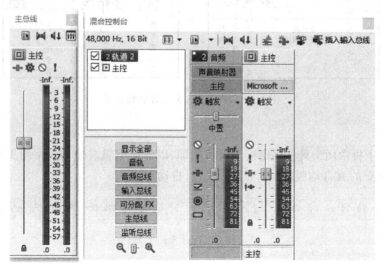

图 7-9 音量推子和混合控制台

在图 7-9 中,音量顶部的 4 个按钮分别表示:
① 音频主控特效,用于添加音频主控特效。
② 自动化设置,由 Vegas 自动调节输出音量,这时输出音量推子用户无法手动控制。
③ 静音,关闭输出音量。
④ 独奏,只保留当前音频轨道的声音输出,其他音频轨道音量输出关闭。

8) 轨道

轨道也称时间线,是视频音频编辑的主要场所。Vegas 的轨道分为轨道头和轨道(时间线)两部分 。

Vegas 中其他所有窗口都可以作为浮动面板,能够自由地移动,唯独轨道不能被移动,它一般固定在屏幕底部,如图 7-10 所示。

图 7-10　Vegas 轨道

Vegas 的轨道头部带有丰富的信息。如图 7-11 所示,便是 Vegas 轨道头的形式,以及各个主要按钮的含义解释。

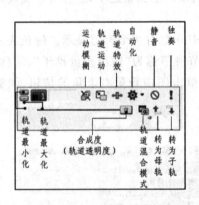 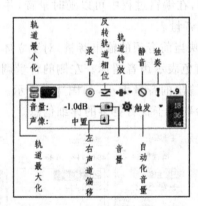

图 7-11　视频轨道头和音频轨道头

9) 工具栏

最新版本中将常用工具栏固定置于轨道底部,以方便编辑时使用。常用工具栏如图 7-12 所示。其中重要的有自动吸附、自动交叉淡化、自动跟进。

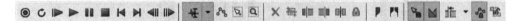

图 7-12　Vegas 常用工具栏

工具栏中重要功能按钮的释义如图 7-13 所示。

图 7-13　Vegas 重要工具释义

2．项目设置

启动 Vegas 后，会自动建立一个新的项目文件。项目也叫工程，它只是保存了该项目中调用到的素材以及编辑方法，体积很小，只能被 Vegas 识别和调用。它并不等于视频内容，也不等于渲染输出后的成品文件。Vegas 项目文件的后缀名为 ∗.veg。

初次使用 Vegas 的话，默认创建的项目设置并不适合我们使用，因此有必要进行调整。选择文件菜单，单击"属性"按钮，打开"项目属性"设置框，如图 7-14 所示。

图 7-14　Vegas 项目属性

第一项是视频设置。可以选择编辑文件的格式、帧率、画面尺寸、同步形式、渲染质量等。

第2项是音频设置。可以选择5.1环绕立体声还是普通的立体声。还有具体的音频采样率设置,比特率设置,重新采样参数设置。

第3项是标尺设置。在修剪区时间线上面的标尺单位。

第4项是摘要。可以给编辑项目加上注释和说明。如写上作者姓名、拍摄时间、编辑姓名、拍摄人员、版权等。

在图7-14中单击"视频"选项卡里的"模板"下拉列表,图示中列出模板的几种类型,其中"DV"是标清格式,"HD"是高清格式,现在非常流行;"2K"和"4K"是电影格式,现在用的还少一些;"IMX"是立体3D宽银幕格式;"Internet"是用于网络传输的媒体格式。可以根据实际需要选择使用。图中选中的是"PAL DV(720×576,25.000fps)",这是最常用的格式,也是符合我国PAL制式的格式。

单击"标尺"选项卡,选择"SMPTE EBU(25 fps,Video)",这是和PAL制相对应的时间码标准。如果采用默认的"SMPTE Drop(29.97 fps,Video)",则应该对应NTSC制式,这显然不符合我国的实际使用情况,因此应该改过来。修改以后,最明显的变化就是时间线上的标尺会以"秒"为单位显示。

做完修改后,如果勾选下方的"将这些设定用于所有新建的项目",以后就不用每次修改项目属性。

3. 修剪器的使用

针对刚刚采集或者导入的素材,首先应该使用修剪器进行修剪。根据制作内容的要求,去掉不需要的部分,保留精华内容。选中某一段素材直接拖入"修剪器"窗口或双击项目媒体中的素材,会自动地载入到修剪器中,如图7-15所示。当视频文件含有音频时,在"修剪器"中会同时显示音频波形,双声道同时显示。

图7-15 Vegas"修剪器"窗口

修剪素材时经常用到以下几个快捷键。

① J键,正向播放和搜索。

② L键,反向播放和搜索。

③ K 键，暂停/停止。
④ I 键，设置入点。
⑤ O 键，设置出点。
⑥ Ctrl＋A 键，全选，对修剪器中的节目内容全部选中，不作任何裁切。
⑦ Tab 键，只选中视频或者音频，在选中素材内容的情况下，不论是全选还是选中部分，按下 Tab 键会在选中视频和选中音频之间切换。
⑧ Enter 键，从光标处向后播放，按一次是暂停，再按一次是继续播放，不过继续的起点却是当前光标处。
⑨ 空格键，和 Enter 键类似，从光标处开始播放，再次按下是暂停，再按一次会继续播放，但总是从最早的光标处开始播放，类似循环播放。
⑩ M 键，制作标记，俗称"打点"，在需要选中的地方作上标记，可以对素材做多个标记。标记一般自动编号，如"1"、"2"、"3"等，也可以自己命名标记。

在找到需要的画面入点后，按下"I"键，再找到画面出点，按下"O"键，就完成了一段画面的选取。也可以用鼠标在素材上直接拖拉画出选择区域，这样不太精确。被选中的区域会变为蓝灰色，在素材上方的时间标尺上，也会出现两个黄色三角，框住了选定区域，如图7-16 所示。可以用鼠标拖动这个黄色三角，改变入点和出点位置。

图 7-16　入点出点标记

"修剪器"窗口下方有 3 个时间提示：入点时间、出点时间和持续时间，如图 7-17 所示。前两个的值都可以被修改。双击该时间值，它们就进入编辑状态，这时可以直接输入新值，通过这种方法能够快速定位到具体位置，很准确。例如，要定位 5 分 19 秒 17 帧，就输入 "5:19:17"，或者输入"051917"。前一种方法的规则是：用":"分隔时、分、秒、帧；后一种方法的规则是：省略掉前置"0"和中间的冒号，数字连续，但中间和末尾的零不能省略。注意，帧数在 PAL 制下是从 0～24 帧。

图 7-17　入点出点时间设置

选定素材放置到轨道上时，一般有插入和覆盖两种模式，它们的区别如图 7-18 和图 7-19 所示。而插入又分为两种：从光标处插入和插入到光标处。前者是以当前光标处为轨道入点,后者是以当前光标处为轨道出点。

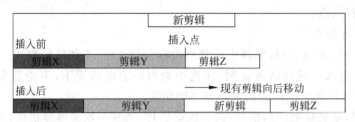

图 7-18 插入模式示意图

图 7-19 覆盖模式示意图

三点式编辑指在素材上指定两个点,分别为入点和出点,轨道上设置一个入点,3 个点即构成三点式编辑。然后在"修剪器"窗口中,按照图 7-20 所示,单击"从光标处插入"按钮,修剪器中选定的素材就插入到轨道上,轨道上原有素材依次向后移动。

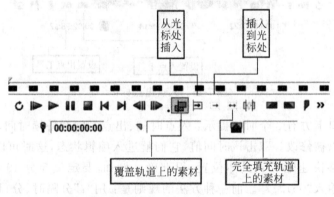

图 7-20 修剪器中的几种插入覆盖方式

四点编辑,它指的是在修剪器中选定入点和出点,然后在轨道上再次选定入点和出点,这样总共 4 个点,单击图 7-20 中"完全填充轨道上的素材"按钮,选定的素材就会放置在轨道上两个点指定的范围内。

4. 轨道素材的基本操作

素材经过修剪器修剪后放置到轨道上。添加到轨道上的素材最明显的特征,是这些素材带有一些特殊的标志和按钮,它们附加在每一段素材上,如图 7-21 所示。

1) 设置淡入淡出

淡入淡出是视频编辑中常用的操作,Vegas 把这种常用操作放在每一段轨道素材的左上角和右上角,如图 7-21 中的所示的蓝色小三角形。

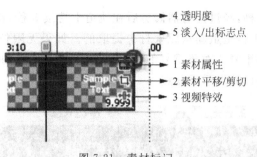

图 7-21　素材标记

当鼠标在这两处地方稍作停留时,会出现一个小圆弧标志,这时向下拖动鼠标,就会拉出一条淡入淡出曲线。在素材头部的曲线叫淡入曲线,在素材尾部的曲线叫淡出曲线,如图 7-22 所示。添加以后轨道素材上就多出两条波形曲线,如图 7-23 左图所示。

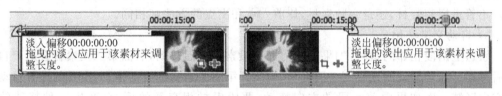

图 7-22　设置淡入淡出曲线

除了这种曲线形式,Vegas 还有几种曲线类型。在淡入淡出曲线上右击,选择弹出菜单中的"渐变类型",就会显示所有可选的曲线类型,如图 7-23 右图所示。

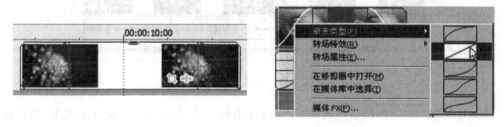

图 7-23　素材淡入淡出曲线

2）修剪素材入点和出点

轨道上的素材是经过修剪以后的素材,有时根据制作内容需要,可以再次修改素材的持续时间,以及入点位置和出点位置。修改办法是：将鼠标移到素材左侧边缘或者右侧边缘,然后拖动鼠标,如图 7-24 所示。当素材入点时间和出点时间改变之后,素材的持续时间也会相应发生变化。

图 7-24　修剪素材入点和出点

如果原素材持续 6 秒，经过修剪器修剪后在轨道上持续 3 秒，在轨道修剪后的持续时间延长为 4 秒，多出来的 1 秒是重新从原素材中提取的。如果无限拉伸到 20 秒，延伸出来的素材只是原素材的循环重复。对于重复的素材，Vegas 也有特殊的标记，如图 7-25 所示，素材顶部的那些小三角缺口就表示重复点。

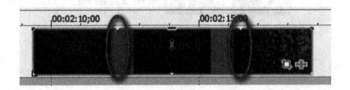

图 7-25　素材重复标志

图片这样的静态素材，默认在轨道上持续 5 秒。如果修剪出点，则持续时间会无限变长。不管是视频素材，还是音频素材，修剪入点和出点的方法都相同。

3）自动交叉淡化

轨道上两段相邻的素材，如果拖动前面一段素材前后移动，后面第二段素材会跟着自动前后移动。如果移动的是后面一段素材，向离开第一段素材的方向拖动，空开的地方自动成为空白区域。而如果向前一段的方向拖动，两段素材相交叉的话，会产生一种特殊的效果——自动交叉淡化，如图 7-26 所示。

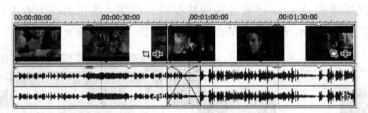

图 7-26　自动交叉淡化

中间那个像"X"一样的曲线就叫"交叉淡化曲线"，表示第一段素材自动淡出，第二段素材自动淡入，中间的数值表示交叉持续的时长，例如这里持续 11 秒 6 帧。多段素材连续交错时，也会自动出现交叉淡化效果。

Vegas 提供了很多种交叉淡化形式。在交叉淡化曲线处右击，在出现的快捷菜单中选择"渐变类型"菜单项，则会出现更多曲线类型，它们表示了不同的过渡运动形式，如图 7-27 所示。

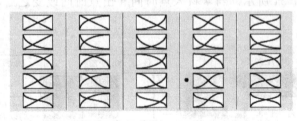

图 7-27　交叉淡化曲线类型

在工具栏上,有一个开关按钮,控制着是否会自动产生交叉淡化,如图7-28左图所示。当这个按钮保持凹下状态的时候,才会自动产生交叉淡化。如果凸起的话,即使两段素材交错也不会产生交叉淡化。

在工具栏上还有一个按钮,也影响着相邻两段素材的操作,它就是"自动吸附",如图7-28右图所示。当这个按钮保持凹下状态的时候,相邻两段素材的边缘接触时,接触部分会自动产生一条"蓝线",两段素材的边缘自动吸附,不用担心交错或者留有细小缝隙,边缘处自动对齐,完美对接。

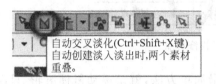 

图7-28 自动交叉淡化和自动吸附开关

4)缩放显示比例

Vegas轨道上较长的视频素材以最小的比例显示时,只会显示首帧、中间帧和尾帧,其余帧忽略不显示。这样能够提高操作的响应速度,如图7-29所示。

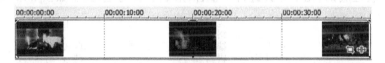

图7-29 素材最小比例显示

只有当视频的显示比例逐渐放大时,Vegas才会逐帧显示画面,如图7-30所示,这给精准的剪辑带来了极大的方便。

图7-30 素材最大显示比例

轨道上的音频素材,会显示双声道的波形。当显示比例较小时,能够看到较密集的波峰,如果放大显示比例,则波峰会逐渐稀疏,直至越来越稀疏,最后接近直线。如图7-31所示。

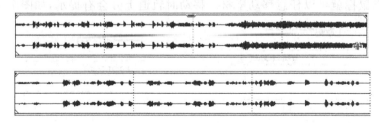

图7-31 音频的显示比例

利用显示比例可以很轻松地"卡点",说话声音的起止、音乐的渐强渐弱、间歇、停顿等,都是最佳的剪切点。如果借助音频波形作为参考,会剪得更准确。如图 7-32 所示,通过观察音频波形,找这样的停顿点。

图 7-32　根据波形找修剪点

而 Vegas 中轻松改变视频音频显示比例的最简单方法,就是搓动鼠标滚轮,只需轻轻搓动鼠标滚轮,完全实现平滑缩放,非常灵活方便。

5. 修剪工具

轨道上的素材编辑方式灵活,主要侧重合成。新版 Vegas 中新增了几个编辑工具,使它跟 Premiere 等主流软件的编辑方式更进一步地接近。还有一个变化,就是将常用编辑工具栏放置到了轨道底部,几个工具进行了整合,形成了新的工具栏,如图 7-33 所示。

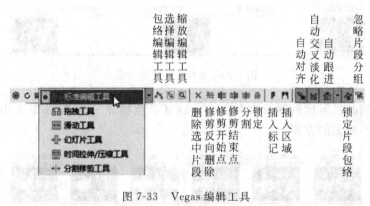

图 7-33　Vegas 编辑工具

1) 移动素材

轨道上的素材可以左右上下移动,上下移动会移动到其他轨道上。左右移动就是沿时间方向任意移动,没有任何限制。

移动素材的方法很简单,使用"标准编辑工具"就能实现常用的编辑操作。选中某一段素材,然后拖动鼠标就可以任意移动素材。移动时轨道上方会有提示,如图 7-34 所示。

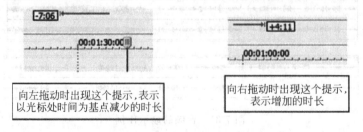

图 7-34　移动素材位置

2）拖曳工具

拖曳工具修改素材的排列顺序，但不管怎么改动，全部素材的总时长不会变化，只是各个片段的顺序发生了变化。在轨道上安排4段素材，使用拖曳工具调整它们的顺序。请注意使用该工具时的鼠标形状，如图7-35所示。

图7-35　调整素材的顺序

调整后的效果如图7-36所示。

图7-36　调整后的顺序

3）滑动工具

在轨道上针对已经修剪过的素材，如果选择滑动工具在素材内部左右拖动，或者按住Alt键在素材内部左右拖动，则表示滑动修剪。素材的总长度不发生变化，但是素材的入点和出点发生变化，相应的素材内容也发生变化。当使用滑动工具时，鼠标形状会发生变化，如图7-37所示。

图7-37　滑动工具

当使用滑动工具在素材内部左右拖动时，预览窗口相应发生变化，新旧入（出）点节目内容对比显示，如图7-38所示。

图7-38　使用滑动工具时的预览窗口

针对音频视频绑定的素材使用滑动工具进行修剪时，入（出）点处相应的视频音频内容一起发生变化，在轨道上会有反应。滑动工具工作原理如图7-39所示。

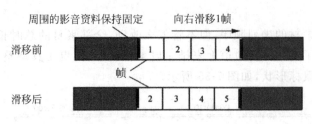

图 7-39　滑动工具示意图

4）幻灯片工具

幻灯片工具能够改变素材和相邻素材的关系,假设相邻两段素材,修剪素材 A 的出点时,相邻素材 B 的入点会自动跟着变化,但是两段素材的总时间长度不会发生变化。

幻灯片工具主要用于拖动两段素材的接缝处,下面通过几幅屏幕抓图的对比来看幻灯片工具的作用,如图 7-40 所示。第一幅图是原始的 3 段素材。使用幻灯片工具,移到后面两段素材的接缝处向右拖动,如第二幅图所示。向右拖动一段距离之后松开鼠标,此时轨道变化如图 7-40 第三幅图所示。

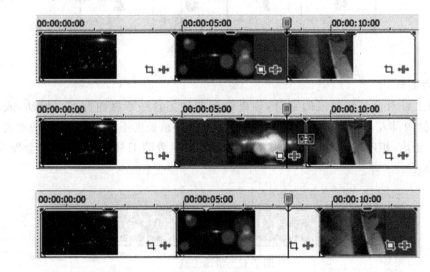

图 7-40　幻灯片工具

观察图 7-40 之后发现,3 段素材的总时长没有发生变化,但第二段素材出点改变,持续时间变长,相应的第 3 段素材的入点改变,持续时间变短。

幻灯片工具的快捷键 Ctrl+Alt,按下这两个键,鼠标指向两段素材的接缝处,然后左右拖动鼠标,就会达到修剪相邻的目的。

5）时间拉伸/压缩工具

使用时间拉伸/压缩工具能够改变素材的持续时间,等于变速工具。该工具使变速操作更加突出和集中了。这个工具的使用情况如图 7-41 所示,使用该工具在素材边缘拖动,向左拖是缩短持续时间,向右拖是延长持续时间。

6）分割修剪工具

分割修剪工具有两个作用:一是分割素材,二是修剪素材出入点。

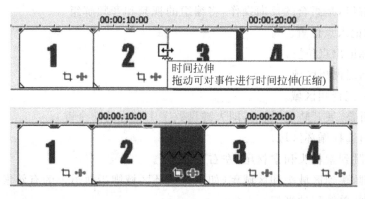

图 7-41　时间拉伸/压缩工具示意图

先来看它的分割作用。选择分割修剪工具，将鼠标移到轨道上需要切割开的地方，此时轨道提示如图 7-42 左图所示。单击，素材立即被分割成两段，轨道变化如图 7-42 右图所示。

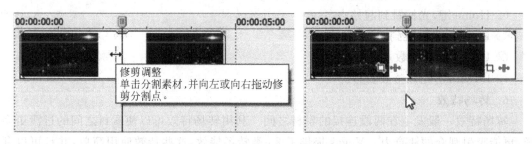

图 7-42　分割修剪工具及结果

再来看它的修剪作用，使用分割修剪工具，将鼠标移到素材的边缘时，无论是左侧边缘还是右侧边缘，都会提示修剪素材的入点或者出点，如图 7-43 所示。

图 7-43　修剪出入点

素材在轨道上的编辑操作比"修剪器"窗口的操作更加便捷，功能也更加强大。主要用到的操作键如下。

① J 键，反向搜索。
② K 键，暂停。
③ L 键，正向搜索。
④ Enter 键，播放/暂停（光标就地停止）。
⑤ Space 键，播放/停止（光标返回播放点）。
⑥ S 键，分割（截断）。
⑦ M 键，做标记点，俗称"打点"。
⑧ G 键，组合，将匹配的视频和音频编组。

⑨ U 键，解组，是组合的反向操作，将编组的视频和音频解组。
⑩ I 键，标记入点位置。
⑪ O 键，标记出点位置。
⑫ R 键，标记视频区域。
⑬ N 键，标记音频区域。
⑭ ～键，折叠/展开轨道（按～，即大键盘数字 1 左边的那个键）。
⑮ 双击键，选择循环区域。
⑯ [、]键，跳到素材头和素材尾（左右方括号）。
⑰ <、>键，跳到区域头和区域尾（如果无循环区域则指轨道上的有效素材）。
⑱ →、←键，单帧移动光标。
⑲ ↑、↓键，缩放轨道显示比例，等同于搓动鼠标滚轮。
⑳ Insert 键，插入关键帧。
㉑ Delete 键，删除素材。
㉒ Home 键，光标跳到起始点。
㉓ End 键，光标跳到末尾点。
㉔ Up 键，光标整数左移。
㉕ Down 键，光标整数右移。

6. 转场特效

转场特效一般发生在两段连接的素材之间。利用转场特效可以使素材之间的过渡更多样，更能吸引观众的注意力。Vegas 提供了 25 类转场特效，这些特效使用简单，并且可以利用关键帧动画制造更复杂多变的效果。

转场特效应根据镜头组接的规律和情节需要来合理添加，既不要过分喧宾夺主，也不能死板平淡。

在转场特效窗口中选中某一种特效，直接拖到两段素材的衔接处，如图 7-44 所示。

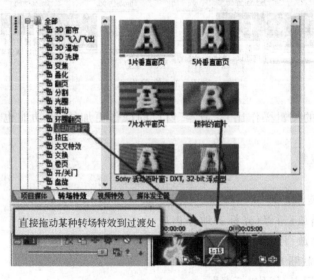

图 7-44　拖动添加转场特效

把特效拖到两段素材的衔接处后,松开鼠标,弹出该转场特效的参数设置窗口,如图7-45所示。边观察预览窗口,边适当调节该种转场过渡特效的参数,直到效果满意为止。成功添加转场特效之后,两段素材交错部分出现交叉曲线,并且提示该种转场特效的名称。

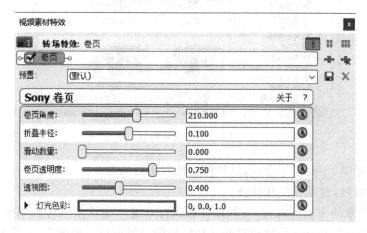

图7-45　转场特效参数设置

如果对已经使用的转场特效不满意,可以用另外一种特效替换掉。从转场特效窗口中拖动一种新的转场过渡效果,直接拖到原来的转场特效处,松开鼠标,则原转场特效就被替换掉。

已经添加使用的转场特效,要想删除的话,单击图7-46左图所示的像"X"一样的标志,此时会出现参数设置窗口。在图7-46所示的窗口中,单击圈选的这个按钮,即可清除当前转场过渡特效。

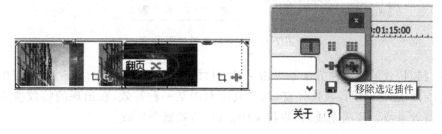

图7-46　删除转场特效

7. 视频特效

视频特效施加在素材上,使素材能够实现一种特定的效果,或达到修饰美化的目的,或达到纠偏修正的目的。Vegas的视频特效更加注重实用,软件自带的多达80种特效,如图7-47所示。

按照实现功能来分类,可以将所有特效分为如下六大类。

① 扭曲变形类,能够使画面扭曲变形。
② 风格化类,给画面制造一种特殊的风格。
③ 光效类,实现炫目的光线以及发光、扫光、星光等效果。
④ 模糊锐化类,一类使画面变得模糊,另一类使画面变得清晰。

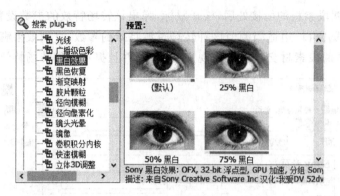

图 7-47 视频特效

⑤ 抠像遮罩类,主要用于合成,是软件中比较重要的部分。
⑥ 调色类特效,包括校色和调色。

添加视频特效的方法有两种,一种是将视频特效窗口中的某一种特效拖到轨道上的素材上面,松开鼠标后,Vegas 会自动打开这种特效的设置窗口。如图 7-48 所示。

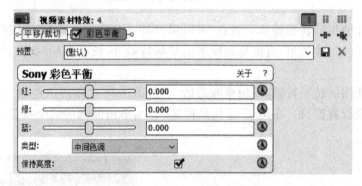

图 7-48 视频特效设置窗口

添加视频特效的第二种方法是单击一段素材的"素材特效"按钮。"素材特效"的形状如图 7-49 所示。之后出现特效选择窗口,在其中双击某一种特效,在出现的特效参数设置窗口中修改特效参数。修改完成后,直接关闭窗口,特效就会生效。

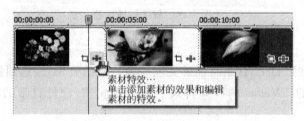

图 7-49 添加视频特效

要删除某段素材的视频特效,单击素材上的特效标志,进入视频特效参数设置窗口,单击"移除插件"按钮,则会删除当前已添加的视频特效。

7.2.2 Vegas 典型案例

本节通过一个实例讲解 Vegas 的具体应用。

【实例 7-2】 MTV 天堂草原。

目的：
- 熟练掌握素材的剪辑操作；
- 熟练掌握字幕的使用方法；
- 熟练声音的剪辑操作；
- 熟悉视频转场的使用方法。

图 7-50 "导入媒体"按钮

（1）在 Vegas 中新建项目文件名称为"天堂草原"，设置项目属性。切换到"项目媒体"对话框，按照图 7-50 所示，单击"导入媒体"按钮，然后出现如图 7-51 所示的"导入媒体"对话框。

图 7-51 "导入媒体"对话框

（2）在"导入媒体"对话框中，打开教学资料中的"\素材\第 7 章"文件夹，选择"天堂 sc03.avi"等 7 个文件，素材就会被导入到项目中来，并且放置在项目媒体窗口中。

（3）在"项目媒体"对话框中选中"天堂片段.wav"，将其拖至轨道中。从音频波纹图示中大致可以看出有 4 句唱词，播放监听音频的内容，在唱到第 2、第 3 和第 4 句刚开始的位置时依次按下工具栏的"插入标记"按钮，这样在轨道的标尺线上添加 3 个标记，如图 7-52 所示。

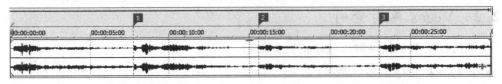

图 7-52　在音频轨道上添加标记

（4）在轨道标尺上添加了标记点之后，就可以给被标记点分开的四部分添加对应的画面。单击第 1 个标记点，显示位置为 00:00:07:19；第 2 个标记点位置为 00:00:15:14；第 3 个标记点位置为 00:00:23:02，这就为后续的素材剪辑提供了依据。

（5）先从素材窗口找到内容为蓝天的素材"天堂 sc10.avi"，将其拖至修剪器中，设置入点和出点，使其长度为 7 秒 19 帧。然后插入到轨道中，正好与第一个标记点重合。

（6）使用同样的方法对内容为湖水的素材"天堂 sc11.avi"和"天堂 sc12.avi"进行剪辑后，将其拖至视频轨道上的第 2 个标记点位置；"天堂 sc13.avi"拖至视频轨道上的第三部分的位置；"天堂 sc03.avi"、"天堂 sc20.avi"拖至视频轨道上的第四部分的位置，至此，声音和画面对应起来了，如图 7-53 所示。

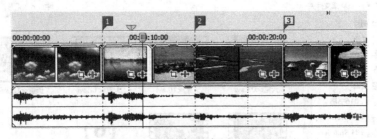

图 7-53　轨道上"声画对位"

（7）单击"视频转场特效"对话框，选择合适的转场特效添加到视频链接处，并做相应的参数设置。

（8）单击"媒体发生器"，选择其中的"标题与文字"，右侧预置栏中会显示各种预置效果，包括静态字幕和动态字幕，如图 7-54 所示。

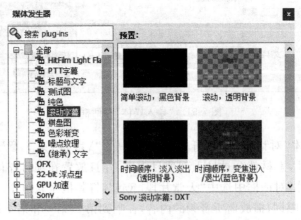

图 7-54　添加滚动字幕

（9）在图 7-54 右侧的"预置"中选择"滚动,透明背景",把它拖到视频轨上,出现文字编辑窗口,如图 7-55 所示。修改特效类型为时间顺序,由原来的滚动字幕修改为时间顺序。修改进入方式为"从右边慢速进入",退出方式为"由左边慢速退出",显示方式为"一次显示一条"。第一句歌词排好版,调整好样式,完成后关闭窗口。

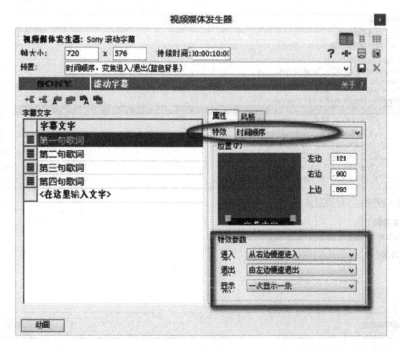

图 7-55　编辑字幕

（10）接下来将这一句唱词复制,复制到每个标记处。逐句修改字幕文字内容,改成具体歌词内容。再调整其时间点,直到完成所有唱词,如图 7-56 所示。

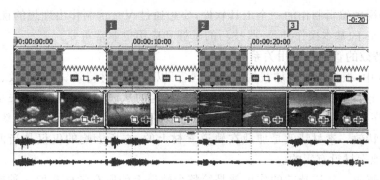

图 7-56　复制字幕

（11）单击文件菜单,选择其中的"渲染为",如图 7-57 所示,即可打开输出格式选择对话框。如果制作的节目只是在计算机上播放,那就选择"Windows Media Video V11"格式,单击"渲染"按钮,即可开始渲染输出。

图 7-57 "渲染为"对话框

7.2.3 Vegas 总结与提高

Vegas 是视频编辑制作的一个工具软件,要想通过 Vegas 制作出理想的视频作品,除了熟练掌握 Vegas 的基本操作外,一些技巧的掌握和应用也非常重要。

1. 掌握特效的管理和应用关系

在 Vegas 中,根据特效所加载的对象不同,可以分为素材特效、轨道特效、媒体特效、输出特效四类。这四类特效是互不干扰的,也具有一定的从属关系。它们的关系从递进的层面讲,可以排序为输出特效＞媒体特效＞轨道特效＞素材特效。下面分别介绍四类特效。

(1) 素材特效。素材特效是加载在轨道素材上的,它所影响的仅仅是当前被加载这一段素材,对其他素材没有影响。

(2) 轨道特效。轨道特效的作用就是给整个轨道上的所有素材施加一种或几种视频特效。轨道特效对轨道上的所有素材产生影响,无论素材本身是什么性质。

轨道特效适合将所有同一个属性的剪辑片段集中在一个轨道上,然后添加轨道特效,以提高工作效率。

(3) 媒体特效。在项目媒体窗口中,选择一个素材媒体,然后右击,选择媒体特效。或者使用项目媒体对话框中的工具栏,选择加载"媒体特效"按钮,选择特效后轨道上所有基于该素材剪辑的片段都会被加上特效。这个特效不影响其他的素材,只影响原始素材以及在轨道上已经剪辑好的片段。无论对原始素材进行多少次剪辑，所有的剪辑片段都会带有这个媒体特效。

媒体特效适合对一个原始素材做出操作。比如调整原始素材的偏色问题、尺寸问题等。这样拖放到轨道上就无须单独进行调整。

（4）输出特效。在预览窗口上方工具栏中，单击"特效"按钮，可以打开插件选择器，加载输出特效。输出特效针对的是最终的影片输出和项目的所有素材，例如最终需要将色彩进行控制和调整，适合使用输出特效。

在大部分情况下，媒体特效和输出特效的利用率是很低的。但是如果有需要，它们依然是非常方便快捷的功能。

2. 使用子母轨道

Vegas 中轨道应用非常灵活，可以无限制地使用多个轨道。除了这些好处，还可以使用子母轨道。子母轨道犹如轨道嵌套，在轨道之间形成父子连接关系，把起控制其他轨道作用的称为母轨，把受控制的轨道叫作子轨。一个母轨可以控制管理多个子轨。

子母轨道嵌套关系中，母轨的运动影响到它的所有子轨，子母轨在制作一些复杂效果的时候非常有用。例如，利用 6 张图片拼成一个立方体，然后要让这个立方体能够旋转、缩放大小等，这时利用子母轨来制作，就能保证每张图片的运动保持同步，保持统一的运动形式。

最简单的子母轨道形式，只用两层轨道，上层轨道作母轨，下层轨道作子轨。制作子母轨道主要依赖于两个按钮，如图 7-58 所示的两个按钮。

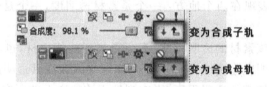

图 7-58　子母轨道

最常见的子母轨道形式，是用一个母轨控制一个或者多个子轨，这一点，从轨道头部的连线就可以看得出来，在 Vegas 中，子轨头部自动向里缩进显示，如图 7-59 所示。

子母轨道有下列 3 个作用。

① 母轨控制多个子轨同步运动。子轨道的运动要随母轨道的运动而运动，这点在母轨运动中运用得最多。

② 利用子母轨制作轨道遮罩效果，子轨道上的内容要通过母轨道来表现，母轨起了轨道蒙版的作用。

③ 利用子母轨制作轨道特殊合成效果，主要有凹凸映射、高度映射、置换映射和图层维度 4 种特殊效果。

3. Vegas 合成技法

视频编辑制作过程中非常重要的环节就是合成。Vegas 实现合成需要用到五个方面的技术。

1）透明度

一般上下两个轨道间进行合成，只要修改上层轨道的透明度，即可实现简单的合成效

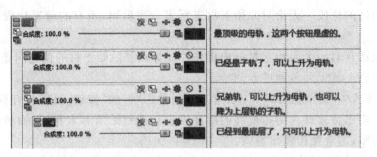

图 7-59　子母轨道形式

果。而如果透明度不发生改变,形成的是简单的画面叠加效果,画面叠加显得生硬,融合不自然,因而较少使用。而改变了透明度的合成效果则看起来融合更自然。如果透明度在不同时间点上改变,就会形成时隐时现的效果,如图 7-60 所示。

图 7-60　轨道透明度

　　Vegas 中的透明度表现在两个地方:一个是素材透明度,一个是轨道透明度,轨道透明度被称为轨道合成度。

　　素材透明度只影响该素材的透明程度,不会影响到其他素材,也不会影响轨道透明度。在素材顶部有一条不透明度包络线,Vegas 利用该包络线改变其透明度。

　　轨道合成度影响该轨道的透明程度,影响到处于该轨道上的所有素材。

　　2) 遮罩

　　遮罩是由封闭路径形成的一个轮廓图,遮罩区域内的图像显示,遮罩区域以外区域的图像不显示。一般将这种路径称为遮罩(Mask)。利用遮罩能够实现抠取局部图像的目的,从而实现与另外一幅图像的合成效果。

　　Vegas 中每段素材都带有遮罩工具,进入素材平移窗口,如图 7-61 所示,勾选窗口底部"遮罩"选项之后,使用钢笔工具在缩略图上画遮罩形状,可以是预置的形状,也可以是自定义形状。

　　遮罩形状可以被移动、缩放和旋转,其操作方法和素材平移操作完全一致。拖动中间那个矩形则可以平移,拖动矩形的 6 个控制点则可以缩放,鼠标移到外面那个圆形上拖动则可以旋转。如果缩放标志消失,在遮罩形状上双击则能够重新找回。

　　3) 蒙版

　　蒙版(Matte)是使用一幅图像去充当另一幅图像的遮罩,可以称为"图像遮罩"。蒙版是一幅图像,这幅图像被自动转换为灰度图像,只包含黑、白、灰 3 种亮度信息和 Alpha 透明信息。

　　当一幅灰度图像作为遮罩使用时,按照"白透黑遮"的原则处理遮罩信息,灰色则是半遮

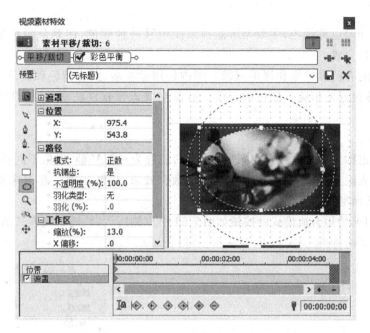

图 7-61 素材遮罩

半露,深色部分遮盖多一些,浅色部分暴露多一些。当一幅包含 Alpha 透明信息的图像作为遮罩使用时,不透明区域会被显露出来,Alpha 透明区域则完全被遮盖掉。如图 7-62 左图所示,文字层中文字以外区域透明,因此这幅图像充当遮罩时,透明区域则不显示任何内容。

图 7-62 轨道蒙版

Vegas 中实现轨道蒙版的情况有些复杂,共有 3 种办法。

① 利用轨道合成模式中的"相乘(遮罩)"实现轨道蒙版效果。此种方法只适用于单独两个轨道制作蒙版效果,如果有第三层轨道作为背景,则会被第一和第二层轨道遮挡,不会显露出背景来。

② 利用子母轨实现轨道蒙版效果。此种方法适于带有 Alpha 透明区域的图像作为蒙版。

③ 利用"蒙版生成器"特效实现轨道蒙版效果。此种方法适合于充当蒙版的图像中没有 Alpha 透明区域。

4) 抠像

抠像（Keying）也称键控，主要是屏蔽掉画面中某一种颜色，使剩余颜色显露出来，从而和其他图像进行合成。

抠像常用的有蓝屏抠像和绿屏抠像。国内使用蓝屏多，因为蓝色和黄色是互补色，互相排斥，正好能够很好地抠除黄肤色的人像。抠像主要依赖软件的功能，软件功能强大，抠像效果好。

5) 合成模式

合成模式也称为叠加模式，它以两个轨道的色彩为运算基础，根据不同算法产生第三种结果。利用合成模式，既能实现非常好的图像融合效果，也能实现一些抠像和调色功能，由于算法不同，从而呈现多变的效果。

Vegas 中打开轨道合成模式的按钮如图 7-63 中左侧所示，轨道合成模式的种类如图 7-63 中右侧所示。

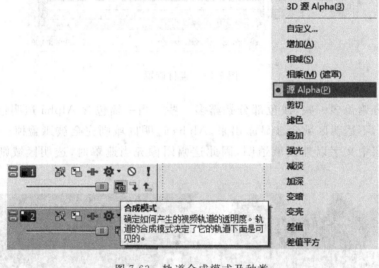

图 7-63　轨道合成模式及种类

7.3　数字影音格式转换与播放

在视频非线性编辑时，对视频格式进行转换与播放是经常做的工作之一，因此了解视频格式的转换与播放也是必须的。

7.3.1　视频格式转换

视频格式有很多，对视频格式进行转换时，通常借助于一些软件来完成。下面简单介绍转换视频格式的方法和技巧。

1. 不同的视频编辑软件对视频格式的支持不尽相同

在进行数字视频的编辑、合成制作时，经常要把不同的视频素材文件调用到一个视频编辑软件中进行操作和处理，但是由于一款视频编辑软件能够支持的视频格式是有限的，而数字视频格式众多,每种格式又都有自己独特的编码、压缩方式,不同视频处理软件输出的视频格式又不能兼容,因此不是所有的视频素材文件都能够被某种非线性制作软件调用,如果遇到这种情况,就需要视频格式转换软件来帮忙了。

在进行非线性编辑时,一般可被利用的格式如下。

① AVI 格式。AVI 文件格式在非线性编辑系统中应用最为广泛,但是,由于视频编辑系统中的 AVI 格式视频文件大多由硬件(非线性编辑卡)压缩,普通的 AVI 格式文件在多数情况下不能直接在视频编辑系统中调用,不同的视频编辑系统产生的 AVI 文件一般不具有兼容性。

② TGA 文件序列。TGA 格式静态图片序列可看成视频文件,每个文件对应影片中的每一帧,这些文件一般由序列 01 开始顺序计数,如 A00001.TGA、A00002.TGA……目前国内大多数非线性编辑系统只能识别 24 位的 TGA 文件,32 位的 TGA 文件必须转换为 24 位的 TGA 文件才能使用。

③ MOV 格式。MOV 格式是绝大多数视频编辑软件都能够识别和调用的格式。

④ MPEG 压缩格式。这种格式可被 Windows 系统下的大多数视频编辑软件调用,但由于采用较高的压缩比算法,往往在进行编辑处理时,画面质量不一定好,因此不建议视频编辑时使用。

2. 视频格式的转换方法

1) 根据非线性编辑设备(非编卡)的格式需求进行转换

在实际的视频制作中,往往使用的视频编辑系统都带有硬件非线性编辑卡,例如,Pinnacle 系列、MATROX 系列、CANOPUS 系列、DPS 系列等都是支持有非编卡的视频编辑系统,此类非编卡一般支持 MPEG-1、MPEG-2 和 AVI 编码方案。在使用此类视频编辑软件时需要把其他格式的素材转换成软件可识别的文件。

2) 通过格式支持较多视频编辑软件进行转换

由于 Adobe Premiere、SONY Vegas 等视频编辑系统能兼容较多的视频格式,可将要转换的视频文件输入这些系统,看能否正常播放,若能正常播放则通过文件导出方式输出为标准的 AVI 文件格式,或者标准的 TGA 文件序列再加以利用。

3) 通过格式转换软件进行转换

常见的格式转换软件包括格式工厂、WINAVI、Video Converter 等,它们都提供了大量的视频文件格式转换功能,通过这些软件可以进行格式的转换。

7.3.2 视频文件播放

由于视频文件都是经过压缩、编码进行存储的,因此在播放视频文件时,计算机系统必须安装有相应格式的解码程序,否则就无法回放视频文件。视频播放软件就是集成了主流视频格式解码程序的视频文件回放程序,因此,在计算机中播放视频文件必须安装播放程序。

1. 常见的视频播放软件

1) 暴风影音

暴风影音是一款"万能"媒体播放软件,支持多达四百多种影音格式,支持高清硬件加速。暴风影音采用了简约的界面设计风格,在软件面板上,能够直接进行"播放/暂停"、"加速/减速"、"音量调整"、"前/后片断切换"等播放视频的基本操作。同时还可以进行"截图"、"全屏"、"画(音)质调节"等快捷调节。

2) Windows Media Player

Windows Media Player 是微软的产品,是 Windows 中系统自带的视频播放程序。Windows Media Player 的界面设计大方,各项常用功能均能在主面板中有所体现。Windows Media Player 功能强大,可以管理计算机上的数字音乐、数字图片和数字视频,并可以将它们同步到各种便携设备上。

3) RealPlayer

RealPlayer 是一款经典的网络视频播放器,可以在线收看新闻、广播、电视、音乐、MTV、电影等网上娱乐节目。RealPlayer 主要支持 RA、RM、RMVB 等流媒体格式文件的播放,并且能够支持微软的 ASF 格式文件的播放。

4) QuickTimePlayer

QuickTimePlayer 是苹果电脑公司的播放软件,主要用来播放 MOV 格式的视频文件。目前新版本的 QuickTimePlayer 可以支持声音文件、图像文件和多种数字视频文件,同时 QuickTimePlayer 还支持收听/收看网络播放,支持 HTTP、RTP 和 RTSP 标准。

2. 视频播放软件的性能指标

一款优秀的视频播放软件不仅可以展示高清晰的视频画面,还可以还原逼真、动听的声音效果,给观看者带来美的艺术感受。衡量一款视频播放软件的优劣可以从以下几个方面考虑。

① 安装过程及设置。要求安装容易、设置简便,使用绿色,不产生流氓程序和垃圾文件。

② 界面和易用性。要求界面简洁,操作便利。

③ 文件支持。要求能够支持尽可能多的文件格式。

④ 功能性。要求功能强大,有画面截屏、屏幕录制功能;有画面调整(包括色彩、对比、亮度等)功能;有文件输出功能;支持流媒体播放;支持网络播放等。

⑤ CPU 及内存占用。要求 CPU 及内存占用率较低,尽可能地减小系统资源的消耗,同时还要求播放载入速度快。

⑥ 播放质量。要求能够实现高清视频播放效果,画质细腻、声音悦耳、画面流畅。

7.3.3 操作实例

【**实例 7-3**】 通过 Winavi 制作(转换)AVI 格式的视频。

操作步骤如下。

(1) 运行 Winavi,在界面上单击 AVI 按钮,如图 7-64 所示,弹出"选择文件"窗口。

(2) 在"选择文件"窗口中,浏览本地磁盘找到要转换的视频文件"机器人历险记.mpg",单击"打开"按钮,进入"转换"界面。

(3) 单击"输出格式"下拉列表,从列表中选择 AVI 项,单击"高级"按钮,进行转换 AVI 的详细设置,如图 7-65 所示。

(4) 单击"开始转换"按钮,程序进入格式转换状态,如图 7-66 所示,稍候,文件转换完毕。

图 7-64 单击 AVI 按钮

图 7-65 选择"AVI"项进行设置

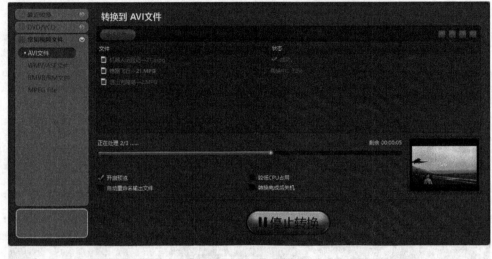

图 7-66　文件转换状态

本 章 小 结

本章主要介绍了视频编辑软件 Vegas 的基本功能和使用方法，并通过实例讲解了 Vegas 编辑制作视频的方法。同时对数字视频获取、视频格式转换和播放的方法做了简单介绍。

思 考 题

1. 简述 Vegas 建立工程项目属性的重要性与方法。
2. 简述关键帧插值的作用。
3. 轨道合成模式主要有哪些？
4. 色键抠像如何运用？
5. 如何使用关键帧制作一个动态效果的视频？
6. 如何转换视频格式？

第 8 章 电脑动画与创作

本章学习目标
- 学习掌握电脑动画的基础知识；
- 熟练掌握 Animate CC 2015 动画软件工具的使用；
- 熟练使用 Animate CC 2015 动画软件进行动画创作；
- 了解 Animate CC 2015 动画软件中 ActionScript 脚本语言的使用方法。

8.1 电脑动画概述

　　电脑动画是计算机多媒体技术与艺术相结合的产物。随着计算机多媒体技术的不断发展，电脑动画的应用领域逐步扩大，不仅在影视领域，在其他领域电脑动画技术也广泛应用。例如，电脑动画应用在多媒体辅助教学中，可以动态地模拟演示一些事物的发展变化过程，使许多抽象的、难以理解的教学内容变得生动有趣，便于理解接受，达到事半功倍的教学效果。电脑动画在广告传媒、建筑设计、电子游戏、辅助教学、工程建设、军事训练、科研开发等领域也发挥着重要的作用。

　　所谓动画，就是将多幅静止画面连续播放，利用人眼的视觉暂留原理，形成连续影像。比如传统的电影，就是将一连串记录着单幅画面的胶片按照一定速度，依次投影到屏幕上。这里所说的单幅画面就叫帧。每秒钟播放帧的次数就是帧频。我国标准的视频影像的帧频默认为 24fps。

　　电脑动画有基于帧的动画(FRAME-BASED)与基于角色的动画(CAST-BASED)两种基本类型。基于帧的动画类似于电影胶片与电视画面，通过快速连续播放帧画面产生动画。基于角色的动画是以角色为中心，独立设计每一个运动对象，并为每一个运动对象指定特性，如样式、大小、颜色、位置等，再用这些对象构成完整的画面。二者的主要区别在于设计、制作的方法有所不同。基于帧的动画是直接设计动画的每一帧，基于角色的动画则是设计帧间的各个角色，然后由它们来构成每一帧。播放时，二者均生成可连续翻动的帧画面序列。

　　从动画的视觉效果、空间表现上来看，电脑动画又可以分成二维动画和三维动画两种。由于表现形式的不同，制作方法也有很大差别。目前最为流行的二维动画软件有 Animate、Flipbook、CTP、Retas、Toon Boom Studio、Moho 等，最为流行的三维动画制作软件有 3DS Max、Light Wave、Maya、SoftImage 等。

1. 二维动画简介

　　二维动画是充分利用电脑的绘制效果，通过图层的叠加、时间轴的连续，自动生成中间画面,实现丰富的后期合成效果。

二维动画是平面上的画面。平面动画所固有的缺点仍然存在。虽然二维动画极大地简化了手工制作的重复性,提高了工作效率,但动画师的想象力、创造性是计算机永远无法替代的。因此,二维动画实际上还在延续着传统手工绘制动画的创作流程,所以有人也把二维动画称为电脑辅助动画。

本章主要以二维动画制作软件 Animate CC 2015 为例,介绍二维动画的创作过程。

2. 三维动画简介

三维动画是计算机图形学和艺术创作相结合的产物,是伴随着计算机硬件技术和图形算法高速发展起来的一门高新技术,综合利用计算机科学、艺术、物理学、数学及其他相关学科的知识,通过三维制作软件在计算机中生成绚丽多彩的虚拟连续画面,开辟出一个可以充分展示个人想象力和艺术才能的新天地。

三维动画应用领域非常广泛,除了用来制作影视作品之外,在科学研究、过程控制、工业设计、电子游戏、视觉模拟、教学训练、写真仿真、平面设计、建造设计等许多方面都有应用。

8.2 电脑动画处理软件 Animate CC 2015

Animate CC 是美国 Adobe 公司在收购了 Macromedia 公司后,由 Flash 发展而来的。Animate CC 是一款专业矢量图形编辑与动画创作软件,主要用于网页设计与多媒体创作。为了更好地兼容最新的网页标准和内容,为开发者提供音频、视频、动画和交互方面的辅助,原有的 Flash Professional CC 更名为 Animate CC。新推出的 Animate CC 继续保持对 Flash 内容创作的支持,并进一步地拓展 HTML 5 与 SVG 领域的功能。

8.2.1 Animate CC 2015 知识要点

Animate CC 2015 是一款专业的动画制作软件。利用其自带的矢量图形绘制功能,结合文字、图片、音频、视频等素材的应用,制作精美、流畅的二维动画。通过为动画添加 ActionScript 脚本语言,还可以完成特定的交互功能。与之前的版本相比较,Animate CC 2015 制作的动画表现力更强,基于对象的动画和动画编辑器也有了全新的改变。同时还增加了 3D 变形、TLF 文本引擎、IK 反向运动、全新的动画预设与代码片段等功能。

作为最优秀的二维动画制作软件之一,Animate CC 2015 吸收了传统动画制作的技巧与精髓,利用计算机强大的运算能力,简化了动画制作流程,提高了工作效率,其主要特点表现在以下几个方面。

(1) 动画文件数据量较小。Animate CC 2015 是基于矢量图形标准来完成动画。它可以通过少量的矢量数据完成一个相当复杂的对象,其数据量只有位图图像的几千分之一。因此,Animate CC 2015 动画非常适合在网络上传播,有效地解决了多媒体与数据量大之间的矛盾。

(2) 高品质的矢量图形画面。Animate CC 2015 生成的是矢量图形,其优点就是可以无限地放缩而不影响画面品质。

(3) 动画创作过程清晰。Animate CC 2015 动画采用"流式技术"的播放形式。因此,其创作过程如流水线一样,清晰可见。

（4）插件工作方式。用户必须在安装了 Animate Player 插件的浏览器中才能播放 Animate CC 2015 动画。

（5）全新的制作环境与绘图功能。Animate CC 2015 动画采用图层与帧的制作方式，并通过强大的矢量图绘制工具，帮助用户轻松完成复杂、优秀动画作品的创作。

（6）功能强大、易于学习。Animate CC 2015 的功能非常强大。除了强大的矢量图形绘制工作之外，Animate CC 2015 的 ActionScript 脚本语言支持时间响应与交互功能，动画开发者无须编写程序，也可以实现大量的动态交互效果。同时，Animate CC 2015 还整合了对音频、视频文件的处理，界面友好，操作简单，易于学习。而且，网络上的学习资源也非常丰富，方便用户学习借鉴。

（7）应用领域广泛。Animate CC 2015 的应用领域非常广泛，主要应用在动画短片、动态网页、多媒体课件、交互动画等的制作方面。

1. Animate CC 2015 动画的基本术语

在开始学习 Animate CC 2015 之前，首先需要对 Animate CC 2015 动画的基本术语有所了解，这样在学习过程中，才更加容易理解。

1）Animate CC 2015 动画中常用的文件格式

（1）FLA 文件。FLA 文件是 Animate CC 2015 中最主要的文件格式，其中包含文档的基本媒体、时间轴与脚本信息。

（2）SWF 文件。SWF 文件是 FLA 文件的编辑版本，是 Animate CC 2015 动画发布时生成的影片格式。SWF 文件格式是一种其他应用程序所支持的开放标准。

（3）AS 文件。AS 文件是指 Animate CC 2015 中的 ActionScript 文件格式。为了辅助代码管理，可以将某些，或全部 ActionScript 代码保存在 FLA 文件以外的位置，这对于代码组织，或者有多人参与开发的 Animate CC 2015 动画项目很有帮助。

（4）SWC 文件。SWC 文件包含可以重新使用的 Animate CC 2015 组件。每一个 SWC 文件都包含一个已经编译的影片剪辑、ActionScript 代码，以及组件所需要的任何其他资源。

（5）JSFL 文件。JSFL 文件是用于向 Animate CC 2015 创作工具添加新功能的 JavaScript 文件。

2）Animate CC 2015 动画中常用的专业术语

（1）场景。Animate CC 2015 动画场景像舞台演出的一幕戏，包括舞台、角色、灯光与后台等。一个动画可包含多个场景。

（2）舞台。舞台是角色展示的平台，是场景的主要部分。对象的绘制与编辑都需要在舞台中进行。

（3）时间轴。时间轴用于告诉 Animate CC 2015 何时将特定媒体显示在舞台中。时间轴的长度决定动画影片的时间长短。

（4）帧。帧是组成时间轴的关键部分。可以认为，帧就是由一幅幅画面组成的，编辑动画其实就是编辑帧。Animate CC 2015 动画中的帧可以分为普通帧和关键帧。

（5）普通帧。普通帧用于延长关键帧状态的呈现时间。

（6）关键帧。关键帧是指动画中具有关键变化的帧。关键帧定义了动画对象的属性变化，或者包含了 ActionScript 代码。

（7）帧频。帧频即帧的频率，就是每秒钟播放帧的次数。单位为"帧/秒"。

（8）图层。Animate CC 2015 动画中图层的概念，类似于 Photoshop 图像处理中的图层概念。一个图层就好比一张透明胶片，多个图层层叠在一起，就好像一张张透明胶片叠放在一起，每张胶片上可以有不同的内容。图层中没有图像的区域为透明层，可以透过它看到下层的内容。

（9）元件。元件是构成 Animate CC 2015 动画最基本的元素。元件可分为图形、按钮和影片剪辑。

（10）实例。实例是指元件应用于舞台上或嵌套到另一个元件内的该元件的副本。实例可以与建立的元件在大小、颜色和功能上有很大差别。对某个元件的编辑，会影响到其所有的实例，但对一个实例进行编辑，则只对该实例本身起作用。

（11）库。库是用来存储和管理导入的文件（如矢量图、位图、声音剪辑、视频剪辑等），以及用户创建的元件。库就像一个剧团，导入的各种文件和创建的元件就像剧团中的一个个演员或者道具。动画创作就是演员在舞台中的精彩排演。

（12）补间。补间是 Animate CC 2015 动画的一种制作方法，又称为补间动画。制作 Animate CC 2015 动画时，在两个关键帧中间需要生成补间动画，才能实现画面的运动；插入补间动画之后，两个关键帧之间的插补帧是由计算机自动运算生成的。Animate CC 2015 动画制作中补间动画可分成两类：一类是形状补间，用于形状变换的动画；另一类是动画补间，用于图形及元件的动画。

（13）动作脚本。ActionScript 是一种脚本语言，具有和 JavaScript 类似的结构，采用面向对象的编程思想。通过编写脚本语言，用户不仅可以为普通动画添加丰富的动画效果，控制影片的播放，还可以应用到程序开发和网站建设中，如制作多媒体课件、游戏开发、网络互动应用程序开发以及 Animate CC 2015 动态网站建设等。

（14）发布。发布就是为了便于在网络上或计算机上播放动画，将 Animate CC 2015 制作的 FLA 动画源文件另存为其他文件格式的过程。

2．欢迎向导界面

双击桌面上的"Animate CC 2015 "图标或单击"开始"|"所有程序"|" Animate CC 2015"命令，启动"Animate CC 2015 程序"，进入 Animate CC 2015"欢迎向导界面"，如图 8-1 所示。

"欢迎向导界面"主要分为左、中、右 3 个区域。

1）左侧区域

① "打开最近的项目"。显示了最近打开过的 Animate 文档。单击相应的文档，即可快速在 Animate CC 2015 中打开该文档。如果单击"打开"命令，则会弹出"打开"对话框，可以在该对话框中浏览到需要打开的 Animate 文档。

② "模板"。使用系统提供的模板创建 Animate 文档。单击"模板 模板 >> "选项，弹出"从模板新建"对话框，在"模板"列表中选择合适的模板，单击"确定"按钮，即可创建该模板文件，如图 8-2 所示。

③ Adobe Exchange。即 Adobe 功能扩展器。在该选项区中提供了 Animate CC 2015 的扩展选项，单击该选项，将自动打开 Adobe 官方网站的软件扩展页面。

图 8-1　Animate CC 2015"欢迎向导界面"

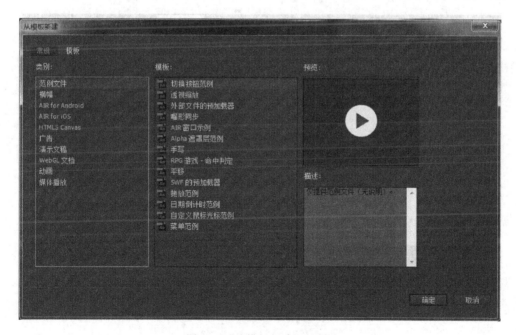

图 8-2　"从模板新建"对话框

④ "不再显示"。勾选该复选框,就会弹出"提示"对话框,如图 8-3 所示,单击"确定"按钮,则在下次重新启动 Animate CC 2015 时,将不会再显示"欢迎向导界面"。

2) 中间区域

中间区域只有一个"新建"区。该选项区的列表中提供了 Animate CC 2015 所支持的所有文档类型,单击相应的文档类型,即可创建该类型文档。

图 8-3　Adobe Animate "提示" 对话框

3）右侧区域

① "简介"。该选项区中提供了 Animate CC 2015 相关资源的快速访问链接，单击相应的选项，即可链接到 Adobe 官方网站所提供的相关内容介绍页面上。

② "学习"。在该选项区中提供了 Animate CC 2015 相关功能的学习资源，单击相应的选项，即可链接到 Adobe 官方网站所提供的相关的内容介绍页面上。

3．Animate CC 2015 的工作界面

在启动 Animate CC 2015 后，打开"欢迎向导界面"，单击"新建"| ActionScript 3.0 选项，进入 Animate CC 2015 工作界。Animate CC 2015 的工作界面主要由菜单栏、舞台、常用面板（包括"时间轴"面板、"颜色"面板、"属性"面板、"库"面板）和工具箱等组成，如图 8-4 所示。

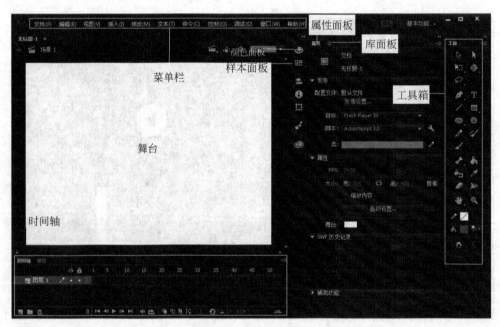

图 8-4　Adobe Animate CC 2015 工作界面

- "菜单栏"　Animate CC 2015 的"菜单栏"位于工作界面的顶端，主要包括"文件"、"编辑"、"视图"、"插入"、"修改"、"文本"、"命令"、"控制"、"调试"、"窗口"与"帮助"11 个选项；
- "舞台"　舞台是场景的主要部分，是角色展示的平台，对象的绘制与编辑都需要在舞台中进行；

- "时间轴" 用于组织和控制一定时间范围内的图层和帧中的内容。告诉 Animate CC 2015 何时将特定媒体显示在舞台中。"时间轴"的长度决定动画影片的时间长短。主要包括图层、帧、标尺、播放指针和各种按钮等，如图 8-4 所示；
- "颜色"面板 "颜色"面板也是图形绘制的重要部分，主要用于填充笔触颜色、填充颜色。"颜色"面板主要包括"颜色"和"样本"两个子面板；
- "属性"面板 "属性"面板是一个非常实用而又特殊的面板，用于动画创作过程中所用元素的各种属性设置。"属性"面板中的参数选项会随着选择的对象不同而不同；
- "库"面板 "库"面板就像一个仓库一样，是 Animate CC 2015 用于存储和组织各种元件的地方，它还用于存储和组织导入的文件，如矢量图形、图片、声音、视频等。"库"中的对象可以被反复调用；
- "工具箱" 是绘制矢量图形最重要的面板，利用其提供的各种工具可以实现绘制、选择、填充和编辑图形等功能。

4. Animate CC 2015 的不同工作界面模式

与之前的 Flash CS 版本相比，Animate CC 2015 界面更加人性化，实用性更强，与 Adobe 其他软件界面更加统一。新版本对主工作区也做了较大的改动，用户可以选择系统默认的模式，也可以根据个人需要定制不同的工作界面模式。如需选择默认工作模式，可以单击工作界面右上方的工作界面切换按钮，如"基本功能 基本功能 "按钮，在弹出的下拉菜单中选择相应命令。如图 8-5 所示。

图 8-5　不同工作界面模式切换下拉菜单

- 基本功能 基本功能模式主要用于绘制图形，以及制作基本的动画；
- 动画 动画模式主要用于动画的制作，以及对实例对象的操作；
- 传统 传统模式与 Flash CS3 的操作界面基本上是一样的；
- 调试 调试模式主要用于对动画（特别是脚本）进行后期的调试和优化；
- 设计人员 设计人员模式主要用于对动画、实例等对象的设计和创作；
- 开发人员 开发人员模式主要用于 Flash 动画项目开发，包括动画制作与脚本开发。

5. 矢量图与位图

数字化图像一般分为矢量图和位图两种。二者之间最大区别在于记录的形式不同。

位图图像是以像素点为基础，采用点阵方式来记录。即从图像左上角的第一个点开始，到右下角的最后一个点结束，记录所有像素点的颜色值。位图图像一般用于记录内容复杂的图像或真实的照片，但位图图像占用磁盘空间比较大，放大或缩小容易失真。

矢量图存储的是图像内容的轮廓部分。例如，存储一个圆形图案，则只需要存储其圆心的坐标位置和半径长度，以及该圆形的边线和内部的填充颜色。矢量图存储占用空间比位图要小很多，并且对其进行任意的放缩，都不会失真，而且便于修改。

- 矢量图 矢量图是以数学计算的方法，将图像上的线段、曲线、颜色以及位置等信息以一组指令的形式存储起来。矢量图不存在失真的现象，可以对其无限放大，边缘也不会产生锯齿，如图 8-6 所示；

- 位图　位图是以点阵的形式存储画面。这里的每一个点就是一个像素点，每一个像素点都需要记录其亮度、对比度和颜色数等信息，因此位图图像占用空间比较大。另外，当位图图像放大到一定程度之后，就可以看到图像的一个个像素点原来就是一个个小方块，图像变得越来越模糊，边缘也会出现锯齿状，如图8-7所示。

6. Animate CC 2015 的工具箱

Animate CC 2015 的"工具箱"主要包括选择工具、文本工具、对象状态编辑工具、视图查看工具以及颜色工具。利用工具箱中所提供的工具，用户就可以方便地进行图形的绘制与编辑等操作，如图8-8所示。

图 8-6　矢量图示例　　　　图 8-7　位图图像示例　　　　图 8-8　"工具箱"

- 主工具区　主要包含选择工具、绘图工具、文本工具以及对象状态编辑工具等；
- 视图控制区　主要包含"手形工具"和"缩放工具"。"手形工具"主要用于移动舞台的显示区域，以便更好地观察与编辑对象。"缩放工具"用于改变舞台和对象的显示比例，控制舞台视图的放缩；
- 颜色控制区　用于设置图形边框的颜色与填充的颜色；
- 选项区　是工具箱中部分工具的参数设置，随所选工具的不同而显示的内容也不一样。

1) 自由绘图工具

Animate CC 2015 的自由绘图工具非常强大，包括"线条工具"、"铅笔工具"、"钢笔工具"和"画笔工具"。使用这些工具可以绘制出各种矢量图形。

① "线条工具"。"线条工具"主要用于绘制各种样式的直线。

打开"属性面板"，可以对线条进行详细的设置，如图8-9所示。

- "填充和笔触"|"笔触颜色"　设置与更改线条的颜色；
- "填充和笔触"|"笔触"　用于设置笔尖的粗细；
- "填充和笔触"|"样式"　可以选择各种线条形状，如图8-10所示；

图 8-9　"线条工具"属性面板

- "填充和笔触"|"宽度"　用于选择不同的笔触效果,如图 8-11 所示。

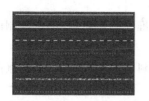 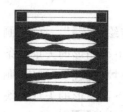

图 8-10　"样式"下拉列表框　　　　　图 8-11　"宽度"下拉列表框

技巧：绘制线条的时候,同时按下 Shift 键,即可将线条的角度限制为 45°的倍数。

② "铅笔工具 "。"铅笔工具 "用于绘制线条或形状,绘制方式类似于使用真实铅笔。与"线条工具"一样,其属性面板中也可以设置线条的粗细、样式与宽度效果。不同的是,"铅笔工具"分为"伸直"、"平滑"与"墨水"3 种绘制模式。不同的绘制模式,绘制的效果不同。

- "伸直"模式　在选项区选择"伸直 "模式,在此模式下,绘制完曲线后,Animate CC 2015 会自动计算,将曲线自动调整为直角线;
- "平滑"模式　在选项区域选择"平滑 "模式绘制线条时,即使绘制时不平滑,系统也会自动调整为平滑的曲线;
- "墨水"模式　在选项区域选择"墨水 "模式,绘制的线条完全保持绘制时的形状,系统不作任何调整。

技巧：使用"铅笔工具 "绘制的过程中,同时按住 Shift 键,即可以绘制出直线。

③ "钢笔工具 "。"钢笔工具 "是以贝塞尔曲线的方式来绘制和编辑图形轮廓。主要用于绘制精确路径,如直线或平滑、流畅的曲线。

- 绘制折线路径　在"工具"箱中选中"钢笔工具 ",在舞台中指定位置单击,建立路径起始点,移动鼠标指针到下一个位置,再次单击,建立折线路径的下一个点,如此重复操作,即可绘制出一条折线路径;

技巧：使用"钢笔工具 "绘制路径后,在空白位置右击或者按 Esc 键,即可结束路径绘制,所绘路径线条随即呈现出来。

- 绘制曲线路径　在"工具"箱中选中"钢笔工具 ",在舞台中指定位置单击,建立路径起始点,移动鼠标指针到下一个位置,按住鼠标左键拖动绘制曲线,如此重复拖动左键,即可绘制出一条曲线路径。

④ "画笔工具 "。Animate CC 2015 中的"画笔工具 "与"铅笔工具 "的操作与设置非常类似,唯一不同的是"画笔工具 "可以绘制为填充颜色。勾选"绘制为填充色"复选框,以后再绘制的曲线将赋予图形的属性,而失去了线条的功能,如不可以作为引导层动画的路径。其颜色也只能修改填充颜色而不是默认的笔触颜色。

⑤ "画笔工具 "。Animate CC 2015 中的"画笔工具 ",其实就是 Flash 以前版本的"刷子工具",用于绘制矢量色块。"画笔工具 "的操作方法与"铅笔工具 "也非常类似。选择"画笔工具 "在舞台中拖动,即可绘制图形。"画笔工具 "绘制的图形在"属性"面板中,也只能修改其填充颜色,不能修改笔触颜色。打开"画笔工具 "的"属性"面板

可以发现，"画笔工具 ✏️"不仅可以设置大小，还可以设置形状。它还提供了5种绘制模式供用户选择。

- "标准绘画 ⊙"　选中"画笔工具 ✏️"，选择"标准绘画 ⊙"模式，所绘制的色块直接覆盖下面图形的矢量线条与矢量色块；
- "颜料填充 ⊙"　选中"画笔工具 ✏️"，选择"颜料填充 ⊙"模式，所绘制的色块只会覆盖下面图形的矢量色块，而不影响矢量线条；
- "后面绘制 ⊙"　选中"画笔工具 ✏️"，选择"后面绘制 ⊙"模式，所绘制的色块位于图形的下方，而不会覆盖图形；
- "颜料选择 ⊙"　选中"画笔工具 ✏️"，选择"颜料选择 ⊙"模式，只能在选取的矢量图形内部绘制色块，而不能在矢量线条与外部绘制色块；

提示：在"颜料选择 ⊙"模式下，首先需要选中要绘制的颜色块区域，再用"画笔工具 ✏️"绘制色块，否则不能绘制出色块。

- "内部填充 ⊙"　选中"画笔工具 ✏️"，选择"内部填充 ⊙"模式，要求绘制色块在封闭矢量图形内部，并且要在内部作为起点拖动鼠标绘制。

提示："橡皮擦工具 🖌"的使用与"画笔工具 ✏️"基本类似，也有5种模式可供选择。

- "标准擦除 ⊙"　可擦除同一层上图形的笔触和填充；
- "擦除填色 ⊙"　只擦除填充而不影响笔触；
- "擦除线条 ⊙"　只擦除笔触而不影响填充；
- "擦除所选填充 ⊙"　只擦除当前选定的填充而不影响笔触；
- "内部擦除 ⊙"　只擦除封闭矢量图形内部的填充，并且要求在内部作为起点拖动鼠标擦除。如果从其他位置开始擦，则不会擦除任何内容。另外，"内部擦除 ⊙"也不会影响笔触。

2）标准绘制工具

Animate CC 2015仍然继承了Flash以前版本的标准绘图工具，使用其提供的标准绘图工具可以绘制出一些标准图形，包括"矩形工具 ▣"、"椭圆工具 ⊙"和"多角星形工具 ⬢"。

① "矩形工具 ▣"。"矩形工具 ▣"和"基本矩形工具 ▣"用于绘制矩形图形。"基本矩形工具 ▣"不仅可以设置笔触大小和样式，而且还可以通过设置边角半径来修改矩形的形状。在工具箱中选择"矩形工具 ▣"，在舞台中拖动鼠标左键即可绘制出矩形形状。按住Shift键拖动则可以绘制正方形。

- 绘制圆角矩形。如图8-12所示，以"矩形工具 ▣"属性面板设置为例。其中："笔触颜色"为黑色；"填充颜色"为绿色；"笔触"为2；"矩形选项"中"矩形边角半径"均为20，绘制完成的圆角矩形形状如图8-12所示。
- 绘制半径值不同的圆角矩形。如图8-13所示，以"矩形工具 ▣"属性面板设置为例。在如图8-12所示的属性设置基础上，单击"矩形选项"下部的"将边角半径控件锁定为一个控件 🔗"按钮，打开边角半径的锁定，此时，"将边角半径控件锁定为一个控件 🔗"按钮形状变成"🔗"形状，同时边角半径的锁定解锁。分别将左上和右下两个文本输入框中的值改为−20，绘制完成的矩形形状如图8-13所示。

图 8-12　绘制圆角矩形形状属性设置　　　图 8-13　绘制半径值不同的圆角矩形形状属性设置

说明：与"矩形工具 ■"不同的是，"基本矩形工具 ■"绘制出的矩形对象四个顶点有四个半径控制点。用"选择工具 ▶"拖动任意一个控制点，即可以调整该矩形对象的边角半径大小。

② "椭圆工具 ●"。"椭圆工具 ●"和"基本椭圆工具 ●"用于绘制椭圆图形。它与"矩形工具 ■"类似，所不同的是，"椭圆工具 ●"的选项包括角度和内径。在工具箱中选择"椭圆工具 ●"，在舞台中拖动鼠标左键即可绘制出椭圆形状。按住 Shift 键拖动则可以绘制圆形。

- 角度选项设置。如图 8-14 所示，以"椭圆工具 ●"属性面板设置为例。"填充和笔触"设置与图 8-12 相同，"椭圆选项"设置中"开始角度"为 0；"结束角度"为 30，绘制完成的椭圆形状如图 8-14 所示。

说明：在设置"开始角度"与"结束角度"的时候，当开始值大于结束值，绘制出的椭圆形状为内角超过 180°的扇形；如果开始值小于结束值，绘制出的椭圆形状则为内角小于 180°的扇形；开始值与结束值相同时绘制出椭圆形状。

- 内径选项设置。如图 8-15 所示，分别设置"开始角度"为 30；"结束角度"为 0；"内径"为 30，绘制完成的空心椭圆形状如图 8-15 所示。

说明：与"椭圆工具 ●"不同的是，"基本椭圆工具 ●"绘制出的椭圆对象有内径控制点与外径控制点。用"选择工具 ▶"拖动内径控制点可以调整内径大小；用"选择工具 ▶"拖动外径控制点可以调整椭圆角度。

③ "多角星形工具 ●"。"多角星形工具 ●"用于绘制多边形或者星形图形，并可以设置多边形形状的边数以及星形图形的顶点数。

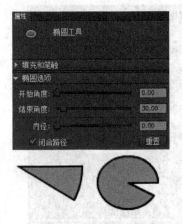
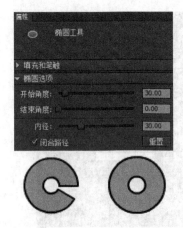

图 8-14　开始、结束角度设置后所绘椭圆图形　　图 8-15　开始、结束角度、内径值设置后所绘椭圆图形

- 绘制五边形　选择"多角星形工具 ⬢"，将鼠标光标移动到舞台中，按住鼠标左键拖动，即可绘制出一个五边形，这也是该工具默认的模式。
- 绘制其他多角星形　单击"多角星形工具 ⬢"，在其属性面板中单击"工具设置"|"选项"按钮，弹出"工具设置"对话框，在"样式"下拉列表框中可以选择"多边形"或"星形"；在"边数"文本输入框中输入边数值；"星形顶点大小"文本输入框中可以输入 0～1 之间的数字，用来设置星形对象的顶点大小，如图 8-16 所示。

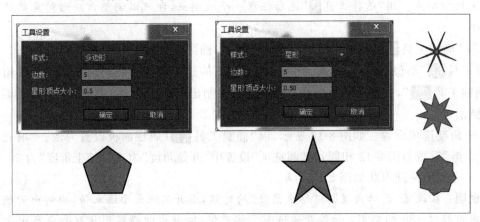

图 8-16　通过更改"工具设置"的不同参数绘制出多种多角星形对象

7. 基本动画

AnimateCC 2015 动画是通过对时间轴上的帧的顺序播放，实现各帧中舞台实例的不同变化而产生动画效果。动画播放的速度是由帧频控制的。Animate CC 2015 提供的多种动画制作方法，为用户创作精彩的动画提供了多种可能。

1) 基本动画类型

Animate CC 2015 提供了多种创建动画和特殊效果的方法，可以实现以下类型的动画创作。

（1）逐帧动画。逐帧动画是由多个连续的关键帧组成，通过连续表现关键帧中对象的变化,从而产生动画效果。

(2) 补间形状动画。补间形状动画是系统通过计算两个关键帧中矢量图形对象的形状差异,并在两个关键帧之间自动添加变化过程的一种动画形式。

(3) 传统补间动画。传统补间动画是根据同一个对象在两个关键帧中的位置、大小、旋转、颜色以及 Alpha 值等属性的变化,系统通过计算,自动生成的一种动画类型。该动画形式结束帧中的图形与其开始帧中的图形密切相关。

(4) 补间动画。补间动画是通过改变关键帧中对象的属性,如位置、大小、倾斜、旋转、颜色和滤镜等形成动画。补间动画在"时间轴"中显示为连续的帧范围。默认情况可以作为单个对象进行选择。

2)"时间轴"面板

"时间轴"面板用于创建动画与控制动画播放进程。"时间轴"面板左侧为图层区,用于控制与管理动画中的图层,右侧为时间轴区,由播放指针、各种帧、时间轴标尺以及时间轴视图等部分组成,如图 8-17 所示。

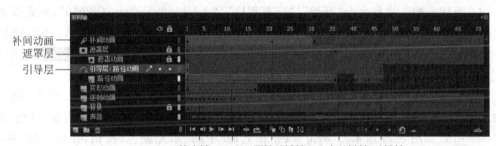

图 8-17 "时间轴"面板

- 图层区　主要包括图层、图层按钮与图层图标。图层用于显示图层的名称和当前编辑状态。图层按钮　　　包括新建图层、新建文件夹与删除。图层图标　　　主要用于控制图层的各种状态,如显示或隐藏、锁定或解除锁定、是否显示为轮廓。

- 时间轴　主要包括帧、播放指针、标尺与按钮等。帧是制作 Animate CC 2015 动画的重要元素。播放指针用于定位动画编辑、播放的当前帧位置。标尺用于标明帧数。按钮可实现多种功能,如帧居中、循环、绘图纸外观、绘图纸外观轮廓、编辑多个帧、修改标记等。

3) 帧

- 帧是制作 Animate CC 2015 动画的重要元素。"时间轴"是以"帧"为单位。Animate CC 2015 的播放速度用帧频来表示,单位为"帧/秒"。Animate CC 215 动画中的帧主要分为以下几种(如图 8-17 所示)。

(1) 关键帧。具有关键变化的帧。在时间轴上显示为一个实心小黑点。注意,只有关键帧中的内容才能被选取和编辑。

(2) 空白关键帧。元件的占位符,没有实例。

(3) 属性关键帧。是在补间范围内为补间目标对象显示定义的一个或多个属性值的帧。

(4) 补间帧。作为补间动画一部分的任何帧。

(5) 静态帧。不作为补间的任何帧。

8.2.2　Animate CC 2015 典例剖析

本节通过几个实例讲解 Animate CC 2015 的应用。

【**实例 8-1**】　绘制背景——蓝天绿草。

目的：

- 熟练掌握 Animate CC 2015 舞台属性的设置；
- 熟练掌握"矩形工具■"、"线条工具╱"、"选择工具▶"以及"颜料桶工具▲"的使用；
- 学习使用"颜色"面板、"样本"面板。

设计成功的背景效果如图 8-18 所示。

操作步骤如下。

(1) 新建文档。选择命令"开始"|"所有程序"|"Adobe Animate CC 2015"，或者双击桌面上的"Adobe Animate CC 2015 ▣"快捷图标，均可启动 Adobe Animate CC 2015 应用程序。在打开的"欢迎向导界面"中单击"新建"|"ActionScript 3.0 ActionScript 3.0"选项，新建文档。

(2) 绘制矩形框。单击"矩形工具■"，打开"矩形工具"的"属性"面板。单击"填充和笔触"中的"笔触颜色"按钮，弹出"样本"面板，单击"黑色"按钮，对应的颜色值为"#000000"，(如图 8-19 所示)；单击"填充和笔触"中的"填充颜色"按钮，在弹出的"样本"面板中选择"无填充颜色☑"；在舞台上拖动鼠标左键绘制一个矩形框。

图 8-18　设计成功的背景效果

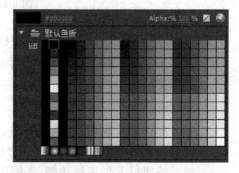

图 8-19　"样本"画板

说明：Adobe Animate CC 2015 中的颜色值是由字母和数字组成的 6 位十六进制数表示。如"#FF0000"表示红色。

(3) 矩形框的属性设置。双击新绘制的矩形框的边框，其"属性"面板的设置如下(如图 8-20 所示)。

- "位置和大小"→"x：0"；
- "位置和大小"→"y：0"；
- "位置和大小"→"宽：550"
- "位置和大小"→"高：400"

图 8-20　矩形框的属性设置

说明：在 Animate CC 2015 中，舞台的左上角默认为坐标原点(0、0)点，向右 x 值越来越大，向下 y 值越来越大。舞台的默认宽、高为 550×400，用户也可以根据需要重新设置舞台的大小。

(4) 分割舞台空间。单击"线条工具 ✎"，在舞台上拖动，绘制两条直线段，将舞台空间分割成三个部分。如图 8-21 中的子图(a)所示。

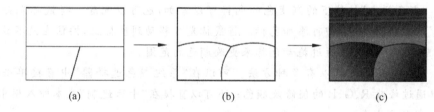

图 8-21　绘制背景分步效果图

提示：在使用"线条工具 ✎"绘制的时候，一定要确保其"属性"面板中"填充和笔触"|"对象绘制模式关闭 ◉"开关按钮处于关闭状态。根据 Animate CC 2015 对象的合并绘制属性，当两条直线段交叉时，就会出现互相截断的效果。因此，原本绘制的两条直线段被截为了 3 段。关于对象的合并绘制，本章后续部分进行了详细的介绍，用户可以参阅。

(5) 将直线段调整为曲线段。单击"选择工具 ▶"，将鼠标指针移动到新绘制的一条直线段上，当鼠标指针下方出现一个小弧线的时候，按下鼠标左键拖动，到适当位置放开左键，即可观察到被拖动的直线段变成了一段弧线。重复这个过程，将其他两段直线段也调整为曲线，如图 8-21 中的子图(b)所示。

说明："选择工具 ▶"用来对图形或对象进行选择或拖动，通过选择或移动可以实现对矢量图形或对象的移动、变形或删除等操作。

(6) 填充背景。

① "颜料桶工具 ◈"的颜色设置。选中"颜料桶工具 ◈"，单击其"属性"面板中"填充和笔触"|"填充颜色"按钮，在弹出的"样本"面板中选择其左下角的"线性渐变 ▬"颜色按钮，接着执行命令"窗口"|"颜色 ◉"，打开"颜色"面板。

② "颜色"面板的设置。

（a）单击"颜色"面板中的"填充颜色"按钮，切换到"填充颜色"的"颜色"面板。

（b）双击"颜色"面板下部"颜色样本"控件左侧的色标，在弹出的"样本"面板中选择一种蓝色，对应颜色值为"＃0033FF"。

（c）双击其右侧的色标，在弹出的颜色面板中选择淡蓝色，对应颜色值为"＃00CCFF"，如图8-22所示。

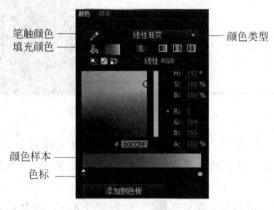

图8-22 "颜色"面板

说明："颜色样本"控件下的渐变色的色标可以添加，也可以删除。将鼠标光标移动到"颜色样本"控件下方单击，即可添加色标。将鼠标光标移动到色标上，按住左键不放向下拖动，可以删除色标。也可以通过拖动色标来更改颜色的范围。

提示：改变色标颜色可以有多种方法。可以在"系统颜色选择器"中直接单击指定颜色；也可以通过修改R、G、B的值修改颜色；还可以直接在"十六进制"文本输入框中输入6位十六进制数给定颜色。

③ 蓝天的渐变填充。在舞台的上部区域从上到下拖动鼠标左键，完成蓝天的渐变填充。

说明："颜料桶工具"用于为图形填充颜色。填充的图形区域默认是封闭区域，填充的颜色可以为无颜色、纯色、渐变色或位图颜色。"颜料桶工具"的"间隔大小"选项是用来设置填充颜色时，外围矢量线缺口的大小对实现填充的影响程度。共有"不封闭空隙"、"封闭小空隙"、"封闭中等空隙"和"封闭大空隙"4种自动选择。

说明："墨水瓶工具"用于修改矢量线的颜色。应用的颜色可以为无颜色、纯色、渐变色或位图颜色。其选取和填充的方法与"颜料桶工具"类似。

④ 绿草地的渐变填充。重复步骤②，选择由深绿色到淡绿色的颜色渐变，具体颜色值为"＃003300"与"＃00FF99"；重复步骤③，分别在舞台下部左右两个区域中拖动鼠标左键，完成填充。填充完成的效果如图8-18所示。至此，蓝天绿草的背景全部绘制完成。

提示：为了美化背景，在背景填充完成后，用户可以双击舞台上的任一线条，选中所有线条，按键盘上的Delete键将其删除。

（7）保存文件。单击命令"文件"|"保存"，弹出"另存为"对话框，在"文件名"文本输入框中输入"蓝天绿草"，单击"保存"按钮即可。

说明：Animate CC 2015默认的文件格式为".fla"。

【实例 8-2】 逐帧动画——跳动的心脏。

目的：

- 熟练掌握"椭圆工具 ◯"、"部分选取工具 ▶"、"钢笔工具 ✎"、"渐变变形工具 ▇"的使用；
- 熟练掌握图形的合并与剪切；
- 熟练掌握 Animate CC 2015 中逐帧动画的创作方法。

设计成功的动画"场景"与"时间轴"效果如图 8-23 所示。

操作步骤如下。

（1）新建文档。双击桌面上的"Adobe Animate CC 2015 ▇"快捷图标，启动 Adobe Animate CC 2015 应用程序。在打开的"欢迎向导界面"中单击"新建"|"ActionScript 3.0 ActionScript 3.0"选项，新建文档。

（2）绘制圆形对象。

① 单击"椭圆工具 ◯"。

② 在"属性"面板中单击"笔触颜色"按钮，弹出"样本"面板，单击其右上角的"无填充颜色 ▇"按钮。

③ 然后在"属性"面板中单击"填充颜色"按钮，在弹出的"样本"面板中选中红色，对应的颜色值为"♯FF0000"。

④ 保持"对象绘制模式关闭"状态。

⑤ 按下 Shift 键的同时，在舞台中绘制一个圆形。

图 8-23　设计成功的动画场景

说明："对象绘制模式关闭"开关按钮用于图形绘制与对象绘制两种模式之间的切换。"对象绘制模式关闭"状态为图形绘制模式。当在同一图层中绘制互相重叠的形状时，如果顶层的形状与其下层的形状颜色相同，则两个形状合并为一个形状；如果顶层的形状与其下层的形状颜色不同，则顶层的形状将会截去其下层与其重叠的形状部分，如图 8-24 所示。对象绘制模式是"对象绘制模式打开"时的状态。此时绘制的对象是独立的，图形之间即使有重叠部分，系统也不会进行合并，如图 8-25 所示。

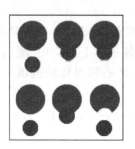

图 8-24　合并绘制模式

图 8-25　对象绘制模式

(3) 复制圆形对象。使用"选择工具 "右击舞台中所绘制的圆形对象，在弹出的快捷菜单中选择"复制"，然后在舞台的空白位置右击选择"粘贴到中心位置"命令，并且将新复制出来的圆形移动到合适的位置。如图 8-26 中子图(a)所示。在舞台的空白位置单击左键，两个圆形自动合并为一个形状，如图 8-26 中子图(b)所示。

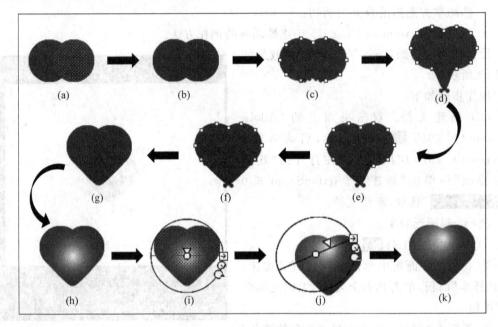

图 8-26　心形对象的编辑过程

提示：在执行完"粘贴到中心位置"命令时，新粘贴出来的圆形默认处于选定状态，此时切记不能做其他任何操作，直接按住左键拖动新粘贴出来的圆形到合适位置，否则，如果新粘贴出来的圆形与原来的圆形之间有重叠部分，系统自动将两个形状合并。

(4) 创建心形对象

① 单击"部分选取工具 "，将鼠标指针移动到合并形状的边缘单击，此时该形状周围出现一圈编辑控制点(如图 8-26 中子图(c)所示)，向下拖动下端正中间的一个编辑控制点到合适位置，出现如图 8-26 中子图(d)所示的效果。

② 单击"钢笔工具 "右侧的小三角，在弹出的下拉选项列表中选中"删除锚点工具 "，分别单击如图 8-26 中子图(d)所示形状下部的两个拐点，删除这两个点，得到心形对象，如图 8-26 中子图(f)所示。

说明："部分选取工具 "用来调整矢量图形上的锚点，通过锚点与控制点来调整图形。

(5) 立体感的表现。单色填充的心形对象缺少立体感。下面应用"颜色"面板的"径向渐变"功能，再结合"渐变变形工具 "的使用，完成立体心形对象的编辑。具体操作步骤如下。

① 单击选中心形对象，再执行"窗口"|"颜色 "命令，打开"颜色"面板。

② "颜色"面板的设置。

(a) 单击"颜色"面板中的"填充颜色"按钮，然后再单击"颜色类型"按钮，在弹出的下拉菜单中选择"径向渐变"，"颜色"面板下部的"颜色样本"控件处出现两个色标。

(b) 双击左侧的色标,在弹出的"样本"面板中选择淡黄色,对应颜色值为"♯FFFFCC"。

(c) 双击其右侧的色标,在弹出的颜色面板中选择红色,对应颜色值为"♯FF0000",如图 8-27 所示。

③ 调整渐变填充效果。选中"渐变变形工具 ■",单击心形对象,参照如图 8-28 所示,适当调整各控制手柄,完成立体心形对象的渐变填充效果。心形对象的编辑过程如图 8-26 所示。

图 8-27　渐变填充效果的调整

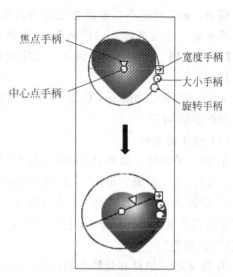

图 8-28　心形对象"颜色"面板设置

说明:"渐变变形工具 ■"就是用于调整渐变颜色的位置与形状的工具。

(6) 逐帧动画设置。

① 右击"时间轴"第 2 帧,在弹出的快捷菜单中选中"插入关键帧"命令,在当前帧的位置插入一个关键帧。

② 单击选中第 2 帧,可以看到舞台中的心形对象同时被选中。

③ 单击"工具箱"中的"任意变形工具 ■",此时心形对象周围出现 8 个编辑控制点。按下 Shift 键的同时拖动任意一个顶角控制点,适当放大心形对象。逐帧动画制作完成。

说明:在 Animate CC 2015 动画中,单击选中一个关键帧,即可将该关键帧上所有的对象同时选中。

说明:"任意变形工具 ■"用于对选中的图形或对象进行变形,包括旋转、倾斜、缩放、扭曲和封套等。使用"任意变形工具 ■"缩放对象时,同时按下 Shift 键可以保持缩放对象中心点固定不动,等比例缩放。

(7) 动画的播放与调整。单击"控制"菜单,执行"测试"命令,观察动画播放速度太快。分别右击时间轴第 1 帧与第 2 帧,在弹出的快捷菜单中选"插入帧"命令,此时,第 1 帧与第 2 帧后面分别插入一帧,再次测试,观察动画播放速度还快。重复以上步骤,多插入几帧,反复测试,直到满意为止。

提示:动画是用来表现运动变化规律的,把握运动对象的运动变化节奏是非常重要的。

如本实例,心脏的跳动是一个匀速的过程,那么在第 1 帧后插入一帧之后,相应地,在第 2 帧后也一定要插入一帧,以确保心形对象的大、小变化频率是一致的。

技巧:同时选中多个帧,右击,在弹出的快捷菜单中选择"插入帧",即可同时插入多帧。

提示:调整动画播放速度除了"插入帧"的方法之外,还可以通过修改动画的帧频来实现。帧频越大,播放速度越快。Animate CC 2015 默认的帧频是 24 帧/秒。

技巧:"测试"动画的快捷键是 Ctrl+Enter。

(8) 保存文件。将编辑完成的动画以"跳动的心脏.fla"文件保存。

提示:如果对一个已经保存过的动画文件进行测试,那么系统会自动在当前文件存储位置再生成一个同名的".swf"的文件,该格式文件可以脱离 Animate CC 2015 进行播放。

【**实例 8-3**】 补间形状动画——文字变形。

目的:

- 熟练掌握 Animate CC 2015 中补间形状动画的创作方法。

操作步骤如下。

(1) 制作初始帧。

① 插入关键帧。启动 Animate CC 2015,单击"时间轴"的第 1 帧,按 F6 键插入关键帧。

② 输入文本对象。单击"工具箱"中的"文本工具 T"。输入数字"1"。

③ 设置文本对象的字体、字号与颜色。用"选择工具 ▶"选中文本对象,在文本"属性"面板中进行设置:执行命令"字符"|"样式",选择"字体"为"Verdana"、"大小"为"96 磅"、"颜色"为"黑色"。

④ 将文本对象对齐到舞台的中央。选中文本对象,单击命令"窗口"|"对齐",在弹出的"对齐"面板中勾选"与舞台对齐"复选框,然后分别单击"分布"|"水平居中分布 ♟"、"分布"|"垂直居中分布 ♟"按钮。此时,在文本"属性"面板"位置和大小"中显示出文本对象的当前坐标位置与宽、高值。

⑤ 分离文字。保持文本对象选中的状态,执行命令"修改"|"分离",分离文字。

说明:文字、元件、图像等非图形对象要参与补间形状动画时,必须分离。一个文字需要分离一次,多个文字则需要分离两次。

技巧:"分离"命令的快捷键为 Ctrl+B。

(2) 制作结束帧。

① 在"时间轴"的第 30 帧处按 F7 键插入空白关键帧。在舞台中输入数字"2",并将其对齐到舞台的中央。

② 选中该文本对象,按快捷键 Ctrl+B,分离文字。

(3) 创建补间形状。

① 在第 1~29 帧处右击,弹出快捷菜单,选择"创建补间形状"命令,即可创建补间形状动画。同时,"时间轴"的 1~29 帧显示为一段带有黑色箭头与淡绿色背景的帧。

② 按 Ctrl+Enter 快捷键测试动画。

(4) 补间属性设置。

① 选中第 30 帧的文本对象,将其颜色更改为红色,并移动一个位置。

② 单击第 1~29 帧中的任一帧,在"属性"面板中更改"缓动"值与"混合"模式。

说明:"缓动"值用来控制动画播放的速度。当"缓动"值为负数时,补间动画在开始的时候缓动;为正数时,则在补间动画结束的时候缓动。"混合"模式用来控制动画播放过程中形状的过渡效果。"分布式"可使形状过渡更加自然、流畅。"角形"是在形状变化过程中保持图形的棱角。

(5) 使用形状提示。为了控制复杂的形状变化,往往需要使用形状提示。形状提示用从 a~z 的字母进行标识起始形状与结束形状中相对应的点。

① 添加形状提示。单击选中第1帧,执行"修改"|"形状"|"添加形状提示"命令,添加提示 a。重复此操作,再添加一个提示 b。参照图 8-29 所示,将提示 a、提示 b 分别移动到合适位置。

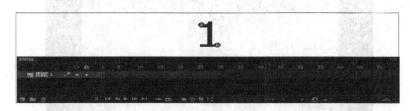

图 8-29　起始帧形状提示位置展示

② 调整结束帧处的形状提示。单击选中第30帧,参照图 8-30 所示,将提示 a 移动到与第1帧提示 a 相对应的位置;同样的操作,将提示 b 移动到与第1帧提示 b 相对应的位置。

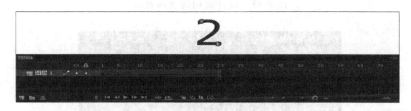

图 8-30　结束帧形状提示位置展示

提示:将形状提示拖离舞台即可将其删除。执行"修改"|"形状"|"删除所有提示"命令,可以删除所有形状提示。

(6) 预览动画。选择"控制"|"测试"命令,打开动画预览窗口预览动画效果。

【**实例 8-4**】　传统补间动画——弹跳小球。

目的:
- 熟练掌握 Animate CC 2015 中图像对象的导入;
- 熟练掌握 Animate CC 2015 中元件的创建与引用;
- 熟练掌握 Animate CC 2015 中传统补间动画的创作方法;
- 学习掌握"缓动"运动模拟的设置。

设计成功的动画效果与动画测试的效果,如图 8-31 和图 8-32 所示。

操作步骤如下。

(1) 新建文档。双击桌面上的"Adobe Animate CC 2015 　"快捷图标,启动 Adobe Animate CC 2015 应用程序。在打开的"欢迎向导界面"中单击"新建"|"ActionScript 3.0 ActionScript 3.0"选项,新建文档。

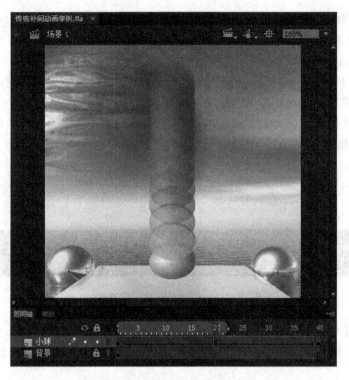

图 8-31 设计成功的动画效果

图 8-32 测试动画的效果

(2) 导入图像。执行命令"文件"|"导入"|"导入到舞台",在弹出的"导入"对话框中选择配套资料中的"\素材\第 8 章\背景.jpg"文件,单击"打开"按钮,即可将该背景图片导入到舞台中。

说明：Animate CC 2015 可以导入矢量图形、位图和图像序列；Animate CC 2015 常用的图片格式有.jpg、.gif、.png、.psd、.ai 和.bmp 等。Animate CC 2015 导入图片可以选择"导入到舞台"或"导入到库"。"导入到舞台"可以将导入的图片对象直接显示在舞台上,同时"库"中也会备份一份;"导入到库"则只将导入的图片对象保存到"库"中,以备在需要的时候调用。

说明:"库"是 Animate CC 2015 用于存储和组织各种元件的地方,它还用于存储和组织导入的文件,如图片、声音、视频等文件。"库"中的对象可以被反复调用。另外,同时打开多个 Animate CC 2015 文档时,可以在当前文档中随意切换并调用其他文档的库。

（3）舞台大小的调整。

① 单击选中导入的背景图片,在其"属性"面板中显示出该图片的宽、高均为 400。

② 在舞台的空白处单击,调出舞台的"属性"面板,将舞台的宽、高均修改为 400。

③ 再次单击选中背景图片,在其"属性"面板中将 x、y 值均修改为 0,此时背景图片与舞台完全吻合。

（4）新建图层。单击"时间轴"面板左下角的"新建图层 "按钮,新建一个图层。双击"图层 1"的图层名,将其更名为"背景",单击该图层的"锁定或解除锁定图层"图标,使其显示为 ,锁定该图层;将"图层 2"的图层名更改为"小球"。

说明:锁定图层可以有效避免图层误操作。

（5）绘制圆形对象。

① 颜色的设置。单击"椭圆工具 ",在其"属性"面板中,设置其"笔触颜色"为"无填充颜色 ";单击"填充颜色"按钮,弹出"样本"面板,选中其左下角的任一"径向渐变"图标,接着执行命令"窗口"|"颜色 ",弹出的"颜色"面板,双击"颜色样本"控件下渐变色的左侧色标,在弹出的"样本"面板中选择"白色♯FFFFFF",再次双击"颜色样本"控件下渐变色的右侧色标,弹出"样本"面板,将鼠标光标移动到舞台中背景图片上,此时鼠标光标变为"滴管工具",从背景图片下部的右侧小球图案中拾取一种蓝色,如颜色值为"♯7E90BA"。

② 绘制圆形对象。选中"图层 2",按住 Shift 键的同时,在舞台上拖动鼠标左键,绘制一个宽、高均为 72 的圆形。

③ 改变圆形对象的渐变填充角度。保持该圆形对象选中的状态,单击"颜料桶工具 ",参照背景图片下部两个小球的高光位置,重新填充圆形对象。用户可以根据个人感受,多次填充,观察该圆形的立体效果与高光位置,直到满意为止。

（6）转换为元件。使用"选择工具 "右击所绘制的圆形对象,在弹出的快捷菜单中选择"转换为元件"命令。弹出"转换为元件"对话框,如图 8-33 所示,在"名称"文本输入框中输入"小球";在"类型"下拉列表中选择默认的"影片剪辑"元件类型;单击"确定"按钮,即可将图形对象转换为元件。

图 8-33 "转换为元件"对话框

说明：Animate CC 2015 可以为实例、组或类型创建传统补间动画，并可以对其设置大小、位置、颜色、旋转或倾斜等变化。组或类型如果要参与传统补间动画，必须先将它们转化为元件。Animate CC 2015 元件包括"影片剪辑"、"按钮"和"图形"。

- "影片剪辑"元件用于创建可重复调用的动画片段。"影片剪辑"拥有独立于主时间轴的多帧时间轴。可以将多帧时间轴当作是嵌套在主时间轴内，可以包含交互控件、声音甚至其他影片剪辑的实例。

- "按钮"元件用于创建可以响应鼠标单击、指针经过或鼠标按下等动作的交互式对象。

- "图形"元件通常用于静态图像，还可以用来创建连接到主时间轴的可以重复调用的动画片段。"图形"元件与主时间轴同步运行。交互式控件与声音在图形元件中不起作用。由于没有时间轴，"图形"元件在 Fla 文件中的磁盘空间占用小于"按钮"和"影片剪辑"。

(7) 创建传统补间动画。

① "小球"元件初始位置设置。将该"小球"元件拖动到舞台上部，其坐标值分别为"x：164"和"y：23"。

② 在第 20 帧处插入关键帧。右击"小球"图层的第 20 帧，在弹出的快捷菜单中选中"插入关键帧"命令，即可在第 20 帧处插入一个关键帧。

③ 背景图片的延时设置。当"小球"图层的帧延长到 20 帧时，观察到只有第 1 帧有背景，其他帧上没有背景图片。本实例共需 40 帧，所以用户可以直接在"背景"图层的第 40 帧处右击，在弹出的快捷菜单中选"插入帧"命令，即可将背景图片延长到 40 帧。

④ "小球"元件落地位置设置。向下拖动"小球"对象到新的位置，其新位置的坐标为"x：164"和"y：290"。

⑤ "小球"元件的变形处理。在现实生活中，当一个球体落地后，球体的形状便会出现挤压变形的效果。为了模拟这种变化，本实例利用"任意变形工具"来完成。具体的操作步骤如下：选中该"小球"元件，单击"任意变形工具"，此时，对象周围出现了 8 个编辑控制点，同时其中心也出现了一个"中心点"，向下拖动该"中心点"到下排中间的控制点的位置，然后再向下拖动上排中间的控制点到适当的位置压缩该对象。"小球"元件的变形处理过程如图 8-34 所示。

图 8-34 "小球"元件的挤压变形处理过程

技巧：为保证"小球"元件在落地、反弹的过程中，其垂直方向上始终保持在舞台的中央，可以在每一个关键帧的位置，选中该对象，单击"对齐"按钮，在弹出的"对齐"面板中勾选"与舞台对齐"复选框，然后再单击"分布"|"水平居中分布"按钮即可。更简单的是，确保该元件在每一个关键帧位置的 x 坐标值是相同的。

⑥ 在第 40 帧处粘贴一个"关键帧"。右击"小球"图层的第 1 帧，在弹出的右键菜单中

选择"复制帧",然后再右击"小球"图层的第 40 帧,执行"粘贴帧"命令。

⑦ 创建"传统补间动画"。右击"小球"图层的第 1～19 帧,在弹出的快捷菜单中选择"创建传统补间"命令,即可在第 1～20 帧之间创建传统补间,同时,"时间轴"的 1～20 帧显示为一段带有浅蓝色背景的黑色箭头的帧;再右击"小球"图层的第 20～39 帧,弹出快捷菜单,选择"创建传统补间"命令,即可在第 20～40 帧之间创建传统补间。

(8)"缓动"设置。单击第 1～19 帧中的任一帧,在"属性"面板中设置"帧"|"补间"|"缓动"值为 100;再单击第 20～39 帧中的任一帧,在"属性"面板中设置"缓动"值为－100。

说明：Animate CC 2015 中的"缓动"主要应用在运动设计上,结合物理学、数学等原理,真实地模拟现实生活中的运动现象。缓动值为负值则输入缓动,为正值则输出缓动。

(9) 测试动画。按 Ctrl+Enter 快捷键测试动画。

至此,"弹跳小球"的动画全部创作完成,其"时间轴"效果如图 8-31 所示。

【**实例 8-5**】 补间动画——爱心飞旋。

目的：
- 熟练掌握 Animate CC 2015 中补间动画的创作方法。

设计成功的动画效果与测试动画的效果,如图 8-35 和图 8-36 所示。

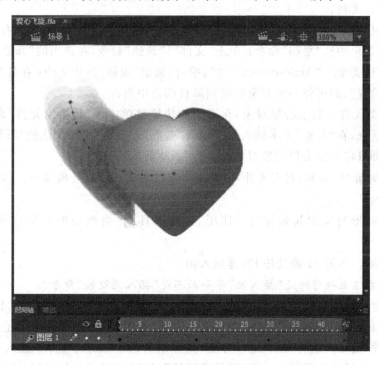

图 8-35 设计成功的动画效果

操作步骤如下。

(1) 打开文件。双击桌面上的 Adobe Animate CC 2015 ▣快捷图标,启动 Adobe Animate CC 2015 应用程序。在打开的"欢迎向导界面"中单击"打开最近的项目"|"跳动的心脏.fla",打开文件。

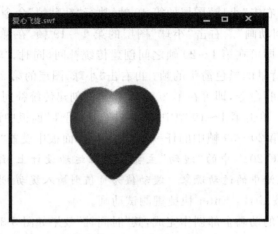

图 8-36 测试动画的效果

提示：如果"打开最近的项目"列表中没有所选文件,也可以单击其下方的"打开"按钮,在弹出的"打开"对话框中选择要打开的文件,单击"打开"按钮。另外,执行"文件"|"打开"命令也可以打开文件。

(2) 复制心形图形。单击选中第 1 帧关键帧,选中舞台上的心形对象;右击心形对象,在弹出的快捷菜单中选"复制"命令;单击"文件"|"新建"命令,在弹出的"新建文档"对话框中选择"常规"|"类型"|"ActionScript 3.0",单击"确定"按钮,新建文档;在舞台上右击选择"粘贴到中心位置",即可将心形对象粘贴到舞台的正中央。

(3) 转化为元件。右击心形对象,在弹出的快捷菜单中选"转换为元件"命令,弹出"转换为元件"对话框,在"名称"文本输入框中输入"爱心","类型"选择默认的"影片剪辑",单击"确定"按钮,即可将心形矢量图形对象转换为"影片剪辑"元件。

说明：影片剪辑、按钮、图形元件,以及文本字段均可以创建补间动画。但 3D 旋转只对影片剪辑有效。

(4) 确定心形对象的起始位置。使用"选择工具 ![]"将该心形对象移动到舞台的左上角。

(5) 插入帧。在第 45 帧处按 F5 键插入帧。

提示：注意这里执行的是"插入帧"命令而不是"插入关键帧"命令。

(6) "创建补间动画"。右击第 1 帧,在弹出的快捷菜单中选择"创建补间动画"。即可在 1～15 帧之间创建补间动画,同时"时间轴"的 1～15 帧显示为一段具有蓝色背景的帧。

(7) "位置"运动。选中第 15 帧,右击,在弹出的快捷菜单中选择"插入关键帧"|"位置",即可在第 15 帧的位置插入一个"属性关键帧",如图 8-37 所示的"时间轴"效果;拖动心形对象到舞台的中央(也可以保持心形对象选中的状态,打开"对齐"面板,将心形对象对齐到舞台的中央),此时,在舞台上从心形对象移动的起始点到结束点之间出现了一条直线运动路径线,如图 8-38 所示。

说明：属性关键帧是"补间动画"所具有的一种特殊类型的帧,是在补间范围内为补间目标对象显示定义的一个或多个属性值的帧。"补间动画"中所定义的每一个属性都有自己的属性关键帧。如果一个帧中设置了多个属性,则每个属性的属性关键帧都会驻留在该帧

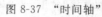

图 8-37 "时间轴"

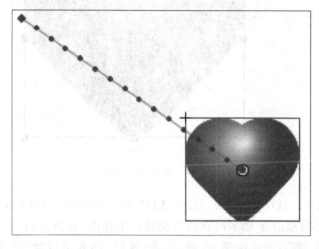

图 8-38 直线运动路径

中,用户可以通过动画编辑器查看补间范围的每个属性及其属性关键帧。"属性关键帧"在"时间轴"上显示为一个黑色菱形小点。

(8) 路径变形。将鼠标指针移动到运动路径线上,当鼠标光标下方出现一段小弧线时,按住鼠标左键拖动,将直线路径变形为曲线路径,如图 8-39 所示。

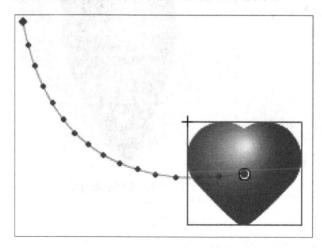

图 8-39 曲线运动路径

(9)"缩放"运动。选中第 15 帧,右击,选"插入关键帧"|"缩放"命令;单击"任意变形工具 ",在按住 Shift 键的同时拖动缩放控制按钮,适当放大该心形对象,放大后的效果如图 8-40 所示。

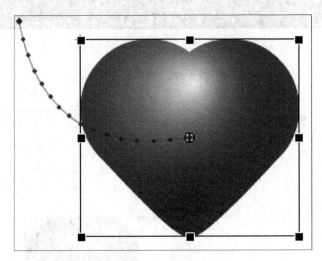

图 8-40　放大心形对象

(10)"旋转"运动。选中第 30 帧,右击,选择"插入关键帧"|"旋转"命令;单击"3D 旋转工具 ",选中心形对象沿 Y 轴顺时针适当旋转一个角度,如图 8-41 所示。为了使动画表现得更加自然、流畅,需要再选中第 45 帧,右击,选择"插入关键帧"|"旋转"命令,再选中"3D 旋转工具 "将心形对象沿 Y 轴逆时针旋转一个角度,如图 8-42 所示。

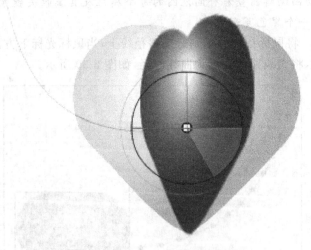

图 8-41　沿 Y 轴顺时针旋转心形对象

(11)测试动画。按 Ctrl+Enter 键测试动画。

提示:在动画编辑的过程中,可以随时按下键盘上的 Ctrl+Enter 键测试动画。

【实例 8-6】引导层动画——太阳升起来了。

目的:

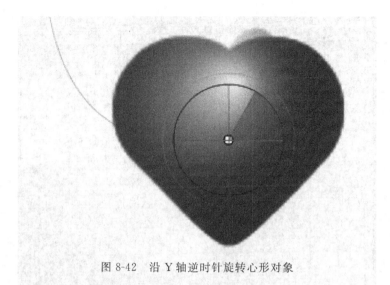

图 8-42 沿 Y 轴逆时针旋转心形对象

- 学习"颜色"面板中 Alpha 属性值的设置；
- 熟练掌握 Animate CC 2015 引导层动画的创作方法。

设计成功的动画与测试动画的效果，如图 8-43 和图 8-44 所示。

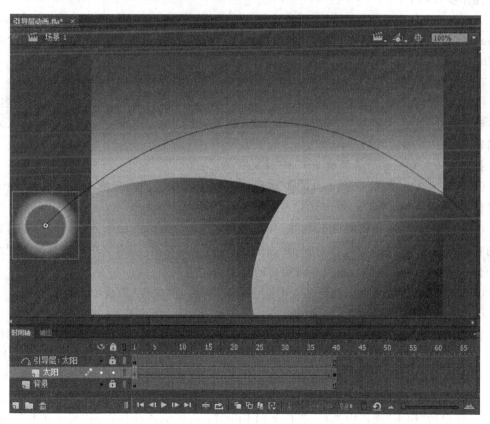

图 8-43 设计成功的动画效果

图 8-44　测试动画的效果

操作步骤如下。

（1）打开文件。选择"开始"|"所有程序"|"Adobe Animate CC 2015"命令，启动 Adobe Animate CC 2015 应用程序。在打开的"欢迎向导界面"中单击"打开最近的项目"|"绘制背景.fla"，打开文件。

（2）创建运动对象——太阳。

① 新建太阳元件。单击命令"插入"|"新建元件"，弹出"创建新元件"对话框，在"名称"文本输入框中输入"太阳"，"类型"选择默认的"影片剪辑"，单击"确定"按钮，即可进入元件编辑窗。

技巧：插入新元件的快捷键为 Ctrl＋F8。

② 绘制太阳。单击"椭圆工具 ◯ "按钮，在按下 Shift 键的同时拖动鼠标左键，在元件编辑窗中绘制一个圆形。

③ 将太阳对象对齐到窗口正中央。双击选中圆形对象，单击命令"窗口"|"对齐"，在弹出的"对齐"面板中勾选"与舞台对齐"复选框，然后再分别单击"垂直居中分布"与"水平居中分布"按钮，将圆形对象对齐到窗口的正中央。

④ 设置太阳对象的填充颜色。双击选中圆形对象，在"属性"面板中设置如下。

- "笔触颜色"设置为无填充颜色；
- "填充颜色"设置：双击"填充颜色"按钮，在弹出的"样本"面板中选择其左下角的任一"径向渐变"图标，接着执行命令"窗口"|"颜色"，弹出"颜色"面板，双击"颜色样本"控件下渐变色的左侧色标，在弹出的"样本"面板中选择"红色♯FF0000"，并向右拖动该色标到合适位置；再次双击"颜色样本"控件下渐变色的右侧色标，在弹出的"样本"面板中选择"黄色♯FFFF00"；将鼠标指针移动到"颜色样本"控件上左右两个色标之间，当鼠标指针右下角出现一个小加号"＋"时，单击，在"颜色样本"控件上添加一个色标，双击该色标，将颜色设置为"黄色♯FFFF00"；单击"颜色样

本"控件下渐变色的左侧色标,设置其 Alpha 值为"A:79%",接着分别单击渐变色中间与右侧的色标,设置其 Alpha 值为"A:66%"、"A:0%"。具体的"颜色"面板效果如图 8-45 所示。设置成功的太阳对象如图 8-46 所示。

图 8-45 "颜色"面板　　　　　　　　　图 8-46 太阳

注意:在设置颜色的过程中,一定要保持圆形对象的选定状态。

说明:Alpha 值即透明度,用于设置实心填充的不透明度及渐变填充的当前所选色标的不透明度。Alpha 值为 0% 填充全透明;Alpha 值为 100% 填充不透明。

(3) 回到场景。单击"太阳"元件编辑窗上方的"场景 1"标签,切换到"场景 1"。

说明:双击"库"中的元件或者舞台上的实例对象,即可以进入元件编辑窗。

(4) 背景层设置。

① 图层更名。双击"图层 1"的图层名,更名为"背景"。

② 插入帧。右击第 40 帧,在弹出的快捷菜单中选择"插入帧"命令。

③ 锁定图层。单击图层名右侧的锁定按钮,锁定图层。

(5) 新建"太阳"图层。单击"新建图层 "按钮,即可在当前"背景"层的上方新建一层,并将其图层名更名为"太阳"。

(6) 创建路径动画。

① 应用"太阳"元件。选中"太阳"图层的第 1 帧,执行"窗口"|"库"命令,打开"库"面板,参照图 8-43 所示的位置,拖动其中的"太阳"元件到舞台的左侧。

② 插入关键帧。选中"太阳"图层的第 40 帧,右击,选择"插入关键帧"命令。

③ 移动"太阳"实例对象。使用"选择工具 "将"太阳"实例对象从舞台的左侧移动到舞台的右侧(如图 8-43 所示)。

④ "创建传统补间"。右击第 1~39 帧中的任一帧,在弹出的快捷菜单中单击"创建传统补间"命令。

⑤ "添加传统运动引导层"。选中"太阳"图层,右击,在弹出的快捷菜单中单击"添加传统运动引导层"命令。

⑥ 绘制路径线。选中引导层的第 1 帧,使用"线条工具 ",参照图 8-43 所示,从舞台左侧拖动到右侧,绘制一条路径线。绘制完成后,使用"选择工具 "拖动直线路径为上弧

线路径。

⑦ 锁定图层。单击引导层中的锁定按钮锁定该图层。

⑧ 对齐路径。在"太阳"层的第 1 帧拖动"太阳"实例到曲线左端,使其中心点紧贴到引导线上;同样的操作,在该图层的第 40 帧处拖动"太阳"实例到曲线右端,使其中心点紧贴到引导线上。

(7) 动画测试。按 Ctrl+Enter 键测试动画。

(8) 保存文件。单击命令"文件"|"存储为",将文件以"引导层动画.fla"文件名保存。

说明:引导层动画是通过绘制路径线,将实例、组或者文本块沿着路径运动的动画形式。可以将多个图层链接到一个运动引导层上,使多个对象沿着同一条路径运动。

【实例 8-7】 遮罩动画——把绿色还给地球。

目的:

- 熟练掌握 Animate CC 2015 遮罩动画的创作方法。

设计成功的动画效果如图 8-47 所示。

图 8-47 设计成功的动画效果

操作步骤如下。

(1) 新建文件。选择"开始"|"所有程序"|"Adobe Animate CC 2015"命令,启动 Adobe Animate CC 2015 应用程序。在打开的"欢迎向导界面"中单击"新建"|"ActionScript 3.0"选项,新建文档。

(2) 导入图像。执行命令"文件"|"导入"|"导入到舞台",在弹出的"导入"对话框中选择配套资料中的"\素材\第 8 章\草原.jpg"文件,单击"打开"按钮。

(3) 背景层的设置。

① 调整图像大小。选中导入的背景图片,在其"属性"面板中设置坐标值为(0,0);宽、高为 550、400。

② 图层更名。双击"图层 1"图层名,更名为"背景"。

③ 锁定图层。单击图层名右侧的"锁定或解除锁定图层"按钮锁定图层。

④ 插入帧。右击第 65 帧,在弹出的快捷菜单中选择"插入帧"命令。

(4) 遮罩层的设置。

① 新建图层。单击"时间轴"面板左下角的"新建图层▣"按钮,新建一个图层。

② 图层更名。双击"图层 2"图层名,更名为"文字"。

③ 输入文字。选中第 1 帧,在"工具箱"中选中"文本工具▣",在舞台的空白位置单击,定位光标位置,并输入文字"把绿色还给地球"。

④ 字体字号设置。选中文字,在"属性"面板中设置:

- "字符"→"系列":"黑体";
- "字符"→"大小":"65 磅";
- "位置和大小"→x:−46.3;
- "位置和大小"→y:159.5。

⑤ 转换为元件。用"选择工具▣"右击文字对象,在弹出的快捷菜单中选择"转换为元件"命令。弹出"转换为元件"对话框,在"名称"文本输入框中输入"遮罩文字";在"类型"下拉列表中选择默认的"影片剪辑"元件类型;单击"确定"按钮,即可将文本对象转换为元件。

⑥ 插入关键帧。右击第 65 帧,在弹出的快捷菜单中选择"插入关键帧"命令。

⑦ 移动"遮罩文字"的位置。用"选择工具▣"将"遮罩文字"对象水平拖动到舞台的右侧。其"属性"面板中的坐标位置为"550.95、159.5"。

⑧ 创建传统补间动画。在 1~64 帧之间右击,在弹出的快捷菜单中选择"创建传统补间"。

⑨ 转换为遮罩层。右击"文字"图层,在弹出的快捷菜单中选择"遮罩层"命令,即可将"文字"图层转换为"遮罩层",同时该图层下层的"背景"层自动转换为"被遮罩"层。

(5) 测试影片。按 Ctrl+Enter 键测试影片。

(6) 保存文件。将文件以"遮罩动画.fla"文件名保存。

说明:若要实现聚光灯效果或者过渡效果,可使用遮罩层创建一个孔洞,透过这个孔洞观察下面图层的内容。遮罩项目可以是文本对象、填充的形状、图形元件实例或影片剪辑。

8.2.3 Animate CC 2015 总结与提高

1. 动画嵌套

在 Animate CC 2015 中,通过在图层中引用包含动画序列的图形元件、影片剪辑或者按钮等,可以实现动画的嵌套,完成复杂的动画创作。例如,可以将"8.2.2 Animate CC 2015 典例剖析"中的第 2 个实例"逐帧动画——跳动的心脏"与第 5 个实例"补间动画——爱心飞旋"进行动画嵌套,便可以实现"跳动的爱心飞旋的运动效果"。具体操作步骤如下。

(1) 打开"爱心飞旋.fla"文件。

(2) 单击选中第 1 帧关键帧,双击舞台上的"爱心"实例对象,进入"爱心"元件编辑窗;参照"逐帧动画——跳动的心脏"的制作方法,在第 5 帧上右击插入一个关键帧;单击"任意变形工具▣"选中"爱心"对象,在按下 Shift 键同时,拖动控制点适当放大"爱心"对象;右击第 8 帧,在弹出的快捷菜单中选择"插入帧"命令。

(3) 单击"场景 1"标签,切换到场景,按 Ctrl+Enter 键测试影片。

2. 导入声音

Animate CC 2015 提供了多种声音的使用方式,可以使声音独立于时间轴而连续播放,或者使用时间轴将动画与音轨同步。也可以向按钮添加声音,使按钮具有更强的交互性。另外,通过声音的淡入淡出效果可以使声音更加优美。如果要在动画文件中添加声音,可以通过系统提供的"导入"命令来完成。

下面为"8.2.2 Animate CC 2015 典例剖析"中第 5 个实例"补间动画——爱心飞旋"动画添加背景音乐。具体操作步骤如下。

(1) 打开文件。打开"爱心飞旋.fla"文件。

(2) 新建图层。单击"时间轴"左下角的"新建图层 ▢"按钮,新建图层,并将图层名改为"背景音乐"。

(3) 导入声音文件。执行命令"文件"|"导入"|"导入到库",弹出"导入到库"对话框,选中要导入的声音文件,单击"打开"按钮,即可将声音文件导入到"库"中。

(4) 将声音添加到"时间轴"上。单击"背景音乐"的第 1 帧,打开"库"面板,将声音文件拖动到舞台上,即可。

(5) 同步设置。单击"背景音乐"图层的第 1~45 帧中的任意一帧,在"属性"面板中选择"声音"|"同步"|"数据流",即可将声音与动画同步。

(6) 保存文件。将源文件另存为"配乐爱心飞旋.fla"文件。

完成后的"时间轴"如图 8-48 所示。

图 8-48 "时间轴"面板

3. 按钮控制

在交互动画的制作过程中,常常需要创建按钮元件。通过为按钮添加动作脚本实现交互动画。ActionScript 3.0 是 Animate CC 2015 中使用的脚本语言,是面向对象的。用户可以直接将 ActionScript 输入到"动作"面板中创建脚本语言。下面通过为实例"爱心飞旋.fla"文件添加动作按钮,来控制声音的播放与停止。操作步骤如下。

(1) 打开文件。打开"爱心飞旋.fla"文件。

(2) 制作按钮。

① 新建按钮。单击命令"插入"|"新建元件",弹出"创建新元件"对话框,在"名称"文本输入框中输入"播放-停止","类型"选择"按钮",单击"确定"按钮,进入"播放-停止"元件编辑窗。同时,在"时间轴"上显示出"弹起"、"指针经过"、"按下"3 种按钮状态,以及一个"点击"区域。

② 制作"弹起"帧。在"弹起"帧处绘制一个三角形,填充为蓝色,对齐到舞台的中央,如图 8-49 所示。

提示:使用"多角星形工具 ▢",在"属性"面板中单击"工具设置"|"选项"按钮,在弹出的"工具设置"对话框中的"边数"设置为 3,即可绘制三角形。

图 8-49 "按钮"制作

③ 制作"指针经过"帧。右击"指针经过"帧，在弹出的快捷菜单中选择"插入关键帧"命令；单击选中三角形，填充颜色改为绿色。

④ 制作"按下"帧。重复步骤③，将"按下"帧处的三角形对象设置为黄色填充。

至此，"播放-停止"按钮制作完成，如图 8-50 所示。

图 8-50 "按钮"制作

(3) 回到场景。单击"场景 1"标签，回到场景。

(4) 创建"按钮"实例。新建"播放按钮"图层，选中"播放按钮"图层的第 1 帧，从"库"中将"播放"按钮拖到舞台上，并在"属性"面板中输入实例名称"bt_play"。

(5) 生成"bt_play"脚本语言。选中"bt_play"按钮实例，打开"窗口"|"代码片段"面板，并展开"音频和视频"文件夹，双击"单击以播放/停止声音"(如图 8-51 所示)，打开"动作"面

板,脚本语言自动生成,如图 8-52 所示。

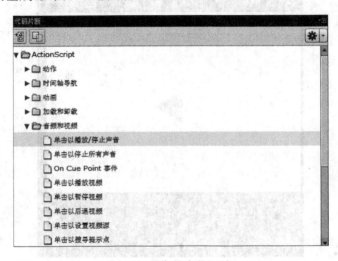

图 8-51 "代码片段"面板

```
10  bt_play.addEventListener(MouseEvent.CLICK, fl_ClickToPlayStopSound);
11
12  var fl_SC:SoundChannel;
13
14  //此变量可跟踪要对声音进行播放还是停止
15  var fl_ToPlay:Boolean = true;
16
17  function fl_ClickToPlayStopSound(evt:MouseEvent):void
18  {
19      if(fl_ToPlay)
20      {
21          var s:Sound = new Sound(new URLRequest("http://www.helpexamples.com/flash/sound/song1.mp3"));
22          fl_SC = s.play();
23      }
24      else
25      {
26          fl_SC.stop();
27      }
28      fl_ToPlay = !fl_ToPlay;
29  }
30
```

图 8-52 "动作"面板中的脚本语言

（6）替换声音项目。将要播放的声音文件的 URL 地址替换为"感恩的心.mp3"。替换完成的"动作"面板中的脚本语言如图 8-53 所示。

```
10  bt_play.addEventListener(MouseEvent.CLICK, fl_ClickToPlayStopSound);
11
12  var fl_SC:SoundChannel;
13
14  //此变量可跟踪要对声音进行播放还是停止
15  var fl_ToPlay:Boolean = true;
16
17  function fl_ClickToPlayStopSound(evt:MouseEvent):void
18  {
19      if(fl_ToPlay)
20      {
21          var s:Sound = new Sound(new URLRequest("感恩的心.mp3"));    替换
22          fl_SC = s.play();
23      }
24      else
25      {
26          fl_SC.stop();
27      }
28      fl_ToPlay = !fl_ToPlay;
29
```

图 8-53 "动作"面板中的脚本语言

4. 动画的发布

Animate CC 2015 动画制作完成以后，默认生成的动画源文件为 FLA 格式，如果需要在网络上，或者在电脑上播放，都需要进行发布。默认情况下，使用"发布"命令只生成 SWF 格式的文件。用户也可以使用"发布设置"命令，选择其他的格式"发布"。具体操作步骤如下。

选择"文件"|"发布设置"命令，打开"发布设置"对话框（如图 8-54 所示），选择可发布的格式类型。具体可包括.swf 与.swc 文件格式，还可以选择.html、.gif、.jpg、.png、.oam 和.svg，也可以选中 Macintosh 放映文件与 Windows 放映文件。

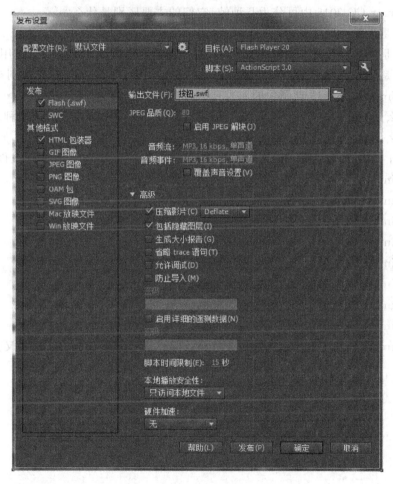

图 8-54 "发布设置"对话框

本 章 小 结

本章从电脑动画的概念讲起，主要讲述了电脑动画的基本知识。以二维动画软件 Animate 2016 为例，详细讲述二维动画的创作方法与创作流程。通过本章的学习，帮助用户对电脑动画形成较深的理解，掌握动画制作的一般流程。

思 考 题

1. 什么是电脑动画？电脑动画一般分为几种类型？
2. 什么是二维动画？什么是三维动画？它们之间的主要区别是什么？
3. 二维动画制作软件 Animate CC 2015 的主要特点有哪些？
4. Animate CC 2015 动画中常用的文件格式有哪些？
5. 什么是 Animate CC 2015 中的场景、舞台、时间轴和帧？
6. Animate CC 2015 中可分为几种帧，它们的主要区别是什么？
7. 什么是二维动画的帧频，它的单位是什么？
8. 什么是 Animate CC 2015 动画中的图层，图层在动画创作中起什么作用？
9. 什么是 Animate CC 2015 动画中的元件和实例？它们之间有什么区别与联系？
10. Animate CC 2015 动画中的库有什么作用？
11. 什么是补间？Animate CC 2015 动画制作中的补间动画主要分成几种类型？
12. 什么是脚本语言？Animate CC 2015 中主要使用什么脚本语言？
13. 为什么要进行动画发布，Animate CC 2015 都可以发布哪些格式的文件？
14. Animate CC 2015 中的逐帧动画如何制作？
15. Animate CC 2015 中的变形动画如何制作？
16. Animate CC 2015 中的传统补间动画如何制作？
17. Animate CC 2015 中的补间动画如何制作？
18. Animate CC 2015 中的引导层动画如何制作？
19. Animate CC 2015 中的遮罩动画如何制作？
20. Animate CC 2015 中如何实现动画的嵌套？
21. Animate CC 2015 中如何导入外部对象？
22. Animate CC 2015 保存的默认文件格式是什么？其默认的发布格式又是什么？

第 9 章　计算机网络基础

本章学习目标
- 了解计算机网络的概念及发展过程；
- 熟练掌握计算机网络的总线型、环形、星形拓扑结构；
- 了解计算机网络的硬件设备；
- 掌握开放系统互连模型 OSI 和 TCP/IP 协议栈模型；
- 掌握 IP 地址的概念、掌握域名的概念。

9.1　计算机网络概述

本节主要讲述计算机网络的基础知识。通过本节的学习,可以了解计算网络的基本概念和发展历史,掌握计算机网络的拓扑结构,认识计算机网络的硬件设备。

9.1.1　计算机网络的概念及发展

1. 计算机网络的概念

计算机网络属于多计算机系统的范畴,是计算机技术和通信技术相结合的产物。所谓计算机网络是用通信媒介把分布在不同地理位置的具有独立功能的计算机及其外部设备连接起来,借助网络管理软件(网络通信协议、信息交换方式及网络操作系统等)实现软、硬件资源共享和信息传递的"互连、自主的计算机集合"。

计算机网络是以共享为主要目标,具备数据通信、远程传输、资源共享、集中管理、分布式处理、负荷均衡等几个方面的功能。

2. 计算机网络的发展

计算机网络出现于 20 世纪 50 年代,到 20 世纪末得到迅猛的发展,从单纯的军事、科研应用到人们工作、生活的普遍应用;从最简单的单机与终端之间的远程通信,到今天全世界计算机的互联,期间经历了多个具有明显标志性的阶段。

1963 年美国麻省理工学院林肯实验室与军方合作,为美国空军设计半自动化地面防空的联机终端系统,简称 SAGE(Semi-Automatic Ground Environment,半自动地面防空系统)。SAGE 是通信技术和计算机技术相结合的先驱,也是现代计算机网络的起点。真正意义上的计算机网络系统是 20 世纪 60 年代后期的美国国防部高级研究计划局协助开发的 ARPA 网,在 ARPA 网中,主机之间通过接口信息处理机 IMP(Interface Message Processor)连接。它们之间互联的通信线路一起负责主机间的通信任务,构成了通信子网。通信子网互联的主机负责运行程序,提供资源共享,组成了资源子网。

在20世纪70~80年代，随着计算机硬件生产技术和工艺的发展及计算机价格的不断下降，促使个人计算机(PC)的迅速普及，PC用户一方面希望能共享信息资源，另一方面也希望与其他计算机之间能互相传递信息进行通信。同时由于个人计算机的硬件和软件配置一般都比较低，其功能也有限，因此，要求共享大型(巨型)计算机的硬件、软件资源及其所管理的信息资源，以便充分利用这些资源。基于这些原因，促使计算机向网络化发展，将分散的计算机连接成网，组成计算机网络。计算机网络的迅猛发展尤其是公众型计算机网络的发展，使计算机网络不再是科研机构和军事机构的专用系统。尤其是国际标准化组织ISO(International Standardization Organization)在1984年颁布了开放系统互联(Open System Interconnection，OSI)协议，标志着计算机网络进入了一个具有统一的网络体系结构并遵循国际标准的开放式和标准化的网络系统时期，并最终发展成现在的Internet。

Internet代表着全球范围内一个无限增长的信息资源，其内容之丰富是任何语言也难以描述的。Internet是全球最广泛的实用信息网络，任何一个入网的用户既是信息的消费者，同时也是信息的提供者。随着一个又一个的连接，Internet的价值越来越高。

随着社会对互联网应用需求的快速增长，以光纤通信应用于计算机网络、多媒体技术、综合业务数字网络(Integrated Services Digital Network，ISDN)、人工智能网络的出现和发展为主要标志的计算机网络技术进入了新的发展阶段。

2000年以后是计算机网络高速发展的时期，计算机网络的应用向更高层次发展，尤其是宽带网的建设和发展，ATM(Asynchronous Transfer Mode，异步传输模式)技术、CABLE MODEM、光传输设备等宽带技术的发展，推动计算机网络的飞速发展。

计算机网络的发展经历了大型机、小型机(WAN)、PC(LAN)、Client/Server、Intranet/Internet、Extranet/Internet等发展，如表9-1所示。

表9-1 计算机网络的发展

	20世纪60年代	20世纪70年代	20世纪80年代	20世纪90年代	21世纪
范围	科学计算	部门内部	企业之间	商家之间	商家与消费者
规模	小	小	中	大	遍布全球
成熟期	10年	7年	5年	4年	3年

3．计算机网络的分类

由于计算机网络的广泛使用，目前在世界上已经出现了各种形式的计算机网络。从不同的角度理解网络、划分网络，有利于全面地了解网络系统的各种特性，从各个层面上学习和掌握计算机网络的相关技术。

1) 按网络地理位置划分

(1) 局域网(Local Area Network，简称LAN)。

局域网一般限定在较小的区域内(小于10km的范围)，是目前网络应用最普遍的方式。局域网有容易配置和维护、数据传输速率高、连接距离短、误码率低等几个显著特性。

(2) 城域网(Metropolis Area Network，简称MAN)。

城域网规模局限在一座城市的范围内(10～100km的区域)，是地域性宽带网络的简称。目前其核心技术分为有两类：IP(Internet protocol)和ATM(asynchronous transfer mode)。

（3）广域网（Wide Area Network，简称 WAN）

广域网络跨越国界、洲界，其至全球范围，联网的计算机之间的距离一般在几百公里以上。Internet 是现今世界上最大的广域计算机网络。

2）按网络拓扑结构划分

计算机网络的组成元素可以分为两大类，即网络结点（又可分为端结点和转发结点）和通信链路，网络中结点的互连模式叫网络的拓扑结构。拓扑结构是网络中通信线路（缆线）和计算机，以及其他组件的物理布局。网络拓扑定义了网络中资源的连接方式。计算机网络按拓扑结构划分为总线型网络（BUS）、星形网络（STAR）和环形网络（RING）。

（1）总线型拓扑结构。

总线型拓扑结构采用单根传输线作为传输介质，所有的站点都通过相应的硬件接口直接连接到传输介质或称总线上。总线拓扑的优点是：结构简单，易于布线和维护；缺点是：因为不是集中控制的，所以故障检测需要在网上的各个站点上进行；由于所有节点都在同一线路上进行通信，任何一处故障都会导致所有的节点无法完成数据的发行和接收。总线型拓扑结构如图 9-1 所示。

（2）环形拓扑结构。

环形拓扑结构是由连接成封闭回路的网络结点组成的，每一个结点与其左右相邻的结点连接。环形网络常使用令牌环来决定哪个结点可以访问通信系统。环形拓扑结构的优点是高速运行，避免冲突的结构相当简单。缺点是信息在环中必须沿每个节点单向传输，环中任何一段的故障都会使各站之间的通信受阻。环形拓扑结构如图 9-2 所示。

（3）星形拓扑结构。

星形拓扑结构是由中央结点以点对点形式向四周辐射状连接到各站点的组成结构。星形网络的中央结点是唯一的一个转发结点，每一台计算机都通过点对点的形式单独地连接到中央结点。星形拓扑结构的优点是：单个连接点的故障只影响到其自身，不会影响网络的其他连接点设备，维护时容易检测故障和进行隔离处理；网络拓扑架构简单，任何一个连接只涉及到中央结点和一个站点，网络访问方式比较简单。缺点是由于每个站点直接与中央结点相连，如果中央结点产生故障，则会导致整个局域网瘫痪，所以对中央结点设备的可靠性、稳定性和冗余度要求很高。星形拓扑结构如图 9-3 所示。

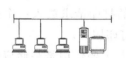 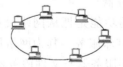 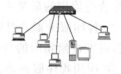

图 9-1　总线型拓扑结构　　　图 9-2　环形拓扑结构　　　图 9-3　星形拓扑结构

9.1.2　计算机网络硬件设备

1. 传输介质

传输介质是指计算机网络中用来传输信息（通信）的物理信号通路。常用的传输介质有双绞线、同轴电缆、光纤和微波、卫星通信等。

1）双绞线

双绞线将有规则的、螺旋状排列的一对（或以上）导线封装在一个绝缘外套中，为了降低干扰，每对相互扭绕而成。双绞线是局域网中最常用的传输介质。双绞线分为三类线、五类线、超五类线和六类线等，分别应用在10兆以太网、100兆以太网和1000兆以太网中。

2）同轴电缆

同轴电缆由一根空心的外圆柱导体和一根位于中心轴线的内导线组成，两导体间用绝缘材料隔开，是局域网过去广泛使用的传输介质，现在几乎完全被双绞线所取代。

3）光缆

光缆又称光纤（光导纤维），是能够传导光束的光学纤维介质。光线通过光电转换来传输信号。光纤具有巨大的、远远超过双绞线的传输能力，同时光缆绝缘保密性好。目前，网络传输介质发展最快的是在光学纤维领域。

4）微波通信

微波通信是一种无线电通信，不需要架设传输电缆，而是借助频率很高的无线电波来传输信息。微波通信的优点是容量大，受外界干扰影响小，传输质量较高，建设费用较低。缺点是保密性差，通信双方之间不能有建筑物等的阻挡。

5）卫星通信

卫星通信是利用人造地球卫星作为信息传输的中继站转发微波信号，使各地之间互相通信。一颗同步地球卫星可以覆盖地球三分之一以上的表面，三颗这样的卫星就可以覆盖地球全部的表面，使地球各地面站之间可以任意通信。卫星通信的优点是：容量大，距离远，可靠性高；缺点是：通信延迟时间长，易受气候影响。

2. 计算机设备

1）网络服务器（server）

服务器是为网络上的客户提供网络服务的高性能计算机。服务器根据设备共享的需要，可以把与其相连的存储设备、打印设备、通信设备等提供给网络上的客户机共享，也能为网络用户提供集中计算、数据处理、信息发布、文件传输、邮件服务等各种网络服务。

常见的服务器有以下几种。

① 文件服务器。文件服务器在网络中是中心存储机构，其为网络用户提供文件存储服务，是普遍使用的最基本的专用服务器。

② 打印服务器。打印服务器的功能是把从网络设备中接受的打印请求放入一个打印队列，再发送给相应的打印机进行打印服务。其为网络用户提供打印服务。

③ 应用程序服务器。应用程序服务器与文件服务器类似，但其主要作用是存储应用软件（程序），其为网络用户提供应用程序服务。应用程序服务器不仅存储着可执行的应用软件还能运行文件。

2）网络终端（network computer）

网络终端又称网络计算机（NC），是一种专用于网络计算环境下的终端设备，采用C/S（client/server）工作模式。与PC相比没有硬盘、软驱、光驱等存储设备。NC通过网络获取资源，应用软件和数据也都存放在服务器上。终端机在网络操作系统的多用户特性及硬件资源分享技术的支持下，利用网络服务器强大的系统资源，每台用户终端可以像普通的PC一样单独、高效、安全地从主机运行应用程序。具有运行安全、性价比高、升级维护方便等特点。

3) 工作站(workstation)

工作站是一种以 PC 计算机和分布式网络计算为基础,主要面向特定应用领域,具备强大的数据运算与图形、图像处理能力,为满足工程设计、科学研究、软件开发、金融管理、电脑动画、信息服务、模拟仿真等专业应用领域而设计开发的高性能计算机。

工作站是一种高档的微型计算机,通常配有高分辨率的大屏幕显示器及容量很大的内存储器和外存储器,并且具有较强的信息处理功能和高性能的图形、图像处理功能以及联网功能。例如,图形工作站和音乐工作站等。

3. 网络设备

1) 网络适配器(network interface card)

网络适配器(又称网卡)是把计算机连接到网络的接口电路。网卡一方面通过计算机上的局部总线(ISA 或 PCI)与计算机系统连接(插在计算机主板的总线扩展槽或集成在计算机主板上)。另一方面网卡与网络传输介质(同轴电缆、双绞线等)相连,从而把计算机连接到网络上。其基本功能是实现数据缓存器的管理、数据链路管理、编码和译码,以及网内收发。

2) 集线器(hub)

集线器在网络中是基于星形拓扑结构的接线点。集线器的基本功能是信息分发,其把一个端口接收的所有信号向所有端口分发出去。一些集线器在分发之前将弱信号重新生成。

3) 交换机(switch)

交换机是集线器的升级替代产品,在局域网中,交换机用于连接终端设备,如 PC 及网络打印机等。交换机和集线器的工作原理不同,主要功能包括物理编址、网络拓扑结构、错误校验、帧序列以及流控。

4) 路由器(router)

路由器是用于连接多个逻辑上分开的网络,所谓逻辑网络是代表一个单独的网络或者一个子网。当数据从一个子网传输到另一个子网时,可通过路由器来判断网络地址和选择路径,路由器能在多网络互联环境中建立灵活的连接,可用完全不同的数据分组和介质访问方法连接各种子网。路由器具有网络互连、数据处理和网络管理等功能。

5) 网关(gateway)

网关是连接两个协议差别很大的计算机网络时使用的设备,又称网间连接器、协议转换器。网关的结构也和路由器类似,不同的是互连层不同。网关可以将具有不同体系结构的计算机网络连接在一起。

9.2 计算机网络体系结构

本节主要讲述计算机网络的体系结构,重点对开放系统互连模型(OSI)、网络协议和网络服务进行讲解,同时对 IP 地址和域名系统进行介绍。

9.2.1 计算机网络体系结构的概念

计算机网络体系结构是指整个网络体系中的逻辑构成和功能分配。该体系定义了构成计算机网络的各个组成部分的功能结构,使计算机网络系统能够在统一的原则方针下进行设计、建造、使用和发展。对网络的合理化、标准化、高性能化和通用化都产生了巨大影响。

1984年，国际标准化组织(ISO)发表了开放系统互联(OSI)参考模型。OSI模型是一种通用的、标准的、理论模型，但实际应用中没有一个流行的网络协议完全遵守OSI模型。由分层模型、对等层进程通信协议规范、相邻层接口服务规范等的集合称为计算机网络体系结构，即开放系统互连参考模型、协议、服务等统称为计算机网络体系结构。

9.2.2 开放系统互连模型

开放系统互连模型(OSI)是一个利用分层化描述网络层次结构的模型，OSI模型由七个层次和一组完整的分层协议及标准组成，如图9-4所示。

1. 物理层

在物理信道上传输比特流，处理与物理传输介质有关的机械、电气、功能和规程特性的接口。

2. 数据链路层

在相邻两节点间提供无差错地传输数据帧的功能和过程，提供数据短路的流量控制，检测校正物理短路产生的差错。

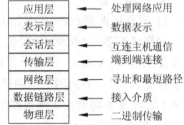

图9-4 开放系统互连模型(OSI)

3. 网络层

根据传输层要求选择服务质量，将数据从物理连接的一端传到另一端，实现点到点通信。主要功能是路径选择、流量控制和拥塞控制。

网络层向上提供一个标准通用的界面，使上层与通信子网的细节相隔离，保证源主机与目标主机间透明、可靠地传输报文。

4. 传输层

端到端数据传送控制层。主要功能是负责信息的传输，弥补通信网络的传输差异，恢复传输差错，提高传输可靠性。传输层对上层与通信子网的细节相隔离，保证源主机与目标主机间透明、可靠地传输数据。

5. 会话层

为两个主机上的用户进程建立会话连接，并使用这个连接进行通信，使双方操作相互协调。

6. 表示层

为应用层提供可以选择的各种服务，主要是对双方的语法和数据格式等提供转换和协调服务。

7. 应用层

为用户进程提供访问开放系统互连环境的界面，由最常用且通用的应用程序组成，如电子邮件、文件传输等。应用层是用户与网络的界面。

概括地说，各层的功能是：物理层正确地利用媒质，数据链路层走通每个节点，网络层选择走哪条路，传输层找到对方主机，会话层指出对方实体是谁，表示层指定用什么语言交谈，应用层指出实现什么功能。

9.2.3 网络中的协议和服务

1. 协议和服务

计算机网络中，能发送和接收信息的任何设备若要相互通信，就必须能够相互理解，共同遵守一定的规则。这些规则的集合称为协议。简单地说，协议就是通信双方的约定。

为简化问题、减少协议设计的复杂性，大多数网络都按层或级的方式来组织。因此协议也是分层次的。每一层都建立在下层之上，每一层的目的都是为上层提供一定的服务。各层协议互相协作，构成一个整体。常称之为协议簇(protocol family)或协议套(protocol suite)。

在分层次的计算机网络体系结构中，两个位于同一层次的网络设备间要实现通信，例如，一台机器上的 N 层实体与另一台机器上 N 层实体间通信，必然要求通信双方都需要有一个相同的协议。层间通信就是使用协议进行通信如图 9-5 所示。

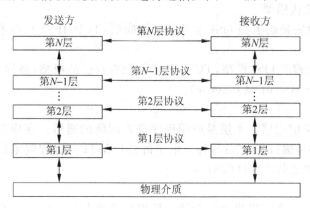

图 9-5　层间通信通过协议进行通信

在计算机网络协议的层次结构中，层与层之间具有服务与被服务的单向依赖关系，下层向上层提供服务，而上层则调用下层的服务。因此，任意相邻两层的下层为服务提供者，上层为服务调用者。

服务和协议是两个不同的概念。

(1) 服务描述两层之间的接口，定义了该层能够代表它的调用者所完成的操作。下层是服务提供者，上层是服务调用者，上下层之间通过一组服务原语完成服务过程，但并不涉及如何实现操作的细节。

(2) 协议是有关对等实体间交换数据的格式和意义的一组规则，通信的两实体利用协议来实现两实体的服务定义。只要不改变提供给服务调用者的服务，实体即可转换它们之间的协议，即协议关系到服务的实现，但对服务调用者来说是透明的。协议与服务的分离，使得在计算机网络中采用新通信技术替换落后的通信手段更容易，同时改善了所设计的计算机网络的硬件适应性和与其他系统的兼容性。

2. TCP/IP 协议

TCP/IP 作为因特网上的传输协议，奠定了 Internet 的基础。如今已发展成为计算机网络之间通信的标准。

TCP/IP 英文全称 Transmission Control Protocol/Internet Protocol，中文意思是传输控制协议/互联网协议。TCP/IP 实际上是一族协议，不是单一的协议。

① ARP(Address Resolution Protocol)地址解析协议。

② RARP(Reverse Address Resolution Protocol)逆向地址解析协议。

③ ICMP(Internet Control Message Protocol)Internet 控制信息协议。

④ IGMP(Internet Group Management Protocol)Internet 组管理协议。

⑤ UDP(User Datagram Protocol)用户数据报协议。
⑥ SNMP(Simple Network Management Protocol)简单网络管理协议。
⑦ SMTP(Simple Mail Transmission Protocol)简单邮件传送协议。
⑧ FTP(File Transmission Protocol)文件传输协议。
⑨ Telnet 远程终端登录。
⑩ NDIS(Network Device Interface Specification)网络驱动接口规范。
⑪ NFS(Network File System)网络文件系统等。

3. TCP/IP 协议栈模型

TCP/IP 协议紧密地映射到 OSI 参考模型的底层，TCP/IP 支持所有的、标准的物理和数据链路协议。

TCP/IP 不完全遵守 OSI 模型，TCP/IP 协议簇有自己的模型，被称为 TCP/IP 协议栈，又称 DOD 模型(department of defense)。

1) 应用层

在模型的顶部是应用层。本层是应用程序进入网络的通道。在应用层有许多 TCP/IP 工具和服务，如文件传输(FTP、NFS 等)、电子邮件(SMTP)、远程登录(Telnet、RLOGIN)、网络管理(SNMP)和域名管理(DNS)等。

2) 传输层

传输协议在计算机之间提供通信会话。数据投递要求的方法决定了传输协议。在传输层提供了 TCP(transmission control protocol)和 UDP(user datagram protocol)两种协议。

TCP 为典型的传输大量数据或需要接收数据许可的应用程序提供连接定向和可靠的通信，是面向连接的、可靠的协议。而 UDP 提供无连接的通信，由于没有对数据进行校验，因此并不保证数据包被发送到。UDP 被称为"不可靠协议"，典型的即时传输少量数据的应用程序使用 UDP。

虽然传输方法不同，TCP 数据包与 UDP 数据包也不一样。但两者都用端口与插槽进行通信。例如，FTP(文件传输服务)要使用端口 21、Telnet(远程登录)要使用端口 23、HTTP(超文本传输)要使用端口 80 等。

3) 网络层

Internet 协议将数据包封装成 Internet 数据包并运行必要的路由算法。

4) 网络接口层

在模型的最底层是网络接口层。本层负责将帧放入线路或从线路中取下帧。TCP/IP 协议栈与 OSI 模型如表 9-2 所示。

表 9-2　TCP/IP 协议栈与 OSI 模型

应用层	应用层 Application Layer
表示层	
会话层	
传输层	传输层 Transport Layer
网络层	网络层 Internet Layer
数据链路层	网络访问层 Network Access Layer
物理层	
OSI 模型	TCP/IP 协议栈(DOD 模型)

9.2.4 IP 地址与域名

1. IP 地址的概念

在 TCP/IP 环境中,处在 Internet 不同位置的网络设备要想相互通信,每一个设备都必须有自己唯一合法的识别方式,这个识别方式就是网络地址,这个地址被称为 IP 地址 (Internet protocol address)。根据 IPv4 协议规定,IP 地址是由网络号和主机号构成,用 32 位二进制数表示,而且在 Internet 范围内是唯一的。例如,某台联在因特网上的计算机的 IP 地址为:

11010011.0101009.10001000.00000110。

很明显,这些数字对于人来说不太好记忆。人们为了方便记忆,就将组成计算机的 IP 地址的 32 位二进制数分成四段,每段 8 位,中间用小数点隔开,然后将每八位二进制转换成十进制数,这样上述计算机的 IP 地址就表示为

211.82.136.6。

2. IP 地址的分类

按照网络规模的大小,把 32 位的地址信息划分成三种网类型,这三种划分方法分别对应于 A 类网络、B 类网络、C 类网络 IP 地址等。

1) A 类网络 IP 地址

一个 A 类 IP 地址是指在 IP 地址的四段号码中,第一段号码为网络号码,剩下的三段号码为主机的号码。A 类网络地址数量较少,可以用于主机数达 1600 多万台的大型网络。

2) B 类网络 IP 地址

一个 B 类 IP 地址是指在 IP 地址的四段号码中,前两段号码为网络号码,剩下的两段号码为主机的号码。B 类网络地址适用于中等规模的网络,每个网络所能容纳的计算机数为 6 万多台。

3) C 类 IP 地址

一个 C 类 IP 地址是指在 IP 地址的四段号码中,前三段号码为网络号码,剩下的一段号码为主机的号码。适用于小规模的局域网络,每个网络最多只能包含 254 台计算机。

如果要接入 Internet,应使用由国际互联网信息中心或中国互联网信息中心分配的合法 IP 地址。如果是在内部局域网中进行 IP 地址的设置,也最好不要乱用 IP 地址,而应使用 IANA(因特网地址分配管理局)保留的私有 IP 地址,如 C 类网中可使用 192.168.0.1~192.168.251.254,以避免与 Internet 上合法的 IP 地址相冲突。

4) IP 地址子网掩码

子网是指在一个 IP 地址上建立的逻辑网络,子网用掩码从 IP 地址的主机部分解析出一些字节作为子网的地址,子网掩码是一个 32 位的地址,它的功能是告知设备,地址的哪一部分是包含子网的网络号部分,地址的哪一部分是主机号部分。通过使用掩码,把子网隐藏起来,使外部网络看不见子网。

3. 域名系统

由于 IP 地址是数字表示的,记忆和辨识记忆都比较困难,因此人们更喜欢使用具有一定含义的字符串来标识 Internet 的计算机。例如,把提供电子邮件服务的计算机称为 E-mail。但是,由于用户可以用各种各样的方式来命名自己的计算机,因此会产生名字重复,

为了避免重复,Internet 网络协会规定了命名的标准和格式。采取在主机名后加上后缀名的方法,这个后缀名称为域名,即"主机名·域名"。域名用来标识主机的区域位置、机构属性等。

域名必须通过合法申请得到。如 WWW.IMAC.EDU.CN 名字中 WWW 为主机名,由服务器管理员命名,IMAC.EDU.CN 为域名,由服务器管理员合法申请可以使用。域名具有一定的区域层次隶属关系,一般结构形式为"区域层次名·机构名·国别名",IMAC 表示内蒙古大学艺术学院,EDU 表示国家教育机构部门,CN 表示中国。WWW.IMAC.EDU.CN 就表示中国教育机构内蒙古大学艺术学院的 WWW 主机。

Internet 协会规定机构性域名有七类,分别如下。

① COM(商业机构组织)。
② EDU(教育机构组织)。
③ INT(国际机构组织)。
④ GOV(政府机构组织)。
⑤ MIL(军事机构组织)。
⑥ NET(网络机构组织)。
⑦ ORG(非赢利机构组织)。

地理性国别域名,对于不同的国家有不同的名称,如 CN 表示中国、US 表示美国、JP 表示日本、FR 表示法国、AU 表示澳大利亚、CA 表示加拿大和 UK 表示英国等。

本 章 小 结

本章是学习计算机网络知识的基础,通过本章的学习,基本上对计算机网络有了一个初步的认识和了解。星形拓扑结构、总线型拓扑结构和环形拓扑结构是目前计算网络普遍采用的结构方式;开放系统互连模型(OSI)奠定了网络通信的基础;网络中的协议和服务提供了网络的基本应用。

思 考 题

1. 简述计算机网络的概念。
2. 计算机网络的硬件设备有哪些?
3. 计算机网络的拓扑结构有哪些?各有什么特点?
4. 简述开放系统互连模型 OSI 的内容。
5. 什么是网络协议?TCP/IP 协议的内容是什么?
6. 常用的网络服务有哪些?
7. IP 地址是如何定义和分类的?
8. Internet 协会规定机构性域名有哪些?

第 10 章　Internet 与信息服务

本章学习目标
- 了解 Internet 概念和 Internet 服务；
- 熟练使用 IE 浏览器浏览网页；
- 了解使用 FTP 传输文件服务；
- 了解电子邮件服务；
- 了解即时网络通信平台应用。

10.1　Internet 概述

Internet 中文正式译名为因特网，又叫做国际互联网络，是一个遍布全球的计算机网络系统，它是利用通信设备和线路将全世界上不同地理位置的功能相对独立的数以千万计的计算机系统互连起来，以功能完善的网络软件（网络通信协议、网络操作系统等）实现网络资源共享和信息交换的数据通信网。

10.1.1　Internet 发展历史

Internet 是在美国早期的军用计算机网 ARPAnet（阿帕网）的基础上经过不断地发展变化而形成的。

早在 20 世纪 50 年代初，以单个计算机为中心的远程联机系统构成，开创了把计算机技术和通信技术相结合的尝试。这类简单的"终端——通信线路——面向终端的计算机"系统，构成了计算机网络的雏形。

20 世纪 60 年代初，ARPA 就开始向美国国内大学的计算机系和一些私人有限公司提供经费，以促进基于分组交换技术的计算机网络的研究。ARPA 为 ARPAnet 网络项目立项，这个项目基于这样一种主导思想：网络必须能够经受住故障的考验而维持正常工作，一旦发生战争，当网络的某一部分因遭受攻击而失去工作能力时，网络的其他部分应当能够维持正常通信。美国国防部高级研究计划局（Advance Research Projects Agency，ARPA）开始建立一个命名为 ARPAnet 的网络。当时建立这个网络的目的是出于军事需要，计划建立一个计算机网络，当网络中的一部分被破坏时，其余网络部分会很快地建立起新的联系。

20 世纪 70 年代，ARPAnet 在首届计算机后台通信国际会议上首次与公众见面，并验证了分组交换技术的可行性，由此，ARPAnet 成为现代计算机网络诞生的标志。ARPAnet 在技术上的另一个重大贡献是 TCP/IP 协议簇的开发和使用。

20 世纪 80 年代，Internet 由 ARPAnet、MILnet 等几个计算机网络合并而成，作为

Internet 的早期骨干网,ARPAnet 试验并奠定了 Internet 存在和发展的基础,较好地解决了异种机网络互联的一系列理论和技术问题。ARPA 把 TCP/IP 协议作为 ARPAnet 的标准协议,其后,人们称呼这个以 ARPAnet 为主干网的网际互联网为 Internet,TCP/IP 协议簇便在 Internet 中进行研究、试验,并改进成为使用方便、效率极好的协议簇。与此同时,局域网和其他广域网的产生和蓬勃发展对 Internet 的进一步发展起了重要的作用。

20 世纪 90 年代,由 Merit、IBM 和 MCI 公司联合建立了一个非盈利的组织——先进网络科学公司 ANS(Advanced Network & Science Inc.)。ANS 的目的是建立一个全美范围的 T3 级主干网,它能以 45Mbps 的速率传送数据。到 1991 年底,NSFnet 的全部主干网都与 ANS 提供的 T3 级主干网相联通。

到了 21 世纪,Internet 已不再是计算机人员和军事部门进行科研的领域,而是变成了一个开发和使用信息资源的覆盖全球的信息海洋。在 Internet 上,按从事的业务分类包括了广告公司、航空公司、农业生产公司、艺术、导航设备、书店、化工、通信、计算机、咨询、娱乐、财贸、各类商店、旅馆等,覆盖了社会生活的方方面面,构成了一个信息社会的缩影。

如今,Internet 正以当初人们始料不及的惊人速度向前发展,今天的 Internet 已经从各个方面逐渐地改变人们的工作和生活方式。人们可以随时从网上了解当天最新的天气信息、新闻动态和旅游信息,可看到当天的报纸和最新杂志,可以足不出户在家里炒股、网上购物、收发电子邮件、享受远程医疗和远程教育等。

10.1.2 Internet 提供的服务

Internet 提供的主要服务有万维网 WWW、文件传输协议 FTP、电子邮件 E-mail、远程登录 Telnet、电子公告牌系统 BBS 等。

1. 万维网服务

万维网(World Wide Web)简称 WWW 或 3W,有时也叫 Web。万维网 WWW 由欧洲核物理研究中心(Conseil European pour La Recherche Nucleaire,CERN)研制,其目的是为全球范围的科学家利用 Internet 进行方便地通信、信息交流和信息查询。

WWW 是建立在客户机/服务器模型之上的,是以超文本标注语言与超文本传输协议为基础。能够提供面向 Internet 服务的、一致的用户界面的信息浏览系统。其中 WWW 服务器采用超文本链路来链接信息页,这些信息页既可放置在同一主机上,也可放置在不同地理位置的主机上,提供的信息形象、丰富,支持多媒体信息服务,还支持最新的虚拟现实技术、仿真三维场景。WWW 客户端软件(即 WWW 浏览器)负责信息显示与向服务器发送请求,大大地方便了用户使用 Internet 信息。

万维网并不等同互联网,万维网只是互联网所能提供的服务其中之一,是靠着互联网运行的一项服务。

2. 文件传输书服务

文本传输协议(File Transfer Protocol)简称 FTP 协议,是因特网上文件传输的基础,通常所说的 FTP 是基于该协议的一种服务。FTP 文本传输服务允许因特网上的用户将一台计算机上的文件传输到另一台上,几乎所有类型的文件,包括文本文件、二进制可执行文件、声音文件、图像文件、视频文件、数据压缩文件等,都可以用 FTP 传送。FTP 实际上是一套文件服务软件,它以文件传输为界面,如同在因特网上资源管理器一样。FTP 最大的特点是用户可以使用因特网上众多的匿名 FTP 服务器。所谓匿名服务器,指的是不需要专门的用户名和口令就可以进入的系统。用户通常可以访问匿名服务器指定文件夹下所有子文件夹和文件。考虑到安全问题,大多数匿名服务器不允许用户建立文件夹和上传文件。

3. 电子邮件服务

电子邮件(Electronic mail)简写为 E-mail,是因特网上使用最广泛的一种服务。用户只要能与因特网连接,具有能收发电子邮件程序及个人的电子邮件地址,就可以与因特网上具有电子邮件地址的所有用户方便、快捷、经济地交换电子邮件。电子邮件可以在两个用户间交换,也可以向多个用户发送同一封邮件,或将收到的邮件转发给其他用户。电子邮件中除文本外,还可包含声音、图像、应用程序等各类计算机文件。此外,用户还可以以邮件方式在网上订阅电子杂志、获取所需文件、参与有关的公告和讨论组等。

目前在网络中,许多网站都提供免费电子邮箱服务,并且容量越来越大,支持大文件发送。此外也有安全性更高、容量更大的收费电子邮件服务。免费邮箱对于一般用户而言,能够满足日常使用。

4. 远程登录服务

Telnet 是远程登录服务的一个协议,该协议定义了远程登录用户与服务器交互的方式。允许用户在一台联网的计算机登录到一个远程分时系统时,然后像使用自己的计算机一样使用该远程系统。要使用远程登录服务,必须在本地计算机上启动一个客户应用程序,指定远程计算机的名字,并通过因特网与之建立连接。一旦连接成功,本地计算机就像通常的终端一样,直接访问远程计算机系统的资源。远程登录软件允许用户直接与远程计算机交互,通过键盘或鼠标操作,客户应用程序将有关的信息发送给远程计算机,再由远程计算机将输出结果返回给用户。

5. 即时通信

即时通信(Instant messaging,IM)是一个终端服务,允许两人或多人通过网络即时传递文字、图片、影音、文档、语音与视频交流。即时通信是目前 Internet 上最为流行的通信方式,它是继电子邮件、Web 技术之后的第三大互联网应用。国内国外、多种多样的即时通信软件层出不穷。如微软的 LYNC、腾讯 QQ、腾讯微信、网络飞鸽等。

6. 电子公告牌

电子公告牌系统 BBS 是一个有众多趣味相投的用户共同组织起来的各种专题讨论组的集合。用于发布公告、新闻、评论及各种文章供网上用户使用和讨论。讨论内容按不同的专题分类组织,每一类为一个专题组,称为新闻组,其内部还可以分出更多的子专题。每一个新闻组都由一个区分类型的标记引导,每个新闻组围绕一个主题,如计算机方面的内容、新闻与消息、体育、艺术及娱乐活动、科学技术、社会问题、讨论交流、其他杂项话题、商业方面问题等。用户除了可以选择参加感兴趣的专题小组外,也可以自己开设新的专题组。只要有人参加该专题组就可以一直存在下去,若一段时间无人参加,则这个专题组会被自动删除。

10.2 Internet Explorer 浏览器的基本应用

Internet Explorer 是美国微软公司推出的一款网页浏览器,原称 Microsoft Internet Explorer 和 Windows Internet Explorer,简称 IE,是微软 Windows 操作系统的一个组成部

分。在旧版的 Windows 操作系统上,它是独立的一个 Web 应用程序,从 Windows 95 开始,它被捆绑在所有新版本的 Windows 操作系统中作为默认网页浏览器,随着 Windows 不断地推出,新版本 Internet Explorer 也推出了多个版本。

2015 年 3 月微软确认将放弃 IE 品牌,转而在 Windows 10 上,Microsoft Edge 取而代之。微软公司于 2016 年 1 月 12 日宣布停止对 IE 10 及以前版本的技术支持,用户将不会再收到任何来自微软官方的 IE 安全更新。作为替代方案,微软建议用户升级到 IE 11 或者改用 Microsoft Edge 浏览器。

在了解了 Internet 提供的常见服务之后,本节主要介绍 Internet Explorer 浏览器的两个基本应用:统一资源定位符 URL 概念和使用 Internet Explorer 浏览器浏览网页。

10.2.1 统一资源定位符 URL

在 Internet 上,每一信息资源都有统一的且在网上唯一的地址,该地址就叫统一资源定位符 URL(Uniform Resource Locator)。它是互联网的统一资源定位标志,就是指网络地址。它包含的信息指出文件的位置以及浏览器应该怎么处理它。

URL 主要由资源类型、存放资源的主机域名、资源路径与文件名四部分组成。

1. protocol(协议)

指定使用的传输协议,下面列出 protocol 属性的有效方案名称。最常用的是 HTTP 协议,它也是目前 WWW 中应用最广的协议。

- file 资源是本地计算机上的文件。格式是"file:///",注意后边应是三个斜杠;
- ftp 通过 FTP 访问资源。格式是"FTP://";
- http 通过 HTTP 访问该资源。格式是"HTTP://";
- https 通过安全的 HTTPS 访问该资源。格式是"HTTPS://";
- mailto 资源为电子邮件地址,通过 SMTP 访问。格式是"mailto:";
- mms 通过支持 MMS(流媒体)协议的播放该资源。代表软件:Windows Media Player。格式是"mms://";
- ed2k 通过支持 ed2k(专用下载链接)协议的 P2P 软件访问该资源。代表软件:电驴。格式是"ed2k://";
- Flashget 通过支持 Flashget(专用下载链接)协议的 P2P 软件访问该资源。代表软件:快车。格式是"Flashget://";
- thunder 通过支持 thunder(专用下载链接)协议的 P2P 软件访问该资源。代表软件:迅雷。格式是"thunder://";
- news 通过 NNTP 访问该资源。

2. hostname(主机名)

是指存放资源的服务器的域名系统(DNS)主机名或 IP 地址。有时,在主机名前也可以包含连接到服务器所需的用户名和密码(格式:username:password@hostname)。

3. port(端口号)

整数,可选,省略时使用方案的默认端口,各种传输协议都有默认的端口号,如 http 的默认端口为 80。如果输入时省略,则使用默认端口号。有时候出于安全或其他考虑,可以在服务器上对端口进行重定义,即采用非标准端口号,此时,URL 中就不能省略端口号这一项。

4. path（路径）

由零或多个"/"符号隔开的字符串，一般用来表示主机上的一个目录或文件地址。

5. parameters（参数）

这是用于指定特殊参数的可选项。

6. Query（查询）

可选，用于给动态网页（如使用 CGI、ISAPI、PHP/JSP/ASP/ASP.NET 等技术制作的网页）传递参数，可有多个参数，用"&"符号隔开，每个参数的名和值用"="符号隔开。

7. fragment（信息片）

字符串，用于指定网络资源中的片。例如，一个网页中有多个名词解释，可使用 fragment 直接定位到某一名词解释。

10.2.2 使用 Internet Explorer 11 浏览器浏览网页

WWW 将世界各地极其丰富的信息资源以超文本的形式组织成一个巨大的信息网络，Internet 用户使用一个称为 Web 浏览器的软件，就可以在 Web 页面中浏览感兴趣的任何多媒体信息。Windows 系统内嵌了一个 Web 浏览器软件 Internet Explorer，简称 IE。这是目前世界上使用最广泛的 Web 浏览器软件之一。

1. Internet Explorer 的浏览操作

1）基础操作

① 在"地址"栏内填写要访问的目标地址，地址使用 URL 的格式，按下 Enter 键确定后就可以访问目标网页。

② 用光标操作窗口组件以控制显示内容，例如，用操作滚动条可以滚动显示网页内容。移动光标在网页上寻找超链接，当光标变成"小手"时单击即可跳转到显示链接的网页。

③ 在工具栏上按 ● 或 ● 按钮，控制显示曾经访问过的上一网页或下一网页。

④ 选择"查看"菜单中的"转到"子菜单，便会显示访问列表，用户从中选取相应信息，则会立即转到指定的页面。

⑤ 单击地址栏右侧的 ● 按钮重读数据更新网页，单击地址栏右侧的 ▼ 按钮显示最近访问的网址列表。单击地址栏右边的 ⌂ 按钮返回主页。

⑥ 显示 IE 的默认网页。按"停止"按钮 ✕ 可终止当前网页的数据传输。IE 浏览器界面如图 10-1 所示。

2）全屏幕显示方式

Internet Explorer 提供了全屏幕显示方式，能够隐藏所有的工具栏和菜单栏。这样可以增大页面信息的显示区域，减少页面滚动的次数。要想为 Web 信息的显示腾出更大的区域，用户可以选择"查看"菜单中的"全屏显示"命令。这样，便可以利用全屏幕方式显示 Web 页面，此时将鼠标移到屏幕顶部会弹出一个浮动的工作板，用于进行各种操作。单击"工具"|"全屏显示"开关按钮，可以随时关闭全屏幕显示方式，返回窗口方式。

3）历史记录

Internet Explorer 在浏览器窗口中可以专门分出一个区域用于增强历史记录的功能，

图 10-1　Windows 10 IE11 浏览器界面

在其中按照日期列出用户的浏览历史记录。单击"查看"|"浏览器栏"|"历史记录"菜单或 ☆ 按钮,可以激活和关闭"历史记录"窗口,这里可以选择指定时间段来显示访问过的历史页面,如图 10-2 所示。

4) 信息搜索

① Internet Explorer11 首选搜索引擎为微软公司的必应。在 Internet Explorer11 地址栏中输入问号"?"或单击地址栏右侧的 🔍 按钮后,输入要搜索的关键字或短语,然后按 Enter 键进行信息搜索。

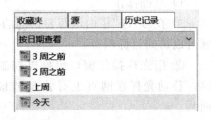

图 10-2　IE 的历史记录

② 单击"编辑"|"在此页上查找"菜单,在菜单栏下边显示"查找栏",在查找栏中输入关键字或短语,则在当前页面中找到信息并加浅黄色底纹突出显示,如图 10-3 所示。

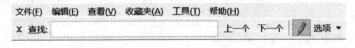

图 10-3　在此页中查找信息

2. Internet Explorer 基本设置

启动 Internet Explorer 浏览器,在"工具"菜单或在右上角的设置图标的下拉菜单中单击 Internet 选项,将弹出"Internet 选项"对话框,如图 10-4 所示。

1) "常规"项的设置

① "主页"项目中可以更改起始主页,改变浏览器默认的主页地址。用户可以选择使用

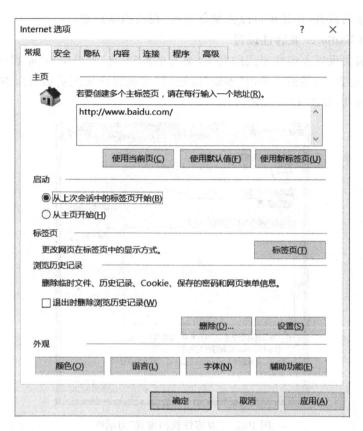

图 10-4 "Internet 选项"对话框

当前页、默认页或者空白页（默认主页一般为微软公司服务页面）。当然也可以自己填入任何一个喜欢的网站地址，IE 11 也可以输入多个主页地址，之后按浏览器工具栏上的"主页"按钮即可到这个主页。

② "浏览历史记录"中的"设置"按钮可以设置临时文件和历史记录，例如，临时文件所在的路径，临时文件占用的空间，设置校验方法，查看临时文件等，"删除"按钮可以删除临时文件和历史记录。

③ "颜色"和"字体"按钮可以设置浏览时的颜色和字体。

④ "语言"按钮可以进入语言选项，系统将会对选择的语言作优先级处理，一般情况下，可将英语和美国英语及几种中文都添加进去，以便以后能很好地浏览这些语言的网页。

2)"连接"项的设置

设置连接方式，一般选择默认即可，专线用户可以选择"从不进行拨号连接"。

3)"程序"项的设置

在"程序"一栏里，可以设置默认的 Web 浏览器的设置。如果读者安装了多个 Web 浏览器，设置 IE 为默认的浏览器，在启动 IE 浏览器时不显示"是否设置为默认浏览器"的提示。

4)"高级"项的设置

在"高级"设置里可以针对个人喜好做一些具体的浏览参数的设置。根据个人需要和实际情况进行合理的设置，往往可以改善浏览速度，提高浏览效率。

3. Internet Explorer 兼容性设置

由于进入需要设置兼容性模式的网站，则需单击"工具"菜单中的"兼容性视图设置"，弹出"兼容性视图设置"对话框。单击"添加"按钮后，在兼容性视图页面可以看到网站网址就说明已经设置成功，如图 10-5 所示。

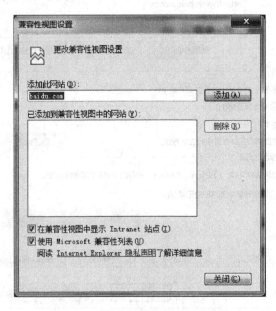

图 10-5 "兼容性视图设置"对话框

4. Internet Explorer 添加、查看和整理收藏夹

1) "收藏夹"的作用

当上网浏览完网页后，如果想重新阅读已经浏览过的内容，可以通过"收藏夹"来实现。并且一些重要的网址或页面都可以通过"收藏夹"来保留。

2) 更改主页

单击"主页"按钮 右侧的箭头，然后单击"添加或更改主页"。

在"添加或更改主页"对话框中，执行下列操作之一。

① 若要将当前网页作为唯一主页，单击"使用此网页作为唯一主页"。

② 若要启动主页选项卡集或将当前网页添加到主页选项卡集，单击"将此网页添加到主页选项卡"。

③ 若要使用当前打开的网页替换现有的主页，单击"使用当前选项卡集作为主页"，此选项仅当在 Internet Explorer 中打开多个选项卡时可用。

10.3 通过 FTP 传输文件

文件传输服务可使用户通过网络在不同的计算机间进行文件传输。用户可通过 FTP 在 Internet 上下载各种有用的文件和数据，也可以把自己的文件资源上传到 FTP 服务器上实现数据共享。

10.3.1　FTP 文件传输知识要点

FTP 与大多数 Internet 服务一样,也是一个服务器/客户机系统。用户通过一个支持 FTP 协议的客户机程序,连接到在远程主机上的 FTP 服务器程序。用户通过客户机程序向服务器程序发出命令,服务器程序执行所接收到的命令,并将执行的结果返回到客户机。常用的 FTP 客户端程序有 CuteFTP、FlashFXP、LeadFTP 等,下面介绍 FTP 客户端程序 CuteFTP。

10.3.2　FTP 文件传输典例剖析

CuteFTP 是小巧强大的 FTP 工具之一,用户界面友好,传输速度稳定,如图 10-6 所示。

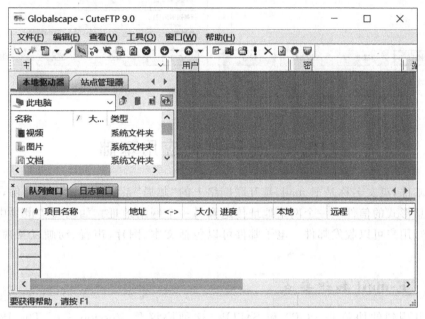

图 10-6　CuteFTP 界面

【实例 10-1】　文件传输软件 CuteFTP 的使用。

单击"文件"|"新建"|"FTP 站点",弹出"新建站点"对话框,如图 10-7 所示。在"一般"选项卡中,输入建站点名称、虚拟主机地址、FTP 账号用户名、FTP 账号密码。在"类型"选项卡中,协议类型选择"FTP"(标准的文件传输协议)、端口默认为"21"、数据连接类型选择"使用 PORT"、密码保护选择"自动检测 OTP"。

单击"连接"按钮,成功连接 FTP 服务器后,在程序窗口的左边的窗格中选择本地硬盘的一个文件夹或者在右边窗格中选择远程硬盘的一个文件夹。上传和下载都可以直接通过拖曳文件夹或者文件图标来实现。将右侧窗格中的文件拖动到左侧窗格中,就可以下载文件。将左侧窗格中的文件拖动到右侧窗格中,就可以上传文件。单击工具栏中的上传或下载图标,也可达到上传和下载的目的。

 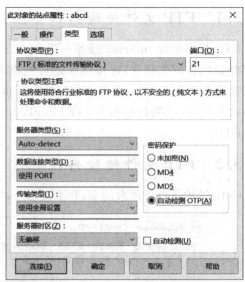

图 10-7　站点设置

10.4　电子邮件应用基础

电子邮件,英文名称是 E-mail,是互联网络上的"邮局"系统。通过电子邮件,网络用户把电子信息形式的信件从一个网络地址传送到另一个网络地址。如同现实世界中的"邮件递送"一样,用户可以收发邮件。电子邮件可以包括文本、图片、声音、动画以及视频等各种信息。

10.4.1　E-mail 知识要点

E-mail 用到的协议是 POP3 和 SMTP。这种协议是 Version 3 of The Post Office Protocol(邮局协议版本 3)的缩写,于 1988 年 11 月由 MARSHALL Rose 创立。POP3 协议允许客户机通过(临时的或永久的)TCP/IP 连接或其他网络协议的连接,从一个服务器(这时就称为 POP3 服务器)上获取电子邮件(E-mail),POP3 不负责发送邮件,发送邮件可以通过后面将要述及的 SMTP 协议或其他协议来完成。SMTP(Simple Mail Transfer Protocol,简单邮件传输协议)用于计算机或网络之间发送和传递电子邮件。发送电子邮件的用户也必须为邮件客户程序设定一个 SMTP 服务器的地址,以指定用户自己的信从哪一个服务器发出去。通过 POP3 和 SMTP 的邮件体制是人们目前使用最广泛、最方便的电子邮件体制,具有很好的离线特性,但是容易受到垃圾邮件的侵袭。

10.4.2　Windows 10 邮件应用

Windows 10 自带了邮件应用,取代了 Outlook Express,可以设置各种邮箱,使用起来很方便。单击菜单"开始"|"所有应用"|"邮件",打开邮件应用。

1. 添加账户

如果是第一次使用，则需要添加账户，选择账户类型，如图 10-8 所示。

图 10-8　Windows 10 邮件添加账户

这里以其他账户为例，输入 126 邮箱的账号和密码，如图 10-9 所示。

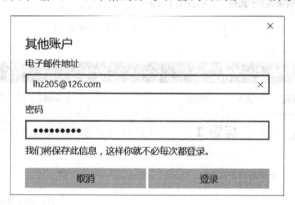

图 10-9　Windows 10 输入邮箱账号密码

2. 接收和阅读邮件

账户成功登录后，Windows 10 邮件自动接收邮件，单击左栏中的收件箱，便在右栏中显示全部邮件，再单击邮件标题即可显示阅读邮件内容，如图 10-10 所示。

3. 新建电子邮件

撰写电子邮件和书写传统信件一样，需要有发件人和收件人地址、主题和信件正文等，如图 10-11 所示。

4. 发送电子邮件

新建邮件撰写完毕，单击工具栏上的"发送"按钮，便可将一封新邮件发送出去。如果是在脱机情况下邮件并没有立即发送出去，而是保存到草稿箱中，等连接到 Internet 时，再进行发送。

图 10-10　Windows 10 邮件工作界面

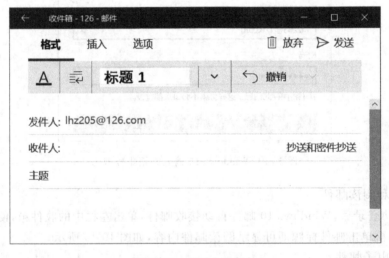

图 10-11　撰写电子邮件

本 章 小 结

通过本章对 Internet 概念和典型的 Internet 服务的讲解,可以对 Internet 有一个基本的认识。通过学习 IE 浏览器的使用,可以在互联网上浏览网站信息。通过对 FTP 文件传输服务的学习,可以下载网络资源并把自己的文件上传到网络上供其他人共享。通过 E-mail 的学习可以在网络上收发电子邮件。本章是学习国际互联网络操作技术的基础。

思 考 题

1. Internet 提供的网络服务有哪些？
2. 什么是统一资源定位"URL"？
3. Internet Explorer 浏览器如何使用？
4. 简述 FTP 文件传输服务。
5. 如何通过 Windows 10 邮件收发电子邮件？

第 11 章　网站建设与信息发布

本章学习目标
- 了解网站的概念；
- 了解 Web 网站规划、建设的一般方法；
- 熟练掌握使用 Adobe Dreamweaver CC 建立网站；
- 熟悉 CSS 使用方法；
- 了解网站设计、管理与维护的一般原则。

11.1　网站概述

互联网是全球最大的计算机通信网络，它把遍布全世界的各种信息汇聚起来、连接起来，人们可以通过网络浏览、访问这些信息汇集点，获取数据和共享信息。互联网上的信息汇集点即网络信息站点，又称网站，是互联网络信息组织的重要组成部分，是互联网络体系结构的核心内容。本节就网站的基础知识进行讲解。

11.1.1　网页与网站

网页是由 HTML 标记语言书写的超文本文件，通过 HTML 语言，能够把文本、图像、声音、动画（gif、swf）等组织到文档页面中发布出来。通过浏览器打开网页文件，就可以看到丰富多彩的媒体信息的内容。

很多单个的网页和其他媒体文件通过超链接组织起来，形成文件的集合，这些文件集共同构成了一个信息资源的集群，这个集群就是网站。网站是因特网上提供信息服务的基本单位，这些基本单位通过超链接相互连接，构成了因特网庞大的信息和资源的"储备站"，如果要在因特网上发布信息或者提供资源服务，必须建立起一个网站并且能让因特网访问到这个网站。

11.1.2　网站的类型

根据网站提供信息服务的方式，网站大体上可以分为以下几种类别。

1. 信息发布类

此类网站是最主要的网站形式，也是因特网上数量最多的网站。这类网站以发布各种信息为宗旨，是因特网信息服务的主要形式。例如，新浪、搜狐、网易等门户型网站。

2. 在线查询类

此类网站通过输入一些关键词就可以检索到相关的数据信息，此类网站的核心是信息搜索引擎。例如，谷歌、百度、雅虎等各种网络搜索网站等。

3. 资源服务类

此类网站主要提供资源的下载服务、信息发布、信息交流、网络通信等。一般可供下载的资源包括自由软件、图片、电子图书、技术资料、音乐和影视等；信息服务包括电子邮件、BBS、虚拟社区、免费主页、博克主页等。免费资源服务有很大的公益性质，比较受欢迎。其中大量的免费资源网站可以通过很少的成本产生巨大的社会效益，其使用价值不随时间消减，可以长期服务于社会，很适合于网站爱好者自行建立信息共享。

4. 电子商务类

电子商务类网站主要提供网上电子商务活动的网站。电子商务有三种模式 B-to-B（商业对商业）、B-to-C（商业对客户）和 C-to-C（客户对客户）模式。电子商务的一个关键是网上银行的支付功能，其中涉及到电子结算的安全性和稳定性，对网站性能具有极高的要求。例如，支付宝、阿里巴巴、淘宝网、易趣网等。

5. 远程互动类

此类网站是利用因特网进行远程教育、虚拟培训、医疗诊断等交互性应用服务的网站。随着网络技术的不断进步，远程互动类将由现在非智能互动向智能互动发展，并运用多媒体方式增强互动感性效果。

6. 娱乐游戏类

提供各种娱乐方式和在线游戏的网站。此类网站深受各阶层、各年龄段的网民青睐，是工作、学习之余休闲消遣的很好途径。例如，近几年很流行的联众网络、盛大网络等。

7. 网络媒介类

此类网站通过 Internet 网站作为中间媒介，加强人与人之间的联系，增进彼此间的交流，提供彼此之间的相互需求。例如，58同城、百姓网、赶集网等。

11.1.3 Web 网站的规划和建设

Web 服务（WWW 服务）是因特网主要的信息服务形式，是以超文本标注语言 HTML 与超文本传输协议 HTTP 为基础，提供面向因特网的页面浏览信息服务系统。提供 Web 服务的站点称为 Web 站点，一般称为网站。

1. 建设网站的一般过程

构建一个合法的、可被访问的 Web 站点，需要做以下工作。

① 确定网站建设目标。
② 申请域名、网站备案。
③ 网站平台选型与规划。
④ 网页设计和维护。
⑤ 网站宣传和推广。
⑥ 网站运营。

2. 网站建设的规划

在技术角度上，网站建设需要进行以下几方面的规划。

1) 硬件平台的规划

硬件平台规划主要考虑采用什么方式接入网络和选用什么类型的网络服务器，例如，是 PC 服务器还是 UNIX 服务器。

2）软件平台的规划

软件平台主要考虑网络操作系统的选择、Web 服务系统的选择、数据库系统的选择等。

目前比较优秀的网络操作系统有 Windows 服务器系统（Windows 2008、Windows 2012 等）、Linux 服务器系统（Ubuntu、RedHat 等）、UNIX 系列（IBM AIX、SUN Solaris）等。

在选择 Web 服务器软件时，需要考虑：

① 服务器响应能力。

② 与后端服务器的集成。

③ 管理的难易程度。

④ 信息开发的难易程度。

⑤ 稳定性、可靠性和安全性。

目前常用 Web 服务器系统有微软的 IIS、Apache Httpd、IBM WebSphere 等。

数据库系统在选择上主要考虑：

① 对于信息量少，业务较简单，可选用桌面数据库，如微软的 Access 数据库。

② 对于网站初具规模，数据量较大，可以使用 MS SQL Server、My SQL。

③ 对于大型网站，业务流量大，数据库访问频繁，可以选择 MS-SQL Server、Oracle 等数据库。

3. 网站建设方法

静态网站的建设只需要考虑使用 HTML 语言书写网页就可以了，动态网站（程序网站）的建设还需要考虑构建什么样的程序环境。

1）网站的制作

制作网站主要就是编写网页，尽管网页是由 HTML 语言书写的，但由于直接使用 HTML 比较烦琐，所以现在很少有人直接用 HTML 语言来编写代码了。目前大多数情况下的网页制作工作都是用网页编辑工具来完成的。网页编辑工具的作用就是用直观的"所见即所得"的方式制作网页，网页的 HTML 代码由编辑工具自动生成。

目前两种最为流行的网页编辑工具是 Adobe 公司的 Dreamweaver 和 Microsoft 公司的 SharePoint。Dreamweaver 是一种功能强大的、可视化的、专业级的网页编辑工具，尤其是网页排版功能与动态效果十分出色，奠定了在网页高级设计功能方面的领先地位。

2）网站的程序环境

在制作动态网站时，需要构建网站的程序环境，目前常见的网站程序技术有 ASP（ASP.NET）、JSP 和 PHP。

（1）ASP（Active Server Pages，动态服务器页面）是 Microsoft 开发的一个 Web 服务器端的开发环境，后来也称为经典 ASP。ASP 可以与 Web 数据库以及其他程序进行交互，是一种简单、方便的编程工具。ASP 的网页文件的格式是 .asp，广泛地应用于各种动态网站中。支持 ASP 的服务器是 IIS。2002 年 1 月微软发布 ASP.NET，用于取代 ASP。

（2）ASP.NET 是 .NET FrameWork 的一部分，是一项微软公司的技术，是一种使嵌入网页中的脚本可由 Internet 服务器执行的服务器端脚本技术，它可以在通过 HTTP 请求文档时再在 Web 服务器上动态创建它们。

（3）PHP 是一种跨平台的免费的服务器端嵌入式脚本语言。PHP 大量地借用 C、Java 和 Perl 语言的语法，使 Web 开发者能够快速地写出动态生成页面。PHP 支持目前绝大多数数据库。PHP 可在 Windows、UNIX、Linux 的操作系统上正常运行,还支持 IIS、Apache 等通用 Web 服务器。

（4）JSP(Java Server Page)是由 Sun 公司倡导、许多公司参与一起建立的一种动态网页技术标准。JSP 以 Java 语言进行编程,用 JSP 开发的 Web 应用是跨平台的,和 PHP 类似,支持 Windows、UNIX 和 Linux 等操作系统。

11.2 通过 Adobe Dreamweaver CC 制作网站

Adobe Dreamweaver CC,简称"DW",是美国 Adobe 公司开发的集网页制作和管理网站于一身的所见即所得网页编辑器,DW 是一套针对专业网页设计师特别开发的视觉化网页开发工具,利用它可以轻而易举地制作出跨越平台限制和跨越浏览器限制的动态网页。

Adobe Dreamweaver CC 是一款非常专业的网页设计软件,用于对 Web 站点、Web 网页和 Web 应用程序进行设计、编码和开发。无论是手工编写 HTML 代码还只在可视化编程环境中工作,Adobe Dreamweaver CC 都提供了强大的功能,使 Web 创作更加便捷、高效。

11.2.1 知识要点

Adobe Dreamweaver CC 是集网站制作和网站管理于一身的专业可视化网站开发工具,功能强大,界面美观,操作方便,适于网页设计、网站开发和网站管理。Adobe Dreamweaver CC 已经被越来越多的网页设计者和网站开发人员所使用。

第一次启动 Adobe Dreamweaver CC 时,系统会弹出"工作区设置"对话框,启动向导界面的功能如图 11-1 所示。

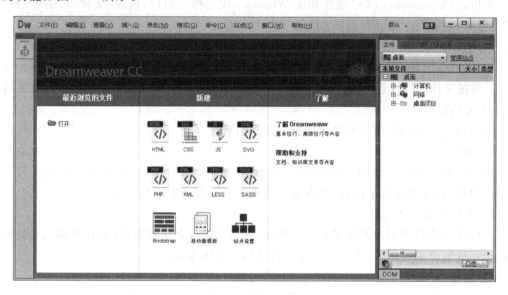

图 11-1　向导界面

1. Adobe Dreamweaver CC 的工作界面

在 Adobe Dreamweaver CC 的启动画面中选择 HTML 选项,就可以创建一个新的HTML 空白网页,进入到 Adobe Dreamweaver CC 的工作界面中,如图 11-2 所示。

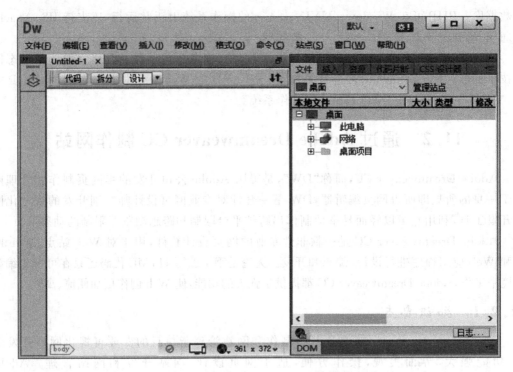

图 11-2　Dreamweaver CC 工作界面

1) 菜单栏

Adobe Dreamweaver CC 也像其他 Windows 应用程序窗口,包含"文件"、"编辑"和"查看"等菜单,还有一个独立的切换器工作区下拉菜单。

2) 工具栏

Adobe Dreamweaver CC 有"新建"、"保存"和"打印代码"等标准工具栏外,还有一个文档工具。通过文档工具栏上的"代码"、"拆分"和"设计"等按钮,可以快速地切换文档编辑视图。

3) 文档窗口

文档窗口显示用户当前创建和编辑的文档内容。

4) 面板组

Adobe Dreamweaver CC 的右侧有一组面板,使用"窗口"菜单中的相应命令可打开关闭指定面板,若要展开某个面板,双击某一选项卡可展开和收缩其内容。

5) 工作区切换器

工作区切换器为用户预设了几个工作区,默认为设计器工作区,如果任何预先设计的工作区都不能完全满足需要,则可以自定义自己的工作区布局。

6) 标签选择器

标签选择器位于"文档"窗口底部的状态栏中。标签选择器是用来显示当前选定内容的标签的层次结构。单击该层次结构中的任何标签可以选择该标签及其全部内容。

7) 属性检查器

属性检查器用于查看和更改所选对象或文本的各种属性。每个对象具有不同的属性。在"默认"工作区布局中,属性检查器不打开的,需要时单击"窗口"|"属性"打开它,如图 11-3 所示。

图 11-3 文档属性窗口

2. 专业词汇

Adobe Dreamweaver CC 专业词汇如表 11-1 所示。

表 11-1 Adobe Dreamweaver CC 专业词汇

关键词	概　念
网页基本元素	网页的最基本元素是图像和文本。文本是网页的主题,是构成网页的最基本、最重要的元素。网站也是通过文本向用户提供服务来体现网站的主题。文本元素主要包括普通文本、日期、时间、特殊符号和水平线等。图像是网页中另一个重要元素,在网页数据中恰当地使用图像,不仅可以美化网页,更能体现出一个网站的风格和特点。随着网站制作技术的不断提高,动画、声音、视频等多种媒体元素也相应地出现在网页上,使网页更加丰富多彩,网站的功能也更加强大
表格	定义表格是用于在 HTML 页上显示表格式数据以及对文本和图形进行布局的强有力的工具。表格由一行或多行组成;每行又由一个或多个单元格组成
层	层是指含有文字或图形等元素的透明胶片,一张张按顺序叠放在一起,组合起来形成效果,使网页具有了三维空间。层是一种新的网页元素定位技术,可以较方便地定位
框架	在网页中使用框架可以把浏览器的窗口分割为若干相互独立又有联系的区域。也可以把框架理解成将一个浏览器窗口划分为多个区域,每个区域都可以显示不同 HTML 文档的方法。使用框架的最常见情况就是:一个框架显示包含导航控件的文档,而另一个框架显示一个导航条中各单元所对应的内容文档。框架的优点是可以把多个网页中的固定内容放在各框架中,把不断改变内容的文档放在别的框架中
行为	行为是实现网页上交互的一种捷径,Dreamweaver 行为将 JavaScript 代码放置在文档中,允许访问者与 Web 页进行交互,从而以多种方式更改页面动作或执行某些任务。是行为事件和由该事件触发动作的组合。事件是动作被触发的结果,而动作是用于完成特殊任务预先编好到 JavaScript 代码,例如打开一个浏览器窗口就开始播放声音等。当对一个页面元素使用行为时,需要用户指定动作和触发的事件

11.2.2　Adobe Dreamweaver CC 典例剖析

【实例 11-1】 新建一个静态 HTML 网页,光标将会在文档窗口的左上角闪烁,直接输入如图 11-3 所示的文本内容。

提示:

(1) 在网页中添加文本的两种方法。

- 在打开的文档窗口中直接输入文本内容;
- 复制其他应用程序中的文本内容到 Adobe Dreamweaver CC 的文档窗口。

(2) 在 HTML 文档中,连续的多个空格都会被认为是一个空格。在网页中显示多个空格,有两种办法。
- 输入全角空格,也就是把输入法中的"半角"改为"全角",然后输入空格。
- 在代码视图中输入 HTML 空格符 。

(3) 网页中文本分段的方法。

直接按 Enter 键分段,将产生一个空白行,如图 11-4 所示。

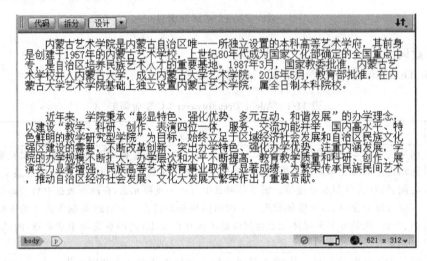

图 11-4　文本分段产生空白行

使用 Shift+Enter 快捷键无空白行产生,如图 11-5 所示。

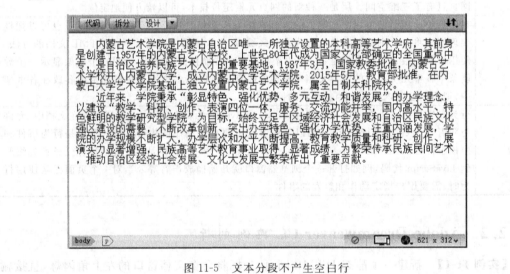

图 11-5　文本分段不产生空白行

操作步骤如下。

① 设置页面详细属性,如图 11-6 所示。

② 选择"修改"|"页面属性"命令,打开"页面属性"对话框,在"分类"列表框中选择"外观",在右侧设置外观属性。设置参数如下:"页面字体"为默认字体;"大小"为 16(单位:像素);"文本颜色"位#000000"背景颜色"为#FFFFFF。设置完成后,单击"确定"按钮。

图 11-6　页面属性

③ 选中标题，单击"属性面板"|CSS，标题文本属性设置如图 11-7 所示。选中所有正文文本，文字设置涉及的属性较多，在这里可简单设置字体、字号和颜色即可。

图 11-7　静态网页制作

④ 在网页中插入水平线。

将光标定位标题后面，选择"插入"|HTML|"水平线"命令，即可在标题下面插入一条水平线。选中水平线，在"属性"面板中的"高"文本框中输入 2，即可设置水平线的高度为 2。插入水平线的效果如图 11-6 所示。

⑤ 插入图像，将光标定位在标题前面，选择"插入"|"图像"命令，打开"选择图像源文件"对话框，选址一个图像文件，单击"确定"按钮。弹出"图像标签辅助功能属性"对话框，在"替换文本"中输入"图片"两字，单击"确定"按钮，即可将图像插入到文档中。

⑥ 编辑图像，选中该图像，在"图像属性"面板中设置图像的"宽"为 160，"高"为 124；

"边框"为"1";在"对齐"下拉列表中需选择"右对齐"。

⑦ 保存文档。

⑧ 按 F12 键观看效果。

【实例 11-2】 建立一个静态站点。

建立一个网站首先要对网站有一个好的规划,即网站的主题是什么?网站的发展方向是怎么样的?采用什么样的站点串联方式?网站要提供哪些服务?针对哪些人群等。按照预先设计好的思路收集、整理相关素材,包括文字、图片、多媒体动画、音频和视频等,并将它们分别存储到不同的文件夹中,以便日后使用和管理。接下来,就要利用 Adobe Dreamweaver CC 在本地计算机上进行整个站点结构的创建,具体网页的制作。最后将制作完毕并测试好的网页上传 Web 服务器上,供其他人浏览。

注意:要对网页的内容进行定期的更新和编辑,保证其内容的新颖,以便吸引更多的用户,提高网站的浏览量。

一般来说,建立站点之前应在本地计算机中建立一个文件夹作为网站的本地根文件夹,用来存放网页制作的相关素材和制作好的网页。下面通过一个实例来说明如何建立一个本地站点。

实例的具体要求是建立一个名为 mysite 的本地站点,并保存到"D:\mysite"文件夹下。

提示:

(1) 在创建站点之前,先在 D 盘根目录下新建一个名为 ysxy 的文件夹。

(2) 在站点中对文件或文件夹命名时要使用英语或汉语拼音,不能包含非法字符,如"、"、"/"、":"、"*"、"?"、"《"、"》"。

操作步骤如下。

① 启动 Adobe Dreamweaver CC 软件。

② 选择"站点"|"新建站点"菜单命令,打开"站点设置对象"对话框,如图 11-8 所示。填写站点名 ysxy 和本地文件位置"D:\ysxy"。

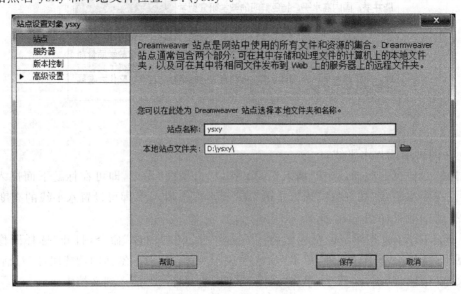

图 11-8 站点设置对象

③ 单击"服务器"按钮,打开是否使用服务器技术,如图 11-9 所示。单击"+"按钮添加自己的服务器信息。

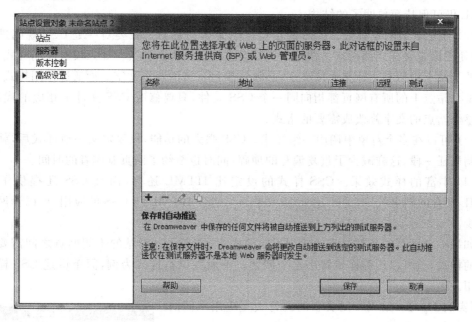

图 11-9　服务器设置

④ 单击"保存"按钮,本地站点建立成功。

11.2.3　Adobe Dreamweaver CC 总结与提高

层叠样式表(CSS)是一组格式设置规则,用于控制 Web 页内容的外观。通过使用 CSS 样式设置页面的格式,可将页面的内容与表示形式分开。页面内容(即 HTML 代码)存放在 HTML 文件中,而用于定义代码表示形式的 CSS 规则存放在另一个文件(外部样式表)或 HTML 文档的另一部分(通常为文件头部分)中。使用 CSS 可以灵活地控制页面的外观,从精确的布局定位到特定的字体和样式等。CSS 样式表的创建,可以统一制定网页文字的大小、字体、颜色、边框、链接状态等效果。

术语"层叠"是指对同一个元素或 Web 页面应用多个样式的能力。CSS 样式表的创建,可以统一定制网页文字的大小、字体、颜色、边框等效果。在 Adobe Dreamweaver CC 中可以定义以下几种类型的 CSS 样式表。

(1) 类样式。类样式可以应用到任何文本,不再区分字符与段落。

(2) ID 样式。ID 样式定义包含了特定 ID 属性的标签的格式,在"选择器名称"文本框中输入唯一的 ID。

提示:ID 必须以井号(#)开头,并且可以包含任何字母和数字组合(例如,#ID1)。如果用户没有输入开头的井号,Adobe Dreamweaver CC 将自动地输入它。

(3) 标签样式。标签样式是对已经存在的 HTML 样式的重新定义。

(4) 复合内容样式。复合样式可以同时影响两个或多个标签、类或 ID 的复合规则。

CSS 的优点如下。

(1) 可独立于网页存在。HTML 语言定义了网页的结构和各要素的功能,而 CSS 通过将定义结构的部分和定义样式的部分分离,使用户能够对页面的布局进行更多的控制,同时 HTML 仍可保持简单明了的结构。

(2) 便于更新网页样式。CSS 的主要优点是容易更新。只要对一处 CSS 规则进行更新,则使用该定义样式的所有文档的格式都会自动更新为新样式。如果没有使用样式表,要更新整个站点中所有主体文本的文字,必须修改每一页的网页文字。而通过使用样式表,可以将整个站点上的所有网页都指向同一个 CSS 文件,只要修改 CSS 文件中相应的代码,即可将整个站点的文字修改成需要的格式。

(3) 可以在多个对象中调用一组样式。CSS 强大的功能,只要定义一组样式后,就可以随意调用任一段,这样减少了重复编写的琐碎,同时也节约了网页制作者的时间。

(4) 丰富的样式效果。CSS 样式的设定比 HTML 还多,而且 CSS 还提供了一些 HTML 没有的网页效果,例如,滚动条效果等。结合 HTML 与 CSS 的应用,可以让网页增色不少。

如果一个网页的各部分需要使用不同的样式,或者同一网站的不同网页之间需要使用不同的样式,就可以用类样式解决这个问题。下面就以类样式为例,简单讲述 CSS 样式表的使用。

【实例 11-3】 给一个网页中的两行文字应用不同的颜色。

操作步骤如下。

(1) 新建一个网页,单击"CSS 设计器",再单击"添加新的 CSS 源",选择"在页面中定义",输入如图 11-10 所示。

(2) 在"格式"菜单中单击"CSS 样式"|"新建",打开"新建 CSS 规则"对话框。

(3) 在打开的"新建 CSS 规则"窗口中"选择器类型"中选择"类",如图 11-11 所示。

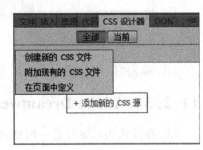

图 11-10 新建网页

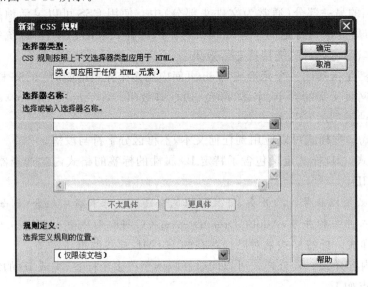

图 11-11 新建 CSS 规则

(4)在"选择器名称"中输入一个以"."开头的名称,如图11-12所示,样式名称为Red。"选择定义规则的位置"选项选择"仅限该文档",表明新建的CSS规则只对该文档起作用。

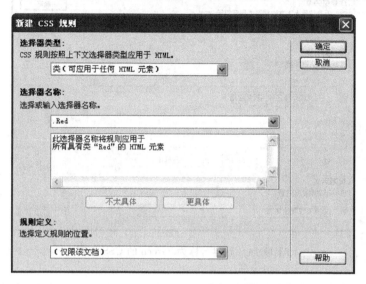

图 11-12　新建名称为.Red的CSS规则

提示：对于自定义样式,其名称必须以"."开始,如果没有输入该点,则Dreamweaver会自动添加。自定义样式名可以是字母与数字的组合,但是在以"."之后必须是字母开头。

(5)定义CSS样式。实例中字体、字号、样式和颜色设置如图11-13所示。单击"确定"按钮后,一个CSS样式就创建好了。

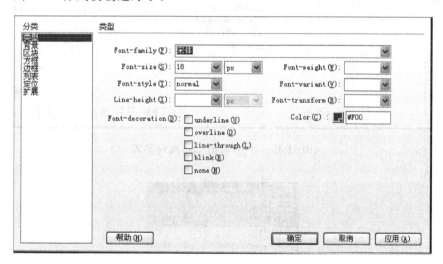

图 11-13　.Red的CSS规则定义

(6)继续创建名称为.Green的CSS样式,如图11-14所示。

(7)继续建立类名为.Green定义的CSS样式,如图11-15所示。

(8)定义好的样式会显示在"CSS样式"面板上,如图11-16所示,没有直接应用到网页中。

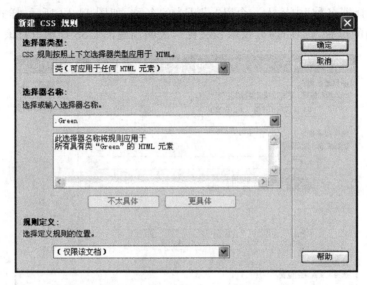

图 11-14 新建名称为 .Green 的 CSS 规则

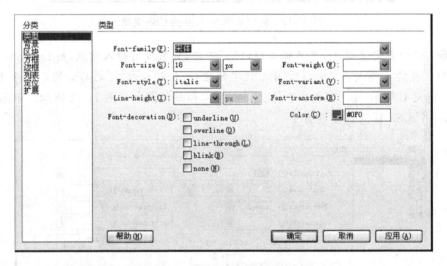

图 11-15 .Greem 的 CSS 规则定义

图 11-16 当前文档定义的 CSS 样式

(9) 选中网页的内容,单击,选择应用 CSS 样式中.Red 样式,如图 11-17 所示。

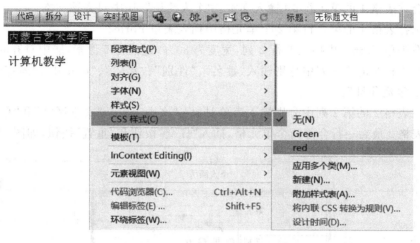

图 11-17　在文档中应用.Red 样式

(10) 选中网页第 2 行内容,在属性查看器的样式列表框中选择 Green,如图 11-18 所示。

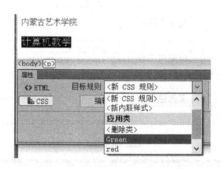

图 11-18　文档中应用.Green 样式

提示:本实例中步骤 9 和步骤 10 采用了两种不同的方式,应用已经在本文档中创建的样式表,尽管操作方式不同,但达到的目的是一样的。

(11) 保存页面,预览的操作如图 11-19 所示。

图 11-19　"预览"按钮

11.2.4　上机操作

具体要求:建立一个表单提交页面,把表单内容提交到邮件。

(1) 新建一个网页并保存为 grjl.html。

（2）在网页中插入一个 3 行 3 列、对齐方式为"居中对齐"、宽度为 650 像素的表格 1。

（3）合并表格 1 的第 1 行，并输入文本："个人简历"，居中对齐该文本。

（4）选择表格 1 的第 2 行第 2 个单元格中插入表单 Form1。

（5）在表单 Form1 中插入 8 行 2 列，宽度为 80%，边框为 5 像素，居中对齐的表格 2。

（6）在表格 2 的第 1 列中分别输入"姓名"、"性别"、"年龄"、"e-mail"、"固定电话"、"移动电话"和"家庭住址"。

（7）在表格 2 的第 2 列中分别插入表单对象："文本字段"、"文本区域"和"单选按钮"。

（8）表格 2 最后一行合并两个单元格，插入"提交"按钮和"重置"按钮，如图 11-20 所示。

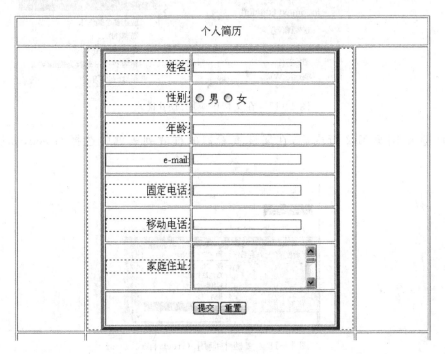

图 11-20　页面布局

11.3　网站设计、管理与维护

　　网站的设计涉及艺术设计、网页制作技术及计算机相关技术等领域。这些相关问题在网站设计中要全面地考虑。一个网站建设好以后，并不是就一成不变了，为了能够让网站持续高效地发挥作用，必须进行有效的管理和经常性地维护。通过本节的学习，可以对网站的规划、设计管理和维护有一个大致的了解。

11.3.1　网站设计注意事项与技巧

　　一个优秀的网站除了具备强大的使用功能外，还往往创意独特，设计独具匠心，制作华丽精美，给浏览者以美的享受。本节总结归纳了 Web 网站设计、制作的 10 项要点。

1. 目标明确

Web 站点的设计首先要明确网站的发展方向即网站的定位。要将本单位的站点作为在因特网这个新媒体上展示单位形象、宣传单位文化的信息空间,明确设计站点的目的和用户需求,从而作出切实可行的计划。

挑选与提炼本单位的关键信息,利用一个逻辑结构有序地组织起来,开发一个页面设计原型,选择用户代表来进行测试,并逐步精练这个原型,形成创意。

2. 主题鲜明

在目标明确的基础上,完成网站的构思创意即总体设计方案。对网站的整体风格和特色作出定位,规划网站的组织结构。

要做到主题鲜明突出、简洁明确,需以简单明确的语言和画面告诉大家本站点的主题,吸引对本站点有需求的人的视线,对无关的人员也能留下一定的印象。Web 站点主页应具备的基本成分如下。

① 页头。准确无误地标识站点和单位标志。

② E-mail 地址。用来接收用户垂询。

③ 联系信息。如普通邮件地址或电话。

④ 版权信息。说明网站的版权归属单位。

3. 布局合理

网页的布局是指网页的版面布局。网页设计作为一种视觉语言,首先要讲究的就是编排和布局,虽然主页的设计不等同于平面设计,但它们有许多相近之处,应充分加以利用和借鉴。

设计者不但要了解、懂得网页制作工具的使用方法和技巧,还要有平面设计知识和审美知识,才能够设计出主体鲜明、具有创意、富有美感、让访问者过目不忘的好网页。

网页布局实际上就是将网页中各种不同的元素进行有机的排列,让各种元素的色彩协调一致,在页面中不同元素所占的面积大小适中,通过线条、色块将不同的元素进行分类,让访问者能快速地找到所需要的信息。

4. 色彩和谐

在网页设计过程中,最难处理的问题就是色彩搭配。在网页设计时到底采用色彩还是非色彩呢？研究表明,色彩的记忆效果是黑白的 3.5 倍。一般情况下,色彩页面要比完全黑白页面更加吸引人,因此在网页设计时通常的做法是:页面中的主要文字内容采用非色彩,而其他元素,如图片、线条、动画等都使用色彩,这样能够让页面从整体上不会显得单调乏味,而文字的非色彩设置也不会让读者眼花缭乱。特殊情况下,一些个性的游戏网站和个人网站也采用非色彩的黑白色搭配网页,黑底白字也能非常清楚地表现文字信息。

网页色彩搭配的技巧主要如下。

① 选用一种主色彩。首先根据网站的风格选定一种与网站风格一致的颜色,然后调整该颜色的透明度或者饱和度,产生新的色彩。

② 选用两种色彩。首先根据网站风格选定一种色彩,然后选择另一种对比色。使用两种色彩,既可丰富网页中的色彩,同时网页中颜色也不会显得过于花哨。

③ 选用同一色系。同一色系是指在一种纯色中加入一些其他颜色而配出的颜色。在网页中使用同一色系的色彩,会让网页在色彩上具有一种统一的色彩风格。

④ 选用黑色和其他色彩。黑色可以和其他任何颜色搭配。以黑色为背景,才使用一到两种鲜艳色彩,这样搭配出的色彩给人一种跳跃的感觉。

5. 形式内容和谐统一

网页是一幅特殊的画。画面构成的定义通常是指以一定的方式和方法安排画面中的视觉元素,从而构成一幅完整、协调的图像。一幅完美的图像要求线条、块面、色彩和光影在最大程度上合理地进行布局。

点、线、面是构成视觉空间的基本元素,是表现视觉形象的基本设计语言。网页设计就是如何处理好这三者之间的关系,因为任何视觉形象或者版式构成,最终都可以归纳为点、线和面。使用点、线、面的互相穿插、互相补充就能够构成最佳的页面效果。

① 点的视觉构成。在网页中通常需要由数量不等、形状各异的点来构成。点的形状、方向、大小、位置、聚集和发散能够给人带来不同的心理感受。

② 线的构成。点的延伸构成线。将不同的线应运到页面设计中,会获得不同的效果。线条是网页设计师必须熟练运用的表现工具。

③ 面的构成。线的推移形成面。面具有一定的面积,占据的空间更多,因而相比点和线来说,视觉冲击力更强。

点、线、面相互依存相互作用,可以组合成各种各样的视觉形象和千变万化的视觉空间。形式内容的和谐统一,就是点、线、面的和谐统一。

6. 风格统一

风格统一不仅仅体现在网站中文字风格的统一、色彩的一致这两个方面,更要强调的是要与这个企业在所有网站中、传统媒体上使用的企业形象识别系统相吻合,在视觉和形象上保持风格统一。

7. 人性化设计

在设计网页时要以人为本,充分体现人性化设计思想。网页的人性化设计体现在方便的信息阅读、合理的超级链接布局、友好的人机界面等多个方面。

8. 网页设计内容准确

网页传达的信息内容要准确无误。网页中的信息内容要真实准确。虚假、错误的信息出现在网页中,不但起不到宣传作用,反而会影响网站的整体形象。

9. 采用合理的技术

网站设计,要根据网站的投资、规模、技术等因素综合考虑采用合理技术。在硬件基础建设时需要考虑服务器性能、接口带宽等诸多因素;在软件系统建设时要考虑软件的兼容性、信息安全等因素。

10. 更新维护方便

网络媒体最大的特点就是信息传播过程中的互动性和及时性,在网页设计时要充分考虑这个特点。如果网站中的信息陈旧,访问者每次访问都是面对相同的文字图片,相信没有几次,访问者就不会再次光顾这个网站了。当今社会是一个信息爆炸的时代,网页中信息需要不断、及时地更新,所以在网页设计时要考虑信息内容更新方便、维护方便快捷,即使对于一个非技术人员也可以胜任这项工作,这样有利于更新维护的网页才是一个优秀的网页。

11.3.2 网站的管理与维护

一个网站建设好以后,并不是就一劳永逸了,为了能够让网站持续高效地发挥作用,必须进行有效的管理和经常性地维护。

1. 网站的管理

1) 设备管理

建立设备管理的规章制度;明确设备管理责任人。

2) 系统管理

建立系统管理的规章制度;明确系统操作员;明确系统操作权限。

3) 运营管理

网站运营要向主管部门申请必须的运行登记许可证,网站要建立完善的信息发布、登记、审核制度,建立有效的收集信息、审核、存储、传递、备份等工作流程,明确网站运行责任人。

4) 安全管理

建立网站安全运行管理规章制度;及时在安全管理部门进行登记、注册;明确安全责任人。明确网站不允许公开发布下列相关信息。

① 依照法律规定属于国家秘密的信息。

② 涉及商业秘密的信息。

③ 涉及个人隐私的信息。

④ 法律法规规定不得公开发布的其他信息。

⑤ 严禁发布危害国家安全、淫秽、迷信等国家禁止传播的信息。

2. 网站维护

1) 设备维护

设备维护主要指网络设备维护、网络服务器维护、存储设备维护、安全设备维护、电源设备维护等和网站相关的硬件设备的维护工作。要明确设备维护专门技术人员;建立设备维护档案;制定设备维护规章制度。

2) 软件维护

软件维护主要指操作系统维护、网站程序维护、数据库维护、数据备份和恢复、安全程序维护等网站所使用的软件产品的维护工作。要明确软件维护专门技术人员;建立软件维护档案;制定软件维护规章制度。

本 章 小 结

本章首先讲述了网络站点的基本概念、建站的原则和方法。然后重点讲述了功能强大的网站规划、建设和管理软件 Adobe Dreamweaver CC。通过本章的学习,能够对网站有一个清晰、明确的认识,能够掌握网站建设与管理、维护的一般方法。能够应用 Adobe Dreamweaver CC 创建静态网站,能够设计和编写网站内容,能够管理和发布信息。

思 考 题

1. 简述表格中元素的作用和布局的作用。
2. 在网页中插入网页元素的一般方法是什么？
3. 简述站点相对路径与绝对路径的区别。
4. 创建一个新站点的一般步骤是什么？
5. 练习自定义样式的编辑和使用。
6. 练习CSS规则中类样式的使用。
7. 简述网站设计、管理与维护的一般原则。

第12章　网络媒体简介

本章学习目标
- 了解网络媒体的概念；
- 了解超链接、超文本的含义；
- 了解流媒体的基本知识；
- 了解虚拟现实技术的基本知识。

12.1　网络媒体概述

网络媒体是网络信息时代主要的媒体形式，在大众传媒领域具有时代性强、技术先进、应用广泛的诸多优势。本节就网络媒体的基础知识进行讲解。

1. 网络媒体概念

随着信息技术的发展，互联网络成为继报刊、广播、电视三大传统媒介之后的"第四媒介"。网络媒体是以计算机多媒体技术为核心，国际互联网络为平台，数字信息广泛传播和应用的新兴媒体。网络媒体是信息学和新闻传播学相融合的产物，是集三大传统媒体的诸多优势为一体的跨媒体的数字化媒体。

2. 网络媒体特点

网络媒体除具有三大传统媒体"共性"特点之外，还具有鲜明的"个性"特点，主要有以下几点。

1) 实时性

实时性是网络媒体信息传播时效性强的形象表述。网络时代，人们对于新闻事件的知情权诉求上升到了一个很高的地位。当一件"大事"发生时，民众往往急需在第一时间知道详情，而传统媒体由于技术手段和传播途径等多方面的局限，往往很难在第一时间对新闻事件进行报道，但网络媒体对重大事件的报道，就不断地创造了新闻发稿时效第一的记录。在很多新闻网站上，以"滚动快讯"形式呈现的即时新闻播报让网络新闻传播的时效性进一步地体现出来。随着网络图文直播、音频直播和视频直播的出现，网络新闻的实时性日臻完美。

2) 交互性

网络媒体传播是媒体与受众、受众之间的多向性、互动性传播。交互性又称互动性，包含"一对一"、"一对多"、"多对一"、"多对多"的传播方式，体现了大众传播和人际传播相结合的传播方式，是网络媒体的特性和优势。网络论坛、讨论区、留言板、聊天室、电子邮件、ICQ及MSN等即时通信软件，吸引着大量网民积极参与传播信息、评论新闻、讨论新闻话题等活动,极大地提高了网络新闻传播的社会影响力。

3) 世界性

网络媒体的传播范围远远地大于报纸、广播和电视,具有"网络传播无国界"的全球性特征。网络传播空间理论上没有国家和地区的限制。任何一个国家或地区,如果不采取特别的技术措施对境内外个别有害网站实施封锁和限制,世界上任何一个网站登载的内容,都有可能供全球网民访问、浏览和下载。同样,世界上任何一个具备上网条件的地方,均可轻松浏览全球网站。

4) 融合性

网络媒体既具有大众化传播的优势,又兼具特定化、分散化传播的特点,通过强大的信息技术正把不同的传统媒体形态融合,体现了媒体变革最明显的特征。例如,互联网融合传统报纸形式产生了网络报纸;融合传统电台技术产生了网络电台;融合传统电视技术产生了网络电视;融合移动通信技术产生了网上短信;融合编辑理念和模式产生了博客等,基于互联网的传统媒体的数字化、网络化形势层出不穷,异彩纷呈。

12.2 超文本和超媒体

超文本、超媒体是网络环境下主要的信息描述形式,是网络信息发布与传播的重要内容,本节对超文本、超媒体的概念进行简要的介绍。

1. 超文本

1) 超链接

超链接是在 Web 网页中对有关页面元素(文本、图片、按钮等)的索引链接,使得这些带有索引链接的元素可以指向另一个文件。超链接是超文本的基础。

2) 超文本

超文本是一种网页文本,与传统的文本文件相比,主要差别是:传统文本的结构是以线性方式组织的,而超文本结构是以非线性方式组织的。超文本通过超链接形式把相关的内容(文件)组织在一起,是一种网状的结构关系。用户可以很方便地浏览这些相关内容。

2. 超媒体

超媒体的概念形成于 1996 年前后,最初理解为是超文本的延伸,是超文本和多媒体结合的产物。随着信息技术的进步和互联网络应用的普及,网络媒体成为网络时代的主流媒体,超媒体也突破了旧有的概念,被认为是网络媒体中所有媒体信息的总称。

超媒体的概念可以通过技术层面、市场层面和社会层面来理解。

1) 技术层面

超媒体以超文本的结构特点把全部数字媒体信息组织了起来。超媒体突破了传统媒体技术和平台,通过互联网络把三大传统媒体整合到了一起,使三大媒体在保持自我个性的同时融入了信息技术,呈现出新的媒体形式,拓展了传播空间。

2) 市场层面

超媒体开创了整合资源的新模式。超媒体是新媒体意识与新商业思维的有机结合,其通过不同的渠道和多种形式对媒体产业价值链进行整合。

3）社会层面

网络化的发展，催生了个人参与全球化竞争时代的到来，每个人的个体都将成为一个独特的品牌，也同时是一个具有超越传统媒体功能的"超媒体"。超媒体是一个时代的象征，一个社会进步的象征，更是一个影响人类生存方式的实效媒体。

12.3 流媒体技术

流媒体技术是目前网络音、视频节目传播的热点技术。流媒体技术提供了在网络上安全、稳定、高效地发布、传播音视频信息的全面解决方案。本节对流媒体技术的相关知识进行简要的介绍。

1. 流媒体技术简介

音、视频文件是日常生活中经常接触的多媒体文件，如 MP3 音乐文件、MPEG 数码视频文件、AVI 数码动画文件、MOV 数码电影文件等。这些文件一般都比较大，需要的存储容量也较大，一般都在数十兆字节，有的达到数百兆字节。当本地计算机上传输和播放这些文件时，由于本地计算机处理速度快，可以实时进行收看和收听。在网络上传播时，由于文件巨大，同时由于网络带宽的限制，依靠下载传输等传统的网络传播技术就会出现很大的问题，下载常常要花数分钟，甚至数小时，根本无法进行实时的播放和接收。正是为了解决网络传播音、视频文件的问题，流媒体技术应运而生。

在网络上传输音频、视频等多媒体信息，目前主要有下载和流式传输两种方案。流式传输时，声音、影像或动画等由音、视频服务器向用户计算机的连续、实时传送，用户不必等到整个文件全部下载完毕，而只需经过几秒或十数秒的启动延时即可进行观看。当声音等媒体在客户机上播放时，文件的剩余部分将在后台从服务器上继续下载。流式不仅使启动延时成十倍、百倍地缩短，而且不需要太大的缓存容量。流式传输避免了用户必须等待整个文件全部从网上下载才能观看的缺点。

2. 流式传输

流式媒体是通过网络传输的音频、视频或多媒体文件。流式媒体在播放前并不下载整个文件，流式媒体的数据流随时传送、随时播放，只是在开始时有一些延迟。当流式媒体文件传输到用户的计算机时，在播放之前该文件的部分内容已存入内存。流媒体实现的关键技术就是流式传输。

流式传输定义很广泛，现在主要指通过网络传送媒体(如视频、音频)的技术总称。其特定含义为通过 Internet 将影视节目传送到 PC。实现流式传输有两种方法：实时流式传输(realtime streaming)和顺序流式传输(progressive streaming)。

1）顺序流式传输

顺序流式传输是指用户在线观看媒体文件时，媒体文件是以顺序下载方式传输到客户机的。在下载文件的同时用户可以观看在线媒体，但用户只能观看已下载下来的部分内容，而未下载下来的内容不能观看，即不能随意跳到还未下载下来的后面部分。顺序流式传输的缺点是不能在媒体文件传输期间根据用户网络连接的速度进行调整。优点是顺序流式传输是无损传输，可以保证节目的高品质下载，比较适合传输高质量的视频节目。

由于有延迟,媒体节目又必须传输完毕后才能观看全部内容,因此顺序流式传输不适合长片段的视频节目传输和播放有随机访问要求的交互式音、视频节目,如讲座、演说、演示等内容。同时顺序流式传输也不能支持现场广播、实时直播等。

2) 实时流式传输

实时流式传输的特点就是实时传送,用户在线观看媒体文件时,媒体文件是以实时方式传输到客户机的。这一特性决定实时流式传输适合传输现场事件,同时也支持随机访问,用户可以快进或后退来观看前面或后面的内容。

实时流式传输要求网络有较高的带宽连接,对于低带宽连接(例如,以调制解调器的速度连接)时图像质量较差。实时流式传输需要专门的流媒体服务器提供服务,流媒体服务器能够安全、高效、稳定地管理流媒体文件的传输,但服务器系统设置、管理比较复杂。

3. 流媒体应用方案简介

一个完整的流媒体解决方案应是相关软硬件的集成,它大致包括下面几个方面的内容。

(1) 内容采集。节目源可以是摄像机、电视台节目、VCD 光盘、卫星输入信号等。

(2) 音视频捕获和压缩编码。硬件一般为音、视频捕获卡,编码软件如 RealProducer、MS Media Encoder 等。

(3) 内容编辑。对内容进行编辑修改、归档、做索引。

(4) 内容存储和播放。节目不多时可使用文件系统,当节目量大时,就必须应用数据库管理系统。

(5) 内容管理和发布。内容管理主要完成音、视频的存储和检索;用户管理包括用户的登记和授权;发行模块负责将节目提交到网页,或将视频流地址邮寄给用户。

4. 流媒体系统平台

目前,市场主要的流媒体系统平台有微软公司的 Windows Media、苹果公司的 QuickTime 和我国南京纳加的 VJMS。

1) 微软公司的 Windows Media Server

流媒体领域的巨大市场前景吸引了包括微软公司等众多厂商在此领域展开激烈竞争。

微软公司开发的 Windows Media Server 流媒体平台和 Windows 操作系统密切结合,充分整合了 Windows 操作系统的优势。Windows Media Server 以其架设容易、服务安全、运行稳定、技术先进、功能集成等特点,成为流媒体技术主要的应用平台。

2) 苹果公司的 QuickTime

苹果公司的 QuickTime 是面向专业媒体制作、视频编辑、Web 网站创建等领域开发的多媒体技术平台。从 MacOS 系统平台到 Windows 系统平台,QuickTime 支持市场上大多数的个人计算机应用平台,已经形成了数字媒体领域事实上的工业标准。在三维动画、视频效果、虚拟现实、数字媒体等诸多领域有深厚的应用基础。苹果公司的媒体播放器软件 QuickTime Player 和微软公司的 Windows Media Player 都是出色的流媒体播放器。

3) 南京纳加的 VJMS

VJMS 是纳加流媒体系统,由 VJLive(纳加 P2P 直播系统)、VJVOD(纳加 P2P 点播系统)、VJMIS(纳加媒资管理系统)等构成,并由纳加富终端播放器组(VJTV Player series)提供播放。

VJLive 提供了安装于服务器端的视音频流分发服务,可以快速地将一台普通服务器转化为一台高性能的 P2P 直播服务器。VJVOD 提供了安装于服务器端的视音频文件分发服务，通过结合各类媒资管理系统（管理视音频资源，包括视频文件打点、截图、转码、上传等）、内容管理系统及网站（包括访谈、电影、播客、教育等类型网站），为客户快速建立一套网络视音频点播服务平台。

VJMS 的主要功能包括支持 P2P、超大规模部署、高安全性、媒体文件转码、虚拟文件直播、实时运行参数查询、实时回放、移动终端支持、多重收看平台、广告系统。此外还具有延时控制、实况定时录制及点播提交、聊天室、广播级高清、高速启动、收看端带宽友好、复杂网络环境自适应、收看端资源低占用、内容保护等丰富的功能。

2014 年，南京纳加软件有限公司和内蒙古艺术学院联合建立了"流媒体虚拟编播实验室"校企合作项目，实验室充分发挥高等院校人才优势和新技术企业技术优势，共享资源、合作办学，成为国内流媒体编播人才培养的重要基地。

5. 流媒体文件格式

一般的音、视频压缩格式可以以流的方式进行播放，但效率不是很高，为了提高网上的传播效率，要对这些压缩格式经过特殊编码，使其适合在网络上边下载边播放，而不是等到下载完整个文件才能播放。将压缩媒体文件编码成流式文件，必须添加一些附加信息，如计时、压缩和版权信息。如表 12-1 所示。

表 12-1 常用流式文件格式

文件格式（扩展名）	媒体类型与名称
asf	Advanced Streaming Format 文件（Microsoft）
wmv	Windows Media Video 文件（Microsoft）
ra	Real Audio 文件（Real Networks）
rm	Real Video/Audio 文件（Real Networks）
rmvb	Rm 格式的延伸（Real Networks）
mov	QuickTime 视频格式（Apple）
swf	Shock Wave Flash（Adobe）
flv	swf 的视频格式文件（Adobe）

6. 流媒体播放方式

1）单播

单播方式是指在客户端与媒体服务器之间建立一个单独的数据通道，从服务器发出的每个数据包定向传送给该客户机。在数据传输时，每个用户需要对媒体服务器发送特定的查询，媒体服务器则向每个特定用户发送回应的数据包。这种巨大的冗余的传播方式容易造成服务器负担过重，致使响应时间延长，严重的甚至造成传播中断。

2）组播

组播方式是指通过 IP 技术构建起特定的组播网络，该网络允许路由器一次将服务器的数据包复制到多个通道上，然后分别传送给该组播网内的所有客户端。采用组播方式，单台服务器能够对很多客户机同时发送连续的数据流，不会产生延时、停滞等问题。组播传送方式能够使所有发出请求的客户端共享同一个信息包，极大程度地减少了网络上传输的信息包的总量。

3) 点播

点播连接是客户端与服务器之间的主动的连接。在点播连接中,用户通过选择内容项目来初始化客户端连接。用户可以开始、停止、后退、快进或暂停。点播连接提供了对信息流的最大控制,但这种方式由于每个客户端各自连接服务器,会迅速地用完网络带宽。

4) 广播

广播指的是用户被动接收流。在广播过程中,客户端接收流,但不能控制流。例如,用户不能暂停、快进或后退该流。广播方式中数据包的单独一个拷贝将发送给网络上的所有用户。

由于单播采用的是点对点的方式传播,因此在数据发送时,需要对数据包进行多个复制,然后一对一地传送到发出请求信号的客户端;而广播传送方式则不管客户端是否请求,都要强行把数据包发送给网络上的所有客户。这就形成了单播和广播都会造成网络带宽的浪费。组播则吸收了单播和广播的优势,克服了单播和广播的弱点,只把数据包的拷贝发送给提出请求的那些客户。组播这种传播方式不会强行把数据包的多个拷贝发送到网络上,也不会把数据包发送给无请求的终端客户,很好地保证了网络上多媒体应用所占用网络的最小带宽。

12.4 虚拟现实技术

虚拟现实(简称 VR)是数字媒体技术一个重要的研究和应用领域。虚拟现实技术可以给人们的工作、生活、娱乐带来一个全新的环境,一个超越现实世界之外的"虚拟"的世界。

12.4.1 虚拟现实技术概述

1. 虚拟现实技术

虚拟现实技术最初来源于美国军方的计算机军事仿真研究。随着信息技术的发展,仿真模拟与计算机应用技术、数字图形图像技术、网络信息技术、数字传感技术、人工智能技术、人体行为学等多学科、多门类的应用相结合,产生了虚拟现实技术。通过虚拟现实技术,计算机系统可以模拟、仿真出超越现实世界的景物和环境,这些景物和环境完全依据设计者的想象,逼真地"实现"在人们的眼前。

虚拟现实技术可以概括为:以计算机技术为核心,通过虚拟现实平台生成虚拟景物和环境(虚拟"世界"),通过感觉传感器,使人的感觉器官投入到这个虚拟的"世界"中,并和虚拟"世界"进行信息交互,使人有身临其境之感。

2. 虚拟现实技术的特点

1) 真实特点

虚拟现实技术生成的环境可以是真实存在的模拟,也可以是"凭空想象"的再现;虚拟现实的世界是三维的空间世界,虚拟现实的对象有质感、可接触、能对话,是"真实"的存在。

2) 感知特点

虚拟现实技术充分利用了人的感官功能,集视、听、触、嗅等感知于一体,使人产生身临其境的感觉。

3）实时特点

虚拟现实技术是人机实时信息的交互，人们可以随时和虚拟景物进行"对话"。

4）智能特点

虚拟出来的景物不是"死"的，是可以感知和判断的，虚拟现实技术甚至可以分析、预测出人的行为、动作或思想，从而灵活、及时地做出相应调整。

5）操作特点

虚拟现实技术允许人和虚拟世界或虚拟对象间建立信息交互与操作控制，例如，飞行模拟、驾驶训练等。

12.4.2 虚拟现实技术的特征

1. 沉浸性

沉浸性是指人在虚拟现实世界里置身其中的状态，即人与虚拟世界完全融为一体。这种"完全融入"的沉浸不是简单的身临其境的感觉，而是"真实"地存在在虚拟世界中。

与平时操作计算机不同，人在操作计算机时，无论显示屏上出现多么逼真的画面，无论音箱发出多么逼真的声音，操作者都会感到自己身在计算机之外。但在虚拟世界中，人的感知能力、认知能力和心理状况都会受到虚拟世界的影响，人会体会和感受虚拟世界中的一景一物，人的一个动作，一句话语都会得到虚拟世界的回应。虚拟世界中的人是可以对话的，虚拟世界中的物是可以触摸的。

人作为计算机系统的操作者，即虚拟世界的参与者或控制者，始终可以发挥着作用，如同现实世界一样，人也是虚拟世界中的主导者。

2. 交互性

交互性是指人与虚拟世界中的各种对象的相互作用的能力，例如，对话能力、交流能力、操控能力等。虚拟现实技术在交互设计时，要充分考虑虚拟对象的可操作程度以及操控者的操作能力，也要考虑操作者从虚拟环境中取得的反馈信息的量值和自然程度。

虚拟现实技术的交互性是实时的和三维的。虚拟现实采用了操作者的参考系，即以操作者的视点变化进行虚拟交互。虚拟世界需要根据人的状态及时地响应并调整虚拟环境，要求实时性要强。操作者通过视觉、听觉、触觉等感觉功能，通过身体动作、语言对话等和虚拟现实进行交互操作。

虚拟现实技术的应用，改变了人通过键盘、鼠标机械地与计算机对话的方式，使人与计算机通信变得非常自然，使计算机系统从处理单维度的数值信息转变到处理包括人类的"思维"数据等多维度信息上来，从而在根本上改变了人与计算机系统的交互方式。人与计算机相处得更加"和谐"了。

3. 构想性

构想性是指在人与虚拟现实的交互活动中，获得了新知，深化了理解，提高了感性和理性认识，从而萌发了新的意识，激发了创造力，进而产生了新的构想。这种构想被操作者输入到系统中去，系统会进行响应并及时处理，然后把处理后的状态实时地显示出来或由传感装置反馈给操作者。因此，虚拟现实不仅仅是一个操作者与机器设备的接口，虚拟现实更是促使人学习、启发人创造性思维的活动。

12.4.3 虚拟现实技术的应用

1. 军事训练

现代化军事活动由于配备了高精尖的武器装备,采用了高技术的攻防战术,因此军事训练或军事演习往往需要投入大量的人力、物力和财力。通过虚拟现实系统,不需真枪实弹就可以模拟出规模宏大的军事活动场景,使得军事训练不仅节约了资金,还可以反复推演。在军事训练中,战场模拟、单兵训练、战术训练、多兵种联合演习等都可以通过虚拟现实技术辅助进行。

2. 产品开发和研制

在产品开发、设计、研制中,可以采用虚拟现实技术提供先期演示,检验设计方案;通过虚拟现实技术介入到研发、制造的过程中,随时掌控产品的各项性能指标;对产品进行全真模拟演示,如广告产品的效用。

3. 教育培训

通过虚拟现实技术建立的虚拟校园不仅可以拥有和真实校园一样的教学设置、场所,还可以模拟出教学实践活动的场所和情景,为教学提供良好、全面的学习环境;虚拟现实技术可以建立虚拟实验室,在虚拟实验室中,配置有实验所需的仪器、设备,学生在这里可以和在真实实验室里一样,进行各种教学实验;通过虚拟现实技术可以进行虚拟实验演示,在现实教学中,由于各种条件的制约,有一些教学实验无法真正去实践,这时就可以利用虚拟现实技术来模拟实验,从而弥补现实教学的不足。现在,还常利用虚拟现实技术搭建远程教学平台,使远隔千山万水的异地学生可以通过互联网络登录到教学平台上进行学习,感觉上和亲身在学校学习一样。

4. 城市规划

对于城市规划、园林设计、建筑装饰设计等需要预知设计结果的领域可以充分利用虚拟现实技术的前瞻性优势,模拟出设计结果,从而指导设计和施工。虚拟现实技术还具有广泛的适应性和关联性,让相关人员进入虚拟出来的城市景观或装饰效果去亲身体验,搜集设计的意见和建议,然后再反馈给设计者,促使设计者对设计进行调整,可以避免重大的设计失误和人、财、物的浪费,提高设计的人性化指标和设计效率。

5. 游戏娱乐

游戏娱乐行业目前是虚拟现实的主要应用方面,通过虚拟现实技术开发的实景战争游戏、赛车游戏、格斗游戏等深受游戏爱好者喜爱,逼真的场景模拟、身临其境的现场感受使游戏者全身心地投入到游戏节目中,不同寻常的刺激和体验是传统媒体游戏无法比拟的。

在娱乐行业,"数字"演员逐渐地成为舞台表演的新宠,虚拟出来的舞台角色配合真人的节目表演几乎达到了难辨真伪的程度。在节目制作中,为了降低成本或是创造现实世界无法呈现的"幻境",也需要通过虚拟现实技术来实现。

6. 艺术展演和创作

目前很多大型的博物馆都建立了数字博物馆(虚拟博物馆),通过虚拟现实技术模拟出馆藏的各种文物的虚拟模型,这些虚拟文物在虚拟博物馆中可以动态交互地展示。在各种虚拟博物馆中,尤其以展示史前生物最有特色,那些早已灭绝了的生物又活灵活现地出现在游客的眼中并且可以和游客亲密接触。

虚拟演播室是虚拟现实技术在节目制作、节目广播方面的主要体现。把节目主持人"放置"在虚拟演播室中制作节目，即节约了成本，又可以根据节目的需要随时变换场景，并且环境和人可以结合得天衣无缝。虚拟演播室的应用给节目制作带来了前所未有的变化空间。

7. 宣传广告

Web 3D 技术是网络上广泛应用的虚拟现实技术的一种技术形式，Web 3D 通过三维软件的建模创建出三维实体模型，这些三维模型在网站中可以被浏览，通过鼠标、键盘等控制台设备可以随意地对模型进行推拉、旋转、缩放、移动等操作，还可以对模型的细节进行特写观察。几乎任何的工业产品都可以通过 Web 3D 技术的方式在网上宣传和展示。

场景游历也是网络上经常见到的一种虚拟现实形式。把特定的场所（学校、园区、公园等）制作成虚拟的环境放到网上，浏览者可以通过鼠标、键盘进行操作，使浏览者在虚拟的场景中进行游历，如同在真实情景中游历一样。这种技术对于旅游推介、园区展示、房地产营销等都可以起到重要的广告宣传作用。

此外，虚拟现实技术在工农业生产领域、医疗救治领域、能源勘探领域等都发挥着重要的作用。随着虚拟现实技术的不断进步，将来伴随着真实的现实世界，人们还会在一个"全真"的虚拟世界中生活。

12.4.4 虚拟现实技术的硬件与软件

1. 虚拟现实技术输入设备

1）数据手套

数据手套是虚拟现实技术最常用的输入设备，是一种手套形式的传感设备，人戴上这种传感设备后，通过人手的抓取、移动、拿捏、操纵、控制等各种动作，可以把这些动作转换成数字信号传送给计算机，从而实现与虚拟现实景物的交互。

2）数据衣

数据衣的原理与数据手套类似，也是传感器设备，但不同的是数据衣是让虚拟现实识别"全身"的动作。虚拟现实的操纵者穿上数据衣后，人体所发生的各种动作的信号都会被传感器捕捉并转换成数字信号传递给计算机，从而实现与虚拟世界的交互。

3）三维控制设备

三维控制设备是在具有三维坐标系统的"空间"产生控制信号，常见的三维控制设备有三维鼠标、力矩球等。三维鼠标作用原理类似普通的光电鼠标，不同的是三维鼠标是一种空间定位的工具。力矩球的原理类似三维鼠标，只不过力矩球是固定在操作台上的。

4）三维扫描仪

三维扫描仪又称作三维数字化仪，是用来建立三维模型的。普通的扫描仪（二维扫描仪）主要是把平面图像数字化成数字图像提供给计算机进行处理使用。而三维扫描仪可以扫描捕获真实物体的空间信息（立体信息），根据这些信息可以进行三维建模，从而创建出和真实物体一模一样的三维模型体。

5）运动跟踪捕获系统

在虚拟现实技术中，需要对操作者进行实时的运动状态跟踪，包括操作者的身体姿势、运动状态、空间位置（行进位置）等。运动跟踪捕获系统根据其依据的物理原理可以分为电磁跟踪、光学跟踪、声学跟踪、机械跟踪、惯性位置跟踪等。

2. 虚拟现实技术输出设备

1) 立体显示设备

立体显示设备是虚拟现实技术最主要的输出设备。立体显示器的主要作用是显示出三维的场景信息,使操作者看到的是空间的景物,从而产生"身临其境"的感觉。立体显示器质量的好坏直接影响到虚拟世界的"逼真"程度。

根据立体显示器结构、功能、原理的不同,有很多的形式,其中最常用到的是头盔式立体显示器。

头盔式立体显示器是目前虚拟现实技术的"标准"显示设备。头盔式显示器装有空间运动传感器,能够感知当前操作者头部的空间位置以及方向、角度等信息,这些信息传递给计算机后,计算机根据这些信息生成当前的立体景象显示在头盔式显示器上。

此外,立体显示设备还有普通显示器(需要配合立体眼镜才能观看到立体画面)、吊杆式立体显示装置、洞穴式立体显示装置、响应工作台显示装置、墙式立体显示装置、眼罩式立体显示装置等。

2) 空间音响设备

空间音响设备和普通 PC 配置的耳机、音箱等相同,只不过需要建立空间声场效果。声音的空间效果越强,身临其境的感觉就越强。

3) 知觉回馈设备

操控者和虚拟世界进行交互活动时,经常要和虚拟的物体进行接触,比如抓取、推拉、操控等。在现实世界中,当人们和物体产生力的作用时,会得到一个反作用,这个反作用告知了人们当前物体的重量、体积、材质等信息,使人们对这一物体有直觉上的认识。同样,在虚拟世界中,操作者也需要对虚拟物体有直觉上的认识,这就需要虚拟物体也能给操作者一个"反作用",这个反作用就需要知觉回馈设备来建立。常见的知觉回馈设备有触觉反馈装置和力觉反馈装置。

触觉反馈装置可以建立触觉的反馈信息,常见的有充气式触觉反馈装置、振动式触觉反馈装置。力觉反馈装置是把虚拟世界产生的空间运动转变成操作平台的机械运动,使操作者感受到来自虚拟世界的"力"的作用。常见的力反馈装置有力反馈鼠标、力反馈手柄、力反馈手臂、力反馈操纵器等。

本 章 小 结

本章从网络媒体的概念、特点和超文本、超媒体方面讲述了网络媒体的基本知识。流媒体技术是网络中发布音视频信息的主要解决方案,微软公司的 Windows Media Server 和苹果公司的 QuickTime 是目前最有影响力的流媒体技术。虚拟现实技术通过模拟现实的景物,创造出一个全数字的虚拟世界,人们在这个虚拟世界中可以学习、娱乐并获得一种全新的数字媒体技术体验,是多媒体应用的热点技术。

思 考 题

1. 网络媒体具有哪些特点?
2. 解释超文本的概念。

3. 解释超媒体的概念。
4. 什么是流式传输?
5. 常见的流媒体系统平台有哪些?各有什么特点?
6. 流媒体的播放中什么是单播方式?什么是点播方式?什么是广播方式?什么是组播方式?
7. 虚拟现实技术的特征是什么?
8. 虚拟现实技术常见的输入设备有哪些?

第 13 章 网络信息安全

本章学习目标
- 了解计算机信息安全的内容；
- 了解网络安全技术。

13.1 信息安全概述

信息安全不是一个新问题，在人类历史的重要事件中，不断地有重要信息被窃取、修改、删除、破坏等事件发生。在政治、外交、军事、经济、科技、文化、社会活动等各个领域都存在信息安全的普遍问题。

计算机网络是信息传输、共享的平台，信息是计算机网络的生命之源，但计算机网络的出现，尤其是 Internet 的应用和普及使信息安全问题更加突出：非法访问，修改某些敏感信息，致使网络服务中断；黑客入侵，窃取机密信息，破坏网络的正常工作等。

网络信息安全是指通过相关技术，保护网络系统中的软、硬件及信息资源，使之免受偶然或恶意的破坏、篡改和泄露，保证网络系统的正常运行，网络服务不中断。

13.1.1 网络的安全属性和安全风险

1. 网络的安全属性

网络安全主要指以下几个方面的属性。

（1）保密性（secrecy）。信息不泄露给非授权的用户、实体或进程。

（2）完整性（integrity）。信息在存储或传输过程中保持原信息，不被修改、不被破坏和丢失。

（3）可用性（available）。授权用户、实体或进程能够访问并按需求使用信息。

（4）真实性（authenticity）。信息在交互过程中，参与者通过认证，确保真实、统一，任何参与者都不能否认和抵赖曾经完成的操作。

（5）可控性（controllable）。对信息的传播路径、范围及其内容具有控制能力。

2. 网络的安全风险

目前网络安全面临的安全风险主要有信息泄露、完整性破坏、拒绝服务、非法使用等，这些风险往往通过以下形式得以表现。

1）非法访问和破坏（"黑客"攻击）

利用操作系统的漏洞，避绕系统访问控制机制，对网络设备及资源进行非正常使用，或擅自扩大权限，越权访问信息。例如，假冒、身份攻击、非法用户进入网络系统进行违法操作、合法用户以未授权方式进行操作等。

2) 拒绝服务攻击(denial of service attack)

一种破坏性攻击,不断地对网络服务系统进行干扰,改变正常的作业流程,执行无关程序使系统响应减慢其至瘫痪,其至使合法用户被排斥而不能进入计算机网络系统或不能得到相应的服务。例如,"电子邮件炸弹"。

3) 特洛伊木马(trojan horse)

特洛伊木马的名称源于古希腊的历史故事"木马屠城"。特洛伊木马程序是一种把有预谋的恶意功能隐藏在公开的功能中,以掩盖其真实企图。

4) 蠕虫(worms)

蠕虫是一个或一组恶意程序,蠕虫可以从一台机器向另一台机器传播。蠕虫同病毒不一样,它不需要修改宿主程序就能传播。

5) 陷门(trap doors)

为攻击者提供"后门"的一段非法的操作系统程序。一般是指程序员为了特殊的目的,在所编制的程序中潜伏代码或保留漏洞,允许一个特定的用户识别码,通过该识别码可以绕过通常的口令检查。

6) 信息泄漏或丢失

指敏感数据在有意或无意中被泄漏出去或丢失。例如,利用电磁泄漏或搭线窃听等方式截获机密信息,或通过对信息流向、流量、通信频度和长度等参数的分析,推出有用信息,如用户口令、账号等。

7) 隐蔽通道

一种允许以违背合法的安全策略的方式进行操作系统进程间通信(IPC)的通道,它分为隐蔽存储通道和隐蔽时间通道。

8) 破坏数据完整性

通过非法手段窃得对数据的使用权,删除、修改、插入或重发某些重要信息,修改网络上传输的数据,以及销毁网络上传输的数据,替代网络上传输的数据,重复播放某个分组序列,改变网络上传输的数据包的先后次序,使攻击者获益,以干扰用户的正常使用。

13.1.2 网络攻击的方法

网络攻击分为被动攻击与主动攻击。

1. 被动攻击

被动攻击是指攻击者进行网络监听,截取重要敏感信息。被动攻击很难被发现,常常是主动攻击的前奏。

2. 主动攻击

主动攻击是攻击者利用网络本身的缺陷对网络实施的攻击。主动攻击常常以被动攻击获取的信息为基础实施攻击,杜绝和防范主动攻击比较困难。一般网络攻击的方法如图13-1所示。

(1) 中断。破坏网络系统资源,使之变成无效的或无用的。

(2) 截获。非法访问网络系统的资源。

(3) 修改。不但非法访问网络系统资源,而且修改网络中的资源。

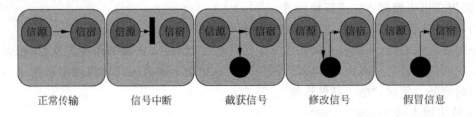

图 13-1　网络攻击方法示例

（4）假冒。假冒合法用户身份，将伪造的信息非法插入网络。

13.2　网络安全技术

由于网络上到处充斥着种种不安全因素，因此，网络安全技术就成为网络应用中最引人注目的技术之一。下面就网络中普遍使用的安全技术进行简要的讲解。

13.2.1　数据加密和数字证书

数据加密技术有着悠久的历史，从公元前二千年开始，埃及人就使用特别的象形文字来为信息编码。现在，数据的加、解密已经成为保障数据安全的一种方式。数据加密可以有效地防止有价值的信息被拦截和窃取，身份认证可以确定用户身份的真实性。在网络的安全机制中，数据加密、身份认证、数字签名等都是以密码学为基础的。

1. 数据加密

数据加密技术可以分为加密密钥和加密算法。加密密钥是在加密和解密过程中使用的一串数字；而加密算法则是作用于密钥和明文（或密文）的一个数学函数。密文是明文和密钥结合，经过加密算法运算的结果。在同一种加密算法下，密钥的位数越长，安全性越好。

目前，常用的加密技术主要有常规密钥加密技术（对称密钥加密技术）和公开密钥加密技术（非对称密钥加密技术）两种。

1）常规密钥加密技术

常规密钥加密技术，加密密钥与解密密钥是相同的，或者可以由其中一个推知另一个。这样的密钥必须秘密保管，只能为授权用户所知，授权用户既可以用该密钥加密信息，也可以用该密钥解密信息，如图 13-2 所示。

常规密钥加密技术特点：算法简单、速度快，被加密的数据块长度可以很大。为安全起见，密钥在加密方和解密方之间传递和分发必须通过安全通道进行。

2）公开密钥加密技术

公开密钥加密技术，采用加密和解密使用不同的密钥，每个用户保存着一对密钥：公开密钥（PK）和秘密密钥（SK）。在公钥加密算法下，公钥是公开的，任何人可以用公钥加密信息，再将密文发送给私钥拥有者；私钥是保密的，用于解密其接收的公钥加密过的信息，如图 13-3 所示。在互联网上通过浏览器进行的数据安全传输都使用了该算法。例如，Microsoft Internet Explorer 浏览器和 Netscape Navigator 浏览器就使用了 RSA（一种著名的公开密钥加密算法）。

 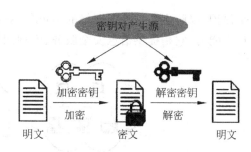

图 13-2　常规密钥加密采用加密密钥与解密密钥是相同的　　图 13-3　公开密钥加密采用加密和解密不同的密钥

公开密钥加密技术的特点：算法复杂、速度慢，被加密的数据块长度不宜太大，公钥在加密方和解密方之间传递和分发不必通过安全通道进行。

2. 数字认证

在 Internet 上进行诸如网上银行、电子商务、网络交易应用等，为保证商务、交易及支付活动的真实可靠，需要有一种机制来验证活动中各方的真实身份。数字认证就是这样一种认证机制。

PKI(public key infrastructure，公钥基础设施)是一种基于加密技术的数字认证机制。用户利用 PKI 平台提供的安全服务进行安全通信。网上进行的任何需要安全服务的通信都建立在公钥的基础之上，而与公钥相对的私钥只掌握在与之通信的另一方，通过数字签名和电子(数字)证书的使用，确保传输的电子文件的完整性、真实性和不可否认性。

1) 数据完整性验证

信息发送方把信息按照特定的算法生成一个信息的附件，连同信息一起发送出去，信息接受方接收到信息后，把该信息按照相同的算法也生成一个附件并与接收到的附件对比，如果相同，则验证说明信息接收正确无误；否则，说明信息在传送中产生错误。

2) 数字签名

数字签名是数据发送者对数据单元附加一些数据或是对数据单元进行密码变换，这种附加数据或变换能使数据单元的接收者确认数据单元的来源和数据的完整性，并保护数据，防止被人伪造。进行数字签名最常用的技术是公开密钥加密算法和用户的私钥对消息摘要签名。

3) CA 认证技术

① CA(certificate authority)即证书机构，是保证公钥的完整性的机构。

② 公钥证书(数字证书)。在网上进行电子商务活动时，交易双方需要用来表明自己的身份，并使用数字证书来进行交易操作。数字证书中包括证书持有人的身份标识、公钥等信息，并由证书颁发者对证书签字。

在数据加密与数字认证安全机制中，数据加密可以保证信息的机密性。数字认证则保证信息的完整性、真实性和不可否认性。

13.2.2　防火墙和 SSL 技术

1. 防火墙技术

1) 防火墙的概念

防火墙是设置在被保护网络(内部网络)和外部网络之间的一道屏障，实现内部网络的安全保护,以防止来自外部网络的不可预测的、潜在破坏性的侵入。防火墙本身具有较强的抗攻击能力,它是提供信息安全服务、实现网络和信息安全的基础设施,如图13-4所示。

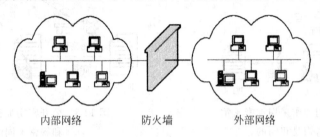

图 13-4　防火墙

2) 防火墙的类型

防火墙可以分为包过滤防火墙和代理防火墙两种类型。

(1) 包过滤防火墙。通过包过滤路由器在网络之间完成数据包转发的普通路由功能,并利用包过滤规则来允许或拒绝数据包访问。

(2) 代理防火墙。代理防火墙是一种网关类的软件防火墙技术,其特点是完全"阻隔"了网络通信流,通过对每种应用服务编制专门的代理程序,在用户层和应用协议层提供访问控制,实现监视和控制应用层通信流的作用。

3) 防火墙的主要功能

① 检查和检测所有进出内部网的信息流,防止未经授权的通信进出被保护的内部网络。

② 对应用层数据的安全控制和过滤。

③ 具有认证、日志、计费等功能。

2. SSL 技术

1) 安全套接层协议(SSL)的概念

安全套接层协议(Security Socket Layer,SSL)是在 Internet 基础上提供的一种保证私密性的安全协议。SSL 协议能保护客户/服务器之间的通信不被攻击者窃听,并且始终对服务器进行认证,同时对客户也可进行认证。SSL 协议是由 Netscape 公司于 1995 年提出,作为 Web 安全性解决方案,目前 SSL 已经成为事实上的标准,被众多网络产品提供商采纳。

2) SSL 安全套接层协议的特点

① 私密性。SSL 传送的所有消息都被加密。

② 确认性。SSL 始终对服务器进行认证,同时可选对客户端认证。

③ 可靠性。SSL 传送的消息包括消息完整性检查。

SSL 利用公开密钥加密技术和秘密密钥加密技术,在传输层提供安全的数据传递通道。SSL 的简单工作过程如图13-5所示。其中各个步骤的作用解释如下。

① 浏览器请求与服务器建立安全会话。

② Web 服务器将自己的公钥发给浏览器。

③ Web 服务器与浏览器协商密钥位数(40位或128位)。

④ 浏览器产生会话使用的秘密密钥,并用 Web 服务器的公钥加密传给 Web 服务器。

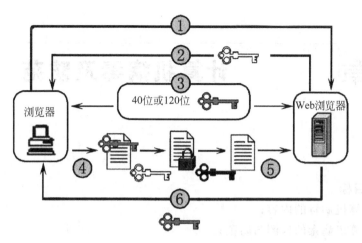

图 13-5　SSL 的工作过程

⑤ Web 服务器用自己的私钥解密。
⑥ Web 服务器和浏览器用会话密钥加密和解密,实现加密传输。

本 章 小 结

本章从网络的安全属性、安全风险和网络的攻击方法几个方面对网络信息安全进行了概述。对数字加密、数字证书、防火墙技术和 SSL 技术等网络安全技术进行了简要的讲解。通过本章的学习,可以初步对计算机网络的安全有一个基本的了解。

思 考 题

1. 网络的安全属性有哪些?
2. 常见的网络攻击方法有哪些?
3. 简述数字加密技术。
4. 防火墙的作用是什么?
5. 简述安全套接层协议(SSL)的概念。

第 14 章 计算机病毒及防范

本章学习目标
- 了解计算机病毒的内容；
- 掌握计算机病毒的检测与防范；
- 了解反病毒软件。

14.1 计算机病毒概述

计算机病毒具有类似于生物病毒的传播、扩散、感染、破坏等特征，是使用计算机过程中最主要的安全威胁。了解计算机病毒的概念、特征及发展过程等内容有助于理解计算机病毒的作用机制，是认识计算机病毒的基础。

1. 计算机病毒的概念

计算机病毒（Computer Virus）是计算安全的最主要威胁。我国的《计算机信息系统安全保护条例》中对病毒的定义："计算机病毒，是指编制或者在计算机程序中插入的破坏计算机功能或者数据，影响计算机使用并且能够自我复制的一组计算机指令或者程序代码"。之所以叫"病毒"，是因为其像生物病毒一样，能够自我复制、传播，能够对机体产生破坏，并且能够长期潜伏，不易被察觉。

计算机病毒的危害非常广泛，主要表现如下。
（1）破坏文件或数据，造成用户数据丢失或毁损。
（2）抢占系统或网络资源，造成网络拥塞或系统瘫痪。
（3）破坏系统文件或计算机 BIOS 程序等，造成计算机无法启动。

计算机病毒有很多类型，按照其对系统的破坏性上来划分，可分为良性病毒和恶性病毒；按照其对系统的感染方式来划分，可分为引导型病毒、分区表病毒、文件型病毒等。

2. 计算机病毒的发展

自 1984 年，计算机安全专家 F. Cohen 提出了病毒程序的概念，并且在美国一个安全会议上成功演示了世界上第一例病毒实验。如今，计算机病毒发展迅速，目前已经成为计算机安全及网络安全的最主要威胁。

纵观计算机病毒的产生、发展、演化过程。可以发现计算机病毒有着极强的时代特征，计算机病毒利用了当时最高级的技术水平，掌握人们最普遍的计算机应用方法，捕获当时最主流操作系统及主流软件的漏洞，攻克操作系统的安全防范，侵害最广泛的计算机应用领域。

（1）在"DOS"操作系统普遍应用的年代，计算机病毒主要经历了以下演化过程。

在DOS操作系统普遍应用的年代，计算机病毒主要经历了以下演化过程：

① 磁盘引导型病毒。利用DOS启动盘引导系统启动的原理及特点，病毒侵入并修改系统启动扇区，在系统启动时首先取得控制权，然后修改磁盘读写中断，在系统存取磁盘时进行传播。

② 可执行文件病毒。利用DOS系统加载可执行文件（.com和.exe文件）的机制工作，病毒程序在系统执行文件时取得控制权，修改DOS中断，在系统调用时进行传染，把自己附加在正常的可执行文件中进行传播。

③ 伴随体病毒。利用DOS加载可执行文件的优先顺序（.com文件优先.exe文件），然后运行进行工作。病毒在感染.exe文件的同时会生成一个和.exe同名的扩展名为.com伴随体文件；病毒感染.com文件时，把原来的.com文件改为同名的.exe文件，并产生一个扩展名为.com的和原名相同的伴随体文件。这样，在DOS加载文件时，病毒会取得控制权，优先执行自己的代码。

④ 变形、变种病毒。此类病毒是利用汇编语言程序设计的特点编制出的病毒。汇编语言的灵活性使得要实现同一功能，可以使用不同的编程、运算方式来完成。此类病毒每感染一次就产生不同的代码，可以制造出成千上万种不同的病毒。

（2）在图形界面操作系统Windows普及以后，病毒也跟着进行了升级。

DOS升级到Windows后，有相当一部分DOS病毒能够在Windows的命令行窗口下运行、传播和感染，但它们并不是典型的Windows病毒。

Windows病毒能感染Windows可执行程序并可在Windows下运行。Windows病毒大体可以分为：能够感染NE格式（Windows 3.x格式）可执行程序的Windows 3.x病毒，也有感染PE格式（Windows 9x格式）可执行程序的Win 9x病毒。

PE（Portable Executable，可移植的执行体）格式是Windows下一种32位的文件格式，这种格式保留了MZ文件头以便能够运行于DOS模式。PE病毒能够感染PE格式的文件，PE病毒可以在安全模式下删除，病毒通过修改可执行文件的代码中程序入口地址，变成病毒的程序入口，导致运行的时候执行病毒文件。

还有一种计算机病毒——宏病毒。随着Windows操作系统的普及，MS Office成为PC计算机中普遍应用的集成办公系统，利用Word宏代码（一种类Basic语言）编制的病毒能够感染Word文件。此类病毒编写容易，传播广泛，危害很大。

（3）网络病毒。

随着计算机网络的应用和普及，计算机病毒也开始"上网"，尤其是利用互联网，各种病毒进行大肆的传播。网络病毒有很多种，常见的如邮件病毒、木马病毒、蠕虫病毒等。

3. 计算机病毒的特性

1）未经授权的可执行程序

计算机病毒是一段隐匿在正常程序中的可执行程序，其运行不需要用户的调用，当病毒在内存中运行时，会大量地占用系统资源，从而影响正常程序的运行。

2）能够自我传播和复制

可传染是任何病毒的基本特征，计算机病毒也不例外。计算机病毒可以通过文件复制、磁盘拷贝、程序运行、文件下载、邮件传输等各种途径来进行传播和复制。

3) 可以长期隐匿潜伏

一个计算机病毒程序,进入系统后一般不会马上发作,而是附着在正常程序中或磁盘较隐蔽的地方,也有个别的以隐含文件形式出现。病毒在长期的隐匿中实施对其他系统进行传染,而不被人发现。

4) 被诱导触发

病毒程序可预设触发条件,病毒运行时,其触发机制会检查预定的触发条件是否满足,一旦条件满足,病毒就会对系统进行感染或攻击。

5) 具有主动的破坏性

病毒对系统的攻击是主动的,不需要病毒编制者进行控制。病毒程序发作,对系统实施攻击,必然和正常程序抢夺系统资源,降低计算机系统的工作效率,严重的造成系统瘫痪。

6) 能够衍生出新变种

由于病毒是计算机程序,只要该病毒的原理被其他人掌握,便有可能以其个人的企图进行任意修改,从而衍生出一种不同于原版本的新的计算机病毒(称为变种)。这些新的变种病毒造成的后果可能比原版病毒严重得多。

7) 寄生于宿主

病毒程序嵌入到宿主程序中,依赖于宿主程序生存。病毒程序在侵入到宿主程序中后,一般对宿主程序进行一定的修改,宿主程序一旦执行,病毒程序就被激活,从而可以进行自我复制和繁衍。

4. 网络病毒概述

在制作网页时,为了丰富和美化网页,使得网站功能更加强大,普遍使用了 ActiveX 技术和 Java 技术,然而病毒程序的制造者也利用这些技术,把病毒程序通过网络传播渗透到个人计算机中。网络病毒是以网络为平台,对计算机产生安全威胁的所有有害程序的总称,如邮件病毒、木马病毒、蠕虫病毒、网页病毒等。

在网络环境下,网络病毒除了具有计算机病毒的一般共性外,还具有下列一些新的特点。

(1) 感染速度快。借助于网络通信机制,病毒可以进行迅速地扩散和传播。

(2) 扩散范围广。由于计算机网络往往连接众多的计算机系统,尤其是互联网络更是遍布于全世界范围。因此,网络中只要有一台计算机感染了病毒,就会迅速地扩散到整个网络的计算机系统。

(3) 传播形式复杂多样。由于网络信息传送需要经由交换技术、路由技术等各种技术的控制,因此,计算机病毒在网络上传播一般应有复杂的技术手段和多样化的传播形式。

(4) 彻底清除困难。在网络中,计算机设备都彼此连接组织在一起,因此在清除病毒时,只要有一台计算机系统存在未能彻底清除的病毒,就有可能使整个网络重新被病毒感染。

(5) 破坏性大。网络上的病毒一旦发作,影响到的往往是整个网络的运行,如造成网络堵塞、网速降低、连接中断、设备死机等故障,导致网络上正常的数据通信无法进行。

(6) 木马注入。一般的木马病毒都由客户端和服务器端两个执行程序组成,病毒感染时,服务器端程序(木马程序)将被植入受攻击的计算机系统,客户端病毒程序就可以通过网络对该计算机系统实施攻击。

14.2 病毒防范

了解计算机病毒的防范措施,掌握计算机病毒的查杀技术,能够安全、有效地使用反病毒软件是安全使用计算机的重要保证。

14.2.1 计算机病毒的检测

计算机病毒的检测有很多方法。很多病毒感染后都伴随有异常情况出现,因此可通过系统的"异常表现"来辨别,技术程度较高的病毒靠直接辨别很难发现,这时候必须采用分析注册表、分析系统进程文件等手段分析辨别,或者使用病毒扫描软件来识别。

当计算机工作出现异常现象,首先应该怀疑是否有病毒感染。常见的病毒导致的异常现象如下。

(1) 磁盘上的文件或数据无故丢失。
(2) 磁盘读/写文件明显变慢,硬盘指示灯常亮,文件访问时间加长。
(3) 硬盘不能引导系统。
(4) 系统引导(启动)变慢或屡次出现"蓝屏"(Windows 系统)问题。
(5) 系统频繁死机或频繁重新启动现象。
(6) 屏幕出现异常显示内容,或扬声器异常发出与正常操作无关的声音等。
(7) 磁盘可用空间无故迅速减少,甚至全部被占满。
(8) 正常运行的程序突然不能运行,总是出现出错提示,如内存不足等。
(9) 看似正常的文件夹或可执行程序不能打开、运行,或打开运行的程序与名称不符。
(10) 网络异常阻塞,网速明显变慢。
(11) 文件夹无故被共享。
(12) 查看用户管理,发现无故增加了系统用户。
(13) 自动链接或无故自动打开很多不健康网站。
(14) 收到陌生人发来的奇怪电子邮件等。

14.2.2 计算机病毒的防范

计算机病毒的防范贵在预防为主。要建立安全的计算机运行环境,必须养成良好的计算机操作习惯,掌握有效的安全技术,采用有效的病毒查杀软件等。

计算机病毒的防范,应该从以下三个渠道进行。

1. 及时杀死病毒体

病毒传播的始作俑者无疑是病毒程序本身,因此一定要做好病毒的查杀工作,不要让自己的计算机成为病毒的仓库和安乐窝。要定期检查计算机系统,及时地了解最新病毒资讯,掌握最新病毒的感染特征,安装并及时地更新防病毒软件,及时地查杀病毒等。

2. 切断传播途径

病毒传播依靠传播途径进行。例如,通过网络传播、文件复制传播等。因此切断传播途径是有效防范病毒的手段。不随意使用外来磁盘,不把自己的磁盘在其他计算机上随意使用,不要复制来路不明的文件,复制文件前要对磁盘(软盘、移动磁盘等)杀毒;在使用网络时,要建立有效的网络安全机制。如建立有效的访问控制策略,屏蔽无用的协议端口,不进行无意义的共享等。

3. 保护系统软、硬件资源

病毒的最终目的是破坏系统的软、硬件资源,为了防范入侵、攻击、感染等事件,要加强系统重要账户的口令保护,采取加密技术保护重要文件和数据,加强及时备份重要文件及资源,建立系统可还原机制,采用免疫方法给文件、文件夹、磁盘等做免疫处理;安装防火墙系统,开启系统防火墙功能;安装并启用病毒实施监测系统,使系统随时收到监测保护等。

对于流行的网络病毒,在使用网络时还需要加强以下防范措施。

(1) 建立健全网络系统安全管理和运行制度,完善操作规程和规章制度,定期进行文件备份和病毒检测。

(2) 对非共享软件,将重要文件和数据备份到文件服务器上,定期、及时地从服务器上恢复到本地硬盘上,以确保本地磁盘文件是没有受到病毒感染的。接收远程文件时,不要将文件直接复制本地硬盘,而应将远程文件复制软盘或移动磁盘上,然后对其进行查毒,确认无毒后再复制到本地硬盘上。

(3) 加强防火墙管理,针对流行木马或病毒及时地更新访问策略。

14.3 反病毒软件

反病毒软件可以有效地防范计算机病毒以及木马程序和其他恶意程序对计算机的破坏和影响,是计算机使用中普遍安装的工具软件。掌握反病毒软件的使用方法对于有效地防范和查杀计算机病毒具有积极的意义。

1. 反病毒软件的概念

反病毒软件是用于查杀计算机病毒、木马程序和恶意软件的应用软件。反病毒软件一般安装在计算机系统中,随计算机系统的启动而启动,然后常驻内存,实时监控系统的运行情况。反病毒软件通常集成监控识别、病毒扫描、病毒清除和自动升级等功能,现在的反病毒集成环境还带有防火墙功能和数据恢复功能等。

目前常见的反病毒软件市场上有很多反病毒软件产品,比较常见的有以下几种,如表 14-1 所示。

表 14-1 常见几种反病毒软件

公 司	软件名称	网 址
江民新科技有限公司	江民速智版杀毒软件	http://www.jiangmin.com
北京东方微点信息技术有限责任公司	微点主动防御软件	http://www.micropoint.com.cn
北京瑞星科技股份有限公司	瑞星杀毒软件	http://www.rising.com.cn
卡巴斯基实验室(Kaspersky Lab)	Kaspersky AV	http://www.kaspersky.com.cn
二版科技有限公司(Version 2 Ltd)	ESET NOD32	http://www.eset.com.cn
赛门铁克公司(Symantec)	诺顿 Norton Antivirus	http://cn.norton.com

2. 反病毒软件结构

反病毒软件中常见的功能程序如下。

1）病毒扫描程序

反病毒扫描程序可以定时、自动地根据病毒特征库中的病毒特征代码,对系统磁盘进行病毒扫描。病毒扫描采用的主要技术是特征值扫描技术。该技术首先从病毒体中提取病毒特征代码,建立病毒特征库,杀毒软件在查杀病毒时,把用户计算机中的文件与病毒特征库中的特征代码进行逐一比对,如果该文件中包含有病毒特征代码,则判断该文件已经被病毒感染。为保证及时、准确地查出病毒,要经常、及时地更新病毒特征库。

（2）内存扫描程序

内存扫描程序采用与病毒扫描程序同样的基本原理进行工作。扫描内存以搜索内存驻留文件和引导记录病毒。

病毒虽然可以把自己隐藏在文件和数据中,但当病毒进驻内存后,就无法在内存中隐藏自己。因此,内存扫描程序可以直接搜索内存,查找病毒代码。

3）行为监视器程序

行为监视器又叫行为监视程序,是内存驻留程序。这种程序静静地在后台工作,等待病毒或其他有恶意的损害活动。如果行为监视程序检测到这类活动,它就会通知用户,并且让用户决定这一类活动是否继续。

4）升级程序

由于病毒扫描的依据是病毒特征库,因此为了保证能够查杀新的、流行的病毒就必须保证病毒库必须有最新的、流行的病毒特征资料,因此必须不断地更新病毒特征库。防病毒软件基本上都包含有病毒库升级程序,支持用户通过在线或下载方式更新病毒特征库。

3. 反病毒软件应用

反病毒软件可以高效、便捷地查杀、防范计算机病毒,保护计算机系统安全运行。但是由于病毒的产生机理非常复杂、种类异常繁多、侵染对象遍及互联网及世界各地,反病毒的复杂性、困难程度往往超出人们的预计。

在选择和使用反病毒软件时,一般要考虑下列情况。

（1）技术特征。是否是杀毒新技术、有效技术。

（2）产品特征。是否受市场认可,是否有着大量的客户群。

（3）售后服务。售后服务是否到位,出现由于杀毒失误导致系统被破坏等安全事故是否能够得到妥善解决。

（4）性能价格。是否有较高的性价比,是否优越于其他产品。

同时也不要过于迷信反病毒软件,还要认清以下问题。

（1）反病毒软件往往滞后于病毒,先有病毒,然后才有针对于该病毒的查杀方法。

（2）反病毒软件不是万能的,总有软件涉及不到的安全问题。

（3）反病毒软件不可能杀掉所有病毒。

（4）反病毒软件能查到的病毒,不一定就能杀掉。

（5）反病毒软件往往相互排斥,只有同一公司的系列产品才能保证兼容。

（6）反病毒软件由于应用不慎也可能把正常的文件误认为病毒进行了清除,有可能给用户造成一定的损失。

本 章 小 结

本章通过对计算机病毒的概念、特征及发展过程等内容的学习,可以对计算机病毒有一个基本的认识和了解。通过计算机病毒的作用机制、计算机病毒的防范措施、计算机病毒的查杀技术和反病毒软件的使用等内容的学习,可以安全、有效地防范和查杀计算机病毒。

思 考 题

1. 什么是计算机病毒?
2. 计算机病毒的特性有哪些?
3. 网络病毒和普通的计算机病毒有什么不同?
4. 计算机病毒的检测和防范技术有哪些?
5. 反病毒软件的作用原理是什么?

第 15 章　信息检索与应用

本章学习目标
- 了解信息检索的概念、方法与内容；
- 掌握信息资源检索的一般方法。

15.1　信息检索概论

本节主要讲述信息检索的相关概念和基本原理，同时还对信息检索系统的效果评估进行了简要介绍。本节是学习信息检索的基础。

15.1.1　信息检索概念

1. 信息检索的概念

信息检索是通过检索工具或检索系统，按照一定的检索方法，准确、高效地查找与获取特定的信息(事实、数据、知识)的过程。

2. 信息检索的类型

信息资源检索从不同角度可以分为不同的类型。例如，按照信息资源的组织形式可分为全文检索、超文本检索、超媒体检索等。按照信息资源的检索手段，可分为人工检索和计算机自动检索等。

通常信息资源检索是按照信息资源的媒体对象划分进行的。

1) 数据信息资源检索

数据信息资源检索是以特定的数值为检索对象。例如，查找统计数据、产品型号、计算公式、设计参数等。此类检索通过利用手册、年鉴等参考工具书或数值型数据库来检索。

2) 事实信息资源检索

事实信息资源检索是以特定的事实为检索对象。例如，查找个人简历、机构概况、术语解释、历史考证等。此类检索通过利用辞典、百科全书、年鉴、名录等参考工具书或事实型数据库来检索。

3) 文献信息资源检索

文献信息资源检索是以特定的文献为检索对象。例如，查找技术文献、研究成果、课题进度等。此类检索通过利用文摘、题录等各种手检工具书或书目文献型数据库来检索。

15.1.2 信息检索基本原理与效果评估

1. 信息检索的原理

首先需要对大量的分散信息进行搜集、记录、组织、存储,建立各种检索工具和检索系统。信息用户根据检索内容的要求,把信息需求转换为检索系统所能识别的检索提问,检索者将检索提问标识与存储在检索工具或检索系统中的文献特征标识进行比较,相一致的即为命中信息,则从检索工具或检索系统中输出。

2. 信息检索效果评估

检索效果是指利用检索系统进行检索服务时所获得的有效结果。

检索效果包括两个方面。

(1) 技术效果。主要指检索系统的性能和服务质量。

(2) 经济效果。主要指检索系统服务的成本和时间。

信息检索效果的评估是为了对检索系统的性能和水平进行较为全面的检验和评测,分析影响检索绩效的相关因素,对系统进行改进和完善,更好地满足用户信息检索的需求。

评价检索系统性能一般有六项指标。

(1) 收录范围。

(2) 查全率。查全率是指检出的相关文献量与检索系统中相关文献总量的比率,是衡量信息检索系统检出相关文献能力的尺度。

(3) 查准率。查准率是指检出的相关文献量与检出文献总量的比率,是衡量信息检索系统检出文献准确度的尺度。

(4) 响应时间。

(5) 用户负担。

(6) 输出形式。

其中两个主要的衡量指标是查全率(recall ratio)和查准率(precision ratio)。

$$查全率 = 被检出相关文献数/系统中的相关文献 \times 100\%$$
$$查准率 = 被检出相关文献数/被检出文献总数 \times 100\%$$

查全率和查准率与文献的存储与信息检索两个方面是直接相关的,即与系统的收录范围、索引语言、标引工作和检索工作等有着非常密切的关系。查全率与查准率是呈互逆关系的,如图15-1所示。

有研究认为:在物理、技术科学信息检索范围内,P提高1%将导致R降低3%。在现代科技信息检索系统中,一般R为60%~70%,P为40%~50%。从图15-1可以看出,如果想得到较高的查全率,则查准率必定会降低,这是由于查全率需要有一个比较宽泛的检索范围和检索条件,由此也容易把其他不符合的信息也包含在内。因此,在查全率和查准率之间取得平衡,即保证一定的查全率,又得到理想的查准率,需要根据实际的具体课题进行合理的调节,最终的目的是得到理想的检索效果。

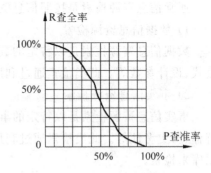

图15-1 查全率和查准率的互逆关系

提高检索效果的措施应从提高用户信息素质、选择好的检索工具和系统、优选检索词、合理调整查全率和查准率几个方面考虑。

15.2 信息检索的基本方法

本节从信息检索语言、信息检索技术等方面讲述信息检索的基本方法。熟悉检索语言，掌握检索技术是有效地进行检索的关键所在。

15.2.1 信息检索语言

1. 检索语言的定义

信息检索语言是用来描述文献特征、表达主题提问的一种专门的人工语言。它是由给定领域中一切可用来描述信息内容和信息需求的词汇或符号，及其使用规则构成的供标引和检索的工具。信息检索语言把文献的存储与检索联系起来，把标引人员与检索人员联系起来，以便取得共同理解实现交流。

2. 检索语言的种类

检索语言按照标识的性质与原理可划分如下。

（1）分类法语言。

（2）主题法语言。

（3）代码语言。

分类语言是以"·"等符号作为分隔符，把由字母、数字组成的类、目等基本词汇连接起来，通过类、目从属关系表达复杂概念的检索语言。例如，《美国国会图书馆·图书分类法》、《国际专利·分类表》、《中国图书馆·图书分类法》等，如图 15-2 所示。

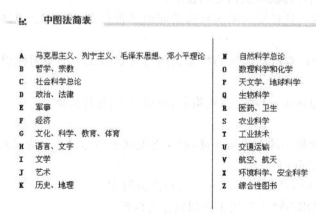

图 15-2 中国图书馆图书分类法

主题语言是使用名词术语作为检索标识的一类检索语言。主题法语言是计算机检索的主流，如图 15-3 所示。

代码语言是指对事物的某方面特征，用某种代码系统来表示和排列事物概念，从而提供检索的检索语言。例如，《中华人民共和国·国家知识产权局》"专利检索"中的专利号检索。

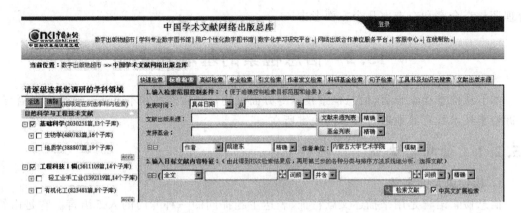

图 15-3　中国学术文献网络出版总库

常见的符号还包括：

（1）元素符号。

（2）化合物分子式。

（3）专利号。

（4）标准号。

（5）合同号。

（6）化合物。

15.2.2　信息检索技术

信息检索技术主要指计算机检索的常用技术。

（1）人工检索是检索人员对检索提问和检索标识是否相符，进行人工匹配比较并得出选择。

（2）计算机检索是由计算机把输入的检索提问与检索系统中的检索标识，进行自动比对、匹配。

常用的计算机检索包括布尔检索、截词检索、限制检索、位置检索。

1. 布尔检索

布尔检索采用布尔代数中的逻辑运算符，把检索提问表述为逻辑表达式的检索方法，如图 15-4 所示。逻辑表达式包括：

（1）逻辑"与"——"AND"或"*"，用于交叉概念或限定关系的组配。

（2）逻辑"或"——"OR"或"+"，用于并列概念的匹配。

（3）逻辑"非"——"NOT"或"-"，用于从原来的检索范围中排除不需要的概念。

图 15-4　布尔逻辑关系符

提示：逻辑表达式中，可用（）改变检索顺序。逻辑表达式中有多个逻辑符时，不同检索系统的运算顺序不同。慎用逻辑"非"，避免漏检信息。

2. 截词检索

截词检索是检索者将检索词在特定的地方截断，利用截断的部分词进行检索的方法。其利用计算机特有的指定位对比判断功能，把检索词的局部与标识词进行比较、匹配。

截词时可以使用截词符号：有限截断符号（?）可以指定截去字符的个数，无限截断符号（*）忽略截去字符的数量。

根据截断的位置，截词检索可分为后截断、前截断和中截断。

（1）前截断。前截断是将截词符号放置在一个字符串左方，以表示其左方的有限或无限个字符不影响该字符串检索。在检索复合词较多的文献时，使用前截断较为常见。

（2）中截断。中截断是把截断符号放置在一个检索词的中间。一般情况下，中截断只允许有限截断。中截断主要解决一些英文单词拼写不同，单复数形式不同的词的输入。

（3）后截断。后截断是最常用的截词检索技术。将截词符号放置在一个字符串右方，以表示其右的有限或无限个字符将不影响该字符串的检索。

3. 限制检索

限制检索是在检索系统中缩小或约束检索结果的一种方法，包括字段检索和限制符检索。

（1）字段检索是限定检索词在数据库中出现的字段范围。

（2）限制符检索是使用限制符从文献的外部特征方面限制检索结果。

4. 位置检索

位置检索是根据数据库原始记录中检索词的位置，运算关系实施检索的技术。

位置检索主要有以下几个级别。

1）词位置检索

常用的词位置算符有（W）与（nW）、（N）与（nN）以及（X）与（nX）三类。

（1）（W）算符与（nW）算符。（W）算符是 Word 和 With 的缩写，它表示在此算符两侧的检索词必须按输入时的前后顺序排列，而且所连接的词之间除可以有一个空格、一个标点符号或一个连接号外，不得夹有任何其他单词或字母，且词序不能颠倒。（nW）算符的含义是，允许在连接的两个词之间最多夹入 n 个其他单元词。

（2）（N）算符与（nN）算符。（N）算符是 Near 的缩写，它表示在此算符两侧的检索词必须紧密相连，所连接的词间不允许插入任何其他单词或字母，但词序可以颠倒。（nN）算符表示在两个检索词之间最多可以插入 n 个单词，且这两个检索词的词序任意。

（3）（X）算符与（nX）算符。（X）算符要求其两侧的检索词完全一致，并以指定的顺序相邻，且中间不允许插入任何其他单词或字母。它常用来限定两个相同且必须相邻的词。（nX）算符的含义是要求其两侧的检索词完全一致，并以指定的顺序相邻，两检索词之间最多可以插入 n 个单元词。

2）同句检索

同句检索要求参加检索运算的两个词必须在同一自然句中出现，其先后顺序不受限制。同句检索中用到的位置算符主要是（S），是 Sentence 的缩写。

3）同字段检索

同字段检索是对同句检索条件的进一步放宽，其运算符有两种。

(1) (F) 算符。(F) 算符是 Field 的缩写,它表示在此算符两侧的检索词必须同时出现在数据库记录的同一个字段中,词序可变。字段类型可用后缀符限定。

(2) (L) 算符。(L) 算符是 Link 的缩写,它要求检索词同在叙词字段中出现,并且具有词表规定的等级关系。

15.3 信息检索的过程与策略

本节重点讲述信息检索的过程与策略,在信息检索中,恰当应用检索策略是提高检索质量的有效途径。

15.3.1 信息检索的过程

信息检索通常有五个主要步骤。

1. 分析研究课题明确检索要求

课题分析要充分了解用户的信息需求,明确检索的主题、目的和学科性质、内容,还要明确对检索的各项要求,包括文献的类型和语种等。

2. 选择检索系统或检索工具

在进行信息检索之前,首先要了解各类检索系统的特点、功能以及收录范围,系统的质量、性能、使用的方法等,针对不同的检索课题,选择相应的检索系统或工具。

3. 确定检索途径和选择检索方法

检索途径选择取决于以下两个方面。

(1) 检索课题的已知条件和课题的范围及检索效率的要求。

(2) 检索系统所能够提供的检索途径。检索方法的选择需要根据检索目的、条件、检索要求和检索课题的特点。

信息检索途径可分为内容特征检索途径和外部特征检索途径,具体如下。

(1) 分类途径。

(2) 主题途径。

(3) 题名途径。

(4) 著者途径。

(5) 序号途径。

(6) 引文途径等。

信息检索的常用方法包括常用法(顺查、倒查、抽查)、回溯法和综合法。

4. 查找文献线索整理检索结果

在检索课题、检索途径和检索方法确定以后,即可进入相关检索系统进行具体信息查找的阶段,以获得相关的信息或文献线索,并对查找出的文献线索进行及时地整理,筛选出与检索课题相关的、确定需要的部分加以记录,以获取满意检索结果。

5. 索取原始文献

在实际检索时,在初步获得检索成果后,尚需再次根据课题要求进行复查、检验,直到取得理想的检索效果。检索是一个反复的过程,在检索过程中需要不断地核准和校正,以便进一步获取原始文献。

15.3.2 信息检索策略

信息检索策略是为实现检索目标而制定的计划或方案,是对整个检索过程的指导。计算机检索策略的制定一般包括:

(1) 分析课题。
(2) 选择检索系统和数据库。
(3) 确定检索标识。
(4) 选择检索途径。
(5) 构建检索表达式。
(6) 提交检索。
(7) 索取原文等过程。

其中准确地构建检索表达式是有效检索的重要方面。

构造检索表达式是把各个检索标识通过逻辑运算、位置算符、截词符等连接起来组成复合检索提问式,表达复杂的概念关系,以准确地表达信息需求。

构造检索表达式应遵循以下几个策略。

1) 专指面优先策略

专指面优先策略在检索时要求首先选择"专指"的概念进行检索,如果命中的文献范围较广,就把其他概念加到检索提问式中,严格检索条件,提高查准率。

2) 引文珠形增长策略

引文珠形增长策略在检索时首先检索最专指的概念,在检索出的文献中寻找需要的新的关键词,补充到检索提问式中重新检索。

3) 逐次分馏策略

逐次分馏策略在检索时首先检索出一个范围较宽的检索结果,然后逐步缩小检索的专指概念,严格检索条件,逐渐缩小命中范围,直到检索出需要的文献。

4) 积木型概念组面策略

这种策略是把检索课题分解成若干个概念组面,并分别先对这几个概念组面进行检索,在每个概念组面中尽可能全地列举同义词、相关词、近义词,并用布尔算符"OR"连接成子检索式,然后再用布尔算符"AND"把所有概念组面的子检索式连接起来构成一个总检索式。

15.4 主要信息资源及检索

本节介绍几种常用的信息资源系统与数据平台,这些资源对于知识学习、科学研究都有非常重要的作用。

15.4.1 图书信息检索

1. 馆藏书目检索

馆藏书目检索常用的是联机目录检索形式,联机公共目录查询系统(On-line Public Access Catalogue)主要用于检索和浏览图书信息,查阅馆藏和借阅信息,如图 15-5 所示。

图 15-5　内蒙古大学馆藏书目检索系统

2. 联合目录查询

OCLC 联机计算机图书馆中心(Online Computer Library Center)创立于 1967 年,是一个不以盈利为目的、提供计算机图书馆服务的会员制研究组织,其宗旨是为广大的用户发展对全世界各种信息的应用以及减低获取信息的成本。超过 69 000 个图书馆,在 112 个国家和地区都在使用 OCLC 的服务来查询、采集、出借和保存图书馆资料以及为它们的编目。网址是 http://www.oclc.org。

CALIS 旗下的"联合目录公共检索系统"(简称 OPAC)是 CALIS 联机合作编目形成的联合目录数据库,属于中国高等教育文献保障系统(China academic library & information system,CALIS)的一个子系统。

2003 年 3 月,CALIS 联机合作编目系统正式启动,该系统专用于 CALIS 中外文书刊联合目录(含古籍)的建设,实现广域网的联机共享编目和书目数据下载功能。该系统以联合目录数据库为基础,以高校为主要服务对象,开展了联机合作编目、编目数据批量提供、编目咨询与系统培训等业务,方便了成员馆的编目工作,提高了书目数据库建设效率。得益于成员馆的共同努力,CALIS 联合目录以其实时性强、数据质量高享誉业界。网址是 http://www.calis.edu.cn,如图 15-6 所示。

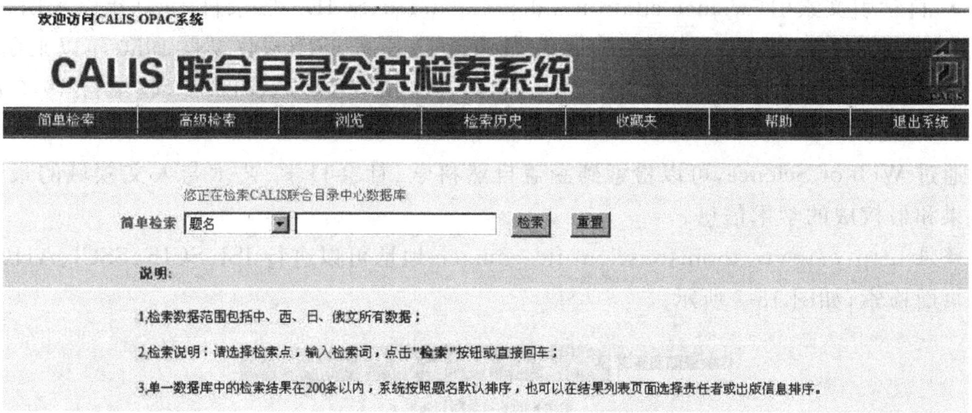

图 15-6　CALIS 联合目录公共检索系统

3. 电子图书馆

中国高等教育数字图书馆门户包括数字图书馆门户网站和门户构建平台，实际上是在网络环境下，利用 Web 方式，构成一个面向对象的分布式资源库结构模型，跟踪和搜集相关网站内容，加以分门别类，予以链接，并建立网上查询引擎，建立一个可在互联网上运行的开放性、分布式、跨平台的数字图书馆门户。

数字图书馆门户网站是面向全国高校的服务平台，以全方位、个性化方式提供综合信息服务、统一用户管理、会员管理、在线应用培训、电子资源导航、门户个性化定制工具、集成化服务接口等。网址是"http://www.cadlis.edu.cn"。

常用的数字图书馆包括下列几个。

(1) 国家图书馆(http://www.nlc.gov.cn/)。
(2) 国家科学图书馆(http://www.las.ac.cn/)。
(3) 中国数字图书馆(http://www.cdlc.cn/)。
(4) 超星数字图书馆(http://www.ssreader.com/)。

15.4.2　网络数据库检索

网络数据库是指由数据库生产商在 Internet 上发行，通过计算机网络提供信息检索服务的数据库。网络数据库把数据存放在远程服务器上，建立数据服务 Web 站点，通过浏览器/服务器(B/S)模式提供数据访问服务，用户通过 Internet，使用 Web 浏览器进行访问。这种方式是目前数据库服务的主流方式。

网络数据库检索包括：
(1) 期刊(报纸)信息。
(2) 学术文献信息。
(3) 实事性信息的检索等。

1. Web of Science

Web of Science 是美国科技信息研究所(ISI)出版的科学引文、索引 SCI(SCIE)，社会科学引文、索引 SSCI，艺术人文引文、索引 AHCI 三大引文索引的网络版。

三大引文索引是全球获取学术信息的重要数据库，由以下几个重要部分组成。

- 科学引文索引（science citation index-expanded, SCIE），收录自 1900 年以来期刊；
- 社会科学引文索引（social sciences citation index, SSCI），收录自 1956 年以来期刊；
- 艺术人文引文索引（arts & humanities citation index, A&HCI），收录自 1975 以来期刊。

通过 Web of Science，可以检索到涵盖自然科学、社会科学、艺术与人文领域的最新研究成果和最权威的学术信息。

登录 http://www.thomsonscientific.com.cn 地址可以进行 ISI、SCIE、SSCI、AHCI 的中文页面检索，如图 15-7 所示。

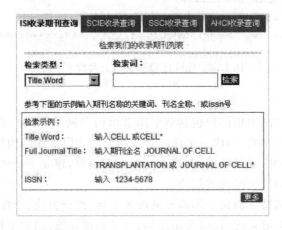

图 15-7　SCIE、SSCI、AHCI 的中文页面检索

2. 中国高等教育文献保障系统

中国高等教育文献保障系统（China Academic Library & Information System, CALIS），是经国务院批准的中国高等教育"211 工程"、"九五"、"十五"总体规划中三个公共服务体系之一。从 1998 年开始建设以来，CALIS 管理中心引进和共建了一系列国内外文献数据库，包括大量的二次文献库和全文数据库；采用独立开发与引用消化相结合的道路，主持开发了联机合作编目系统、文献传递与馆际互借系统、统一检索平台、资源注册与调度系统，形成了较为完整的 CALIS 文献信息服务网络。CALIS 的网址是 http://www.calis.edu.cn。

3. 中国高校人文社会科学文献中心

中国高校人文社会科学文献中心（China Academic Social Sciences and Humanities Library, CASHL）是为高校哲学社会科学教学和研究建设的文献保障服务体系，是教育部高校哲学社会科学"繁荣计划"的重要组成部分，也是全国性的唯一的人文社会科学文献收藏和服务中心，其最终目标是成为"国家级哲学社会科学资源平台"。

CASHL 收藏有国外人文社会科学领域的重要期刊、电子期刊、电子图书，以及"高校人文社科外文期刊目次库"、"高校人文社科外文图书联合目录"等数据库，提供数据库检索和浏览、书刊馆际互借与原文传递、相关咨询服务等。

4. 中国人民大学复印报刊资料全文数据库

"中国人民大学复印报刊资料全文数据库"由中国人民大学书报资料中心编辑出版，是国内影响力最大的人文社科类文献数据库。全文数据库是对国内公开发行的各种报刊的学术文献按照学科、专题收集、整理和加工而形成的大型人文社科类专题文献数据库。

全文数据库划分为百余个专题,为社科、人文领域各专题的科研和教学提供了比较全面的、有价值的参考文献,同时为了解某个课题学术研究的发展过程和前沿状况提供了线索。

全文数据库收录国内公开发行的报刊上社科、人文领域各学科、专题的重要论文、动态、背景资料,涵盖了 1995 年以来百余种印刷本《复印报刊资料》专题刊物收载的原文。

中国人民大学复印报刊资料全文数据库的访问地址是 http://book.zlzx.org。

5. 中国期刊网全文数据库

中国期刊全文数据库(CJFD)是目前世界上最大的集成化、多功能、连续动态更新的中文期刊全文数据库,数据库涵盖理工(A 类:数理化天生地;B 类:化学化工能源材料;C 类:工业技术)、农林、医药、卫生、文史、哲学、经济、政治、法律、教育、社会科学、电子技术、信息科学等各类学科。收录了国内公开出版的六千余种核心期刊与专业特色期刊的全文。

中国期刊全文数据库的访问地址是 http://www.cnki.net。

6. 维普中文科技期刊数据库

《中文科技期刊数据库》是经国家新闻出版总署批准的大型连续电子出版物,收录中文期刊 12 000 余种,全文 2300 余万篇,引文 3000 余万条,分三个版本(全文版、文摘版、引文版)和 8 个专辑(社会科学、自然科学、工程技术、农业科学、医药卫生、经济管理、教育科学、图书情报)定期出版,拥有高等院校、中等学校、职业学校、公共图书馆、研究机构、政府部门、企业、医院等各类用户 5000 多家,覆盖海内外数千万用户。访问地址是 http://www.cqvip.com。

7. 万方数据资源系统

万方数据资源系统由《中国学位论文文摘数据库》、《中国数字化期刊群》、《中国学术会议论文全文数据库》、《西文学术会议论文全文数据库》、《标准数据库》、《中国法律法规全文库》、《中国专利全文数据库》、《科技信息子系统》、《商务信息子系统》、《外文文献数据库》、《中华医学会期刊入口》等项目组成,是中国首家网上期刊的出版联盟。万方数据由于信息丰富、服务专业、数据权威,目前已经成为核心期刊测评和论文统计分析的数据源基础。

万方数据资源系统的访问地址是 http://www.wanfangdata.com.cn。

15.5 Internet 网络资源检索

Internet 信息资源蕴藏丰富,是信息数据的主要来源。掌握通过网络进行信息检索是有效利用 Internet 信息资源的必要手段。本节对 Internet 网络资源检索进行比较全面地讲解。

15.5.1 Internet 网络信息资源简介

1. Internet 网络资源的概念

Internet 网络信息资源是指通过 Internet 网络可以利用的各种存储在网络服务器,并通过计算机网络通信方式进行传递的数字信息的集合。网络信息资源以数字化形式记录,以多媒体形式表达,存储在网络计算机磁介质、光介质以及各类通讯介质上。Internet 网络信息资源是通过计算机网络进行传播的电子数据资源,目前已经成为人们获取信息的主要方式。

2. Internet 网络信息资源的特点

(1) 存储形式数字化。网络信息以数字化形式存,存储的信息密度高,容量大,可以无损耗地被重复使用。既可以在计算机内高速处理,又可以通过信息网络进行远距离传送,并且存储和查询更加方便。

(2) 表现形式多样化。网络信息资源是以文本、图形、图像、音频、视频、软件、数据库等多种形式存在的,涉及领域从经济、科研、教育、艺术,到具体的行业和个体,包含的文献类型从电子报刊、电子工具书、商业信息、新闻报道、书目数据库、文献信息索引到统计数据、图表、电子地图等。

(3) 传播途径网络化。网络信息资源的存在是以网络为载体。人们通过 Internet 获得网络上的信息,而不必关心这些信息是存储在磁盘上还是磁带上的,充分体现了网络资源的社会性和共享性。

(4) 传播方式动态化。网络环境下信息的传递和反馈快速灵敏,具有动态性和实时性等特点。

(5) 信息来源复杂化。互联网络是一个开放的环境,其主要特点就是信息的共享。在 Internet 上,人们可以上传自己的信息,也可以下载需要的信息。由于人们所处环境各异、需求不同,因此网络上的信息也五花八门,同时由于没有统一的信息质量监控机制,导致各种信息良莠不齐。这样一个纷繁复杂的网络信息世界,给用户选择、利用网络信息带来了不小的影响。

3. Internet 网络信息资源的类型

Internet 网络信息资源从不同的角度可以进行不同的划分。例如,根据网络传输协议(HTTP、FTP、Telnet 等)进行划分。常见的是按照网络资源的组织形式来划分。

信息组织是指将无序状态的特定信息,按照一定的原则和方法,使其成为有序状态的过程,方便人们有效地利用和传递信息。目前使用较为普遍的网络信息组织方式主要有如下几种。

(1) 文件方式

组织网络信息资源比较简单方便,除文本信息外,还适合存储图形、图像等非结构化信息。

(2) 超文本/超媒体方式

将网络信息按照相互之间的关系以非线性形式存储在许多的节点上,节点间以链路相连,形成一个可任意连接的、有层次的、复杂的网状结构。超文本/超媒体方式使用户既可以根据链路的指向进行检索,也可以根据自己的需要任意选择链路进行检索。但由于涉及的节点和链路太多,用户很容易地出现信息迷航和信息检索无所适从的问题,很难迅速而准确地定位到真正需要的信息节点上。

(3) 数据库方式

数据库是对大量的规范化数据进行管理的技术,它将要处理的数据经合理分类和规范化处理后,以记录形式存储于计算机中,用户通过关键词及其组配查询和访问。利用数据库技术进行网络信息资源的组织,可以很大程度地提高信息的有序性、完整性、可理解性和安全性,提高对大量的结构化数据的处理效率。

（4）网站

网站由一个主页和若干个从属网页构成,它将有关的信息集合组织在一起。网站一般综合采用了文件、超文本/超媒体和数据库方式来组织信息和提供信息的检索。

15.5.2 网络搜索引擎

1. 搜索引擎

广义的搜索引擎泛指网络上提供信息检索服务的工具和系统,是 Web 网络资源检索工具的总称。广义的搜索引擎包括目录式搜索引擎、索引式搜索引擎和元搜索引擎。狭义的搜索引擎主要指利用自动搜索技术软件,对 Internet 资源进行搜集、组织并提供检索的信息服务系统,即专指索引式搜索引擎。

2. 搜索引擎的类型

1) 目录式搜索引擎

目录式搜索引擎(directory search engine)也被称为"网络资源指南",主要通过人工方式或半自动方式发现信息,依靠专业信息人员的知识进行搜集、分类,并置于目录体系中,用户在分类体系中采取逐层浏览、逐步细化的方式来寻找适合的类别直至查询到具体的资源。

常见的目录式搜索引擎有 Yahoo(http://www.yahoo.com)和 Sohu(http://www.sohu.com)。

（2）索引式搜索引擎

基于机器人技术的索引式搜索引擎(robin search engine),主要采用自动搜索和标引方式来建立和维护其索引数据库,用户查询时可以用逻辑组配方式输入各种关键词,搜索软件通过特定的检索软件,查找索引数据库,给出与检索式相匹配的检索结果,供用户浏览和利用。

常见的索引式搜索引擎有 Google(http://www.google.com)和 Baidu(http://www.baidu.com)。

3) 元搜索引擎

元搜索引擎(metasearch engine)即"集合型搜索引擎",是一种把多个独立的搜索引擎集成到一起,提供统一的检索界面。把用户的检索提问同时提交给多个搜索引擎,并将检索结果一并返回给用户的网络检索工具。

常见的元搜索引擎有 Dogpile(http://www.dogpile.com/)。

本 章 小 结

本章主要讲述了信息检索与应用的相关概念、原理和方法,是学习文化知识和进行科学研究所必须掌握的技术和必备的能力。本章的重点内容是信息检索语言、信息检索技术、信息检索过程和信息检索策略。本章还介绍了常用的信息资源系统与数据平台,这些资源平台在日常的知识学习、科学研究中发挥着重要的作用。

思 考 题

1. 信息检索的基本原理是什么？
2. 检索系统效果评估的重要指标有哪些？
3. 简述信息检索语言。
4. 信息检索技术有哪些？
5. 信息检索的过程是什么？
6. 如何运用信息检索策略？
7. 网络搜索引擎有哪些？

参考文献

[1] 郭太敏.信息资源检索与利用.徐州：中国矿业大学出版社,2002
[2] 张洪星,李志梅.信息技术基础教程(第3版).北京：电子工业出版社,2006
[3] 鲁宏伟,汪厚祥.多媒体计算机技术(第2版).北京：电子工业出版社,2004
[4] 胡小强.虚拟现实技术.北京：北京邮电大学出版社,2005
[5] 李长山.虚拟现实技术及其应用.北京：石油工业出版社,2006
[6] 卢湘鸿.计算机应用基础(第5版).北京：清华大学出版社,2007
[7] 钱昆明.多媒体应用技术教程.北京：高等教育出版社,2002
[8] Holzner S 著.周春城译.Vision 2007 从入门到精通.北京：电子工业出版社,2008
[9] 全国高等学校教育技术协作委员会.计算机媒体素材的制作与使用.北京：高等教育出版社,2002
[10] 郭光.Photoshop CS3 标准教程.北京：中国青年出版社,2008
[11] 思维数码.Photoshop CS3 实战学习 119 例.北京：北京希望电子出版社,2007
[12] 高军锋.Photoshop 7.0 轻松课堂实录.成都：电子科技大学出版社,2004
[13] 程明才,马呼和.Premiere Pro 2.0 视频编辑剪辑制作完美风暴.北京：人民邮电出版社,2006
[14] 文东,冯建华.多媒体技术基础与项目实训(Premiere Pro CS3).北京：中国人民大学出版社,2009
[15] 刘铮,张云,陈月娟.新概念 Premiere Pro CS3 中文版教程.长春：吉林电子出版社,2009
[16] 姚建东,李海柱,张桂英,王翠茹.计算机文化基础.呼和浩特：内蒙古教育出版社,2002
[17] 史济民,史令,沈齐生.多媒体应用与开发基础.北京：清华大学出版社,2003
[18] 虎忠义.新时尚——电脑办公自动化培训教程.北京：中国水利水电出版社,2005
[19] 卓越科技.计算机综合培训教程(第2版).北京：电子工业出版社,2008
[20] 董亚谋.新概念计算机应用基础案例实训(第5版).北京：中国人民大学出版社,北京科海电子出版社,2008
[21] 张瑞丰,盛书红.图解精通 Word 2003.北京：中国水利水电出版社,2004
[22] 卓越科技.快学快用 电脑上网快速入门.北京：电子工业出版社,2008
[23] 何帆.电脑动画概论.北京：人民美术出版社,2008
[24] 彭澎.Flash 网页艺术设计与网站建设教程.北京：清华大学出版社,2008
[25] 汪刚,薛芬.Flash MX 动画设计.北京：清华大学出版社,2004
[26] 杨格,曾双明,王洁,王占宁.Flash 经典案例完美表现 200 例.北京：清华大学出版社,2008
[27] 周洁,曾海平.Dreamweaver 8 网站设计与开发从基础到实践.北京：电子工业出版社,2007
[28] 叶哲丽,孙海龙.Dreamweaver 实例教程.北京：机械工业出版社,2008
[29] 九州书源.Flash CS5 动画制作软件.北京：清华大学出版社,2011
[30] 教育部考试中心.全国计算机等级考试二级教程——MS Office 高级应用.北京：高等教育出版社,2013

教学资源支持

敬爱的教师:

感谢您一直以来对清华版计算机教材的支持和爱护。为了配合本课程的教学需要,本教材配有配套的电子教案(素材),有需求的教师请到清华大学出版社主页(http://www.tup.com.cn)上查询和下载,也可以拨打电话或发送电子邮件咨询。

如果您在使用本教材的过程中遇到了什么问题,或者有相关教材出版计划,也请您发邮件告诉我们,以便我们更好地为您服务。

我们的联系方式:

地　　址: 北京海淀区双清路学研大厦 A 座 707

邮　　编: 100084

电　　话: 010-62770175-4604

课件下载: http://www.tup.com.cn

电子邮件: weijj@tup.tsinghua.edu.cn

教师交流 QQ 群: 136490705

教师服务微信: itbook8

教师服务 QQ: 883604

(申请加入时,请写明您的学校名称和姓名)

用微信扫一扫右边的二维码,即可关注计算机教材公众号。

扫一扫
课件下载、样书申请
教材推荐、技术交流